학원 **김익달** 평전

김익달 선생 생전모습

《**학원**學園》

1952년 11월 청소년을 위한 잡지《학원》을 창간했다.

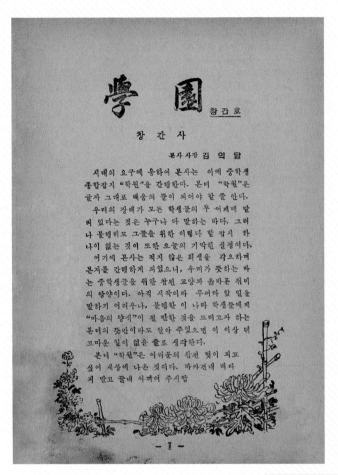

《학원》 창간사

김익달은 창간사에서 밝힌 것처럼 "참된 교양과 올바른 취미의 앙양"을 《학원》 창간의 목적으로 내세웠다.

장학생 모집

장학생 모집 공고에 따라 1953년 2월 전국에서 올라온 중학생들을 대상으로 대구에서 필기시험을 거쳐 12명의 장학생을 선발했는데, 그들이 바로 학원장학생 제1기생들이다.

《 학 원 》 계 간 제 1 호

1985년 여름 발행했다.

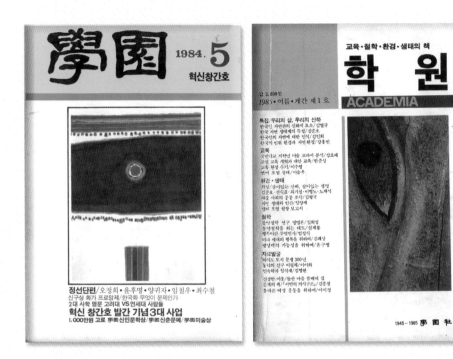

《 학 원 》 혁 신 창 간 호

1984년 5월 발행했다.

《여원女苑》

김익달은 여성의 자질, 잠재력을 끌어올려 제도적 형식적 평등이 아닌 남성과 동
등한 시민으로 편입되어야만 우리 사회가 번영, 발달의 길로 갈 수 있다고 생각
했다. 이에 김익달은 1955년 10월 여성잡지 《여원》을 창간한다.

《농원農園》

창간호 초판 10만 부를 인쇄하는 광경은 믿기 어려울 정도로 대단한
광경이었다. 김익달은 시기상조라며 누구나 말리는 《농원》 창간에 소
명의식을 갖고 온몸을 던져 1964년 5월 1일 농촌 종합교양지 《농원》
창간호가 탄생했다. 46배판, 332페이지 분량이었다. 김익달은 「농어촌
의 근대화만이 구국의 첩경이다」라는 비장한 제목의 창간사에서 《농
원》 창간의 취지를 밝혔다.

《향학 向學》

대학 입시를 앞 둔 고교생을 대상으로 한 고교생 학습교양지 《향학》을 창간했
다. 《향학》은 오늘날 대학 입시 전문지의 효시가 된 잡지로 창간호인 1956년 신
년호에는 특집으로 '입시 전 3개월 각과 종합 총정리'를 실었다.

《진학 進學》

김익달은 학생들을 위한 종합교양지로서 《학원》을 발행하고 있지만 당장 고등
학생들에게는 대학 입시라는 인생의 중요한 관문이 있는 만큼 정확한 정보와 진
로를 지도할 잡지가 필요하다고 생각했다. 대입 수험잡지 《진학》은 1965년 3월
1일 탄생했다.

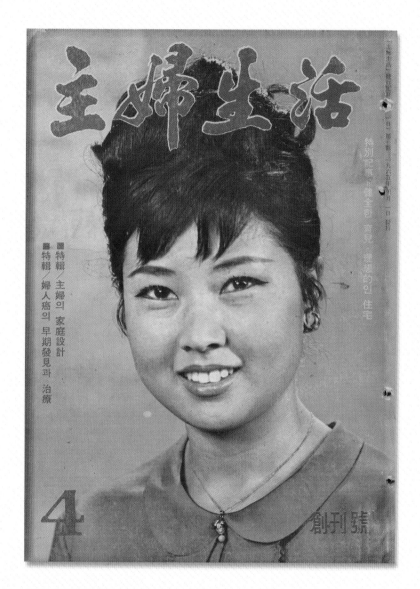

《주부생활 主婦生活》

1964년 3월 17일 김익달은 "항상 깨어 있는 여성, 그러나 영원한 모성을 간직한 어머니"라는 모토를 걸고 《주부생활》을 창간했다. 창간 당시 잡지의 제호에 대해 편집회의에서는 '여성생활'로 의견이 모아졌는데 당시 발행되고 있던 《여원》, 《여상》의 독자층을 피하기 위해 김익달의 제안으로 '주부생활'이라는 제호로 발간되었다. 《주부생활》은 대형 46배판의 잡지로 480면 안팎의 분량이었다.

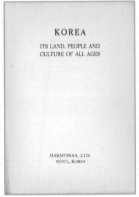

『KOREA, ITS LAND, PEOPLE AND CULTURE OF ALL AGES』

1960년 3월 『KOREA, ITS LAND, PEOPLE AND CULTURE OF ALL AGES』를 발간하였다. 이 책의 특징은 B5판에 가로짜기 2단으로 된 본문이 718면인데, 별쇄된 원색 컬러 사진 및 단색 사진판이 모두 484면으로 본문과 거의 대등한 분량으로 제작되었다는 점이었다. 『KOREA』는 한국의 역사와 문화뿐만 아니라 지리, 법률, 국제관계, 국방, 산업, 교통과 통신, 종교, 교육, 사회과학과 자연과학, 문학과 예술, 춤과 음악, 드라마와 영화, 관습, 스포츠, 관광 등 한국에 관한 모든 분야를 소개함으로써 외국인들에게는 한국에 관한 백과사전 역할을 할 수 있도록 했다. 또 대한민국 헌법을 기초한 헌법학자 유진오는 "반세기에 걸친 일본의 악선전으로 세계인의 기억에서 거의 말살되다시피 한 한국이 이 책으로 비로소 동양 3국의 일원으로 되살아났다"고 평했다.

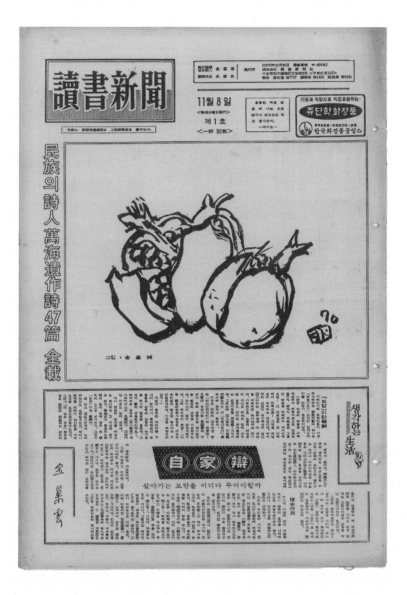

《독서신문》

대한출판문화협회에서는 1970년 초부터 독서 인구의 개발과 양
서의 보급을 위한 주간지 형태의 신문 발행을 본격적으로 추진
하게 되었는데, 그것이 바로 1970년 11월 8일 창간된 《독서신문》
이다.

중학생 월간 학습교양지

1972년 3월 김익달은 중학생 월간 학습교양지로 《중1생활》, 《중2생활》, 《중3생활》을 창간했다.

『한국, 그 민족과 문화 (韓國, その民族と文化)』

김익달은 영문판 『KOREA』를 발간한
뒤 한국을 강점하여 식민 지배를 한
일본인들조차 한국에 대해 잘못 알고
있거나 모르는 것이 많은 것을 보고
『KOREA』의 내용을 발췌하여 1966년
8월 일본어판 『한국, 그 민족과 문화
(韓國, その民族と文化)』를 발간하였다.

『바람, 기를 올리다』

1961년 9월 학원문단 10년을 기념하
여 펴낸, 학생 시 333선집이다.

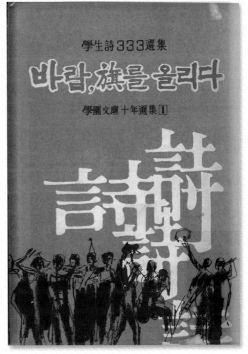

『대 백 과 사 전 』

1958년 9월 15일 우리나라 최초의 『대백과사전』 제1권을 발간하고 제
2권은 1958년 10월 30일, 제3권은 12월 15일, 제4권은 1959년 2월 10
일, 제5권은 4월 10일, 제6권은 5월 30일에 발간되었다. 일찍이 우리
출판계에서 한 종목의 책으로 이처럼 거대한 제작은 없었다고 한다. 또
1960년 11월 1일 증보판 제7권(아래)을 발간하였다.

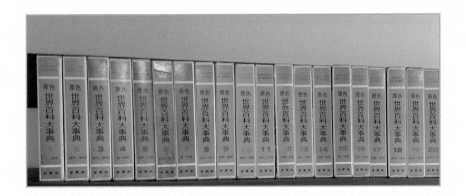

『원색세계백과대사전』

1973년 5월, 채희상을 편집주간으로 하여 1천500여 명의 석학들을 총동원하여
전공별로 2천여 대항목을 기명으로 집필한 원고 20만 장 분량의 『원색세계백과
대사전』을 발행하기 시작했다. 이 '백과사전'은 양평동 사옥의 최신 인쇄 시스템
을 적용하여 전체를 오프셋 2색도 인쇄, 원색 2천 면, 사진 6천 장을 색 분해한
한국 출판 사상 미증유의 방대한 사전으로 백과사전의 명문출판사로서의 학원
사의 위치를 더욱 공고히 했다. 특히 새로운 민족 사관에 의한 기술, 과학의 진
보, 생활상의 혁명을 상술하고 한국 민족 고유의 문화 분야의 기술에도 역점을
두었다. 46배판의 3단 조판으로 된 총 1만 2천182쪽의 『원색세계백과대사전』은
1974년 12월 1일 전20권이 완간되었다.

『가정의학대전』 (1956년)

최신 『가정의학대전』 (1967년)

* 학원사를 가정의서 명문으로 키운 대표적 가정의서

추 모 비

경기도 용인군 모현면 능원리 유택 앞

1988년 10월 29일

학원 김익달 3주기를 앞두고 대한출판문화협회, 잡지협회,

사간회, 익우회, 밀알회가 공동으로 추모비 건립.

비문은 소설가 정비석이 썼다.

학원세대를 가꾼 참스승

학원 **김익달** 평전

윤상일 지음

문화복지국가를 꿈꾼 이상주의자 김익달
−탄신 100주년을 맞아 그의 일생을 돌아보며

대한민국 근현대사를 돌아보면 불과 한 세기도 안 되는 기간 동안 정말 엄청난 일들이 참 많이도 일어났다. 그 모진 시련과 도전을 용하게도 잘 견디어 왔고 결국 오늘의 대한민국을 이루었구나 하는 생각이 든다.

대한민국은 세계의 최빈국에서 출발하여 세계에서 일곱 번째로 '2050 클럽'에 가입한 나라가 되었다. 대한민국의 오늘이 있기까지 우리 사회를 이끌어 온 두 개의 큰 축이 있다고 한다. 바로 산업화 세력과 민주화 세력이 그것이다.

산업화 세력은 세계가 부러워하는 한강의 기적을 일구어냈고, 민주화 세력은 오늘날의 자유 민주 사회의 기틀을 잡았다고 할 것이다.

산업화 세력과 민주화 세력은 때로는 대립하기도 하고 때로는 화합하기도 하면서 우리 사회의 중심축이 되어 온 것은 분명하다. 하지만 대한민국의 근현대사를 얘기할 때 두 세력만으로는 설명하기 어려운 부분이 너무나 크다. 그것은 오늘의 대한민국이 있기까지에는 산업화 세력과 민주화 세력 외에 그 두 세력의 토대가 되어 온 제3의 세력이 있었음을 간과하기 때문이다.

그것은 바로 두 세력의 밑바탕을 형성하고 있는 '교육문화 세력'이다. 이른바 문화 세력은 식민지 지배와 전쟁의 폐허 속에서도 국민들이 온전한 정신을 가지고 우리의 문화를 보존하고 희망을 잃지 않고 좀 더 나은 사회를 향해 나아갈 수 있게 하였다.

이러한 문화 세력의 한가운데에는 전쟁으로 온 강토가 잿더미로 변한 폐허 속에서도 꿈과 희망을 가지고 미래를 설계하고 정진한 이른바 '학원 세대'가 있었다. 이 '학원세대'들은 그 후 자라나 바로 민주화 세력과 산업화 세력의 주축이 된다.

학원 김익달은 1952년 11월 전쟁 중이던 피란지 대구에서 청소년들에게 꿈과 희망을 주기 위해 《학원》이라는 잡지를 창간함으로써 이른바 '학원세대'를 창조했다. 그 후 50~60년대를 한결같은 마음으로 '학원세대'를 가꾸어 온 우리 시대의 참스승이었다. 또한 그는 우리 사회의 발전을 위해 여성의 잠재력에 주목하여 1955년 11월 《여원》을 창간하고 농본국인 우리 사회의 균형 있는 발전을 위해 1964년 5월 《농원》을 창간했다. 김익달은 이에 그치지 않고 1952년 11월 《학원》 창간호에 인재 육성을 위한 장학생 모집 공고를 내어 장학생을 선발하였다. 그 후 매년 장학생을 선발하여 출판 사업으로 얻은 수익금의 대부분을 장학 사업에 쏟아부었다.

김익달은 대구에서 보통학교를 나온 것이 공식적인 학력의 전부이고 17세 때 단신으로 일본 유학을 떠나 독학으로 대학 과정을 마쳤을 뿐이다. 그는 한 번도 교단에 서 본 일이 없다. 그러나 우리 사회에서 '학원세대'를 가꾸어 우리 사회가 건전하게 발전할 수 있는 토대를 마련했고 자신이 경영하던 학원사의 직원들을 때가 되면 하나하나 출판인으로 독립시켜 30여 명의 출판사 사장으로 성장하게 하여 우리 사회에 문화 세력의 저변을 감당할 수 있게 하였다. 또 우리나라 최초로 민간 장학회를 설립하여 수많은 인재들을 길러 냈다. 이런 의미에서 김익달은 참스승으로 불러 마땅하다.

이제 김익달 탄신 100주년을 맞아 그의 일생을 돌아보며 그가 한 일과 그의 사상을 재조명해 보고자 한다.

윤상일

목 차

글머리에/ 문화복지국가를 꿈꾼 이상주의자 김익달 —— 19
　　　　　-탄신 100주년을 맞아 그의 일생을 돌아보며

제1부　폐허 속에서 움트는 한 알의 밀알

1952년 10월의 한반도 —— 30

학도의용군 —— 33

1952년 10월 피란지 대구 —— 34

《학원》 창간호의 내용과 의미 —— 37

제2부　빼앗긴 조국에서 꿈을

1910년대, 한반도 —— 42

식민지 소년에서 꿈을 가진 청년으로 —— 47

청운의 꿈을 안고 귀국 —— 51

해주에서의 새 출발 —— 54

해주의 낙동서관 —— 57

수안에서의 은둔 생활 —— 64

제3부　해방 새 출발

8·15 해방 —— 70

대양출판사 —— 76

교육열의 폭발 —— 78

간추린 시리즈의 탄생 —— 79

6·25 한국전쟁 —— 84

피란 시절 —— 88

대양서림 —— 91

제4부 학원學園의 탄생

억눌린 '배움의 뜰' —— 94

해방 그리고 교육열 폭발 —— 95

한국전쟁과 학교, 그리고 학생들 —— 97

'배움의 뜰'을 생각하다 —— 98

자신의 이름을 딴 '세대'란 칭호를 선사받은 유일한 잡지, 《학원》—— 101

'학원'은 글자 그대로 '배움의 뜰' —— 104

출판동지 최덕교를 만남 —— 108

최덕교, 《학원》을 만나다 —— 111

휴전, 다시 서울로 —— 114

《학원》은 힐링의 장 —— 117

《학원》은 민족 주체의 교육장 —— 121

《학원》은 우리말, 우리글의 교육장 —— 124

학원문학상 —— 132

학원미술상 —— 138

학원장학금 제도 창설 —— 140

《학원》을 팔지 않겠다는 서점들 —— 142

《학생계》와 한판 승부 —— 144

《학원》 10만 부 발행 —— 149

《학원》, 독서진흥운동을 견인하다 —— 151

《학원》 40년 —— 156

1955년 4월, 대양출판사에서 학원사로 —— 159

제5부 여원女苑 창간

1954년 서울 『자유부인』 논쟁, 박인수 사건 —— 162

《여원》 창간 —— 167

여성 정체성 형성의 토대가 된 글쓰기 —— 171

여류 신인 문학상 – 여류 작가의 등용문 —— 173

여류 문학상 창설 —— 175

《여원》의 서사 만화 —— 178

미디어의 사명과 어젠다 세팅 기능을 이해하고 실천 —— 180

여원사 설립 —— 182

국민의학전서 발행 —— 183

《향학向學》 창간 —— 185

세계명작문고, 세계위인문고 발행 —— 188

중등 교과서와 대학 교재 발행 —— 190

제6부 백과사전을 향한 꿈

왜 백과사전인가 —— 196

과학대사전 발간 —— 200

생활총서 간행 —— 204

대백과사전 편집부의 탄생 —— 205

최덕교, 헤이본사판 『대백과사전』을 보다 —— 215

큰일은 시작되었다 —— 220

경쟁사가 나타나다 —— 225

또다시 난관을 뚫고 —— 233

또 절벽이 —— 236

우리나라 최초의 『대백과사전』 고고의 성을 울리다 —— 239

기획 출판의 귀재 —— 246

『농업대사전』 발간 —— 249

우리나라 최초의 화문집 『화방여적畵房餘滴』 발행 —— 250

『문예대사전』 발간 —— 253

서울특별시 문화상 수상 —— 254

『철학대사전』 발간 —— 255

『자동차백과』 발간 —— 256

새 세대의 진로 발간 —— 257

대입 준비서 '세미나 시리즈' 발행 —— 258

제7부 세계를 보다

도쿄 국제도서전시회 —— 262

도쿄에서 부려 본 호기 —— 264

오스트리아 빈 국제출판협회(International Publishers Association)

   총회 참가 —— 266

태평로 사옥 신축과 로고 제정 —— 269

KOREA, Its Land, People And Culture of All Ages 발행 —— 271

4 · 19 혁명 —— 275

한국출판연감 제작 —— 279

한국잡지발행인협회 초대 회장으로 —— 282

재단법인 학원장학회 설립 —— 289

밀알회 —— 299

제8부 또 하나의 사랑, 농촌

이상촌 건설을 위해 —— 302

공회당 건립과 모서고등공민학교 설립 —— 306

송아지 입식 자금 지원과 감나무 재배 —— 312

도박 근절 운동 —— 318

제9부 전 국민의 종합교양지 농원農園 창간

《농원》 발간 계획 —— 324

《농원農園》 창간 Ⅰ —— 328

《농원》 창간 Ⅱ —— 331

《농원》의 구성과 내용 —— 333

《농원》의 '정신 농사' – 잊을 수 없는 사람들 —— 337

창간기념 신인소설 현상 공모 —— 344

연평演坪중학 돕기 운동 본부장 김익달 —— 346

'농원農園의 집' 설치 —— 349

'미스농원' 선발 대회 —— 351

새마을운동의 토대를 마련 —— 354

제10부 주부생활 창간

『세계문화사』 발간 —— 358

《진학進學》 창간 —— 359

《주부생활主婦生活》 창간 —— 363

항상 깨어있는 여성, 그러나 영원한 모성을 간직한 어머니 —— 365

모범주부상 —— 368

가계부 쓰기 운동을 선도 —— 371

식생활 개선을 위한 세미나 개최 —— 374

식생활 개선 범국민운동 제창 —— 377

독자초대 딸기 잔치와 레크리에이션 야유회 —— 383

독서 캠페인 —— 386

주식회사 주부생활사 설립과 사원들에게 주식 분배 —— 389

'오늘의 여성상' 제정 —— 392

소파상 수상 —— 392

국민훈장 동백장 수상 —— 395

제11부 독서신문 발행

1960년대의 독서 시장 —— 398

《독서신문》 창간 —— 401

독서신문사 초대 사장 김익달 —— 404

편집국장 오소백 —— 406

《독서신문》 창간사 —— 410

《독서신문》 - 독서 운동을 견인하다 —— 413

제12부 인재 사랑, 나라 사랑

장학회관 건립 —— 422

양평동 사옥의 드라마틱한 운명 —— 424

장학 사업을 필생의 사업으로 —— 426

직원 복지는 기업 발전의 초석 —— 430

출판문화계 밭을 일구고 씨를 뿌리다 —— 434

보이지 않는 곳에서 일하는 문화의 투기사投機師 —— 438

익우회益友會 —— 441

여의도 장학회관 건립, 그리고 아쉬움 —— 442

신문 오보에 진노한 김익달 —— 445

정비석과의 마지막 일본 여행 —— 449

학원사와 '하권사' —— 452

영원한 청춘, 김익달 —— 454

에필로그 —— 459

제1부 | 폐허 속에서 움트는
한 알의 밀알

1952년 10월의 한반도

학도의용군

1952년 10월 피란지 대구

《학원》 창간호의 내용과 의미

1952년 10월의 한반도

일본 제국주의의 혹독한 식민 지배에서 벗어나자마자 국토가 남북으로 갈려 두 동강으로 쪼개졌다. 그 반쪽인 남한에서나마 유엔이 인정하는 정부를 수립했지만 몇 발자국 떼기도 전에 전쟁이 터졌다.

1950년 6월 25일 새벽 북한군의 기습 남침으로 시작된 한국전쟁은 사흘만인 6월 27일 수도 서울을 포기해야 할 정도로 절망적이었다. 전선은 파죽지세로 낙동강까지 밀렸으나 미국을 비롯한 유엔군의 참전과 맥아더 장군의 인천상륙작전 성공으로 대한민국은 다시 살아났다. 그리고 1950년 10월 말경에는 압록강 지역까지 진격하는 전과를 올리기도 했다.

그러나 1950년 11월 중공군의 개입으로 전세는 다시 역전되어 1951년 1월 4일에는 다시 서울을 공산군에게 내주는 이른바 1·4후퇴를 단행할 수밖에 없었다. 그 후 유엔군과 한국군은 전열을 재정비해 반격을 개시하여 1951년 2월 10일에는 인천과 김포를 탈환하고 3월 14일에는 수도 서울을 재탈환하였다. 그리고 3월 24일에는 38선을 돌파하였으나 이후 전쟁 확대에 대한 정치적 부담을 느낀 미·소 강대국의 정치적 결정에 따라 휴전을 모색하게 되었고 전쟁은 38선을 중심으로 한 제한 전쟁의 양상을 띠게 되었다.

1951년 7월 개성에서 시작된 휴전회담의 가장 중요한 의제는 당연히 양군의 군사경계선 책정 문제였다. 이미 38도선을 넘어서 진출하고 있던 미국은 양군의 접촉선을 주장하였고 공산군 측은 38도선의 원상회복을 고집함으로써 회담은 교착상태에 빠지게 된다. 결국 회담은 중단되고 서로 간에 조금이라도 유리한 고지를 선점한 후 회담 재개를 하고자 전투는 다시 격렬해지게 된다. 그러자 당시 유엔군 사령관 리지웨이의 제안에 따라 1951년 10월 25일부터 판문점에서 다시 회담이 재개되었다. 그 후 휴전회담은 포로 송환 문제 등에 관한 의견 대립으로 중단과 재개를 반복하며 지루하게 이어졌고 결국 한국전쟁의 휴전회담은 한국 국민의 의사와는 관계없이 국제사회의 정치 선전장으로 변질되고 만다.

1952년 10월 판문점에서 속개된 휴전회담에서 공산군 측은 또다시 비타협적인 태도로 정치 선전을 일삼자 유엔군 측은 회담 중단을 선언하게 된다.

아! 백마고지!

판문점에서의 휴전회담이 중단되었다고 해서 전선에서의 전투도 휴전에 들어가는 것은 아니다. 강원도 철원군 묘장면 산명리 395고지는 철원 서북쪽 12km의 효성산 기슭에 돌출한 해발고도 395m의 야산으로 당시엔 무명고지였던 곳이다.

사방 2km 내외의 이 작은 고지에서는 1952년 10월 6일부터 한국군 제9사단과 중공군 제38군이 10일 동안에 고지 점령과 탈환을 24차례나 되풀이하는 혈투를 벌이고 있었다. 1952년 10월 12일 새벽 4시 50분경 한국군 제9사단 제1대대 제1중대장 구본원 대위는 이전 전투에서 이미 많은 피해를 입어 대부분이 신병으로 보충된 부대원들을 이끌고 백마고지 주봉을 탈환하기 위하여 마지막 공격을 시작하였다. 중대장 이하 모든 부대원들은 공격 개시 전 이미 '고지를 탈환하지 못하면 한 사람도 살아서 돌아가지 않겠다'고 맹세한 터라 모두 죽기를 각오한 상태였다.

제1중대가 백마고지 8부 능선까지 도달했을 때 기다렸다는 듯 진지를 구축하고 대기 중이던 중공군은 방망이 수류탄을 던지고 따발총과 기관총을 소나기처럼 퍼부으며 완강히 저항하였다. 이에 사상자가 속출하고 고지를 향한 진격 속도가 늦어지자 제1중대 부대원들은 모두 소총을 등에 매고 백마고지 주봉을 행해 포복으로 전진한 뒤 수류탄을 던졌다. 선두 병사가 쓰러지면 뒤를 이어 쓰러진 병사의 시체를 넘어 또다시 다른 병사가 포복으로 전진하여 수류탄을 던지며 한 걸음 한 걸음 고지를 향해 전진했다. 결국 백마고지 정상을 눈앞에 두고는 중대원은 불과 30여 명만이 남았고 그들은 일제히 함성을 지르며 수류탄을 던지며 정상을 뛰어 넘어 마침내 백마고지 주봉을 점령하는데 성공함으로써 24번째 백마고지의 주인이 되었다.

뒤이어 제1중대 인사계는 대대본부로 "중대장은 중상, 소대장 2명 전사, 나머지 1명도 부상이라 부대를 지휘할 장교는 한 사람도 없고 남은 중대원은 모두 합해 10명도 안 됩니다."라는 무전을 쳤다.[1]

당시 사단장은 백마고지 주봉으로부터 서쪽에 주둔하고 있던 프랑스 대대 관측소를 사단 관측소로 삼아 직접 지휘를 하고 있었다. 마침 판문점 휴전회담이 결렬 상태에 들어가자 수많은 외신 기자들이 백마고지 전투가 치열하게 진행 중이라는 소식을 듣고 그곳으로 몰려왔다. 그들은 망원경을 가지고 전투 상황을 마치 영화를 보듯 직접 관전하고 있었다. 외신 기자들은 포탄과 화염 속에서 전우의 시체를 뛰어 넘어 공격해 들어가는 한국군의 전투 장면을 목격하고 이를 세계에 타전했다. "한국군은 죽음을 두려워하지 않았다."라고.

한국군 제1대대 제1중대가 24번째 백마고지의 주인 된 뒤에도 1952년 10월 15일까지 중공군은 7차례나 더 고지 탈환을 위한 대대적인 공격을 감행해 왔다. 이에 제1대대 병사들은 수류탄과 백병전으로 맞서 이를 모두 격퇴함으로서 마침내 백마고지 전투 최후의 승자가 된다.

1952년 10월 6일부터 10월 15일까지 전개된 백마고지 전투에서 중공군은 1만여 명의 사상자를 내어 사실상 전투력을 상실했다. 한국군 제9사단도 3천500여 명에 이르는 사상자를 내어 세계 전사상 그 유례를 찾기

---

1 『백마고지(395)전투』, 「소부대 전례」, 육군본부, 1978. 113~127면.

어려울 정도의 엄청난 희생을 치렀다.

한국군은 백마고지를 완전히 장악함으로써 광활한 철원평야와 서울로 통하는 주요 보급로를 확보할 수 있게 된다. 전투 기간 동안 무려 28만여 발의 포탄을 받아 낸 395고지는 지형이 바뀌어 하얀 민둥산으로 변해버렸다. 마치 누워 있는 백마의 모습과 같다고 하여 그때부터 백마고지라 부르게 되었고 백마고지 전투를 승리로 이끈 제9사단은 백마부대라는 이름을 얻게 된다.

학도의용군

전쟁은 군인들만이 하는 것이 아니다. 나라의 운명이 백척간두에 걸린 것처럼 위태롭게 되자 어린 중학생부터 대학생에 이르기까지 현역 입대 지원자가 줄을 이었다.

한국전쟁 기간 동안 학도의용군의 이름으로 실전에 참여한 학생만도 2만 7천700명에 이르렀고 피란민 구호, 전황 보도 및 가두선전 등 주로 후방에서의 선무 공작에 참여한 학생들도 무려 20여만 명이나 되었다.

특히 조국에서의 전쟁 발발 소식에 재일동포 학생들은 재일학도의용군에 지원했는데 1천여 명이 넘는 다양한 지원자들이 몰렸다. 그중 신체검사와 심사 과정을 거쳐 642명이 최종 선발되어 군번과 계급도 없이 오직 'FROM JAPAN'이라는 견장만을 달고 미국 수송선을 타고 인천상륙작전에 투입되기도 했다.

재일학도의용군 중 규슈지방에서 지원한 145명은 미국 수송선을 타고 부산에 도착한 후 국군 제2훈련소에 입소하여 50일 동안 기본 군사훈련을 받았다. 그러고는 바로 한국군 제9사단에 배속되어 백마고지 전투와

금화 전투에 참여하여 혁혁한 전과를 올리기도 했다.

1953년 7월 27일 휴전협정이 조인된 후 생존자 507명(전사 52명, 실종자 83명)이 일본으로 귀환하려 하자 일본 정부에서는 1952년 4월 체결된 샌프란시스코 조약을 근거로 재일학도의용군을 '일본에서 허가받지 않고 임의로 출국한 자들'로 규정하고 입국 자체를 거부하는 사태가 발생했다. 이에 미국의 주선으로 겨우 265명만 일본으로 돌아가고 나머지 242명은 부모 형제와 생이별하는 고통 속에 조국 땅에 잔류하게 되었다.

1967년 6월 발발한 제3차 중동전쟁 때 해외 유학중이던 이스라엘 청년들이 조국을 지키기 위해 학업을 중단하고 전쟁터로 달려간 사실을 두고 미국 언론은 '세계 최초의 해외 국민 참전'이라고 극찬하였다. 하지만 1950년 여름 병역의무도 없는 재일교포 학생들의 한국전쟁 참전이야 말로 세계 역사상 최초의 해외 국민 참전이며 이는 해외 유학중인 이스라엘 청년들의 참전보다 17년이나 앞서는 일이었다.

1951년 3월 국군과 유엔군이 중공군의 인해전술을 저지하고 전선의 균형과 안정을 회복하자 당시 이승만 대통령은 국가의 앞날을 짊어질 청년 학도들에게 시급히 학교로 복귀하여 학업을 계속해 달라는 담화를 발표하였다. 이어서 문교부도 학생들에게 복교령을 내렸다. 학도의용군은 1951년 3월 16일 강원도 홍천에서 무기를 내려놓고 군복을 벗고 학교로 복귀하였으며, 끝까지 싸우기를 주장하는 일부 학생들은 정식으로 입대하여 합당한 계급과 군번을 받게 되었다.

1952년 10월 피란지 대구

백마고지 전투에서 한국의 젊은이들은 나무 한그루 풀 한 포기 남아있지 않은 395고지에 더운 피를 뿌리고 다 여물지도 못한 채 찢겨지고 으스러진 그들의 살과 뼈를 묻어야했다. 그들의 부모 형제가 뿌리를 내리고 살아가야 할 단 한 뼘의 땅이라도 더 차지하기 위해서다.

바로 그 시각, 피란민들이 몰려있던 대구에서는 또 다른 전쟁이 시작되고 있었다. 대구시 삼덕동 29번지, 임시로 지은 판잣집에서 36세의 청년 김익달은 검붉게 상기된 얼굴로 새로 만들 잡지의 창간사를 쓰고 있었다.

"시대의 요구에 응하여 본사는 이에 중학생·종합잡지《학원》을 간행한다. 본디《학원》은 글자 그대로 배움의 뜰이 되어야 할 줄 안다. 우리의 장래가 모든 학생들의 두 어깨에 달려 있다는 것은 누구나 다 말하는 바다. 그러나 불행히도 그들을 위한 이렇다 할 잡지 하나가 없는 것이 또한 오늘의 기막힌 실정이다."

김익달은 잠시 멈추어 촉촉이 젖어오는 두 눈을 땟국이 흐르는 시커먼 소매로 훔친다. 나라마저 잃고 혈혈단신 밀항선을 타고 일본으로 건너가 하루 16시간씩 인쇄소 직공으로 일하며 고학하던 시절이 떠올랐던 것이다. 그래도 그때는 읽을 책이라도 있었다. 그런데 지금은 어떤가. 아무리 전쟁 중이라지만 비좁은 천막 교실에 100명도 넘는 어린 학생들이 빽빽이 들어앉아 교과서 하나 제대로 없이 수업이라곤 얄팍한 전시 독본을 외우는 것이 전부 아닌가. 김익달은 다시 창간사를 써 내려간다.

"아직 시작이라 무어라 앞일을 말하기 어려우나 불행한 이 나라 학생들에게 '마음의 양식'이 될 만한 것을 드리고자 하는 본디의 뜻만이라도 알아주었으면 이 이상 더 고마운 일이 없을 줄로 생각한다."

김익달은 힘들게 창간사를 마무리하고 다시 한 번 읽어본다. 사실 창간사는 편집장을 맡고 있는 시인 장만영에게 부탁했으면 편하고 문장도 멋스럽고 유려한 것이 되었을 텐데 굳이 본인이 직접 쓰고 있는 것이다.

이어 김익달은 다시 창간호의 끝부분에 들어갈 원고를 쓰기 시작한다.

"장학생모집"
'학원장학금 제도 창설!'

본사는 이번 월간 잡지《학원》창간을 기념하기 위하여 전국 남녀중학
생 가운데서 성적이 특히 우수하고 높은 덕성을 아울러 갖춘 모범생으로
서 가정이 극빈하여 학업을 계속하기 어려운 처지에 놓여 있는 학생들을
다소라도 돕고자 장학금 지급 제도를 창설하였사오니 다음의 요량에 의
하여 많이 이용해 주시옵기 바랍니다."

김익달은 장학생 신청 자격과 선발할 인원 및 금액도 쓰고 신청 및 전
형 방법도 구체적으로 적었다.

"시험은 단기 4286년 2월 중 (수험표 발송 시 통지함) 본사에서 각 학
과에 걸쳐 시행함"

김익달은 혹시라도 대구까지 와서 장학생 선발 시험을 치르는데 드는
여비 등이 부담스러울까봐 "수험생에게는 여비 및 숙박료 실비를 본사에
서 부담함"이라고 명시하고, 마지막으로 "신청소 대구시 삼덕동 29 대양
출판사《학원》장학부"라고 기재한 후 깊은 숨을 내쉬며 원고를 마무리했
다.

이제 창간호의 원고가 모두 마무리되었으니 인쇄소에 넘기기만 하면
된다. 우리 잡지사에서 그 제호를 딴 '세대'라는 칭호를 선사받은 단 하나
의 잡지《학원》은 이렇게 전쟁의 폐허 속에서 탄생한다.

1952년 11월 1일 드디어 이 땅에 '학원세대'를 탄생시킨 청소년잡지《학
원》이 창간되었다. 아직도 전방에서는 국가의 운명을 건 전쟁이 한창 진
행 중이던 1952년 11월 김익달은 이 땅의 미래를 짊어질 청소년들에게 꿈

과 희망을 주기 위한 잡지 《학원》을 발행한 것이다. 그의 말처럼 '학원'은 글자 그대로 '배움의 뜰'이라는 제호를 달았다. 이 '배움의 뜰'이라는 제호는 《학원》이라는 잡지가 지향하는 바를 상징적으로 나타내고 있었다.

《학원》이라는 잡지가 탄생하면서 이 땅의 청소년들은 전쟁으로 황폐해진 가운데에서도 다른 세상의 흥미로운 이야기에 귀를 기울이며 세상을 보는 눈을 갖게 되었고 새로운 문화에 대한 동경과 다른 지역 청소년들과의 소통과 만남을 고대하고 즐겼으며 미래에 대한 꿈을 꾸기 시작하였던 것이다.

이렇게 50년대 60년대 《학원》을 탐독하며 얼굴도 모른 채 《학원》을 통해 서로 소통하며 자라난 세대가 바로 '학원세대'인 것이다. 그들은 민족상잔의 참혹한 전쟁을 직접 겪었고 1인당 국민소득이 100불도 안 되는 세계 최빈국에서 청소년기를 보냈으면서도 《학원》이 있었기에 행복하였다면서 어느 세대보다도 건강하게 성장하였다.

이 '학원세대'야 말로 70년대 80년대 이 땅의 산업화와 민주화를 이루는 산업화 세력과 민주화 세력의 밑바탕이 되는 '문화 세력'의 중추가 된다.

《학원》 창간호의 내용과 의미

1952년 11월 1일자 《학원》 창간호는 화가 백영수의 표지 그림을 비롯하여 모두 114면의 그리 두껍지 않은 책이었다. 아니 촌스럽기 짝이 없는 색상, 형편없는 종이 질과 인쇄 상태 등으로 볼 때 지금으로 보면 참으로 허술하기 짝이 없는 책에 불과했다.

하지만 김익달은 전쟁 중의 피란살이에도 불구하고 《학원》 창간호의 표지를 화려한 컬러로 인쇄하여 당시 출판계에 큰 충격을 주었다. 그는 민족상잔이라는 전쟁을 겪고 있는 청소년들의 피폐해진 마음을 위로하고 미래의 희망을 주기 위해 출판계 최초로 컬러 인쇄를 시도한 것이다. 당시의 인쇄 기술은 오늘날과 같은 원색 분해에 의한 오프셋인쇄가 아니었다. 따라서 컬러 인쇄를 하려면 흑백 사진을 각각 망점을 달리하는 4매의 필름으로 만들고 이를 토대로 4매의 동판을 만든 다음 망점에 따라 황색, 청색, 적색, 흑색으로 네 번 거듭 인쇄하는 과정을 거쳐야 했다. 그러니 비용도 비용이지만 그 수고는 몇 곱절이 드는 것은 말할 필요도 없었다.

김익달은 창간사에서 밝힌 것처럼 "참된 교양과 올바른 취미의 앙양"을 《학원》 창간의 목적으로 내세웠다. 여기서 그가 제시한 "참되고 올바른 것"의 의미는 바로 "나를 살리고 남을 살리는 길이오. 동시에 나라를 살리는 길"이었다. 이처럼 당시가 죽음, 폐허, 절망, 상실, 이산, 폭력 등이 일상화된 전쟁 중임을 감안하여 《학원》은 "국가 장래를 위한 인재 양성"을 최우선적인 비전으로 제시하였다. 즉 창간호의 마지막 장인 114쪽 하단에는 《학원》이 지향하는 바가 명시되어 있다.

"올바른 취미를 갖자."

"아름다운 정서를 기르자."

"참된 지식을 배우자."

"시대와 호흡을 같이 하자."

"교양 있는 사람이 되자."

《학원》은 이런 차원에서 청소년을 계몽하기 위하여 정치·사회·역사·문화·사상 등 다방면의 내용을 기획하고 편집 체제를 구성하였다. 창간호는 시인 장만영이 편집주간을 맡았고 김성재가 편집을 담당했다. 김익달은 "독자가 원하는 좋은 출판물"을 만드는데 일차적인 목표를 두어 우선 청소년의 흥미를 끌어들이고 그들을 독자로 견인하기 위해 만화, 교양, 세계시사, 문학, 예술 등 다양한 내용을 포괄하는 기획 편집 체계를 갖추도록 했다.

김익달은 이와 같은 대중적 기획을 하면서도 창간호부터 책 광고를 제외한 상업적 광고는 일체 싣지 않는다는 기준을 설정하고 이를 실천하였다. 이러한 상업적인 광고 지양 정책은 1950년대 후반까지 지속된다.

박목월은 "《학원》은 독자들의 저속한 취미에 영합하려는 오락잡지가 아니라 독자들을 계몽하고 그들에게 풍부한 마음의 양식을 베푸는 교양 잡지였다."면서 높이 평가하고 있다. 이처럼 김익달의 출판 이념은 민족적인 주관과 세계적인 시야에서 청소년을 미래의 주체로 양성하는데 일관된 목표를 두었다.

이러한 김익달의 의지는 《학원》 창간호에 직접 쓴 '장학생모집' 공고에도 잘 나타나 있다. 김익달은 장학생 모집 공고에 따라 1953년 2월 전국에서 올라온 중학생들을 대상으로 대구에서 필기시험을 거쳐 12명의 장학생을 선발했는데, 그들이 바로 학원장학생 제1기생들이다.

그때부터 시작된 학원장학회는 김익달 사후 그 장남인 김영수가 이어받아 그 뜻을 이었고 지금은 학원장학생 출신들의 모임인 밀알회가 이어받아 '학원밀알장학회'로 발전시켜 60년 넘게 면면히 이어가고 있다.

제2부 | 빼앗긴 조국에서 꿈을

1910년대, 한반도

식민지 소년에서 꿈을 가진 청년으로

청운의 꿈을 안고 귀국

해주에서의 새 출발

해주의 낙동서관

수안에서의 은둔 생활

1910년대, 한반도

1910년대 하면 한국인들은 우선 불편하고 격정적인 감정이 앞서기 마련이다. 일본 제국주의에 나라를 빼앗겼다는 수치스러움과 헌병 경찰을 앞세운 비인도적인 무단 통치를 떠올리지 않을 수 없기 때문이다. 당시 한국인들은 모든 정치 활동이 금지되었고 집회와 결사의 자유를 박탈당했으며 많은 애국지사들이 체포되거나 투옥되어 목숨을 잃었다.

하지만 역사의 아이러니라고 할까.

나라를 잃고 온 천지가 암흑으로 뒤덮이던 그때 대한민국의 근현대사를 힘차게 펼쳐나갈 새로운 기운이 잉태하고 있었으니 말이다.

훗날 산업화 세력의 기수로서 대한민국 근현대사를 장식한 이병철은 1910년 2월 12일 경남 의령에서, 정주영은 1915년 11월 25일 강원도 통천에서, 박정희는 1917년 11월 14일 경북 선산에서 태어났다. 또한 이 땅의 민주주의의 초석을 다진 것으로 평가 받는 잡지 《사상계》를 발행한 장준하도 1918년 8월 27일 평북 의주에서 태어났다. 뿐만 아니라 한국문단의 중추로 활약한 인물들을 보더라도 서정주는 1915년 5월 18일 전북 고창에서, 황순원은 1915년 3월 26일 평남 대동에서, 박목월은 1916년 1월 6일 경남 고성에서 그 고고의 성을 울렸다. 어쩌면 암흑이 짙은 만큼 여명의 기운도 서서히 그리고 힘차게 다가오고 있었는지도 모르겠다.

김익달은 한반도에 암흑과 새로운 기운이 교차하는 시기인 1916년 5월 9일 경상북도 상주군 화서면 중문리에서 김응원과 김안동 사이에서 4남 3녀 중 다섯째로 태어났다.

일제 치하의 농촌 생활이란 그 당시 대다수의 한국인이 겪은 바와 같이 궁핍한 생활 그 자체였다고 해도 과언이 아니었다. 빈농의 환경 속에서 자란 김익달은 어렸을 때부터 저절로 몸에 밴 근검·절약 정신을 일생

동안의 생활 철학으로 간직하게 된다.

생활은 궁핍하기 그지없었어도 소년 김익달은 늘 긍정적인 생각과 적극적인 생활 태도를 가진 쾌활한 소년이었다. 특히 자신이 마음먹은 일에 대하여는 실패를 두려워하지 않고 꼭 해내야 직성이 풀리는 성격이었다고 한다.

김익달의 부친 김응원은 농사일로는 그 많은 식구를 도저히 부양할 수가 없어 김익달이 보통학교에 들어갈 무렵 상주에서의 농사일을 정리하고 대구로 나와 조그마한 쌀가게를 운영하게 되었다. 그러나 대구에서의 생활 형편도 어렵기는 마찬가지여서 대구 해성보통학교에 다니던 김익달은 언제나 학비 걱정 속에 다니지 않을 수 없었다.

해성보통학교 시절 소년 김익달은 훗날 평생 출판동지의 한 사람이 된 김상문(전 동아출판사 회장)을 만난다. 김익달과 해성보통학교 동창이요, 한 반에서 같이 졸업을 한 김상문은 소년 김익달에 대하여 "사람을 다스리는 남다른 심성이 있었다."고 회고한 바 있다.

대구에서 보통학교를 졸업한 김익달에게 상급학교 진학은 꿈도 꿀 수 없을 정도로 집안 형편은 더 어려워졌다. 끝내 김익달의 부친은 호구수를 줄이기 위해 김익달의 누이를 기방에 팔아넘길 생각까지 하게 되었다. 아버지의 이러한 생각을 눈치 챈 김익달은 차라리 자신이 집을 나가는 것이 남은 식구들에게 보탬이 될 거라는 생각에 그의 나이 14살 때 집을 나와 시장 바닥을 전전하게 된다.

대구 서문시장은 구한말 때로부터 민족 자강운동의 중심지였던 만큼 시장 상인들의 의식은 남다른 데가 있었다. 구한말 국채보상운동[1]의 중심

---

1 국채보상운동이란 1907년 2월 대구 광문사의 서상돈이 고문 정치란 이름하에 일본으로부터 들여온 차관 1천300만 원의 외채를 국민들이 모금하여 상환하자고 제창한 주권수호운동이다. 이 국채보상운동은 대구에서 시작하여 전국으로 확산되어 1907년 4월말까지 보상금을 의연한 사람 수만도 4만 명이 넘었고 부녀자들도 패물을 의연하여 참여하였을 뿐만 아니라 당시 최하층에 속했던

에 섰던 사람들도 서문시장 사람들이었고, 3·1 운동 때 대구에서 제일 먼저 독립만세를 외친 이들도 흰옷을 입은 서문시장 상인들이었던 것이다.

김익달은 순박하고 무지할 것만 같았던 시장 상인들의 나라 사랑하는 마음과 어려운 사람들을 도우려는 따뜻한 마음에 깊은 감동을 받았다. 광주에서 일어난 학생운동[2] 소식에 대구 학생들도 호응하여 가두시위를 벌일 때에는 방망이질하는 가슴으로 지켜보았고 이 시위로 인해 전국적으로 1천600여 명이나 구속되었다는 소식에는 나라를 잃었다는 것이 어떤 의미인가를 절실히 깨닫게 되었다.

김익달은 시장 바닥에서 허드렛일로 겨우 호구지책은 마련했지만 뭔가 앞날을 위한 대비를 해야 한다고 생각했다. 보통학교를 마치자마자 집을 뛰쳐나와 시장 바닥을 헤매고 있지만 이대로 인생을 낭비하고만 있을 수는 없었다. 그런데 도대체 무엇을 어떻게 해야 하나. 만주나 상해로 가서 독립운동을 하기엔 너무 어리고 가진 것도 아무런 연결 고리도 없다. 그렇다고 시장에서 잔심부름을 하며 장사를 배우는 것은 내키지 않았다. 더 배우고 싶지만 그럴 형편이 못되어 집을 뛰쳐나온 것이 아닌가.

이때 김익달은 시장 상인들로부터 일본으로 건너가 고학하는 한국 학생들도 상당수 있다는 얘기를 듣게 된다. 돈이 없어도 고학할 수 있다는 말에 김익달은 귀가 번쩍 뜨였다. 바로 그것이었다. 김익달은 이제 길을 찾았다고 확신했다. 문제는 돈 한 푼 없이 아무런 연고도 없이 일본으로

기생들과 걸인들도 보상금을 내놓았다. 대구광역시 중구 동인동 2가 42에 있는 국채보상운동 기념공원 내에 있는 기념관에는 당시 국채보상운동의 '확산을 이끈 서문시장 사람들'과 '앉은뱅이 걸인의 의연' 그림이 걸려있다.

2 광주학생항일운동은 1929년 11월 3일 광주에서 시작된 항일운동으로 1930년 3월까지 전국적으로 확대되어 3·1 운동 이후 가장 큰 규모로 벌어진 항일운동이다. 일본 경찰의 자료에 의하면 광주학생항일운동에 참여한 학교는 모두 194개교이고 참여한 학생은 5만 4천여 명에 이른다. 당시 중등학교급 이상의 학교에 재학 중이던 학생 수가 모두 8만 9천여 명이었음을 감안하면 전체 학생의 60% 정도가 이 시위운동에 참여한 것이다. 이 과정에서 1천600여 명이 구속되고 학교에서는 580여 명이 퇴학, 2천330여 명이 무기정학을 받았다.

어떻게 가느냐다. 뜻이 있으면 길이 있다고 했다. 김익달은 부산에서 오는 상인들을 통해 부산항에서는 20원만 주면 도항증명서도 살 수 있고 밀항을 도와주는 브로커들이 많이 있다는 정보를 얻게 된다. 물론 잘못 걸리면 돈만 사기당하거나 밀항이 적발되어 다시 조선으로 송환되는 경우도 부지기수라는 얘기도 들었다.[3]

하지만 김익달의 결심은 이미 굳어 있었다. 일본으로 가자. 해성보통학교 다닐 때의 담임 선생님도 "일본을 이기는 길은 일본을 아는 데서부터 시작된다."고 가르치지 않았던가.[4]

그때부터 김익달은 시장에서 할 수 있는 일은 뭐든지 가리지 않고 하면서 한푼 두푼 일본으로 갈 경비를 모으기 시작했다. 1931년 7월 31일 조선은행 대구지점에 폭탄을 투척한 독립운동가 장진홍[5]이 사형 집행 하루 전날 일본인에 의해 죽기보다 스스로 죽음을 택하겠다며 대구형무소에서 자결했다.

이 소식은 시장 상인들의 얼굴에 어두운 그림자를 남겼다. 그리고 1931년 5월 독립운동과 민중 계몽을 주도해온 신간회의 해소[6]와 신간회

---

3 박수경, 「식민 권력의 이동 규제와 사회적 영향 고찰」 -부산항을 중심으로-, 2012년 4월 6일 부산대학교 한국민족문화연구소 로컬리티의 인문학 연구단이 주최한 제1회 기획학술회의 발표 논문, 26~27쪽 박수경은 위 논문에서 "친일폭력단 상애회가 부산에서 도항을 저지당한 조선인을 상대로 도항증명서 한 장에 20원씩 팔아 조선인을 착취하였고 경남경찰부의 조사에 따르면 1925년 10월부터 1931년 3월말까지 밀항 발각 건수가 556건, 3천839명"이라고 하였다.

4 대구 해성보통학교는 천주교회 대구본당 주임 신부였던 프랑스신부 로베르(Achille Paul Robert)가 대구 계산성당 교육관인 해성재(海星齋)에 개설한 한문서당이 그 모체이다. 해성보통학교는 구한말과 일제 강점기를 거치면서 민족 계몽과 신문화 운동의 선구적 역할을 하였는바 당시 일제가 설립한 공립보통학교와는 그 성격이 달랐다.

5 장진홍은 20세 때 비밀결사인 광복단에 가입한 독립운동가로 1927년 10월 18일 대륙 침략의 금고 역할을 하는 조선은행 대구지점의 폭파를 시도하였다. 1심과 복심법원에서 사형 선고를 받자 "대한독립만세"를 소리쳐 외쳤고 결국 사형 집행 전날 옥중에서 자결했다. 조선은행 대구지점은 현 대구시 중구 중앙대로 433번지로 현재 하나은행 대구기업금융센터가 들어서 있다.

6 당시 해소론자들은 해소란 한 조직체의 해체와는 달리 한 운동에서 다른 운동으로 전환하는 자기 발전을 뜻하는 것이라고 규정하였다.

대구지회의 사실상 해체, 1932년 4월 윤봉길 의사의 상해 홍구공원 의거에 따른 안창호 선생의 체포 소식은 시장 상인들의 얼굴에 드리워진 그림자를 더욱 짙게 만들었다.

당시 도산은 상해 등지에서 전 민족을 망라한 좌우의 통일 독립 유일당을 조직하는 사업과 한·중 간 대일 연합 전선을 구축하는 사업에 전력을 기울이고 있었던 것이다. 좌익과 우익을 망라할 수 있는 유일한 지도자였던 도산의 체포 소식은 그야말로 청천벽력이었다.

시장 상인들은 앞으로 일제의 식민정책이 점점 더 가혹해지리라는 것을 피부로 느끼는 듯했다. 이제 세상이 어떻게 될지 아무도 앞일을 예측할 수가 없게 된 것이다. 김익달은 더 이상 망설이거나 시간을 끌 수가 없었다.

1932년, 김익달의 나이 17세(만16세),[7] 김익달은 일본으로의 밀항을 결행한다.

당시 김익달이 어린 나이에도 불구하고 밀항선을 탈 수 있었던 것은 3·1 운동 이후 제한적이나마 이루어진 문화 정치의 흐름 속에서 한국인들의 고등교육에 대한 욕구를 억누르기만 할 수는 없다는 이유에서 일제가 시행한 일련의 유화 조치 덕분이기도 했다. 즉 조선총독부는 3·1 운동 이후 광범위한 도일자유화(渡日自由化) 조치를 시행하였는바 번잡한 도일(渡日) 수속의 폐지, 유학생 감시 감독을 총독부로부터 민간 동양협회로 이관한 것, 도항(渡航) 제한의 폐지 등이 바로 그것이었다.

7　김익달이 일본으로 가는 시기에 대해 일부 자료에는 15세 때라고 되어 있으나 김익달이 70년대 중반 오사카 긴키(近畿)대학에 유학 중이던 3남 김인수를 찾아가서 두 사람이 얘기하는 중에 김익달이 "14살 어린 나이에 집을 뛰쳐나와 시장 바닥을 전전하고 17살 때 밀항선을 타고 일본 동경으로 와서 그곳 인쇄소 직공으로 일을 했다."라고 말한 적이 있다. 김인수 『김인수가 만난 군포사람들』 토담미디어, 2009년 289–290면, 이때 김익달이 자신이 '17살'이라고 한 것은 태어나면 1살로 치는 당시의 한국 나이를 말하는 것으로 만나이로는 16살(1932년)을 의미한다. 다만 이 책에서는 이후에도 김익달 자신이 말한 당시 한국 나이 '17살'을 그대로 사용하기로 한다.

또한 일본은 1918년 대학령을 공포하면서 많은 사학들을 1920년에서 1922년 사이에 한꺼번에 대학으로 승격, 인가하였는데, 이 시기에 승격된 사립대학은 게이오의숙대학, 와세다대학, 메이지대학, 호세이대학, 주도대학, 니혼대학, 도리야대학, 리츠메이칸대학 등이다.

시장에서 보고 들은 각종 정보를 토대로 나름대로 치밀한 계획을 세워 부산으로 온 김익달은 마침내 밀항선을 타는데 성공한다. "일본을 이기는 길은 곧 일본을 아는 데서부터 시작한다."는 말을 다시 한 번 마음깊이 새기면서 소년 김익달은 주먹을 불끈 쥐었다. 수많은 조선인들의 한이 서린 현해탄을 봐라보며 꼭 성공하고서야 돌아오겠다고 맹세하고 또 다짐하며 일본으로 향했다.

식민지 소년에서 꿈을 가진 청년으로

일본으로 건너 간 대부분의 조선인들은 동경, 오사카 등 대도시의 빈민가를 중심으로 생활의 터전을 잡게 마련이었다. 김익달 역시 동경으로 흘러 들어가 빈민가의 조선인 불법 체류자들이 주로 묵는 노동자 숙소에서 기거하게 된다.

김익달이 머물게 된 숙소라고 해봐야 다다미 8칸짜리 방에 8명이 함께 기거하는 방이었다. 다다미 한 칸이 보통 가로, 세로가 180㎝, 90㎝이므로 다다미 8칸이라고 해도 4평이 채 안 되는 공간이다. 그곳에서 노동에 종사하는 장정 8명이 기거한다는 것은 겨우 발을 뻗고 누울 수 있는 공간이라는 의미이다.[8]

---

8 당시 조선인 노동자의 생활 상태가 얼마나 열악하였는지에 대하여 동경부의 한 조사 보고서는 이렇게 표현하였다. "조선인 노동자의 일반 생활 상태는 대체로 그 정도가 심이 낮아, 일본인 노동

김익달은 그곳에서 숙식을 해결하며 인쇄소 직공으로 하루 16시간 이상씩 일하며 받은 돈 중 최소한의 숙식비를 제외하고는 모두 대구의 집으로 부쳤다.

김익달은 인쇄소 직공으로 하루 16시간 이상의 중노동을 하면서도 조금이라도 틈이 나면 그곳에서 인쇄되는 책과 잡지 중 불량품으로 버려지는 것들을 모아 닥치는 대로 읽었다. 일본을 알기 위해서는 그들의 정신을 알아야 하고 그들의 정신을 알려면 그들이 무슨 책을 읽고 무슨 생각을 하는지 알아야 한다는 김익달 나름대로의 논리가 있었기 때문이었다.

이러한 행동을 유심히 지켜본 인쇄소 사장은 김익달을 조선인이지만 참 기특한 소년이라고 생각했는지 동경의 한 작은 서점에 소개하여 김익달은 그때부터 서점의 점원으로 일하게 된다.

서점의 점원이라고 해도 수입 면에서는 인쇄소 직공에 비해 하등 더 나을 것이 없었지만 김익달에게는 그 인생에 있어서 첫 번째 전기를 맞게 된다. 그것은 고된 생활은 변함없었으나 하루 24시간을 온갖 책과 함께 있다는 것과 숙식을 서점 뒤쪽 창고 일부를 개조해 만든 작은 방에서 해결할 수 있다는 것이었다. 그것도 사실상 그 방은 김익달이 혼자 쓰는 방이니 마음만 먹으면 잠자지 않고 밤새도록 책을 봐도 누가 뭐라고 할 사람이 없다는 사실이었다.

김익달은 자신에게 어렵게 찾아온 기회를 소중히 생각했고 서점의 일을 주인보다 더 열심히 했다. 또한 시간이 날 때면 언제나 손에서 책을

자 중 최하위에 속한다는 도시자유노동자의 생활 상태에 비교해도 그 이하의 수준밖에 안되며 그 상태는 오히려 비참에 가깝다." 또 오사카시의 한 조사 보고서는 오사카 슬럼지구에 거주하는 조선인의 군거(群居)상황에 대해 "오사카시에 있어서의 대표적인 슬럼 계급의 군거 상태보다도 심하다. 그 환경의 추악함과 함께 인간 생활의 최저 수준을 생각하게 하는데 충분하다."라고 표현했다. 허광무,「1920~30년대 일본의 사회정책」–일본 거주 조선인에 대한 사회 정책을 중심으로, 한일민족문제연구 2권0호, 146-147쪽, 한일민족학회.

놓지 않았음은 물론이다. 이 서점의 점원 일을 하면서 김익달은 통신강의록으로 중·고등학교 과정은 물론 와세다대학의 상과과정 2년을 독학으로 공부했다. 또 당시 일본 사회를 휩쓸던 국민개조론에 관한 일본 지식인들과 정치인들의 글을 읽고 식민지 소년으로서 깊은 고뇌에 빠지기도 하고, 언제가 될지 모르지만 앞날에 대한 희망을 꿈꾸기도 했다.

식민지 조선의 앞날을 생각하던 김익달은 당시 일본 사회에서 국민 잡지로서 폭발적인 인기를 끌던 대중잡지 《킹》을 눈여겨보게 되었다.

1925년에 창간된 월간지 《킹》은 계몽성과 대중성을 띤 잡지로써 폭발적인 인기를 누리며 매월 100만 부 이상의 발행부수를 자랑하고 있었다. 당시 일본의 총 인구가 7천만 명이 안 되는 상황이었는데 한 가구당 6~7명의 가족이 있다고 할 때 최소한 10집 중 1집은 《킹》이라는 잡지를 정기 구독하고 있다는 뜻이었다. 그만큼 《킹》은 당시 일본 국민들의 의식과 생활 등에 결정적인 영향을 미쳤고 여론 형성에도 절대적인 힘을 가지고 있었다.

《킹》 잡지의 편집 방향 역시 세계적인 대공황과 만주사변을 겪은 일본 국민들을 계몽하고 일본 민족의 우수성과 아시아의 지도 민족으로서의 자부심을 고취시키기 위한 계몽적인 기획물들에 중점을 두었다. 그중에서도 눈에 띄는 것이 온갖 역경을 극복하고 최고의 자리에 오른 사람들의 각종 성공 스토리였다.

대중잡지 《킹》의 성공담 중에서 가장 인기 있고 비중이 컸던 것은 고조·데치 출신 실업가와 경영인의 성공담이었다.

고조(小僧)란 원래 수행 중인 사미승을 가리키는 말인데 에도(江戸)시대[9]에 일을 배우기 위해 상점이나 요리 집 등에 들어간 소년, 그중에서도

---

9 도쿠가와 이에야스가 막부를 개설한 1603년부터 15대 쇼군(將軍) 요시노부가 정권을 조정에 반환한 1867년까지의 봉건시대를 말한다.

지방에서 대처로 나와 저임금을 받으며 일하는 견습생을 말하고, 데치(丁稚) 역시 견습생이라는 의미이다.

이러한 데치나 고조의 성공담은 정규 교육 과정을 거치지 않고 고학으로 자본주의 사회의 최고봉이라고 할 수 있는 실업가와 전문 경영인에 오른 인물들에 관한 것이었다.

이러한 《킹》의 성공담은 비단 일본 국내 인사에만 국한된 것이 아니라 서양에서 성공한 실업가들에 대한 기사나 기획 특집 등도 자주 게재되었다. 자동차왕 헨리 포드, 카네기와 록펠러, 금융왕 로스차일드, 광산왕 세실 로즈, 발명왕 에디슨 등이 그 대표적인 경우이다.

이러한 《킹》의 데치·고조의 성공담 편집 의도는 "모든 국민은 천황의 고조이다."라는 칼럼에서도 나타나듯이 천황과 황군에 대한 충성을 고취시키려는 것이었지만 식민지 소년 김익달에게는 성공에 대한 의지를 더욱 불태우게 된 계기가 된다.

서점 점원으로 있으면서 숙식을 해결하고 약간의 월급까지 받게 된 소년 김익달은 다양한 분야에 대한 독서와 함께 중단되었던 학업을 본격적으로 시작할 수 있었다. 즉 비록 고학이긴 하지만 기본 교과서 중심으로 중·고등학교 과정을 공부했고 통신강의록으로 와세다대학 상과의 2년 과정까지 마칠 수 있었던 것이다.

어렸을 때부터 근면·검소·인내 등이 몸에 밴 김익달은 머나먼 타국 땅에서의 고학 생활을 통해 "고통을 이겨 낸 사람만이 진실로 남을 도울 수 있다."는 값진 교훈을 터득하게 된다. 또한 김익달은 운명은 주어지는 것이 아니라 스스로 개척해 나가는 것이라는 진리를 고된 생활 경험 속에서 발견한다.

이렇듯 힘든 객지 생활 속에서도 대구에 두고 온 부모님에 대한 효성이 지극하여 당시 고학생 신분으로 할 수 있었던 우유 배달이나 신문 배달 등도 시간이 허락하는 한 꾸준히 하여 조금이라도 돈이 모이면 이를 고스란히 대구에 있는 부모님께 부쳐 주었다.

이러한 김익달을 지켜 본 서점 주인은 그의 근면성과 효성에 감복하여 서점 경영에 관한 업무까지 가르쳐 주었다. 아마도 서점 주인은 김익달을 자신의 사업의 동반자나 후계자쯤으로 키울 생각이었던 것 같다.

그러나 1936년 어느새 20세의 청년으로 성장한 김익달은 일본에서의 성공이 아니라 조국에서의 성공을 위해 대구로 돌아오게 된다.

청운의 꿈을 안고 귀국

김익달은 5년여의 일본 생활을 접고 1936년 귀국했다. 인쇄소 직공으로 하루 16시간씩의 중노동, 서점의 점원과 신문 배달, 우유 배달을 하면서도 끝까지 포기하지 않고 고학으로 대학과정까지 마친 고된 생활 끝에 내린 결론이었다. 김익달은 성공을 위해 일본행 밀항선을 탔으나 식민 제국 일본에서 보고 듣고 겪고 생각하면서 보낸 5년여의 시간은 성공을 추구하던 식민지 소년을 조국을 위해 무엇을 할 것인가를 생각하는 식민지 청년으로 바꾸어 놓았다.

김익달은 조선인에 대한 차별을 감수하고서도 내선일체를 내세우는 식민 제국 일본의 정책을 잘만 활용한다면 일본에서의 성공도 불가능한 것만은 아니라고 생각해 보기도 했었다.

하지만 민주사변을 계기로 점점 우경화하는 일본 사회의 분위기와 내선일체를 내세워 한민족을 아예 통째로 흡수하여 그 존재의 흔적마저 없애려는 일본의 정책을 몸소 체험한 다음에는 더 이상 일본에서의 생활이나 성공은 무의미하다는 것을 깨달았다.

김익달은 자신이 조국을 위해 뭘 할 수 있는지 또 실제로 어떤 능력이 있는지를 깊이 생각할 겨를도 없이 어서 빨리 조국으로 돌아가 무엇이든 해야 한다는 절박함을 느꼈던 것이다.

비록 꼭 성공하고서 돌아오겠다는 맹세를 지키지는 못했으나 나라와 민족이 없다면 성공이 무슨 의미가 있단 말인가.

귀국하여 대구로 돌아온 김익달은 서둘러 대구 동성로에 춘강당(春江堂)이라는 상호로 서점을 열었다. 일본 동경에서의 서점 점원으로 일했던 경험도 있었지만 무엇보다 사람들의 귀가 열리고 눈을 뜨게 하는 데에는 책만한 것이 없다는 생각이었으므로 서점을 내는 것은 당연한 선택이었던 것이다.

하지만 현실과 이상의 차이는 너무나도 컸다. 1936년 식민지배하의 한반도에서 서점을 경영한다는 것은 태양이 이글거리는 사막 한가운데서 뜨거운 차와 보온병을 파는 것처럼 어려운 일이었다. 우선 서점이라고 해봐야 우리글로 된 책이나 잡지가 전무하다시피 했다. 1930년대 후반기에 접어들자 일제는 겉으로는 내선일체를 내세우면서 실제로는 조선말 조선글을 일체 사용하지 못하게 하는 조선어 말살 정책을 시행함으로써 한민족의 정체성 자체를 박멸하고자 했다.

어쩌다가 총독부의 검열을 통과하여 발행되는 책이나 잡지라는 것은 일본 제국주의나 천황에 대한 충성과 보은을 다짐하는 내용 일변도였던 것이다.

그렇다고 일본에서 발행하는 《킹》과 같은 대중지를 들여다 팔수도 없는 노릇이었다. 정말 가뭄에 단비 만나듯 귀한 책을 구한다 치더라도 이를 구입해 볼 수 있는 수요자 또한 일부 귀족과 관료를 비롯한 특권층이거나 일본 제국주의에 영합하여 이득을 챙기려는 모리배 정도인데 그들이 이런 책을 살 까닭이 없음은 자명한 이치였다.

김익달은 자신이 너무 성급했음을 인정하지 않을 수 없었다. 사람들의 귀가 열리고 눈을 뜨게 하려면 먼저 그들의 눈과 귀를 열만한 그 무엇이 있어야만 했다.

김익달의 서점 운영은 채 1년도 못가 문을 닫을 수밖에 없었다. 하지만 김익달은 첫 사업의 실패를 통해 사람들의 눈을 뜨게 하고 귀가 열리게 하는 그 무엇이 있어야 하고, 만약 그런 것이 없다면 직접 만들 수밖에 없음을 절실히 깨닫게 된다.

하지만, 어떻게 무엇으로 그런 일을 할 수 있단 말인가. 점점 혹독해져 가는 일제의 식민정책하에서 이상과 의욕만 가지고 할 수 있는 것은 아무 것도 없었다. 몇 날 몇 밤을 고민하고 고향 친구와도 의논한 끝에 김익달은 먼저 무엇인가를 할 수 있는 돈을 벌어야 한다는 생각에서 만주행을 결심하게 된다. 당시 만주는 일제가 만주사변 이후 만주에 또 다른 식민지인 만주국을 건설한 상태였고 이를 발판으로 하여 중국 대륙으로 진출하려는 상황이었다.

예나 지금이나 전쟁터는 수많은 사람들의 목숨이 왔다 갔다 하는 위험천만한 곳이지만 사업을 하는 사람들에게는 기회의 땅이기도 하다. 따라서 당시 만주는 한국인, 중국인뿐만 아니라 일본인, 소련인, 서양인들이 모여들어 한창 개발 사업이 일어나고 있던 때라 일종의 전쟁특수가 벌어지고 있던 셈이었다.

별다른 연고나 가진 것 없이 만주로 온 김익달은 간신히 중국인이 경영하는 회사에 취직하여 호구책은 마련하였으나 오래가지 못하였다.

열일곱 살 때부터 계속된 객지 생활과 몸을 돌보지 않는 무리한 노동, 일본과는 또 다른 만주 특유의 메마른 기후 조건 등은 스물한 살의 건강한 청년 김익달에게도 무리였던 것이다.

김익달은 다시금 분루를 삼키며 대구로 돌아올 수밖에 없었다. 김익달의 몸은 폐결핵과 늑막염 등으로 만신창이가 되어 있었던 것이다.

해주에서의 새 출발

대구에서의 첫 서점 사업 실패, 만주에서의 또 다른 실패와 폐결핵이라는 난치병까지 얻은 청년 김익달은 극도의 좌절감에 빠져 있었다. 건강하지 못한 몸으로는 아무것도 할 수 없다는 절망감에 김익달은 몇 번이나 죽음을 생각하지 않을 수 없었다. 낯선 이국땅에서 제대로 먹지도 못한 채 하루 16시간 이상씩의 살인적인 중노동 속에서도 한 번도 생각지 않았던 죽음이라는 단어가 김익달의 머리를 어지럽히고 있었던 것이다.

나라 잃은 식민지 청년으로서 조국과 민족을 위해 가장 먼저 사람들의 눈을 뜨게 하고 귀가 열리게 하는 무엇인가를 해보겠다는 결심도 병마에 시달리는 몸과 함께 점점 사그라지는 느낌이었다.

대구에서 몇 달간을 병마에 싸우며 절망감과 무력감에 시달리던 김익달은 결국 이대로 주저앉을 수는 없다는 생각에 다시 한 번 주먹을 불끈 쥐고 길을 찾게 된다.

김익달은 무엇보다 건강을 회복하는 일이 최우선임을 절실히 깨닫고 백방으로 수소문한 끝에 황해도 해주로 가는 길을 최종 선택하게 된다. 당시 해주에는 김익달의 여동생이 황해도 도청 회계과에 근무하고 있었는데 그녀의 소개로 해주로 가서 폐결핵을 고쳐보겠다는 생각을 하게 된 것이다.

그녀가 오빠인 김익달에게 해주로 와서 폐결핵 치료를 권유한 것은 해주에는 조선 최초로 설립된 결핵요양원인 해주구세요양원이 있었기 때문이었다.

해주구세요양원은 미국인 선교사 셔우드 홀(sherwood hall, 조선 이름, 하락)[10]이 1925월 4월 해주구세병원장으로 취임한 뒤 해주의 기후 풍토가 결핵 환자 치료에 가장 적당하다고 하여 기독교조선감리회의 자선사업 기관으로 승낙을 얻어 1928월 3월 해주 남산, 송림이 울창한 곳에 설치한 요양원으로 당시 조선에서는 가장 시설이 좋은 곳이었다.

해주로 온 김익달은 편안하게 요양원에 들어가 치료받는다는 생각은 꿈도 꾸지 못할 형편이므로 우선 동생의 도움으로 해주 시내에서 조금 떨어진 해주항 근처에 있는 해주구세요양원 임해관의 서무로 취직하게 된다. 폐결핵을 앓고 있던 김익달로서는 어렵게 잡은 천재일우의 기회였던 것이다.

임해관 숙직실에 기거하게 된 김익달은 숙식 문제가 해결되자 타고난 근면성과 성실성으로 요양원 업무를 성실하게 처리하였다. 이러한 김익달의 성실성은 임해관장의 신임을 얻게 되어 얼마안가 임해관장의 비서 업무도 겸하게 된다. 당시 임해관장은 청년 김익달을 양아들처럼 생각하여 임해관 행정 업무를 모두 맡겼고 정성을 다해 김익달의 폐결핵을 치료해 주었다.

김익달은 해주구세요양원에서 폐결핵을 치료받는 동안 자신에게 이런

---

10 셔우드 홀의 어머니는 미국 감리교회 해외선교회 소속인 의료선교단의 일원인 로제타 셔우드 홀로서 역시 선교를 위해 조선에 들어온 윌리엄 제임스 홀과 결혼하여 1893년 11월 10일 조선에서 셔우드 홀을 낳았고 셔우드 홀의 조선 이름은 하락이다. 셔우드 홀은 후원자를 모으기 위해 미국으로 갔다가 오하이오 주 클리블랜드에서 '크리스마스 실 운동'을 본 그는 조선으로 돌아와 1932년 '크리스마스 실 위원회'를 조직하고 1932년 처음으로 거북선을 도안하여 '실'을 발행하고자 하였으나 일제에 의해 허가가 나지 않자 남대문으로 바꾸어 발행했다. 그 후 크리스마스 실은 매년 발행되어 아홉 차례에 걸쳐 발행되었으나 1940년 전쟁의 와중에 미국인의 존재를 못마땅하게 여긴 일제가 요양원을 접수하고 셔우드 홀의 가택을 수색하는 등 재판에 회부하자 결국 셔우드 홀은 1942년 11월 조선을 떠나 인도로 갔다. 그 후 셔우드 홀은 1991년 4월 5일 캐나다 밴쿠버에서 98세를 일기로 세상을 떠났고 그의 유언에 따라 부모가 묻혀있는 서울 양화진 외국인 묘지에 안장되었고 같은 해 9월 19일 세상을 떠난 부인 메리안 홀(Marian Hall) 역시 그곳에 안장되었다.

기회를 준 하늘에 감사하며 건강이 회복된다면 조국과 민족을 위해 할 수 있는 모든 일을 하리라고 수없이 다짐하게 된다. 해주구세요양원은 결핵의 예방과 치료에 힘쓰는 한편 1938년 5월 1일자로 《요양촌》이라는 제목으로 결핵 예방과 요양을 지도하는 보건잡지도 발행하게 된다. 이 잡지는 결핵의 예방과 치료를 위한 전문가의 논문뿐만 아니라 결핵 시설 시찰기 등의 르포, 투병기 등의 수필, 소설 등 다양한 내용을 실었는데, 1940년 6월 통권 7호로 중단되었다.[11]

김익달은 해주구세요양원에 근무하는 동안 병원의 치료와 지시에 성실하게 따른 것은 물론이지만 스스로도 병을 극복하기 위해 《요양촌》과 같은 잡지뿐만 아니라 구할 수 있는 의서를 구해 보면서 폐결핵을 극복하는데 전력투구하였다. 김익달은 폐결핵은 결코 불치병도 아니고 난치병도 아니며 반드시 완치할 수 있다는 신념을 가지게 되었다.

김익달은 폐결핵을 고치기 위해 해주에서 보내는 1년여 동안 아무리 높은 이상을 가지고 있어도 건강이 뒷받침되지 못한다면 아무런 의미가 없다는 것을 다시 한 번 절실히 깨닫게 되었다. 또한 건강은 한 개인의 문제가 아니라 국가 전체의 문제로 국민들의 건강은 국가 발전과 번영에 기본이라는 사실도 깨닫게 된다. 요컨대 지금까지는 국민의 정신이 건강하지 못하여 나라까지 잃은 것이라고 생각하여 무엇보다 국민의 정신을 깨우기 위해 눈과 귀를 열리게 하는 것이 급선무라고 생각해 왔는데, 올바른 정신 못지않게 건강한 육체 또한 필수불가결하다는 생각을 하게 되었던 것이다.

너무나 평범하지만 미처 깨닫지 못했던 '건전한 정신은 건강한 육체에서'라는 진리를 체험을 통해 깨닫게 된 것이다. 김익달의 이러한 깨우침

---

11 『한국잡지백년2』, 「17.8 결핵 예방과 요양을 위한 요양촌」, 최덕교, 현암사, 2004.

은 이후 그의 출판 사업에도 많은 영향을 미치게 된다. 결국 김익달은 폐결핵을 완전히 극복하여 건강을 되찾을 수 있었고 조금씩 마음의 안정도 찾게 되었다.

이즈음 김익달에게 또 하나의 큰 행운이 찾아왔다. 그것은 김익달이 평생 반려자가 될 여성을 만나게 된 것이다.

그 여성은 김익달의 동생과 같이 황해도 도청 농촌진흥과에 타이프라이터로 근무하고 있던 하성련이었다. 동생의 소개로 만난 그녀는 고향이 대구였던 탓에 김익달의 동생과 가깝게 지내고 있어 김익달과의 만남은 미리 운명 지어 있었던 것처럼 자연스러웠다. 김익달과 하성련은 첫눈에 서로에게 호감을 가지게 되었고 누가 먼저랄 것도 없이 다가서며 장래를 약속하게 된다.

하성련은 당시 김익달을 "미남형에 패기에 가득 찬 자신만만한 청년이었다."고 기억하며, "해주항이 들어선 용당포는 퍽 아름다운 항구였지요. 우리는 서해의 넘실대는 물결을 바라보며 사랑을 키워 갔습니다. 그분은 한밤중에도 불현듯 찾아와서는 '얼굴을 보지 않고는 잠을 이룰 수 없다'고 고백할 정도로 정열적인 청년이었지요."라고 회고했다.

1941년 1월 22일, 25살의 청년 김익달은 해주에서 하성련과 결혼했다. 병도 고치고 인생의 반려자도 찾은 청년 김익달은 건강 문제로 잠시 접어두었던 출판에 대한 꿈을 해주에서 다시 펼치기 시작한다.

해주의 낙동서관

김익달은 해주에서 신혼살림을 차리자마자 서둘러 서점을 낼 궁리를 했다. 1937년 7월 중국과의 전면전에 돌입한데 이어 1940년 9월에는 아시아 침략을 본격적으로 개시한 일본 제국주의는 조선에 대한 식민정책을 더욱 강화해 나갔다.

조선을 병참기지화 하는 것은 물론 조선인을 징병과 징용으로 동원하기 위해 내선일체(內鮮一體), 일선동조론(日鮮同祖論),[12] 창씨개명, 황국신민화정책(皇國臣民化政策),[13] 조선어 말살정책 등 일제의 식민정책은 세계 역사상 그 유래가 없을 정도로 가혹하고도 악랄한 정책이었다.

이러한 국내외 정세 속에서 김익달은 신혼의 단꿈에 젖어 있을 수만은 없었던 것이다. 김익달은 이제는 건강이 회복되었으니 무엇이든지 해야 할 일을 찾아야 했다. 김익달은 고심 끝에 해주 시내 중심가에 자리를 얻어 '낙동서관'이라는 서점을 차렸다. 낙동서관의 낙동은 물론 고향의 낙동강을 생각하여 붙인 이름이었다. 대구에서의 첫 서점이었던 '춘강당'의 실패 이후 실로 7여 년 만에 다시 서점을 연 것이다. 하지만 말이 서점이지 일본 제국주의의 전시총동원체제하에 있던 조선에서 서점이라는 말을 붙이기도 어려운 상황이었다.

또한 당시 조선의 출판 상황은 출판이라고 할 수 없을 정도로 빈약하기 짝이 없었다. 일제는 이미 1938년부터 모든 학교에서 조선어 사용과 조선어 교육을 폐지했고 1940년에 들어와서는 《동아일보》, 《조선일보》 등 한글로 발간되는 신문과 《문장》[14] 등 한글로 된 잡지를 전면 폐간시켰을 뿐만 아니라 조선어학회 사건을 조작해 조선어학회 간부들을 모두 잡

---

12 '일본 민족과 조선 민족의 조상은 하나다'라는 것으로 한민족을 아예 말살하려는 정책의 하나다.

13 한국인을 일본 천황의 신민으로 만드는 일종의 민족말살정책이다. 이를 위해 전국 곳곳에 신사(神社)를 설치하고 신사참배를 강요하였으며 모든 행사에 앞서 황국신민서사를 제창하도록 하였다.

14 1939년 2월에 창간하고 국문학 고전을 통해 민족문화를 옹호하였고, 서구 문화 도입을 지향했던 월간 문예 잡지다. 발행인은 김연만, 주간은 이태준이었고, 1941년 4월 통권 25호를 끝으로 일제의 황도정신(皇道情神) 앙양에 적극 협력하라는 요구에 불응하고 폐간하였다.

아들이기까지 했던 것이다.

사정이 이러하니 김익달의 낙동서관이라고 하여 달리 뾰족한 방법이 있을 수 없었다. 김익달 역시 다른 서점과 마찬가지로 주로 헌책을 구해서 거래할 수밖에 없었다. 그러나 김익달은 일본 동경에서 서점 점원으로 근무한 경험과 대구에서의 서점 경험을 통해 쌓은 지식을 십분 발휘하여 서점을 착실하게 키워 나갈 수 있었다.

즉 김익달은 징용으로 나가거나 이사를 가는 일본인들이 내놓은 중고 책 중에서 독자들이 볼만한 또는 필요로 하는 책들을 끌어 모으는데 탁월한 안목을 가지고 있었던 것이다. 뿐만 아니라 김익달은 공휴일은 물론이고 설이나 추석 같은 명절에도 거리에 사람이 있으면 낙동서관의 문을 열어 사람들이 편하게 책을 찾을 수 있게 했다. 이렇게 해서 김익달의 낙동서관은 날로 번창하여 해주 일원에서는 유명하다고 할 정도로 제법 큰 서점으로 발전하게 되었다.

처음 낙동서관을 열었을 때에는 결혼하여 한 집안의 가장이 되었으니 당장의 호구책도 마련해야겠기에 그래도 서책과 관련된 사업이 의미 있는 사업이라는 생각이었다. 자신의 경험과 사업가적인 수완으로 낙동서관이 제법 큰 서점으로 발전해 가는 것은 기쁜 일이나 김익달의 가슴은 점점 더 답답해져 갔다.

그것은 낙동서관의 성공이 자신이 원래 의도했던 대로의 성공이 아니었기 때문이다. 서책과 관련된 사업을 택한 것은 사람들의 눈을 뜨게 하고 귀가 열리게 하는 데는 서책의 보급이 으뜸이라는 생각에서였다. 그러나 낙동서관에서 거래되는 서책의 대부분은 제국주의 일본의 중고 서적이 대부분이었다. 그뿐만 아니라 그 책들의 내용 또한 일본 천황과 일본 제국주의를 미화하거나 일본이 아시아의 지도 민족으로서 일본 민족의 우월성과 일본 문화를 찬양하는 등의 내용이 대부분이었기 때문이다.

인기 있는 문학작품 역시 황국신민을 계몽하기 위한 내용이 주류를 이루고 있었다. 당시 일본 제국주의는 중국과의 전면전 및 아시아에 대한 본격적인 침략을 시작한데 이어 진주만 기습에 따른 미국과의 전쟁에 돌입한 급박한 상황이었다. 이에 따라 일제의 식민정책은 더욱 가혹해져 조선어 사용과 조선어 교육 전면 금지 및《동아일보》,《조선일보》폐간 등 한글 신문 발행이 금지된 상황이라 어쩔 수 없는 상황이긴 해도 김익달은 일본어 서책의 거래만으로는 도저히 견딜 수가 없었던 것이다.

무엇이든 돌파구를 찾아야겠다는 생각에서 김익달은 서책의 거래 외에 신문 쪽에 눈을 돌리게 된다. 긴박하게 돌아가는 국내외의 정세 속에서 사람들의 눈과 귀를 뜨이게 하려면 신문이 좀 더 효과적일 수 있다는 생각이었다. 그래서 낙동서관은 '해주신문 배달조합'의 지국[15]을 겸하게 된다. 하지만 '해주신문 배달조합' 지국의 경영은 김익달을 더욱 참담하게 만들었다. 이미 조선에서 발행되는 유일한 한글 신문은 총독부의 기관지인《매일신보》[16]뿐이었던 것이다.

《매일신보》가 유일한 한국어 신문이라고는 하나 똑같은 총독부 기관지로서 일어판인《경성일보》와 조금도 다를 바 없었다. 특히 일제는 조선의 지식인들을 내세워 '내선일체'와 '일선동조론'을 강조하는 논조와 황국신민사관을 주입시키기에 혈안이었던 것이다. 일본 제국주의가 태평양전쟁을 일으켜 미국과의 전면전에 돌입하면서 '내선일체'와 '일선동조론'을

---

15 『학원세대와 김익달』 24쪽 등 일부 자료에는《해주일보》지국을 경영한 것으로 기록되어 있으나《해주일보》는 1920년 폐간되었고 김익달이 낙동서관을 경영하던 1942년경 당시에는 한글 신문 발행이 사실상 엄격하게 통제되어 있는 상황이었으므로《해주일보》지국이 아니라 '해주신문 배달조합'의 지국을 경영하였다고 하는 것이 정확하다.

16 《매일신보》는 1904년 7월 18일 영국인 베설(Ernes Thomas Bethel)이 창간한《대한매일신보(大韓每日申報)》를 일제가 사들여 1910년 8월 30일 '대한'을 떼고《매일신보(每日申報)》로 개제한 후 총독부 일어판 기관지인《경성일보(京城日報)》와 통합하여 발간되었다가 1938년 4월 16일《경성일보》와 독립시켜 주식회사 형태로 바꾸고 제호도《매일신보(每日新報)》로 바꾸어 해방 때까지 발행되었다.

강조하고 한국인도 일본 천황의 신민이라고 선동한 것은 물론 한국인들의 정체성을 말살하고 한국인들을 전쟁에 동원하기 위함이었다. 일제는 한국인들을 징병하여 일본군에 편입시키고 그들의 손에 무기를 쥐어 주었을 때 그 총구가 혹시라도 일본 제국주의로 향해지지는 않을까에 대해 심히 두려움을 느끼고 있었던 것이다.

따라서 이러한 불안을 제거하려면 한국인에 대한 대대적인 징병과 함께 황군의 일원이 된다는 것은 영광스러운 일이라는 것을 머릿속 깊이 주입시켜 둘 필요가 있었던 것이다. 실제로 한국의 많은 지식인들은 일제의 이러한 식민정책에 부화뇌동하기도 하였다. 그들은 한국인도 일본 국민과 동등한 자격에서 아시아의 지도 민족으로서의 지위를 확보할 수 있다는 점에서 나름대로의 애국 애족의 신념에서 '내선일체'와 '일선동조론'을 선전하였던 것이다.[17]

이처럼 김익달의 '해주신문 배달조합' 지국 경영은 그의 가슴을 더욱 참담하게 하였으나 그래도 한 가지 좋은 점이 있었다. 그것은 신문지국 경영은 영업과 취재 등의 명목으로 해주에서의 김익달의 활동 범위를 다소 넓혀주는 계기가 되었던 것이다.

김익달은 영업과 취재 등의 명분으로 해주뿐만 아니라 황해도 일대를 둘러보며 현재 자신의 모습 또한 돌아볼 수 있게 되었다. 17세에 혈혈단신으로 오직 성공하겠다는 일념으로 일본으로 가는 밀항선에 오른 일, 동경 빈민가 노동자 숙소에서의 중노동과 서점 직원으로서의 고학생활,

---

17 김동계, 2010. 6. 연세대학교 대학원 사회학과 박사학위 논문, 「1930년대 후반 식민지배와 민족담론」 5쪽. 김동계는 위 논문에서 "조선의 지식인들은 식민지에서 헤게모니를 장악한 일본으로부터 민족(국가) 정체성에 대한 위협을 강요당하자 그 위협에 대항하기 위해 바로 그 위협의 대상이며 또 한편으로는 매혹적인 동경의 대상이 되기를 욕망하는 것으로 나아간다. 즉 식민지 조선을, 동경하는 매혹적인 대상과 동일한 위치를 점하는 주체로서의 스스로를 욕망하는 것이다."라고 분석하고 있다.

귀국 후 대구에서의 첫 서점사업 실패, 만주에서의 좌절과 폐결핵으로 인한 절망적인 귀향, 해주에서의 끈질긴 투병, 마침내 회복한 건강과 평생의 반려자를 만난 행운, 그리고 비록 작은 시작에 불과하지만 낙동서관의 성공, 숨 가쁘게 달려온 지난 10여 년간이 마치 어제 일처럼 뚜렷하게 각인되어 있었다.

김익달은 자신을 둘러싸고 있는 사람들과 그리고 그들이 살고 있는 산과 들, 하늘과 바다, 강들을 볼 수 있게 되었다. 지금까지는 그저 막연하게 어서 빨리 성공해서 국가와 민족을 위해 무엇이든 해야겠다고 생각했다면 이제는 달랐다. 그저 국가와 민족을 위해 무엇인가 해야 한다는 막연한 생각은 아무런 의미가 없음을 절실히 깨달았던 것이다. 이제는 세상을 제대로 보고 나와 남이 함께 이로울 뿐만 아니라 국가와 민족에게 꼭 필요한 일을 작은 것부터 실천하는 것이 중요하다는 것을 깨달았던 것이다.

김익달은 해주와 황해도 일대를 둘러보면서 그동안 말로만 듣던 19세의 동학농민군 팔봉접주 김창수[18]가 산포수 700여 명을 거느리고 공격했다는 해주성도 둘러보았다. 또 동학군 토벌을 피해 은거해 있던 진사 안태훈[19]의 신천집도 찾아보았다. 또한 김창수가 21세 때 명성황후의 원수를 갚기 위해 일본 육군 중위 스치다를 살해한 안악 치하포와 안창호 등 애국지사 104명과 신민회를 조직하고 안악에 설립한 양산학교도 보고, 안중근 의사의 이토 히로부미 사건에 연루되어 해주 감옥에 수감되었다가 출옥한 후 교육 사업에 전념하기 위해 교장을 맡았던 재령 보강학교도 돌아보며 김익달은 많은 생각을 가지게 되었다.

---

18 김창수의 아명은 창암으로 19세 때 이름을 창수(昌洙)로 바꾸었고, 그 후 미천한 백성을 상징하는 백정의 백(白)과 보통 사람이라는 범부의 범(凡)자를 따서 호를 백범(白凡)으로 지은 바로 김구(金九)선생이다.
19 안태훈은 하얼빈에서 이토 히로부미를 저격한 안중근 의사의 부친이다.

김익달은 영업과 취재 명목으로 황해도 일대를 둘러보면서 또 하나의 큰 수확을 얻게 된다. 바로 황해도의 북쪽 끝자락에 붙어 있는 산골 마을인 곡산 땅을 찾아간 것이다.

곡산은 '울고 들어갔다가 울고 나온다'[20]는 말이 있을 정도로 첩첩 산골 마을이지만 그곳엔 다산 선생의 흔적이 남아 있었다.

다산 선생은 35세 때에 곡산부사로 부임하여 2년 동안 목민관으로서 백성들에게 실질적인 도움을 주는 선정을 베푸는데 온 힘을 기울인 조선조 최고의 실학자요, 민족의 스승이었던 것이다. 다산이 곡산부사로 재직한 것은 이미 100년도 훨씬 넘은 과거지만 곡산 주민들은 구전을 통해 아직도 다산을 기억하고 말하는 이들이 많았던 것이다.[21]

김익달은 다산이 곡산부사로 재직하는 동안 지었다는 정자와 연못도 둘러보았다. 다산이 '자'를 통일하고 '호적조사'를 정확히 하는 등 백성들에게 실질적인 혜택이 돌아가는 행정을 펼치고자 전념을 다했다는데 큰 감명을 받았다. 그뿐만이 아니었다. 다산은 당시 백성들이 천연두와 홍역으로 목숨을 잃거나 고통당하는 것을 안타까이 여겨 종래의 의학서를 참고하여 천연두 및 홍역의 예방법과 치료법인 『마과회통』[22]을 바로 이곳 곡산에서 저술하였고 훗날 수원성 건축 시 '거중기'를 발명하여 백성들의 시간과 노고를 덜고 비용도 절약하는 등 과학에도 끊임없는 열정을 보였다는 사실에 김익달은 깊은 감명을 받게 된다.

김익달은 황해도 일대를 둘러보면서 우리가 살고 있는 이 땅이 왜 예로부터 금수강산이라고 불리는지 알 것 같았다. 해주 용당포의 바다뿐만

---

20 울고 들어갔다가 울고 나온다는 것은 처음 곡산 땅에 들어갈 때에는 길이 너무 험해 울고 갔다는 것이고 울고 나온다는 것은 그곳 인심이 너무 좋아 떠나오기 싫어 울고 나온다는 것이다.
21 다산이 곡산부사로 재직한 것은 1797년 6월부터 1799년 4월까지였다.
22 시인 조지훈의 아버지인 한의학자 조헌영은 『마과회통』에 대해 "조선에 유명한 의사는 많았지만 의학자는 없었다. 다산은 우리나라 최초의 의학자였다."고 평한바 있다.

아니라 수양산과 예성강, 신천 어루리벌, 문화장터, 재령고개, 나무 한그루 돌 하나에 이르기까지 어느 것 하나 그저 아무렇게나 놓여 있는 것이 아니었다.

기름진 옥토에서 한여름 뙤약볕에 얼굴을 새카맣게 그을려가며 수십 번 잡초를 뽑고 물대기와 물빼기를 반복한 끝에 들녘에 황금빛이 물들어도 어느 누구도 마음 편히 쌀밥 한 그릇 먹을 수가 없었다. 한반도를 병참기지화한 일본은 한반도에서 수확한 쌀은 대부분 군량미로 공출해 갔기 때문에 한국인들은 그야말로 초근목피와 일제가 만주에서 수입한 콩 등으로 연명할 수밖에 없는 처지였다.

김익달은 아무리 일본 제국주의가 연일 미국과의 전쟁에서 승전하였다고 떠들어대고 사람들의 눈과 귀를 가려도 이제는 거의 막바지에 다다랐다는 것을 느끼고 있었다. 군량미 공출뿐만 아니라 놋그릇 등 쇠붙이 공출에 이어 징병·징용으로 수많은 한국인을 전쟁터와 탄광이나 군수공장 등에 내몰고 있었지만 이미 그것마저도 한계점에 이르고 있었던 것이다.

28세의 청년 김익달은 혼인하여 한 집안의 가장이고 또 낙동서관이라는 서점과 '해주신문 배달조합' 지국이라는 사업체를 운영하고는 있지만 더 이상 징병·징용으로부터 안전하다는 보장이 없었다. 결국 김익달은 후일을 도모하기 위해 중대한 결심을 하게 된다.

수안에서의 은둔 생활

김익달은 태평양전쟁을 일으킨 일본 제국주의의 종말이 가까워졌음을 알고 한편으로는 새로운 희망이 솟아오르면서도 또 한편으로는 앞으로 어떤 일이 닥칠지 몰라 두려웠다. 이미 수많은 한국의 젊은이들을 징병과 징용으로 또 한국의 어린 처자들을 정신대 또는 근로보국대라는 이름으로 전쟁터에 끌고 간 사실로 볼 때 전황이 막다른 길에 이르면 또 어떤 극단적인 조치가 나올지 알 수가 없었던 것이다.

징병이나 징용으로 끌려간다는 것은 그야말로 아무런 명분 없는 개죽음을 의미하는 것이므로 김익달은 어떻게든 가장으로서 이 난관을 피할 수 있는 방도를 생각해야 했다. 결국 김익달은 일제의 손길이 쉽게 미치지 않는 산골로 들어가기로 결심하게 된다. 김익달은 그동안 자신이 둘러본 황해도 지역 중에서 산세가 험하면서도 외부 사람들이 들어가 살만한 곳으로 '수안'을 택하게 된다.

수안은 황해도의 북쪽 끝에 있는 고장으로 군 중앙에 언진산(해발 1,118m)을 주봉으로 하는 언진산맥이 동서 방향으로 뻗어있고 가덕산, 천자산, 오봉산, 감박산 등 험준한 산들이 치솟아 있어 황해도에서 곡산과 함께 예로부터 가장 산세가 험한 곳으로 유명한 곳이다. 한 가지 재미있는 사실은 조선시대의 예언서인 『정감록』이나 천문학자였던 남사고 선생이 남긴 『격암유록』에는 십승지 또는 피장처라고 하여 삼재(三災) 즉 흉년, 전염병, 전쟁이 들어올 수 없는 이상향으로 언급한 곳이 여러 곳 있는데, 강원도 영월, 경북 풍기, 전북 무주 등 대부분 교통이 불편한 내륙 지방의 오지 벽촌들이다.

그런데 대부분의 십승지나 피장처가 남부지방에 있는데, 『정감록』에는 유일하게 황해도 곡산 명미촌을 난리를 피할 수 있는 곳으로 꼽고 있는데 김익달이 일본 제국주의의 최후의 광기를 피해 찾아간 수안이 바로 그 곡산과 이웃한 고장이었다.

김익달이 당시 『정감록』의 피장처를 알아 수안으로 가기로 했는지는 알 수 없으나 결과적으로 김익달의 선택은 훌륭했다. 수안에서 김익달은 부인 하성련과 함께 1년여를 무사히 보내고 8·15 해방을 맞이하게 된다.

그런데 은둔하기 위해 수안으로 피란 가는 중에 김익달에게 한 가지 행운이 찾아왔다. 그것은 1년여의 은둔 생활 동안 말벗이 되어 주었을 뿐만 아니라 훗날 출판동지의 한 사람이 되는 박상련을 만나게 된 것이다.

1944년 여름 김익달은 낙동서관과 '해주신문 배달조합' 지국을 서둘러 정리하고 간단한 보따리만 챙긴 채 아내인 하성련과 함께 수안으로 가는 시외버스에 올랐다. 일제의 발악도 막바지에 이른 터라 시외버스라고 해 봐야 가솔린이 있을 턱이 없어 숯불에 의한 목탄 가스로 겨우 움직이는 차였다. 수안·곡산은 황해도의 삼수갑산이라 불릴 정도로 궁벽하기로 소문난 곳이라 가파른 고갯길을 수도 없이 지나야 하는데, 그럴 때마다 사람들은 차에서 내려 힘껏 차를 밀고 올라가야 했다.

고갯길을 만나 버스를 밀기 위해 차에서 내린 김익달은 같이 내린 박상련과 눈이 마주쳤다. 당시 상황이 상황인지라 생면부지의 사람과 함부로 말을 주고받는 것은 위험할 수도 있는 일이었다. 하지만 김익달은 우연히 마주친 몇 살 아래로 보이는 박상련의 눈빛에서 믿을 수 있는 청년임을 알아보고 먼저 말을 걸었다. 아마도 그 옆에 아내처럼 보이는 여인과 두세 살 된 어린아이가 함께 있었기 때문인지도 몰랐다.

"저어, 선생은 어디로 가십니까?"

"네, 수안으로 가는 길이지요."

"어디서 오시는데요?"

"해주에서 된새벽에 왔는데 이렇게 늦어지는군요."

"아아, 그러시군요. 나도 오늘 아침 해주에서 떠났는데"

이렇게 시작된 김익달과 박상련의 만남은 금세 친해져 십년지기처럼 되었다. 두 사람의 대화를 듣고 있던 김익달의 아내 하성련도 화사한 웃음을 터뜨리며 박상련의 아내에게 눈인사와 말을 걸어 두 가족은 오랜만에 객지에서 만난 친척처럼 되고 말았다.

백세청풍(百世淸風)[23]으로 상징되는 수려하고 살기 좋은 해주 땅을 탈출하여 사람 살 곳이 못 된다는 유배지나 다름없는 수안 산골을 찾아가야만 하는 두 가족에게 서로의 존재는 그 무엇과도 비할 수 없는 큰 위안이었던 것이다. 김익달은 경북 상주가 고향이라 낙동서관을 운영하던 해주도 물론 타관이었지만 그래도 그곳은 도시며 항구였고 또 동생이라도 있었다. 그런데 수안은 그야말로 첩첩산골일 뿐만 아니라 생판부지의 타관이었던 것이다. 하지만 박상련은 수안이 고향은 아니었지만 신천군이 고향인 황해도 토박이인지라 김익달의 가족에게 각별하게 신경을 써 주었다고 한다. 김익달은 수안에서 머무는 1년여 동안 그동안 해온 일들과 생각을 정리하고 앞으로 나라가 독립하여 국권을 되찾게 되면 어떤 일을 어떻게 해야 할지를 가다듬을 수 있게 되었다.

박상련은 수안에서의 김익달을 가까이서 지켜본 사람으로서 후일 "김익달 선생은 이곳 수안에서 구만리의 꿈을 가꾼 것이었다. 그 꿈은 대붕의 잔등이만큼이나 광활했으며 그 날개만큼이나 크나큰 작용을 할 것만 같았다. 어쩌다가 첩첩산중에서의 조용한 대화에서도 이를 쉽게 감지할 수 있었다."라고 회고하면서, "김익달 선생은 해주에서 어느 신문사의 지국 일을 맡아 본 적이 있다 했는데, 그래서인지 그는 출판보다는 신문 쪽에 더 신경을 쓰고 있는 듯이 보였다. 그는 즐겨 말하기를 사람들의 귀가 열리고 눈을 뜨게 하는 일 이상으로 우리에게 시급하고 소중한 것이 어디 있겠느냐 하면서 의중을 드러내 보이기도 했다."고 이야기한 바 있다.

이렇게 김익달을 옆에서 지켜 본 박상련은 김익달과의 만남은 단순한 인간관계 이상의 정신적인 만남이었고 김익달에 대한 무한한 신뢰를 가

---

23 오래도록 부는 맑은 바람이란 뜻으로 영원토록 변치 않는 맑고 높은 선비가 지닌 절개를 의미하기도 한다. 해주시 새거리동에는 1728년(영조4년)에 세워진 백세청풍비가 있는데 높이 4.3m, 너비 1m로 북한에서 현존하는 비석 중 가장 큰 비석으로 알려져 있다.

지게 된 계기였다고 회고하기도 하였다.[24]

더 높은 곳을 향해 뛰어오르기 위해 수안에서 웅크리고 있던 김익달에게 축복할 일이 생겼다. 1945년 1월 22일 바로 칠흑과도 같은 어둠 속에서 곧 다가올 해방의 빛을 예언하기라도 하듯 아내 하성련이 첫아들 김영수를 낳은 것이다. 친형제처럼 돌봐주던 박상련 가족의 기쁨도 남달랐음은 물론이다.

새로운 생명의 탄생으로 첩첩산골에서의 어둡고 힘든 운둔 생활에서도 꿈과 희망을 잃지 않고 견디어낸 김익달과 그 가족 그리고 박상련 가족에게도 드디어 그날이 왔다.

온 겨레가 그렇게 목마르게 기다리던 그날! 1945년 을유 8·15 해방의 날이 온 것이다.

---

24 박상련, 「붕(鵬)의 잔등이만큼이나 광활하고 그 날개만큼이나 크낙한」, 『학원세대와 김익달』, 학원김익달전기간행위원회, 1990. 183쪽.

제3부 | 해방 새 출발

8 · 15 해방

대양출판사

교육열의 폭발

간추린 시리즈의 탄생

6 · 25 한국전쟁

피란 시절

대양서림

8·15 해방

김익달은 황해도의 삼수갑산이라는 수안에서 1년여의 은둔 생활 끝에 8·15 해방을 맞았다. 김익달은 수안에 있는 동안 수없이 떠올랐던 그날의 기억을 다시 한 번 생각하고 다짐을 했다. 하지만 그때의 충격은 마음 한편에 무겁게 자리 잡아 도저히 잊을 수가 없고 또 잊어서도 안 되는 것이었다.

그것은 1936년 어느 봄날에 일어난 일이었다. 일본 열도는 이맘때면 늘 그렇듯이 하나미 열풍에 도쿄의 백화점에는 벚꽃이 피기도 전에 하나미 전용 부스를 만들어 돗자리, 휴대용 식탁, 나무젓가락 등을 진열해 놓고 있었다.[1] 하지만 1936년 봄은 하나미 때문만이 아니었다. 1936년 봄 드디어 헤이본사(平凡社)는 세계대백과사전 29권을 완간했기 때문이었다.

일본 열도는 온통 흥분에 휩싸였다. 일본인들은 눈부시게 활짝 핀 사쿠라처럼 일본의 국력이 만주와 중국, 아니 세계만방으로 뻗어나가고 일본 민족이 세계의 지도 민족으로 우뚝 서게 되었다며 자신감에 차 있었다. 인류가 만들어 낸 유형·무형의 문화, 지식, 사상, 종교, 역사 등에 관한 모든 사항을 하나도 빠뜨리지 않고 남김없이 수록한 대백과사전을 일본이 발행한 것이다. 그것도 국가가 아니라 일개 민간 출판업자가 해냈다고 일본 열도는 흥분하며 백과사전 출판을 축하했고 수십만 질이 삽시간에 팔려 나갔다. 새로운 지식에 대한 일본 국민들의 열망은 대단했던 것이다. 심지어 선조 때의 유성룡이 임진왜란의 원인과 경과, 조정의 잘못을 정리한 『징비록』도 일본에서는 만권이 팔렸다고 하지 않는가.

---

1 하나미(お花見)는 일본의 벚꽃놀이를 일컫는 말로 벚꽃이 활짝 피면 가족, 연인 또는 친구들과 함께 이것저것 먹을 것을 잔뜩 들고 벚꽃나무 아래에서 먹고 즐기는 풍습을 말한다.

일본을 잘 알기 위해, 일본을 이기기 위해, 일본으로 온 식민지 청년은 참으로 아득한 현기증을 느낄 수밖에 없었다. 과연 일본의 국력은 어느 정도란 말인가. 일본과 조선의 차이는 도대체 얼마나 될까?

대포와 군함은 과거 조선시대 때에 화포도 만들고 거북선까지 만들었으니 조선도 독립하여 마음만 먹으면 못할 것이 없을 것이다. 하지만 국민들의 정신문화, 지식수준 같은 것은 대포와 군함과는 다르지 않는가. 인류의 모든 지식과 유산을 망라한 백과사전만 해도 그렇다. 과연 조선도 수십 권짜리 백과사전을 만들 수 있는 능력과 힘이 있을까. 과연 그런 날이 오긴 올까?

김익달이 서둘러 귀국을 결심한 데에는 백과사전으로 인한 충격이 크게 작용했다. 어서 빨리 조선 사람들의 눈과 귀를 열리게 하는데 뭔가를 하고 싶었고 어서 빨리 힘을 길러 일본과 같이 인류의 모든 지식과 유산을 망라한 백과사전을 내 손으로 만들고 싶었다. 조선이 비록 작고 힘이 없어도 문화국가임을 세계에 당당하게 알리리라. 김익달은 5년 전 밀항선을 탔을 때보다 더 힘껏 주먹을 불끈 쥐었다.

김익달은 그동안 숨어서 생각하고 가다듬어 온 일들을 하루라도 빨리 해야 하겠다는 생각에 몸과 마음이 분주했다. 김익달은 수안에서의 생활을 서둘러 정리하고 아내 하성련과 아직 돌이 채 되지 않은 아들 영수를 안고 먼저 해주로 발길을 재촉했다. 목탄차를 밀고 당기며 언제 다시 돌아가게 될지도 모를 불안 속에 올라왔던 수안 길을 내려오는 길은 몸과 마음이 한결 가벼웠다. 김익달 가족 옆에는 박상련의 가족도 함께여서 더욱 든든했다.

해방이다!
나라를 되찾았다.

책이든 신문이든 우리말과 우리글로 된 것을 마음껏 만들어 사람들의 눈을 뜨게 하고 귀를 열게 할 수 있다. 아이들에게 우리말과 우리글로 가르치고 세상 어디에 내놓아도 당당할 수 있는 인재로 키워 장차 나라의 미래를 맡긴다면 우리라고 잘살지 못할 이유가 무엇이란 말인가?

해주로 돌아온 김익달은 해방을 맞아 모든 것이 혼란스럽고 어수선한 분위기 속에서 서둘러 낙동서관 등 사업을 정리하고 한시라도 더 지체할 수 없다는 듯이 다시 고향으로 향했다.

김익달은 해주를 떠나면서 벅찬 가슴으로 박상련에게 말했다.

"박 선생, 수안에서의 한 해는 영영 잊히지 않을 소중한 추억으로 남을 겁니다. 그동안 타관살이 같지 않게 여러모로 보살펴 주셔서 더더구나 고맙고요, 일단 고향으로 갑니다만 부디 서울에서 다시 만납시다. 수안에서 그토록 이야기하던 우리들의 시대를 우리가 껴안아야 하지 않겠습니까?"[2]

박상련에게 말한 '우리들의 시대를 우리가 껴안아야 한다'는 김익달의 말은 사실 스스로에게 하는 새로운 다짐이기도 하다. 해방과 더불어 한반도에는 한국인들의 의사와는 관계없이 어느새 38선이 그어져 있었고 38선 이북인 해주에는 점령군인 소련군이 들어오기 시작했다. 김익달은 아내 하성련과 함께 아들 영수를 안고 서둘러 38선으로 향했다. 다행스럽게도 아직은 38선에 대한 경계가 느슨한 편이어서 1945년 8월 말경 김익달과 가족들은 무사히 38선을 넘어 서울로 들어왔고 바로 고향이라고 할 수 있는 대구로 돌아오는데 성공한다.

해방 후 불과 한 달여 만에 김익달은 수안에서 나와 해주의 사업을 정리하고 가족들을 이끌고 38선을 넘어 서울을 거쳐 대구로 온 것이다. 그

---

2 박상련 「붕(鵬)의 잔등이만큼이나 광활하고 그 날개만큼이나 크낙한」, 『학원세대와 김익달』, 학원김익달전기간행위원회, 1990. 185쪽.

의 마음이 얼마나 급하고 하고자 하는 일에 대한 의욕에 불타 있었는지 능히 짐작하고도 남음이 있는 일이었다.

해방 직후의 세상은 어디나 할 것 없이 몹시 어수선하고 혼란스럽기는 마찬가지였다. 대구라고 예외일 수가 없어 수많은 사람들이 호구지책으로 삼을만한 일거리를 찾기 위해 거리를 헤매고 다녔다. 시절이 시절인 만큼 고향이나 다름없는 대구로 돌아왔다고 해서 김익달에게 뾰족한 수가 있을 리가 없었다. 해주에서 낙동서관의 운영으로 작은 성공을 경험하긴 했으나 1년간의 수안 은둔 생활 끝에 대구로 온 김익달에게 새로이 사업을 시작할만한 자금이 있을 리 없었다. 그러나 김익달은 자신감과 의욕에 넘쳤다. 이역만리 타국에서의 하루 16시간의 중노동에도 꿋꿋하게 견뎠고 폐결핵도 이겼고 첩첩산골 수안에서의 은둔 생활에도 꿈과 희망을 잃은 적이 없었다. 더구나 이제는 나라를 빼앗긴 식민지 백성이 아니라 주권을 되찾은 해방된 조국의 국민이다. 무엇이든 하지 못하랴. 김익달이 대구에서 처음 시작한 것은 책과 신문 등을 모아 길거리에 펼쳐 놓고 파는 노점상이었다. 김익달이 노점상을 차린 곳은 대구역에서 중앙로 쪽으로 올라오다 왼쪽 큰길가에 위치했던 삼중정(三中井)백화점[3] 앞이었다. 김익달은 가장 밑바닥에서부터 출발하는 일에 조금도 주저함이 없었던 것이다.

당시 대구역 바로 앞쪽에서 역시 신문과 소책자 등의 노점상을 하여 나중에 정식으로 인사하고 가까이 지내게 된 다섯 살 연하의 김원대[4]는 김익달에 대한 첫인상을 다음과 같이 회고하기도 했다.

---

3 삼중정(미나까이)백화점은 일제 강점기 일본인 니시무라 등이 경영하던 백화점으로 경성에 본부를 두고 조선 주요 도시에 지점을 두었을 뿐만 아니라 중국 신경, 봉천까지 진출할 정도로 위세가 대단했고 특히 직원들에 대한 군대식 통제로 유명하여 지점장의 직책은 상업전사 대좌였다.
4 경북 안동 출신으로 1946년 아동 전문도서 출판사인 계몽사를 설립하고 계몽문화센터, 온양민속박물관 등을 건립했다.

"그에 대한 첫인상은 지워지지 않는다. 자그마한 키에 두 눈은 밝게 빛났으며 결단성이 있고 매우 능동적인 사람으로 보였다. 첫눈에도 앞으로 무엇인가 큰일을 해 낼 사람으로 여겨졌다."[5]

쓸 만한 중고 서적을 고르는데 탁월한 안목을 가진 김익달은 대구에서의 춘강당서점, 해주에서의 낙동서관 등 서점 경험을 바탕으로 거리 노점상에서 어느 정도의 자금을 모으는데 성공한다. 김익달은 이 자금을 기반으로 1946년 9월 말경 대구 중앙로에 위치한 삼중정백화점터에 해주에서와 같은 '낙동서관'[6]의 간판을 걸었다.

그러나 대구에서 새로 출발한 낙동서관은 해주에서처럼 중고책 거래가 주업인 서점이 아니라 서점과 출판사를 겸한 것으로 김익달의 출판에 대한 꿈이 싹트기 시작한 터전이었다. 김익달이 굳이 일제 때 조선의 상권을 장악했던 삼중정백화점터에 낙동서관의 간판을 건 것은 다분히 의도적이었던 것 같다. 물론 해방 직후의 혼란한 시절이고 물자가 워낙 귀했던 때이므로 출판사라고 해봐야 그야말로 보잘 것이 없었다. 김익달의 아내 하성련은 당시를 다음과 같이 회고했다.

"말이 출판사였지 형편없었어요. 바라크를 이어서 서너 평짜리 판잣집을 짓고 반은 생활 터전으로 썼고 나머지 반에다 출판사를 차리고 출판을 시작한 것이죠."

이때 김익달은 자신이 직접 등사기로 유행가요집 프린트 본을 만들어 팔았다. 당시는 모든 물자가 워낙 귀한 때라 제대로 된 종이가 없어 창호

---

5 김원대, 「집념의 외길 걸어온 출판인의 따뜻한 동지」, 『학원세대와 김익달』, 학원김익달전기간행위원회, 1990, 148쪽.
6 김익달이 해방 후 대구 중앙로 삼중정백화점터에서 처음 시작한 출판사가 '대양출판사'였다고 하는 사람도 있으나 위 김원대와 박상련의 회고를 종합해 보면 삼중정백화점터에서 시작한 출판사는 해주에서와 같은 낙동서관이며 김익달이 서울로 올라와 설립한 출판사가 대양출판사다. 실제로 김익달이 1947년 대구에서 출판한 『상해 명심보감』은 출판사가 낙동서관이다.

지를 뜯어 적당한 크기로 잘라 만든 프린트 물이었다. 그런데 이 출판물이 예상외의 대성공을 거두었다. 『걸작유행가요집』은 인기리에 판매되어 1부 이어 2부, 3부까지 발행하였다. 이를 지켜본 김원대는, "단순히 가사와 악보만을 싣는 것이 아니라 화가 박중유 씨로 하여금 삽화를 적절히 그려 넣게 했다. 당시만 해도 이것은 기발한 착상이었다. 김 선생의 정성을 쏟은 대가로 이 첫 출판물은 놀라운 판매고를 올렸다"고 회고했다.

자신의 첫 출판물에 대한 세간의 반응에 고무된 김익달은 사람들이 가장 절실하게 필요한 것이 무엇일까를 생각하게 된다. 이렇게 해서 낙동서관 명의로 출판한 것이 당시 신식 학문에 대한 배움의 열망에 불탔던 학생들을 위한 『중등지리』, 『중등작문학습서』, 『수학강의』 등의 학습서였는데, 이 또한 대단한 히트를 기록한다.

또 김익달은 이에 멈추지 않고 혼란한 사회일수록 우리의 정신과 문화의 소중함을 알고 지켜야한다는 생각에 『한글 명심보감』, 『시조백선』, 『한국고전가사집』 등을 잇달아 출판하였다.

대구에서의 출판으로 다소간의 자금을 모은 김익달은 본격적인 출판사업을 위해 서울로의 진출을 모색하게 된다.[7] 김익달은 1947년 이른 봄 서울로 해주에서 올라온 박상련을 만나 그간의 회포를 풀면서 대구에서의 낙동서관을 정리하고 곧 서울로 올라올 것이라는 결심을 밝힌다. 박상련은 이때의 김익달 모습에 대해 "김익달 선생의 의욕은 대단해 보였다."고 회고하기도 했다.

김익달은 1947년 9월경 서울로 올라와 을지로 4가 187번지에 있던 최

---

7 2006년 10월 23일자 대구 《매일신문》 '정영진의 대구이야기(43) 착근기의 대구 출판인들'이란 칼럼에서는 "출판계에선 대구를 한국 출판계의 '샘터'라 부르는데 주저하지 않는다. '학원사', '동아출판사', '계몽사', '현암사', '교학사', '시조사', '금성출판사' 등 국내 굴지의 출판사들이 모두 대구에서 둥지를 틀어 성장했기 때문이다."라고 적고 있다.

태열[8]의 형님 집에 '대양출판사'라는 상호로 출판인 '김익달호'의 돛을 올렸다.

낙동서관이 고향의 낙동강을 생각하며 지은 이름이라면 대양(大洋)이란 낙동강이 흘러 들어가는 바다, 그것도 태평양 같은 큰 바다를 생각하며 지은 이름이다. 드디어 출판인으로서의 꿈을 펼칠 시기가 도래한 것이다.

대양출판사

해방을 맞은 서울은 가히 용광로처럼 들끓고 억눌렸던 의식이 활화산처럼 폭발하고 있었다. 저마다 독립과 새로운 국가 건설에 대한 꿈과 희망에 부풀어 올랐다. 해외에서 활동하였던 독립투사, 민족운동 지도자들이 속속 귀국하여 국가 건설에 주도적으로 참여하기 위해 국내외 여러 정치 세력을 규합하여 정당을 결성하는 한편 국가 건설 방향에 대한 토론과 논쟁도 활발하여 점점 그 열기를 더해가고 있었다.

뿐만 아니라 사회 각계각층도 저마다 단체[9]를 결성하여 사회 변화를 이끌었다. 농민들은 농민회와 전국농민조합총연맹을 결성하였고, 노동자들은 일본인이 떠난 공장이나 기업을 관리하기 위해 공장위원회 및 노동조합 전국평의회를 만들었고 여성들도 다양한 여성 단체를 조직하여 공·사창제폐지, 남녀임금차별폐지 등을 주장하였다. 또 학자들은 조선학술원을, 문화예술인들은 조선문화건설중앙협의회 같은 연합 조직을

---

8 김익달의 손아래 동서이며 바둑 월간지 《바둑세계》를 발행한 육민사를 운영하였다.
9 미군정하에서 한국의 정치·사회 각계각층에 대한 단체 등록을 받은 결과 정당 60여 개를 포함하여 모두 240여 개의 단체가 등록하였다.

결성하여 식민지 잔재를 청산하고 민족문화 건설을 위한 활동을 벌였다.

한편 교육자들은 민족 교육 실천을 위해 무엇보다 먼저 한글로 된 새로운 교과서를 만드는데 총력을 기울이는 한편 조선교육자협회와 같은 자주적인 단체도 결성하였다.

사실 해방 후 교육 현실에서 가장 시급한 것이 우리말로 된 교과서였다. 그도 그럴 수밖에 없는 것이 일제의 한글 말살 정책에 따라 학교에서 일체 한글 사용과 교육이 금지되어 있었기 때문이다.

이에 따라 미군정하의 각도 학무국에서는 자체적으로 '우리말 국어독본(국어교과서)'을 제작하여 각 학교에 배포하기 시작하였다.[10]

해방된 조국에서 우리 시대를 껴안고 사람들의 눈을 뜨게 하고 귀가 열리게 하겠다는 큰 뜻을 품고 서울에 올라와 대양출판사를 설립한 김익달은 가장 먼저 무엇을 해야 하는지에 대해 생각했다.

역시 한시라도 빨리 말살되었던 우리말과 우리글을 복원하는 일이 급선무였다. 그러기 위해서는 우리말과 우리글로 된 쉽고 재미있으며 유익한 책들을 값싸게 많이 만들어 보급하는 것이 절실하다고 판단했다. 김익달은 본격적인 출판을 위해 비좁은 을지로 4가 사무실을 정리하고 서울역 맞은편 남산 아래쪽에 있는 양동으로 사무실[11]을 이전했다.

김익달은 새로 이사한 양동 사무실에서 본격적인 출판에 돌입하는데 가장 먼저 교육 단체인 교육사조연구회가 편찬한 '이야기동산 시리즈' 즉 『떡 먹는 부처님』, 『왕자와 거지』, 『과학이야기』, 『곤충의 살림살이』 및 『문

---

10 해방 후 김익달의 해성보통학교 동창인 동아출판사 창업주 김상문도 당시 경상북도청 학무 과장인 이효상으로부터 우리말 국어독본 제작을 의뢰받고 밤을 새우다시피 하여 3만 부를 등사 인쇄의 방법으로 제작하여 납품하였다고 한다. 김상문, 『빈손으로 와서 빈손으로 간다』, 상문각, 1992. 71~74쪽.

11 서울 중구 양동 87번지로 양동(陽洞)은 볕이 잘 드는 동네라 하여 '양짓말'이라고 하던 것을 한자로 표기한 것이다. 1980년 7월 1일 서울특별시 조례 제1412호로 양동은 폐지되고 남대문로 5 가로 합쳐졌다가 1998년 9월 14일 서울특별시 중구 조례 제391호에 의해 회현동에 편입되었다.

지기 아들 브레스』 등 재미있는 읽을거리 위주의 아동용 책을 출간했던 것이다.

교육열의 폭발

해방과 더불어 달라진 우리 사회의 변화 중에 교육열은 빼놓을 수 없다. 해방은 교육에 대한 인식을 완전히 바꾸어 놓았다. 식민지 시대의 교육은 일본인에 의한 황국신민을 양성하기 위한 것이었으므로 취학률이 극히 낮아 문맹률이 80%에 달할 정도였다. 하지만 해방으로 모든 것이 달라졌다. 우리말과 우리글을 되찾았을 뿐만 아니라 양반과 상놈의 구별도 없어졌다. 거기다가 새로운 국가 건설에 대한 꿈과 희망에 부푼 사람들은 배워야 살고, 더 많이 배워야 출세할 수 있다고 생각했다. 한마디로 교육은 이제 새로운 나라에서의 신분 계층 상승의 가장 확실한 방법이었던 것이다.

이처럼 해방 후 교육열은 가히 폭발적이었고 특히 고등교육에 대한 열망이 높았다. 이에 따라 미군정하 문교부에서는 1947년 주관식이었던 중학교 입학시험을 객관식으로 전환하였고 이러한 방침은 1948년에도 재확인하였다.

즉 문교부는 중등학교 입시 요강을 발표하였는데, 초등학교 성적과 지원학교 시험성적을 종합하여 결정하기로 하되 입학시험은 지능(知能)고사 정도 수준으로 한다는 것이었다.[12] 말하자면 수학(修學) 능력을 테스트하는 정도로 평이하게 출제한다는 것이었다. 당시 미군정하의 문교부

---

12 《경향신문》 1948년 5월 21일 및 《동아일보》 1948년 5월 22일자 기사.

장은 오천석으로 국립 서울대학교 창설을 주도하였고 민주주의와 아동 존중사상을 근간으로 하는 새교육 운동을 추진한 인물로 일제에 빼앗겼던 한국 교육을 민주주의 초석 위에 재정립하는데 크게 기여한 인물로 평가되고 있다. 그의 저서 『스승』에 실린 서시인 「교사의 기도」[13]는 교사의 사명이 무엇인지를 일깨워주고 있다.

그러나 예나 지금이나 상급학교에 진학하려는 수험생들과 그 학부모들의 불안과 조바심은 마찬가지였다. 당시는 이렇다 할 입시 전문기관이나 참고서나 문제집도 없는 상태였다. 김익달은 이에 착안하여 전국 주요 중학교의 입시 문제를 수집하여 이를 해설한 최초의 수험 준비서인 '수험지도, 실력양성' 『지능고사문답』을 발간하였다. 이 『지능고사문답』은 전국에서 13만 부가 판매되는 대성공을 거두었다. 당시 전국의 중학교 입학생 수가 20만 명도 채 안 되는 점을 고려할 때 대부분의 중학 입시 준비생은 대양출판사의 『지능고사문답』을 가지고 수험 준비를 하였다고 할 것이다.[14]

간추린 시리즈의 탄생

중학교 입시 문제집 『지능고사문답』으로 크게 히트 친 김익달은 유능한 편집 사원의 필요성을 절감하고 편집 사원을 공모하기로 했다. 양동 사무실로 옮긴지 1년여 만이었다. 1949년 1월 어느 추운 날이었다. 남루한

---

13 「교사의 기도」의 앞부분은 이렇게 시작한다. "오! 주님 내가 교실에 들어갈 때에 나에게 힘을 주시어 유능한 교사가 되게 해 주소서. 나에게 지식 이상의 지혜를 주시어 내가 준비한 지식을 아는데 그치지 말고 나에게 배우는 학생들의 삶의 중요성을 깨닫게 해주소서."
14 《동아일보》 1947년 11월 11일자에는 '신간 소개'라고 하여 대양출판사가 발행한 『지능고사문답』을 비롯한 『한글 상해 명심보감』, 『조선여행안내도』, 『시조백수』 등에 대한 광고가 게재되었다.

차림의 창백한 얼굴을 한 청년이 이력서를 들고 사무실을 찾아왔다.

김익달이 그 청년으로부터 이력서를 받아 들고 살펴보니 '5년제 중학교 졸업, 소학교 교사, 중등학교 국어과 준교사 시험 합격'이 전부였다.

"대학은 마치지 않았습니까?"

김익달은 그 청년을 힐끗 쳐다보며 물었다.

"예"

그 청년은 간단하게 대답했다.

"그럼 자격이 없으니 대학을 마치고 오시오."

김익달은 능력 있는 편집 사원을 뽑는 것이 목적이므로 한마디로 퇴짜를 놓았다. 그러자 그 청년도 김익달의 말에 토를 달지 않고 할 수 없다는 듯이 뒤돌아 나갔다. 그런데 마침 그 청년의 친구인 듯한 청년이 이력서를 들고 사무실을 들어오다가 그 청년과 마주치자 "자네가 왔으면 나는 포기하겠네."라며 발걸음을 돌려나가는 것이 아닌가.

이 광경을 본 김익달은 그 청년을 다시 불렀다. 그러고는 입사 시험을 치르게 했는데 몇 십대 일의 경쟁을 뚫고 합격하여 편집 사원으로 채용되었다.

그 청년의 이름은 김성재였다. 그가 바로 대양출판사의 '간추린 시리즈'를 탄생시킨 주역이고 후일 피란지 대구에서 김익달이 발행한 청소년 교양잡지 《학원》의 초창기 편집장이다.

김익달은 김성재에게 중학생용 한국지리 참고서 집필을 맡겼고 같이 입사한 그 청년의 선배에게는 국사 참고서를 쓰게 했다. 영어나 수학이 아닌 한국지리와 국사를 먼저 집필하게 한 것은 우리나라를 먼저 알아야 한다는 김익달의 출판 이념에 기인한 것이었다.

김성재는 당시 서울대학교 사범대학 국어교육과를 휴학 중이었지만 이력서에는 대학 재학 중인 사실을 쓰지 않았다. 그는 대학 재학 중 학교

강의는 거의 빼먹으면서 국어사전 편찬 보조원 일을 하면서 모 통신록에는 한국지리에 대한 원고를 여러 차례 기고한 경험이 있어 한국지리에 대한 집필이 그리 부담스럽지는 않았다. 하지만 지리가 전공은 아니었으므로 이 책 저 책에서 좋은 대목을 요령껏 따와 짜깁기를 할 수밖에 없었다. 그래도 이것이 우리나라에서는 중학생을 위한 본격적인 지리 참고서의 효시가 되었다.

이 책의 조판이 끝나갈 무렵 김익달은 직원들을 모아 놓고 앞으로 각 과목에 걸쳐 시리즈로 학습참고서를 출판할 계획을 밝히면서 책제(册題)에 대한 사내 현상 공모를 실시했다.

'최신', '표준', '모범'이니 하는 여러 가지 한자어로 된 것이 많이 나왔는데 김성재가 써낸 책 제목은 '간추린'이었다. 당시 '간추리다'라는 말은 경상도 일부 지역에서만 쓰이던 방언으로 서울 지역에선 거의 알려져 있지 않은 말이었다.

그는 '간추린'이 무슨 뜻인지 몰라 고개를 갸웃거리고 있던 직원들에게 '간추린'의 기본형은 '간추리다'로 아직 사전에 표제어로 나와 있지 않지만 '흐트러진 것을 가지런히 바로잡다'라는 뜻이란 것을 설명해 주었다. 그는 사범대학 국어교육과 학생답게 우리말에 대한 감각과 애착이 남달랐던 것이다.

김익달은 책 제목을 어떻게 할 것인지에 대해 직원들의 투표로 결정하기로 했다. 결과는 '최신', '표준', '모범' 등의 한자어를 물리치고 '간추린'의 압승이었다. 김익달은 두말없이 대양출판사의 새로운 종합 참고서 시리즈의 제목을 '간추린'으로 결정했다. 이렇게 해서 '흐트러진 것을 가지런히 바로잡다'라는 의미의 '간추리다'라는 말은 새 생명을 얻었다.

하지만 '간추리다'라는 단어가 정식으로 국어사전의 표제어로 올라간 것은 1958년이었는데 여기에는 재미있는 일화가 있다. 즉 김성재는 1990

년 11월 11일 《동아일보》에 게재된 자전에세이에서 "1958년에 출간된 한
국어사전의 교정 청탁을 받고 저작자의 허락도 없이 '간추리다'라는 말을
슬그머니 집어넣었다."고 회고한 바 있다.[15]

이와 같이 '간추리다'가 사전에 실려 표준어가 된 과정은 매우 특이하
다. 대개의 경우 어떤 말이 단어로 인정받아 사전에 오르게 되기까지는
매우 험난한 길을 거친다.

수많은 말의 생성과 소멸 속에서 어떤 단어가 사전에 오른다는 것은
그 말에 '공인성'을 부여하는 것이다. 따라서 얼마나 오랫동안 지속적으
로 널리 사용되는지를 확인한 뒤에야 사전에 올릴 수 있는 것이다. 영국
의 옥스퍼드사전 같은 경우엔 10년을 지켜본다고 한다.

호남 방언이던 '뜬금없다'가 1999년 국립국어원에서 펴낸 표준국어대
사전에 실리고서야 비로소 표준어로 인정받게 된 대표적인 경우라고 할
수 있다. 그전까지 신문 방송 등에선 표준어란 굴레에 씌어 '느닷없이'를
대체어로 사용하였던 것이다.[16]

요즈음은 텔레비전 뉴스에서도 '간추린 뉴스', '간추린 소식'이라는 말
을 수시로 보고 들을 수가 있다. 사라져가는 아름다운 우리말을 발굴해
낸 김성재나 이를 두말없이 채택한 김익달이나 우리말에 대한 사랑이 남
달랐음을 엿볼 수 있는 일화라고 하겠다.

김익달은 『간추린 한국지리』와 『간추린 국사』에 이어 『간추린 국어』,
『간추린 생물』, 『간추린 물상』, 『간추린 영어』, 『간추린 세계사』, 『간추린

---

15 "이 말이 사전에 오르게 된 것은 1958년에 나온 국어사전이었습니다. 당시 이 사전의 교정을
내가 맡았지요. 교정을 보면서 '간추리다'란 말이 생각나 슬그머니 집어넣었습니다. 교정자로서는
월권행위였지요. 어쨌거나 죽은 말이나 다름없던 이 말이 이후 되살아나 사전마다 올랐고 널리 쓰
이게 되었습니다." 1990년 11월 11일, 《동아일보》 자전에세이, 김성재, 「나의 길 안 팔리는 책에 쏟
은 40년 땀과 꿈」 중에서.
16 홍성호, 『진짜 경쟁력은 국어 실력이다』, 예담, 2008. 186쪽.

세계지리』를 발행하였고, 그 후 『간추린 수학 ①②③』과 『간추린 5과(五科)』까지 발행하여 총12권의 간추린 시리즈를 발행하게 된다. 이 간추린 시리즈의 인기는 대단하여 50년대 후반까지 전국 중학교 학습참고서 시장을 석권하다시피 하여 김익달의 출판 사업의 든든한 토대가 되었다.

당시 전국의 많은 서적상들이 『지능고사문답』과 '간추린 시리즈'를 구입하기 위해 대양출판사를 찾았는데 대구에서 김익달과 같이 서적 노점상을 하였던 김원대도 그중의 한 사람이었다. 김원대는 서적 노점상으로 번 돈을 밑천으로 1946년 대구 포정동에 '계몽사'란 서점을 열어 출판사도 겸하고 있었는데 한 달에 두어 번은 서울에 올라와 새 책을 구입하였고 당시 주 거래처가 대양출판사였다고 한다.

김원대의 회고에 의하면 그가 구입했던 책의 반 이상은 김익달에 의해 출간된 것이었다며 그는 늘 반갑게 맞아주었고 직접 책을 챙겨주었으며 계산서도 직접 작성해 주었다고 한다.[17]

이처럼 이 시기 김익달의 출판은 주로 교육 관련 서적과 우리말과 우리 문화에 관한 것에 집중되어 있었다. 무엇보다 우리말과 글을 제대로 복원하는 것이 시급했던 것이다. 정부가 수립되었다고는 하나 사회는 여전히 혼란스러웠고 좌익과 우익간의 이념 대립은 극한으로 치닫고 있었다. 급기야 1949년 6월 26일에는 상해임시정부의 주석이었던 민족지도자 김구 선생이 육군 포병 소위 안두희에게 암살되는 사건이 벌어져 사회는 극도의 혼돈으로 빠져들었다.

김익달은 해방된 조국이 38선으로 갈라져 반쪽만 독립 정부를 이룬 것도 통탄할 노릇인데 그 반쪽 안에서 서로 힘을 모으지 못하고 좌익이니 우익이니 하며 서로 싸우고 있으니 그 답답하고 안타까운 심정은 뭐라고

---

17 김원대, 「집념의 외길 걸어 온 출판인의 따뜻한 동지」, 『학원세대와 김익달』, 학원김익달전기 간행위원회, 1990. 149쪽.

표현할 길이 없었다. 그렇다고 맥을 놓고 있을 수는 없는 일, 김익달은 이런 상황에서 자신이 할 수 있는 일이 무엇인지를 다시 한 번 생각하지 않을 수 없었다.

김익달은 우리 국민들에게 시급한 것은 민주주의에 관한 이해와 훈련이라고 보고 당시 서울대 교수인 신도성의 『민주정치의 기초이론』이라는 책을 발간했다. 이어서 김사엽의 『신국문 해석법』, 허일만의 『교육심리학』, 이수남의 『서양교육사』, 최은정의 『새로운 시조풀이』, 김사엽[18]의 『원본춘향전』, 이한직[19]의 『한국시집』을 연이어 발간했다.

그리고 당장 학생들에게 필요한 학습 부교재와 사전류를 출간함에도 총력을 기울였다. 이렇게 해서 출간된 것이 『국·한·영 실용사전』, 『최신 동양사대요』, 『표준영문법』 및 『중학 1~2년생의 영문법』이었다.

사회가 아무리 혼란스러워도 나라의 장래를 짊어질 학생들에 대한 교육은 멈출 수도 없고 소홀히 해서도 안 된다는 것이 그의 변함없는 신념이었던 것이다.

6·25 한국전쟁

전쟁은 많은 것을 파괴하고 이 세상 모든 것을 바꾸어 놓기도 한다. 독일의 군사학자인 카를 폰 클라우제비츠는 전쟁에 대해 "전쟁이란 적을 자

---

18 김사엽은 서울대와 경북대의 교수를 거쳐 1963년부터 일본 오사카 외국어대학의 객원교수로 20여 년간 한국어를 가르쳤다. 특히 그는 고사기(古事紀)와 일본서기(日本書紀)에서 한국어를 찾아내어 고증함으로써 일본 문화의 원류가 한국임을 밝혔다. 『원본춘향전』은 해방 이후 춘향전을 학문적으로 연구한 최초의 연구서로 평가받고 있다.

19 1939년 《문장》지에 「온실」, 「낙타」 등으로 정지용의 추천을 받아 등단했다. 1956년부터 1958년까지 조지훈 등과 함께 《문학예술》의 시(詩)추천을 담당했는데 이때 추천한 시인이 신경림으로 그는 1956년 《문학예술》에 「갈대」를 발표하며 등단한다.

신의 의지대로 굴복시키기 위한 폭력행위이다."라고 정의하여 국가 간의 싸움의 본질을 폭력으로 보았다.

클라우제비츠는 그가 쓴 『전쟁론』이라는 책에서 "최종 승리가 산출되기 전까지는 아무것도 결정되지 않았고 아무도 승리하지 못했으며 아무도 패배하지 않았다. 여기서 우리는 결과가 최후를 장식한다는 격언을 끊임없이 되새겨야 할 것이다. 그 구성 부분들(개별 승리)은 이 전체와 연관될 때만 가치를 보인다."라고 하여 전쟁은 그 결과가 최후를 장식한다는 것을 강조했다.[20]

그러나 한국전쟁은 바로 클라우제비츠가 말한 '전쟁'의 개념을 실험하기라도 하는 것처럼 야만적이고 폭력적이었다. 한국전쟁은 최종 승리라는 목적 달성을 위해서 군인과 민간인, 군사시설과 비(非)군사시설을 구분하지 않고 무차별적으로 가해진 폭력이었다. 한국전쟁은 한국의 거의 모든 생산 시설과 경제 기반 시설을 초토화시켰을 뿐만 아니라 600만 명이 넘는 인명 피해를 가져왔는데 그중 70% 이상이 민간인이었던 것이다.

정부의 발표와는 달리 공산군에 의한 서울 함락이 임박했음을 감지한 김익달은 경리 직원에게 은행에 예금한 돈을 모두 찾아오게 했다. 김익달은 또 거래처 사장들을 모두 부르도록 하고 찾아온 돈 중 일부로는 살 수 있는 만큼 쌀을 사오게 했다.

---

20 클라우제비츠는 "전쟁의 가치는 정치에 의해 결정되며 정치는 전쟁을 합리적으로 사용해야 한다."며 정치와 전쟁의 합목적적 조화를 주장하고 전쟁에 대한 정치의 우위를 강조하였다. 뛰어난 게릴라 전략가와 이론가로 손꼽히는 중국의 모택동, 쿠바의 게바라가 클라우제비츠 『전쟁론』의 「정치와 전쟁」, 「국민전쟁」편을 학습한 것으로 유명하다. 하지만 클라우제비츠의 『전쟁론』은 호전론에 입각하여 적의 완전한 섬멸을 목적으로 하고 있다는 점에서 2000년 전에 쓰여 진 손무의 『손자병법』에는 미치지 못한다는 평가도 있다. 손자병법의 전략전술은 오늘날의 기업 현장과 일상생활에서도 널리 활용하고 있을 만큼 인간에 대한 깊은 통찰을 바탕으로 하고 있다. 그리고 무엇보다도 손자병법은 단순한 병법이 아니라 병법 위에 병도(兵道, 전쟁을 피하는 대원칙)가 있음을 강조하고 전략과 전술도 전도(戰道, 전투를 최대한 피하는 대원칙), 쟁도(爭道, 전쟁의 화를 최대한 줄이는 대원칙)의 차원에서 풀이하고 있기 때문이다.

거래처 사람들은 평소 김익달의 성품을 잘 아는지라 당장 피란을 가야할 급박한 상황임에도 거의 대부분이 양동의 대양출판사 사무실로 모여들었다. 포성이 점점 가까워지는 가운데 김익달은 모인 거래처 사람들에게 말했다.

"정부에서는 곧 공산군을 격퇴시킨다고 하지만 상황이 점점 나빠지는 것 같습니다. 여러분들도 가족들을 데리고 피란 준비를 서둘러야 합니다. 내 이번에 우리 대양출판사를 위해 애써 준 여러분들한테 따로 해드릴 수 있는 것은 아무것도 없고 대양이 여러분들한테 지불해야 할 인쇄, 제본의 비용과 종이 값 중에서 내가 지금 지불할 수 있는 돈을 모두 나누어 드릴 테니 어서 받아가지고 피란을 가세요. 전쟁이 끝나고 우리 모두 살아서 다시 한 번 힘을 합해서 일해 봅시다."

양동 사무실에 모인 십여 명의 거래처 사장들은 모두 눈시울을 적시며 감격해 하며 김익달의 손을 잡았다. 모두들 전쟁이 났다고 자기 한 몸 살기도 바빠 도망가 버린 세상이 아닌가.

"사장님, 꼭 살아서 같이 일할 수 있기를 빕니다."

거래처 사장들은 이구동성으로 말하며 돈을 받아들고 총총히 흩어져 갔다. 김익달은 다시 직원들을 불러 모았다.

"지금 상황이 급박해서 긴말할 시간이 없어요. 이제 우리도 피란을 서둘러야 합니다. 피란을 가면 어디로 갈지 또 이 전쟁이 언제 끝날지 아직은 아무도 모릅니다. 내가 일제 강점기에 동경 노무자 합숙소에도 있었고 만주에도 가 보았고 해방 직전에는 해주 수안 산속에 숨어 살기도 했었는데 전쟁이 나면 제일 중요한 건 역시 먹거리를 구하는 겁니다. 저기 쌀을 구해 놓았으니 가지고 갈 수 있는 만큼 나누어 가지고 식구들을 데리고 피란가세요. 나는 대구 쪽으로 갈 겁니다."

김익달은 직원들에게 쌀과 함께 약간의 현금도 나누어 주었다. 직원들의 눈에는 촉촉하게 이슬이 맺혔지만 누구 하나 당황하거나 큰소리 내는 사람도 없었다. 그들은 쌀을 나누어 가진 다음 서둘러 각자 짊어질 수 있는 만큼 지형이나 조판 시설 등을 챙겼다. 누가 시킨 것도 아닌데 모두들 피란 가서라도 출판은 계속되어야 한다는 각오를 행동으로 보여주고 있었던 것이다. 김익달은 그런 직원들에게 일일이 고맙다고 손을 잡은 뒤 식구들과 피란길을 서둘렀다.

그에게는 부인 하성련과 해방되던 해 수안에서 출생한 영수, 서울로 올라오기 직전 대구에서 출생한 성수(47년 4월 23일생) 그리고 양동으로 사무실을 옮긴 뒤 태어난 셋째 아들 인수(48년 11월 28일생) 등 세 아들이 있었던 것이다.

거래처 사장들과 직원들을 챙기는 것 때문에 이미 시각이 많이 지체되어 있었다. 출판사 사장이라고 하여 따로 교통편이 있을 리가 없었다.

김익달은 부인 하성련과 함께 간단한 짐 보따리를 꾸려가지고 영수와 성수는 손을 잡고 걷게 했다. 그리고 셋째 인수는 번갈아 안아 가면서 한강을 건너 남쪽으로 가는 피란 대열에 합류할 수밖에 없었다. 하지만 어린아이 셋을 데리고 가는 피란길이 오죽하겠는가. 맏이인 영수도 이제 5살 밖에 안 되었으니 김익달의 피란길은 점점 더디어질 수밖에 없어 한참 뒤에 쳐져 어느덧 외따로 가게 되었다. '가다 쉬다'를 반복하며 다리 아프고, 배고프다는 아들들을 달래가며 수원과 대전을 지나 왜관 가까이 왔을 무렵이었다. 이미 한강을 남하한 공산군이 가까이 왔는지 미군기들의 출현이 잦아지더니 요란한 진동과 굉음과 함께 주변이 온통 불바다로 변해버리는 것이 아닌가.[21] 김익달은 순간 부인 하성련과 아이들을 끌어안

---

21 낙동강 전선을 마지막 방어선으로 삼은 유엔군은 낙동강 도하작전을 위해 왜관으로 집결하려는 북한군을 격퇴하기 위해 1950년 8월 16일 하루 사이에 B29 99대를 동원하여 850톤에 달하는 폭탄 수천 개를 투여했다.

고 들판에 엎드렸는데 한동안은 정신을 차릴 수 없을 정도로 멍멍한 상태였다. 한참 만에 정신을 차리고 보니 끌어안고 있던 셋째 아들 인수가 경기를 일으키며 온몸이 마비가 되었는지 아무 말도 못하는 것이 아닌가.

김익달은 인수를 붙잡고 부르며 반 미친 것처럼 문지르고 때리고 하며 정신을 차리도록 생각나는 대로 할 수 있는 것을 모두 해보았으나 별 효험이 없었다. 한참 동안이나 그러기를 반복하던 김익달은 부인 하성련과 무서움에 떨고 있는 두 아들들을 보았다. 주변이 온통 불타고 있는 이 지옥에서 한시라도 빨리 빠져나가야 한다는 것을 깨달았던 것이다.

병원도 없고 의사도 없는 이곳에서 마냥 인수가 제정신이 돌아오도록 기다릴 수는 없는 노릇이었다. 김익달은 입술을 깨물며 인수를 안고 부인과 두 아들과 함께 다시 남으로 길을 재촉했다. 해방을 맞아 수안에서 나올 때에는 다시는 이런 지옥 같은 세상은 오지 않을 것이라 믿었는데, 아니 우리 아이들이 살아갈 세상은 살기 좋은 세상을 만들 수 있다고 생각했는데….

피란 시절

김익달은 대구로 가려던 계획을 바꾸어 부산으로 갈 수밖에 없었다. 대구마저 위태로운 전황도 전황이지만 셋째 아들 인수의 상태가 위중했기 때문이었다. 아무래도 약이든 의사든 대구보다는 미군들이 들어와 있다는 부산이 더 나을 것 같았다. 하지만 전쟁은 병약한 이들에게 더 가혹했다. 피란 중에 경기가 들어 꼼짝 못하는 아기에게 관심을 쏟을 여유가 없었고 마땅한 약도 없었다.

김익달은 하는 수 없이 임시 거처를 마련하고 인수를 방 안에 누일 수 밖에 없었다. 그때부터 인수는 1년 가까이 꼼짝도 못하고 미음만 받아먹는 식물인간 상태에 빠졌는데 나중에야 김익달은 인수가 소아마비에 걸렸다는 것을 알게 된다.

김익달은 맥아더 장군의 인천상륙작전 성공으로 서울을 수복했다고 하여 1950년 10월경 대양출판사가 있던 서울 중구 양동 87번지 사무실로 올라왔다. 서둘러 출판사업 재개를 준비했으나 중공군 개입으로 서울을 다시 내주자 다시 부산으로 내려올 수밖에 없었다. 중공군의 개입으로 전선이 교착 상태에 빠지고 휴전회담 얘기가 나오는 등 전쟁은 점점 장기전, 소모전의 양상을 띠고 있었다.

1951년 2월경 김익달은 전쟁이 끝나기만을 기다릴 수도 없어 부산에서 대양출판사의 간판을 다시 걸었다. 부산시 초량동 2가 53번지, 이곳이 한국전쟁 기간 동안 대양출판사의 본사가 되었다.

김익달은 서울에서 피란 온 직원들을 수소문하여 불러 모으고 서울에서 가져 온 지형들을 이용해 간추린 시리즈들을 조금씩 발행했다. 하지만 무엇 하나 제대로 갖출 수 없는 피란지에서의 출판이란 말이 출판이지 출판이라고 할 수도 없는 지경이었다.

1951년 7월 개성에서 휴전회담이 시작되고 전선은 제한적인 국지전으로 전개되자 김익달은 대구에서의 출판을 모색하게 된다. 다행히 낙동강 전선 사수 덕분에 대구의 인쇄 시설 등은 피해를 입지 않았기 때문이었다.

김익달은 1951년 9월경 대구에 대양출판사의 간판을 다시 걸었다. 대구시 삼덕동 29번지 대양출판사 임시 본사가 그것이었다. 대구에서의 낙동서관을 정리하고 대양으로 나아가기 위해 서울로 올라간 지 4년 만에 다시 대구로 돌아온 것이다. 참담하기 그지없었지만 절망과 비탄에 빠져 있을 여유가 없었다. 뿔뿔이 흩어졌던 직원들을 불러 모으고 사용할 수 있는 지형과 인쇄 시설들을 일일이 점검하느라 하루하루를 정신없이 보냈다. 비록 온몸은 녹초가 되었지만 그래도 어렸을 때 일본에 건너가 매일 16시간 이상씩 일하고 좁은 합숙소에서 지내던 때와는 비할 바가 아니었다. 전쟁 중이라 모든 것이 힘들고 부족해도 독립된 내 나라에서 우리말과 우리글로 책을 만들어 낼 수 있다는 것이 얼마나 행복한가.

1951년도 이제 한 달 남짓 남았다. 김익달은 오늘도 빌린 트럭을 타고 가다가 대구시 동본정에 트럭을 세우고 어떤 건물로 들어갔다. 전쟁 중임에도 《한국공론(韓國公論)》이라는 잡지를 내던 한국공론사였다.

"어. 김 사장이 어쩐 일이요?"

사무실에 있던 조상원[22]이 반갑게 맞았다.

"조 사장, 숨 좀 돌리고 쉬어 가야겠어."

조상원은 김익달보다 세 살 연상이지만 해방 후 대구에서 낙동서관을 할 때부터 막역하게 지내던 사이로 조상원은 김익달을 삶에 대한 식견이나 출판에 있어서 선배로 생각하고 있었다.

"김 사장, 피곤해 보이는데 무슨 일 있소?"

조상원은 김익달의 안색을 살피며 걱정스러운 듯 물었다.

"무슨 일은 뭐. 직원들 김장거리 좀 사다가 집집마다 나눠주고 오는 길인데 조 사장 보고 싶어 왔지."

---

22 조상원은 19세 때 보통 문관 시험을 합격하여 안동 부읍장 재직 시 해방을 맞았다. 해방 후 새 나라 새 시대를 위해 무엇을 할 것인가를 고민하다가 "나라를 세우는데 정론(正論)을 펴는 잡지"를 내기로 결심하고 1945년 12월 25일 《건국공론》을 창간하였다. 《건국공론》은 시사종합지였지만 문학작품도 실었는데, 제3호(1946년 4월)에는 그 유명한 '구름에 달 가듯이 가는 나그네'로 애송되는 박목월의 「나그네」가 게재되었다. 게재 당시 제목은 「남도삼백리」였고 '구름에 달 가듯이 가는 나그네'가 아니라 '바람에 달 가듯이 가는 나그네'로 찍혀 있었다. 《건국공론》은 1949년 12월 《한국공론》으로 개제하였고 한국공론사는 1951년 '현암사'로 상호를 변경하였으며 1959년 한국 최초의 법전을 발간하게 된다.

조상원은 김익달의 사람됨을 익히 알고 있었지만 다시 한 번 놀랐다. 전쟁 중 피란살이에 모두들 자기 식구 건사하기도 바쁠 텐데 직원들의 어려운 살림살이를 조금이라도 덜어주려고 직접 김장거리를 사다 나누어주다니. 조상원은 절로 김익달의 인품에 고개를 숙이지 않을 수 없었다. 후일 조상원은 1970년 출판업계가 뜻을 모아 소망하던 《독서신문》을 창간하게 되었을 때 삼고초려 끝에 김익달을 사장 자리에 앉히고 자기는 부사장직을 맡게 된다.

"그래도 김 사장, 너무 무리하지 마시오. 할 일이 많을 텐데…."

"출판도 직원들이 있어야 하는 거지, 다들 앞으로 큰일을 해야 할 인재들인데, 난리통이라 월급도 제대로 못주고 있으니…."

대양서림

전방은 여전히 치열한 공방전이 벌어지고 있는 가운데 1951년도 며칠 남지 않은 어느 날이었다. 김익달은 대양출판사 부사장을 맡고 있던 박상련에게 그동안 생각해 왔던 판매·보급의 확대 방안을 털어놓았다.

"쥐꼬리만큼 나오는 출판물이 그나마 부산과 대구를 중심으로 영남권에는 보급되지만 호남지방은 거의 방기한 상태가 아닙니까. 이제라도 우리가 대전에다 서점을 하나 차립시다."

당시 정부도 부산으로 내려와 있었고 따라서 출판사도 부산과 대구에 집중되어 있었다. 신간을 구입하려는 전국의 서적상들은 대구나 부산까지 와야 했던 것이다.

박상련도 김익달의 제안에 흔쾌히 동의하였다.

김익달은 대전 중심가(대전역에서 가까운 대전시 중구 21)에 '대양서림'

이라는 상호로 서적도매상을 차리고 박상련을 그 책임자로 임명했다. 대전의 대양서림은 문을 열자마자 그야말로 문전성시를 이루었다. 건국 초기에다 전쟁까지 터지는 바람에 충청권과 호남권에 대한 서적판매·보급망이 취약했던 것이다.

박상련의 회고에 따르면 당시는 전시라 돈의 가치가 하루가 다르게 떨어지고 있어 서적상들은 책을 구입하기 위해 돈뭉치를 아예 마대에 가득히 넣어 가지고 왔다고 한다. 그러니 돈을 일일이 셀 수가 없어서 그냥 돈뭉치를 어림해서 계산했다는 것이다.[23]

이 대양서림에 관한 소문은 부산 출판업계에 대단한 화제였다. 부산에서 양문사를 경영하던 변호성은 박상련을 찾아와 사촌 동생의 취직을 부탁하며 대양서림에서 일을 좀 배우면 좋겠다고 할 정도였다.

대전에 대양서림을 설립함으로써 어느 정도 판매망을 갖춘 김익달은 이대로 전쟁이 끝나기만을 기다릴 수는 없다고 생각했다. 전쟁으로 그나마 있던 공장과 각종 산업 시설이 파괴된 것은 그렇다 치더라도 대부분의 학교 시설마저 파괴되거나 군용 막사 등으로 쓰고 있어 대부분의 학생들이 천막 교실이나 아예 야외에서 수업을 하고 있었던 것이다. 물론 태반이 변변한 교과서조차 없는 실정이었다. 주위에는 온통 상이군인이 넘치고 전쟁으로 인한 절망과 죽음, 이산, 고통, 폭력이 일상화된 사회에서 어린 학생들에게 무슨 희망이 있을 것인가.

---

23 박상련, 「붕의 잔등이만큼이나 광활하고 그 날개만큼이나 크낙한」, 『학원세대와 김익달』, 학원김익달전기간행위원회, 1990. 188쪽.

제4부 | 학원(學園)의 탄생

억눌린 '배움의 뜰'

해방 그리고 교육열 폭발

한국전쟁과 학교, 그리고 학생들

'배움의 뜰'을 생각하다.

자신의 이름을 딴 '세대'란 칭호를 선사받은 유일한 잡지, 《학원》

'학원'은 글자 그대로 '배움의 뜰'

출판동지 최덕교를 만남

최덕교, 《학원》을 만나다

휴전, 다시 서울로

《학원》은 힐링의 장

《학원》은 민족 주체의 교육장

《학원》은 우리말, 우리글의 교육장

학원문학상

학원미술상

학원장학금 제도 창설

《학원》을 팔지 않겠다는 서점들

《학생계》와 한판 승부

《학원》 10만 부 발행

《학원》, 독서진흥운동을 견인하다

《학원》 40년

1955년 4월, 대양출판사에서 학원사로

억눌린 '배움의 뜰'

한국인의 교육열은 세계적으로 유명하다. 특히 구한말 외세의 침략에 의해 나라의 운명이 백척간두에 서게 되자 애국 계몽 사상가들은 '국권회복'이란 기치 아래 대규모의 교육 운동을 일으켰다. 그것은 바로 교육 구국을 위한 인재 양성이라는 민족적 요망에 따라 사립학교 설립으로 이어졌다.

조금이라도 새 지식을 가진 사람들은 돈벌이나 벼슬길에 오르지 않고 조그마한 학교를 만들거나 청년을 모아 가르치는 것이 국가에 대한 의무로 여기는 분위기가 팽배해 있었다. 당시의 교육열은 바로 학교열이고 향학열이다. 이는 곧 애국열이었던 것이다. 실제로 1895년에서 1910년 한일합병 직전까지 전국에 3천 개의 민간인 사립학교가 설립되었으며 1909년 사립학교 건립 청원하는 숫자는 무려 2천56건에 달했다고 한다.[1]

해방 후 미군정하에서 문교부 장관을 역임한 오천석은 "… 이러한 대규모의 교육 운동이 있었다는 것은 우리 민족문화사에 있어 특기할 만 일이라 하겠다. 이것은 전 세계에서 그 유래를 찾아볼 수 없는 민간인에 의한 교육 운동으로서 한국인의 전통적인 교육을 존중하는 생각과 강렬한 민주 의식이 결부됨으로써 일어난 현상이라고 하겠다."라고 평가한 바 있다.

그러나 한일합병 후 일제는 민족의식과 애국 사상의 색채가 농후하였던 사립학교를 탄압하기 위해 사립학교령을 공표함으로써 사립학교의 통제를 강화하였다. 뿐만 아니라 사립학교 진학자의 가정을 박해하는 등의 악랄한 방법까지 동원함으로써 1908년에 5천여 개 달했던 사립학교가

---

1 김영화 외 2, 한국인의 교육열 연구, 한국교육개발원, 1993. 22면.

1910년에는 2천80여 개교로 1919년에는 742개교로 그리고 일제 말에는 400여 개교로 감소하게 된다.[2]

뿐만 아니라 교육을 받으려는 사람들의 취학열, 향학열 또한 저조했는데 그것은 일본인에 의한 일본인화하는 교육을 받지 않겠다는 민족적 저항감도 크게 작용한 탓이었다.

그러나 침체되었던 한국인의 교육열은 3·1 독립운동을 거치면서 다시 한 번 부흥기를 맞게 된다. 그것은 사립학교가 와해된 현실적인 조건 아래에서 사립학교만을 고집하지 않고 일제가 설립한 공립보통학교에서라도 신교육을 받아 민족의 실력을 양성하자는 실력 양성론의 확대, 전파에 기인하는 것이었다.

하지만 일제의 식민지 교육은 식민지 통치에 적합한 하급 관리와 단순 노동자 양성을 위한 기초적인 실업교육에 중점을 둔 것일 뿐 한국인에 대한 고등교육은 최대한 억제하고 탄압하였다. 단적으로 1935년 한국의 총인구가 2천420여만 명이었고 한국 내에 거주하는 일본인 수는 60여만 명이었는데, 그해 관립전문학교에 입학한 한국인 수는 1천720명이었고 일본인 수는 2천420명이었다. 인구 1백만 명당 한국인 학생은 48명이었는데 비해 일본인은 387명인 셈이어서 인구 비율로 보면 일본인 학생이 한국인 학생보다 80배가 더 많았던 것이다.[3]

해방 그리고 교육열 폭발

해방은 한국인들의 교육에 대한 열망을 폭발적으로 분출시키는 기폭제

---

2 전기 한국인의 교육열 연구, 23면.
3 전기 한국인의 교육열 연구, 33면.

가 되었다. 그동안 일제 치하에서 침체되었던 교육열, 특히 일제의 고등교육 억제 정책에 따라 억눌려져 왔던 고등교육에 대한 열망은 활화산처럼 터져 나오고 있었던 것이다.

해방 후 미군정 3년간에 30여 개에 달하는 고등교육기관이 개편, 승격, 신설 등의 절차를 통하여 생겨났는데, 이는 남북한 합해 일제 36년간에 설립되었던 고등교육기관 수를 능가하는 것이었다.

당시 고등교육, 즉 대학 교육에 대한 한국인의 열망이 얼마나 높았는지 교육계 원로인 오천석과 유진오는 다음과 같이 지적하였다. 즉 오천석은 "누구나 다 새로 수립된 나라에서 좋은 생을 살아보고 싶은 욕망에 불탔던 것이다. 그렇게 하기 위하여 성인은 모든 것을 희생해 가며 자녀를 학교로 보냈고 청소년들은 거부당했던 교육의 권리를 주장하며 대학의 문을 두드리게 된 것이다. 그들은 마치 그들의 장래 문제를 해결해 주는 페나세아(panacea: 만병통치약)가 교육에 있는 양 대학으로 몰려들었던 것이다."라고 했고, 유진오는 "대학다운 시설도 교수진도 없이 문교부로부터 특허 받은 대학의 간판만 붙여놓고 있으면 수천 명의 학생이 삽시간에 모여든다는 기현상은 결코 대학으로 부정 축재를 하려는 모리배들이 폭력으로 연출할 수 있는 연극은 아닌 것이다."라고 하였다.[4]

이처럼 해방 후 한국인에게 있어 대학 교육은 거부당해 왔던 교육받을 권리의 회복이고 새로운 세상에서 잘살아보고 싶은 열망, 즉 신분 계층 상승의 꿈(그것도 누구에게나 평등하게 열려있는)을 이룰 수 있는 만병통치약이었던 것이다.

이러한 대학 교육에 대한 열망은 필연적으로 대학 진학의 통로인 중등학교 진학에 대한 열망으로 이어지게 된다. 특히 일류 중·고등학교 진학

---

4 김영화 외2, 한국인의 교육열 연구, 한국교육개발원, 1993. 35-36면.

에 대한 열망은 대단하여 6·25 한국전쟁 이전에 이미 중학교 진학을 위한 '입학시험지옥'이라는 말이 나올 정도였다.

한국전쟁과 학교, 그리고 학생들

한국전쟁은 무려 600만 명에 달하는 인명 피해와 1천만 명의 이산가족을 발생시켰고 대부분의 산업 시설을 파괴했다. 학교도 예외일 수는 없었다. 4천여 개의 학교에서 무려 1만 5천 동 이상의 건물이 파괴되었던 것이다.

1951년 3월 이승만 정부의 학도의용군 해산 명령에 따라 대부분의 학생들이 학교로 복귀했으나 그들에게는 교실도 없고 공부할 책도 변변한 것이 없었다. 대부분의 중·고등학교가 부산·대구 등지로 피란을 와서 가건물이나 천막을 짓고 피란 온 학생들을 가르쳤다. 그들 또한 전쟁의 피해자이기는 마찬가지였다. 전쟁으로 사망 또는 부상당한 누군가의 가족이거나 친척이었고 또 전쟁으로 뿔뿔이 흩어져 생사조차 모르는 이산가족이었던 것이다.

피란 시절의 학교란 말이 학교이지 피란민 수용소와 별반 다르지 않았다. 천막 학교 신세를 면했다는 대구 남산 밑에 있는 '서울피란대구연합중학교'의 실정을 보면 그 당시 학생들이 얼마나 열악한 환경에서 공부했는지 알 수 있다.

서울피란대구연합중학교란 서울과 다른 지역에서 피란 온 학교들이 연합하여 만든 임시 학교다. 서울 학교가 94학교이고 북한 지역 등 서울 이외의 학교가 30학교로 모두 124학교다. 학생 수는 모두 2천830명인데 중학생이 2천300여 명, 고등학생이 500여 명이고 이 많은 학생들을 담당하는 교사 수는 모두 51명이었다.

교실 수는 총39개인데 전부 14평 정도 되는 하꼬방[5]으로 한 교실의 학생 수가 100명 이상이었다.[6] 학교 실정이 이러하니 학생들이 무엇을 배우고 미래에 대한 어떤 희망을 가질 수 있단 말인가.

1952년, 아직도 전쟁은 끝나지 않았고 거리에는 온통 목발이나 의수를 낀 상이군인, 전쟁미망인과 고아 그리고 거지로 넘쳤다. 사람들은 세상의 모든 아픔을 잠시라도 잊으려는 듯 카바이드로 익힌 속성 막걸리 한 잔에 마른 멸치를 고추장에 찍어 먹으며 체념한 듯 흥얼거렸다.

술 술 술을 달라
이 세상에 술 아니면
어떻게 사나
해가 떠도 술 술
달이 떠도 술 술
술이 랍니다.

'배움의 뜰'을 생각하다

상이군경들과 전쟁 피란민, 고아와 거지들 그리고 술로 세상의 아픔을 달래 보려는 사람들로 넘치는 세상에서 학생들은 무엇을 배울 것인가. 그들이 어른이 되었을 때 살아가야 할 세상은 어떤 모습일까.

김익달의 고민은 깊어만 갔다. 이런 세상에서 뭔가를 하긴 해야겠는

---

5 판자로 만든 가건물.
6 《학원》 창간호에는 기자의 서울피란대구연합중학교 방문기가 실려 있다. 《학원》, 1952년 11월, 30-31면.

데 과연 무엇을 할 수 있을까. 무엇보다 나라의 장래를 짊어질 학생들에게 희망을 줄 수 있는 일이 무엇일까? 누구나 교육이 국가의 백년대계라고 하지만 아무도 황폐해진 그들의 가슴을 위로해 주고 방황하는 그들에게 길을 제시해 주지 못하고 있었다. 아무리 전쟁 중이라지만 나라의 장래가 그들에게 달려 있지 않는가.

1952년 9월경 김익달은 서울에서 같은 출판업을 하면서 친분을 쌓아온 시인 장만영에게 학생들을 위한 잡지 발행의 뜻을 밝히고 같이 일할 만한 사람들을 소개해 달라고 부탁했다. 장만영[7]은 전쟁 전인 1948년 서울에서 잠시 출판사를 경영하였지만 원래 1932년 월간지《동광(東光)》에 김억의 추천을 받아「봄노래」가 게재됨으로써 정식으로 등단한 시인이었다.

장만영은 경성 제2고등보통학교(지금의 경복고등학교)를 졸업 후 일본에 유학한 경력도 있고 박영희, 최재서, 오장환, 김기림, 정지용, 서정주 등 많은 문우들과 친교를 맺고 있어 김익달에게는 참으로 든든한 출판동지였다.

장만영이 먼저 소개한 사람은 소설가 정비석이었다. 김익달은 장만영과 함께 대구로 피란 와 있던 정비석을 만나 저녁을 하게 되었다.

"지금 우리 사회가 몹시 혼돈스러워 청소년 학생들이 갈 바를 몰라 방황하고 있습니다. 그들에게 인생의 등불이 되어 주기 위해《학원》이라는 학생잡지를 발간하기로 결심했습니다. 여기 장만영 씨가 편집장을 맡기로 하였습니다. 정 선생님께서 연재소설을 꼭 맡아주셨으면 합니다."

---

7 장만영은 서울에서 산호장이라는 출판사를 경영했는데, 해방 전 황해도 배천에서 온천을 경영했던 부친 덕분에 어느 정도 재정적인 여유가 있어 김기림 등 문우들의 시집을 많이 발간해 주었다. 조병화의 첫 시집『버리고 싶은 유산』도 산호장에서 출간했다. 해방 후 문인 중에 최고의 멋쟁이로 손꼽히던 명동의 '댄디 보이' 박인환의 생애 첫 시집이자 생전에 발간된 유일한 시집인『박인환선시집』도 산호장에서 출판했다. 그의 대표작이라고 할 수 있는「목마와 숙녀」도 이 시집 제1부에 실린 11편의 시 중의 하나다.

김익달은 그 성격 그대로 에두르지 않고 단도직입적으로 정비석에게 《학원》 창간호부터 연재소설을 맡아 달라고 부탁했다. 정비석은 김익달을 찬찬히 바라보았다. 키는 중키에 약간 모자라는 작은 편이었지만 체격은 단단해 보였다. 얼굴 윤곽은 알맞게 둥글고 넓은 고요한 동자상(童子像)이었는데 부리부리한 호안(虎眼)이 유난히 빛나고 있었다. 얼굴색은 검은 편이었고 눈썹이 짙고 머리숱도 많아 보였다. 과묵한 인상인데 하고자 하는 말은 거침이 없었다.

아직도 일선에서는 휴전회담에서 유리한 고지를 선점하기 위해 밀고 밀리는 치열한 공방전이 벌어지고 있었다. 다들 오늘 당장 먹고 살 일이 걱정이고 내일은 또 어떻게 될지 아무도 알 수 없는 불안 속에 하루하루의 피란살이를 견디고 있는 상황이었다. 출판인들이라고 예외일 수가 없었다. 한국전쟁 직전까지 발행되던 대표적인 아동 매체인 《새동무》, 《소학생》, 《아동문화》, 《진달래》, 《어린이나라》, 《아동구락부》 등도 전쟁으로 발행이 중단된 상태였다.

변변한 교과서나 교실도 없이 대부분의 학교가 피란지에서 임시로 전시 교육을 실시하고 있는 상황이니 청소년들에게는 마음의 양식이 될 만한 읽을거리 자체가 없었던 것이다. 정비석은 국가의 장래를 이끌어 나갈 청소년 학생들에게 인생의 등불이 되어 주기 위해 《학원》, 글자 그대로 '배움의 뜰'이라는 잡지를 간행하기로 결심했다는 김익달의 말에 크게 감동했다.

이 얼마나 원대한 포부인가. 정비석은 후일 당시를 회고하면서 "어떤 철인(哲人)은 80 노령에 나무를 심으면서 '지구가 비록 내일로 멸망하는 한이 있더라도 나는 내일을 위해 나무를 심는다'고 말한 일이 있거니와 비록 전쟁 중임에도 불구하고 학생들의 장래를 위해 《학원》을 발간하기로 결심했다는 김 선생의 결심을 듣고 나는 위대한 철인을 발견한 느낌

이었던 것이다."라고 했다.[8]

"김 선생 정말 장하시오, 내 기쁘게 연재소설을 맡지요."

정비석도 김익달의 제의를 흔쾌히 받아들였다. 이렇게 하여 김익달은 피란지인 대구시 삼덕동 29번지 대양출판사에서 시인 장만영을 기획과 외부 원고 청탁을 맡은 편집주간, 김성재를 편집책임으로 하여 50, 60년 대 '학원세대'를 탄생시킨 청소년잡지 《학원》 창간에 들어가게 된다.

자신의 이름을 딴 '세대'란 칭호를 선사받은 유일한 잡지, 《학원》

김익달은 1952년 11월 청소년을 위한 잡지 《학원》을 창간했다. 그는 그 로부터 몇 번의 휴간 등 우여곡절이 있었지만 1979년 9월까지 무려 30년 가까운 세월 동안 통권 293호를 발행하며 이 땅의 청소년들에게 꿈과 희 망을 주고 헝클어진 민족정기를 바로 잡겠다는 애초의 창간 이념을 실천 했다.[9] 이 땅의 수많은 청소년들은 매월 《학원》이 발행되는 날을 손꼽아 기다렸고 《학원》을 보며 동시대를 호흡하고 미래를 꿈꾸었다.

《학원》은 이처럼 동시대 어떤 잡지와도 비교될 수 없는 큰 영향력을 가 지고 있었다. 상명대학교 한국어문학과 김한식 교수는 "《학원》의 영향력 은 1950년대 후반 《사상계》가 동시대 지식인들에게 가진 영향력 정도가

---

8 정비석, 「공과 사가 분명했던 영생의 출판인」, 『학원세대와 김익달』, 학원김익달전기간행위원 회, 1990, 236면
9 그 후 1984년 5월 학원사에서 기존의 중·고등학생 잡지와는 다른 성격인 지식인을 위한 문 학예술지로서 《학원》을 재창간하였다. 1985년에는 계간지로 바꾸며 《교육·철학·환경·생태의 책》으로 학술지적인 성격을 띠며 발행되다가 1990년 10월호까지 통권 343호를 내고 종간되었다.

《학원》의 그것과 비견될 수 있다."고 하였다.[10]

또 순천향대학교 박몽구 교수도《학원》이 갖는 의미에 대해 동시대 어떤 잡지와도 비교할 수 없을 만큼 컸다면서 "잡지의 제호를 따서 '○○세대'라는 칭호를 선사받은 책은《학원》뿐이다. 우리나라의 어떤 잡지도 자신의 이름을 딴 세대를 만들지 못했는데 오직《학원》만이 그것을 이룬 것이다."라고 했다.[11]

그렇다면 김익달이 발행한《학원》이라는 잡지가 어떤 내용과 형식으로 발행되었고 또 그것이 동시대에 어떤 의미가 있었기에 다른 잡지와는 비교할 수 없는 영향력을 가졌던 것일까? 왜 오직《학원》만이 그 자신의 제호를 따서 '○○세대'라는 칭호를 선사받았을까?

피란지 천막 학교에서 변변한 교과서 하나 없이 공부해야 했던 학생들에게《학원》창간 소식은 오랜 가뭄으로 타들어가는 대지를 적시는 단비와도 같았다. 부서지고 갈라지는 땅에 아직 뿌리조차 제대로 내리지 못하고 겨우 숨만 붙어있던 어린 새싹들이 건강하고 힘차게 자랄 수 있게 하는 그런 단비였던 것이다.

《조선일보》논설위원이었던 유경환은《학원》창간 소식을 듣고, "어찌나 반가웠는지 학교가 끝나자마자 서점에서 선 채로 기다려가며《학원》을 사서 읽었다."고 회상했고, 영화평론가 김종원[12]은 "첫사랑을 앓는 사춘기 소년처럼《학원》에 매달려 수업 시간에도 설레는 마음으로 뱃고동 소리를 기다렸고《학원》이 나오는 한 달이 왜 그리도 길었던지 짜증스럽기조차 했다."며 학창 시절을 기억한다.

이화여자대학교 진덕규 교수는 "우리 세대는 참 행복했던 것만 같다.

---

10 김한식, 한국현대문학회 학술발표회 자료집, 2009. 292면.

11 박몽구, 도서관, 제386호, 국립중앙도서관, 2012. 66면, 77면.

12 김종원은 제주시 봉개동에 출생했다. 1958년《문학예술》에 시 「종(鍾)」, 「병의 자세」가 추천되면서 등단한 시인이기도 하다. 1960년《사상계》에서 「달의 시업(試業)」으로 신인상을 받았다.

아마도 여기서 행복이라는 말을 쓸 수 있는 것은《학원》이라는 우리들 잡지 때문이라 해도 지나침은 아닐 것 같다. 《학원》바로 그것 때문에 우리는 전쟁터의 소년 소녀들이었지만 꿈을 키울 수 있었다. 《학원》이 있었기에 미래를 설계할 수 있었고 저 멀리 떨어진 세계를 바라보면서 가까이 있지 않은 낯모르는 친구에게도 만나고 싶다는 충동을 가질 수가 있었다. 나뭇짐을 팔아서 모은 돈으로 30리 길을 달려 막 도착한《학원》을 살 때면 이미 마음은 먼 하늘가를 맴돌게 된다."라며 그 시절은 행복한 세대였다고 기억하고 있다.[13]

서울대학교 교수와 동아일보 사장을 역임한 김학준은 초등학교 5학년 때인 1953년부터《학원》을 읽기 시작했다면서, "매달 빠뜨리지 않고 열심히 읽었다. 애독이 아니라 탐독이었고 탐독이 아니라 탐닉이었다. 그것도 모자라서《학원》을 읽는 가까운 친구들과 화제를 삼곤 했다. 연재소설의 경우에는, 다음 회에서 이야기가 어떻게 전개될 것인지에 대해 서로 예측해 보기도 했다."면서 "확실히《학원》은 필자 소년 시절의 훌륭한 스승이었다. 그렇다면 김익달 선생은 스승의 스승이 아니겠는가."라고 하였다.[14]

일제는 한민족의 정체성을 말살하기 위해 한글 교육과 한글 사용을 금지하는 정책을 시행했다. 하지만 해방과 더불어 한글은 다시 새 생명을 얻었고 그동안 억눌렀던 교육열은 새로운 국가 건설에 대한 욕망과 함께 폭발했다.

그 되찾은 우리말로 교육받은 한글세대가 7년째 자라고 있었다. 그런데 이런 상황에서 터진 한국전쟁, 동족상잔의 비극은 물리적인 파괴는

---

13 진덕규, 「아침논단」, '열린사회의 공감대', 조선일보, 1983년 7월 29일자 5면.
14 김학준, 「학원은 나의 스승, 김익달 선생은 스승의 스승」, 『학원세대와 김익달』, 학원김익달전기간행위원회, 1990. 154면, 156면.

말할 것도 없고 어린 학생들의 머리와 가슴을 채워줄 것도 모두 파괴해 버렸던 것이다.

그들은 새로운 세상에 대한 지식과 교양을 갈망했다. 그들에게 뭐라도 좋으니 7년여 동안 배운 우리말과 우리글로 된 읽을거리가 절실했던 것이다.

그들은 피란지 학교에서 천막이나 판자로 된 좁은 공간에 100여 명 넘게 앉아 받아야 하는 전시 교육을 고통스럽게 감내해야 했다. 이런 부실하기 짝이 없는 콩나물 교실에서 이 수업이 끝나면 할 일 없이 거리를 헤매거나 시냇가나 과수원을 찾아들며 시간을 때울 수밖에 없었다. 일선에선 아직도 목숨을 건 치열한 공방전이 계속되고 있고 어른들은 불안한 얼굴로 하루하루를 버티고 있는 상황이니 아무리 하고 싶은 일이 있고 하고 싶은 말이 있더라도 할 수 있는 것은 아무것도 없었고 그들의 얘기를 귀담아 들어줄 이도 없었다.

이제 《학원》이 발행되었다. 김익달이 창간사에서 밝힌 것처럼 이 땅의 불행한 학생들의 벗이 되고자 《학원》이 세상에 나왔다. 그들에게 《학원》은 글자 그대로 '배움의 뜰', 바로 그들이 그렇게 목마르게 그리던 그런 학교였던 것이다.

'학원'은 글자 그대로 '배움의 뜰'

김익달은 《학원》의 창간사에서 "중학생들을 위한 참된 교양과 올바른 취미의 앙양"을 위해 《학원》을 창간하였다는 분명한 목적을 밝혔다.

1952년 10월 20일자 《동아일보》 1면에 실린 《학원》 창간호 광고에서 '본지의 주안점'을 다섯 가지로 밝히고 있다.

① 올바른 취미를 배양시키려고 함.

② 진실한 교양을 체득시키게 함.

③ 과학 정신을 고양시키기 위함.

④ 시대와 호흡을 같이 하도록 함.

⑤ 취미를 통하여 학습할 수 있도록 지도하려 함.

당시는 전쟁 중이었다.

폐허, 죽음, 절망, 상실, 이산. 온통 폭력적이고 절망적인 단어들이 난무하는 비극적인 상황이었지만 《학원》은 나라의 장래가 학생들의 두 어깨에 달려있음을 직시하고 민족 자강과 '미래 인재 양성'이라는 장기적 비전을 우선적으로 제시하였다. 이런 차원에서 《학원》은 정치·사회·역사·문화·사상 등 청소년을 계몽하기 위한 다양한 내용의 기획·편집 체계를 구성하였다.

《학원》 창간호 편집을 담당했던 김성재는 김익달에 대해 "그는 다른 모든 희생을 각오하고서라도 청소년잡지를 간행해야 한다는 목적의식 속에서 용기와 모험심과 형안이 남달랐던 인물"이라고 기억하였다.[15]

《학원》 창간호 표지에 '중학생 종합잡지'라고 표방한 것은 글자 그대로 중학생용 잡지라는 의미는 아니었다.

정부는 전쟁 중이던 1951년 3월 교육법 개정을 통하여 의무교육을 6년으로 하고 중학교와 고등학교를 분리하는 6-3-3-4제의 학제 개편을 단행했으나 개편된 학제가 정착하는 데에는 상당한 시간이 걸렸던 것이다. 따라서 《학원》의 표지에 표방한 '중학생 종합잡지'에서의 중학생이란 중학생과 고등학생을 통칭한 것이었다. 또 그렇다고 반드시 학교에 다니는

---

15 김성재, 『김성재 출판론』, −출판 현장의 이모저모, 일지사, 1999. 18면.

학생들만을 대상으로 한 것이 아니고 학교에 다니지 않는 같은 연령대의 사람들을 모두 포함하는 청소년을 지칭하는 것이었다.[16]

김익달은《학원》의 창간 목적이 참된 교양과 올바른 취미의 앙양을 통해 청소년들을 미래의 주체로 성장시키는데 있다고 천명한 만큼《학원》의 구체적 편집 체계도 이에 맞게 구성하였다.

우선 창간호만 보더라도 참된 교양과 정서 순화를 위해 프랑스 화가 밀레의 「장작 패는 사나이」를 간단한 설명과 함께 실었고 이어 박목월, 조병화, 김용호, 이원수의 시를 게재했다.《학원》을 보는 청소년들은 교과서에서나 만날 수 있었던 당대 최고 시인들의 또 다른 시들을《학원》을 통해 감상할 수 있었던 것이다.

그 외에도 「대시인 셰익스피어의 전기」라든가 정비석의 연재소설 「홍길동전」, 세계 명작 「노트르담의 꼽추」 등 청소년들의 참된 교양을 위해 엄선한 알찬 내용들이 이어졌다.

《학원》은 또 청소년들에 대한 본격적인 지식 정보 교육을 위해 「학습취미 강좌」란을 만들어 '사회생활', '과학', '영어', '수학'에 대한 지상 강의를 하였다.

그런데 지상 강의의 강사들이 대학교수와 유명 고교교사 및 문교부 편수과장 등 요즈음으로 말하면 이른바 스타강사였다. 그러니 그 강의 내용은 교과서처럼 딱딱하지 않아 읽다보면 저절로 빨려 들어가기 마련이었다.

바로《학원》이 지향하는 주안점 중의 하나인 '취미를 통하여 학습할 수 있도록 지도하려 함'을 실천하고 있는 것이다. 특히 영어 강좌인 '미녀와 야수'는 내용이 재미있기도 하려니와 영어 원본과 번역본을 동시에 실

---

16 《학원》의 표지에 표방한 '중학생 종합잡지'라는 말은 곧 사라졌고《학원》의 '독자투고란'에는 학교에 다니지 않는 청소년의 투고도 많았다.

었는데 영어 단어와 관용구에 대하여 친절한 설명을 곁들여 놓아 영어사전을 찾아보지 않더라도 혼자서 공부할 수 있게 배려하였다. 당시 전쟁 중이라 영어사전을 제대로 갖추고 공부하는 학생들이 많지 않았음을 배려한 것이다.

청소년을 위한 '배움의 뜰'인 《학원》의 역할은 여기에서 그치는 것이 아니었다. 《학원》에는 호기심 많은 10대들의 흥미를 끌어들이고 그들을 독자로 견인하기 위해 '오락'과 '취미'를 위한 공간도 있었다. 바로 만화, 세계 시사 및 다양한 장르의 문학이 있었던 것이다.

특히 김성환의 「학생의 이모저모」와 김용환의 「코주부 삼국지」 등의 연재만화는 천막 교실에서 받는 전시 교육이 전부인 학생들에게는 커다란 위안이고 낙이었다.

창간호부터 연재하기 시작한 김용환의 「코주부 삼국지」는 등장인물이 '말풍선'을 이용한 대화로 이야기를 전개한 방식을 도입했다는 점에서 당시로서는 파격적인 만화 기법이었다.

1950년대만 해도 잡지에 실린 만화 구조를 살펴보면 대부분 한 칸을 반으로 나누어 그림과 글을 반씩 배치하는 그림 소설의 형식이었다. 거기다가 글자는 깨알 같은 고어체의 설명문 형식을 그대로 채택해 시각적인 즐거움보다는 오직 줄거리를 전달하는데 초점이 맞춰져 있었던 것이다. 이것은 마치 그림 소설을 읽는 느낌을 주었는데, 이미 선진적인 영상 매체 기법에 노출된 청소년들의 시각적인 언어 감각을 충족시키기에는 역부족이었던 것이다. 이에 반해 「코주부 삼국지」는 줄거리 전달을 목적으로 하는 전통적인 만화 기법을 탈피해 중심캐릭터인 '코주부'의 인상, 표정, 동작, 말투를 생동감있게 그렸고, 줄거리의 분위기에 맞게 칸의 크기 등을 조절하기도 하였다. 이러한 말풍선 기법은 창간 2호에 게재된 김성환의 'R군 연말 일기'에서도 나타나는데 주로 사건 전개를 모자(母子) 사이의 대사와 인물들의 동작을 결합하여 표현하였다. 즉, 각 인물들의 머리 위에 '말풍선'을 활용해 실제 대화를 나누는 듯한 기법을 사용한 것이었다.

당시 이러한 말풍선 기법은 시각적인 언어 방식을 추구하던 독자들로부터 폭발적인 인기를 얻었다. 창간호는 정가 4천 원에 1만 부를 발행하고 광고는 동아일보 1면 구석에 실린 작은 광고가 전부였다.

대구와 부산은 주로 서점에다 맡기고 전라도와 충청도지방은 대전에 설립한 대양서림 등을 통해 보급했다. 그런데도 소리 소문도 없이 금세 매진되는 큰 성공을 거두었다. 당시 청소년들이 얼마나 마음의 양식에 굶주리고 있었는지 능히 짐작 가는 일이었다.

출판동지 최덕교를 만남

《학원》 창간호가 나온 뒤 편집주간 장만영이 그만두게 된다. 아무래도 불행한 이 나라 학생들을 위해 《학원》을 창간하겠다는 김익달의 창간 이념과 삼고초려를 받아들여 창간호의 편집주간을 맡았으나 그는 당대 최고의 시인 중의 한 사람이었다.

그의 시 세계는 강한 모더니즘을 보이면서도 도시 문명을 소재로 하기보다는 농촌과 전원의 세계를 지적으로 노래하는 서정주의(抒情主義) 시인으로 평가받고 있었다. 이런 그가 한 호를 내면 곧바로 그 다음 호와 또 그 다음 다음 달 호의 기획과 원고 청탁·편집에 돌입해야 하는 월간지의 편집주간은 부담스러워 했을 것으로 보인다. 아무래도 그 무엇보다 본인 자신의 시 세계로 돌아가고픈 마음이 컸던 것 같다.

창간호의 편집주간이 창간호가 나오자마자 사직을 하였다고 하여 김익달과의 사이에 불화나 특별한 문제가 있었던 것은 아니었다. 이는 편집주간을 그만둔 후에도 장만영은 《학원》 독자들이 투고한 '시' 작품의 선자로서, 그리고 김익달이 창간호에 공고한 대로 학원장학생 선발 과정에도 계속하여 관여한 것을 보면 알 수 있다.

김익달은 《학원》 창간 2호의 기획·원고 청탁·편집 업무를 창간호의 편집을 맡은 김성재에게 맡겼다. 김익달은 전쟁 전 서울에서 '간추린 시리즈'를 준비할 때부터 이미 그의 능력과 성실함을 눈여겨봐왔던 터였다. 그런데 김성재 역시 창간 2호를 내고 곧바로 사표를 제출하는 일이 벌어졌다.

김성재가 갑자기 사표를 낸 이유는 표지 장정과 관련하여 사장인 김익달과 약간의 의견 차이가 있었던 것으로 보인다. 김성재는 창간 때부터 예술성을 강조하여 표지 꾸미기에도 상업성을 배제하려 했고 제2호의 표지 장정은 일단 후퇴하여 사장의 의견을 따랐으나 다시 예술성 짙은 장책으로 되돌아갈 것을 요구했다고 한다. 그러나 김익달은 김성재의 제안을 받아들이지 않았고 그의 사직서를 아무 말 없이 받아들였다는 것이다.[17]

그러나 김성재의 위와 같은 표지에 대한 예술성 고수 주장에는 약간의 이견이 있다. 《학원》 창간호와 창간 2호의 표지는 원색 컬러 인쇄 방식에 남녀 학생의 그림이 실려 있다. 창간 2호 표지에는 학생들의 흥미를 끌기 위해 잡지명 하단에 '별책부록 전국 중학교 학술경시 중앙결선대회 시험문제와 모범해답'의 타이틀이 삽입되었다는 것이 창간호와의 차이점이다. 창간 2호 표지에 학생들의 흥미를 끌 타이틀이 삽입되었다고 해서 《학원》이 상업성에 목적을 둔 잡지라고 단정하기 어렵다는 것이다.[18]

---

17 김성재, 『김성재 출판론』, −출판 현장의 이모저모, 일지사, 1999. 18−19면.
18 장수경, 『학원과 학원세대』, 소명출판, 2013. 40−41면.

오히려 《학원》은 이 잡지가 누구를 위해 출판하는지 독자층의 경계를 명확히 설정하였고 주 독자층인 청소년을 계몽하기 위해 어떤 성격으로 잡지 편집을 구성할 것인지에 대해서도 분명한 방향성을 제시하였다. 실제로 《학원》은 청소년을 독자로 견인하기 위해 그들의 흥미를 끌만한 대중적 기획을 하면서도 창간호부터 책 광고를 제외한 상업적 광고는 일체 싣지 않았던 것이다.[19]

김성재가 사직함에 따라 《학원》의 편집은 동화작가인 남소희가 맡게 된다. 당시 대양출판사에는 전무 박상련, 총무부장 김명엽, 업무부장 김인수[20] 등과 몇 사람의 직원들이 더 있었는데 이들은 주로 대양출판사의 학습참고서인 '간추린 시리즈'에 매달리고 있었다.

당시 『간추린 생물』, 『간추린 물상』, 『간추린 삼각법』, 『간추린 국사』, 『간추린 서양사』, 『간추린 한국지리』, 『간추린 외국지리』, 『간추린 입시정해』 등으로 이어지는 이 시리즈는 밤을 세워가며 인쇄하고 제책을 해도 그 주문량을 맞추지 못할 정도로 불타나게 팔렸다고 한다. 전쟁 중에도 학생들의 향학열은 대단했던 것이다.

김익달은 《학원》의 창간 이념을 제대로 구현할 수 있는 편집 사원이 절실히 필요했다.

1952년 12월 초 어느 날, 아침이었다. 피란지 대구에서 한 젊은이가 목적지도 없이 삼덕동 골목길을 터벅거리며 걷다가 어느 담벼락에 나붙은 '편집사원모집'이라는 방을 보았다. 젊은이는 할 일도 없었던 터라 '여기나 한 번'이라는 기분으로 사무실로 들어가 봤다. 이미 네댓 사람이 이력

---

19 창간호에 게재된 책 광고는 장만영의 『중학생문예독본』, 조지훈의 『풀잎단장』 및 대양출판사의 '간추린 학습시리즈'가 전부이다. 《학원》의 이런 상업적 광고 지양정책은 1950년대 후반까지 지속된다.

20 업무부장 김인수(金麟洙)는 후일 신서각(新書閣)의 사장으로 김익달의 3남 김인수(金仁壽)와는 동명이인이다.

서를 내고 있었다. 젊은이는 그 자리에서 원고지 두어 장 얻어가지고 대충 이력서라는 것을 써서 제출했다. 사무실에 있던 직원은 군말 없이 그대로 받아 주었다.

그날 12시까지 마감을 하고 서류 전형에 든 사람은 2시부터 시험을 친다고 했다. 젊은이는 사무실을 나와 이러 저리 걷다가 오후 1시가 좀 지나서 행여나 하고 다시 가 보았더니 자신의 이름이 붙어 있었다. 모두 6명이었다. 2시부터 시험에 들어갔다. 시험지는 두 장이었는데 한 장은 국어, 또 한 장은 영어, 수학, 과학, 역사에 시사 문제까지 참 여러 가지였다.

그리고 마지막으로 작문이 있었는데 4백자 원고지가 주어졌다. 드디어 6명 중 오직 한 명만이 뽑혔다. 아니 이력서를 제출한 80여 명 중에 시험까지 치러 오직 한 명이 뽑힌 것이다. 그가 바로 김익달의 평생 출판동지가 되는 김익달보다 꼭 10살 연하인 대학생 최덕교다.

최덕교, 《학원》을 만나다

최덕교가 첫 출근한 곳은 대구시 삼덕동의 어느 가정집 뒷마당을 빌려 지은 8평 정도의 판잣집이었다. 그곳에 놓인 6개의 책상 중에 말석을 배정받는데 책상 위에는 《학원》 창간호와 창간 2호(12월호)가 놓여 있었다. 최덕교가 그곳에 있던 직원들에게 두루 인사하고 자리에 앉자 처녀 편집장 남소희[21]는 미소를 띠며 가만가만한 말투로 당장 일거리를 맡기

---

21 동화작가로 후일 미국으로 이주하여 미주문인협회 회원으로 활동하였다. 특히 2003년 10월에 결성된 미주아동문학가협회 초대 회장을 역임하면서 이중 언어의 혼란, 부모와의 문화적, 세대적 차이로 인한 단절감을 앓고 있는 교포 아동, 청소년들의 정체성 확립을 위해 활발한 활동을 펼쳤다.

는 것은 아니니 우선 책상 위에 놓인 창간호와 12월호를 보라고 한다. 최덕교는 오전 내내 사륙배판 114면으로 된 창간호를 이리저리 살펴보며 지냈다.

화려한 창간호의 원색 표지, "불행한 이 나라의 학생들에게 마음의 양식이 될 만한 것을 드리고자"《학원》을 창간한다는 김익달의 창간사, 정비석의 연재소설「홍길동전」, 김용환의 연재만화「코주부 삼국지」하나하나가 감동이고 흥미진진했다. 오락이라고는 아무것도 없던 피란 시절의 청소년들에게 이보다 더 큰 선물이 어디 있겠는가.

책장을 한 장 한 장 넘기며 편집후기까지 구석구석 살피는데 바로 편집후기 앞쪽에 실린 "장학생모집, 학원 장학금제도 창설"이라는 광고 기사가 최덕교의 눈을 잡았다. 자기 식구 호구조차 제대로 해결하기 어려운 이 난리 통에 장학금을 주겠다니, 최덕교는 사장인 김익달이 바로 그런 사람이라는 생각에 마냥 뿌듯하고 자랑스러웠다.

최덕교가 남소희 편집장 밑에서 한창 편집 일에 재미를 붙이고 있던 1953년 4월의 어느 날이었다. 편집장 남소희가 6월호까지만 하고 물러나겠다는 사의를 표했다. 평소에 과묵한 성품으로 일 또한 차분하게 진행하는 터라 만류할 수 있는 상황이 아니었다. 김익달은 결단을 내려야 했다. 며칠 후 김익달은 최덕교에게 《학원》의 편집장을 맡으라고 지시했다. 최덕교는 잡지를 만져본 지 몇 달되지 않는 신출내기가 어떻게 그런 중책을 감당하느냐며 항의도 하고 사양도 했다.

하지만 김익달은 최덕교의 말은 들은 척도 않고《학원》의 기획과 편집에 대해 구체적으로 조목조목 지시하기 시작했다. 최덕교는 김익달의 일에 대한 열정과 박력에 눌려 더 이상 못하겠다는 말을 할 수가 없었다. 도대체 신출내기 편집 사원의 뭘 보고 이 땅의 불행한 청소년들을 위해 그 토록 심혈을 기울여 발간한 잡지의 편집장을 맡으라는 것인가. 최덕교는 얼떨결에 편집장이라는 중책을 맡고 잠을 제대로 잘 수 없었다고 한다. 이제 어디에다 잡지 편집에 대해 물을 수도 없고 딱히 배울만한 데도 없었다. 최덕교는 생각하다 못해 어느 토요일 밤차를 타고 부산으로 갔다. 그 다음날 그는 하루 종일 여기저기를 돌아다니며 바다 건너 온 일본 잡지와 미국 잡지를 사모아 한 보따리를 꾸렸다. 그러고는 다시 밤차로 돌아와 며칠 밤을 새우며 그 잡지들을 훑어보고 그중 몇몇 잡지는 분해까지 해 보았다. 이렇게 몇 날 며칠을 고민하여 만든 7월호 편집계획을 가지고 최덕교는 김익달에게 몇 가지 제안을 하게 된다. 우선 창간호와 창간 2호의 편집 구성을 기본으로 하되 본문 100페이지를 150페이지로 늘려 재미있는 읽을거리를 대폭 싣자고 한 것이다.

김익달은 대견해 하며 종이를 구하기도 어려운 피란살이지만 신출내기 새 편집 사원, 아니 편집장의 제안을 흔쾌히 받아들였다. 그래서 지금까지의 「홍길동전」, 「노트르담의 꼽추」, 「코주부 삼국지」 등 세 가지 연재물에 「일곱별 소년」, 「돈키호테」, 「월계관」 등 세 편의 연재소설이 추가되고 김성환[22]의 명랑 만화 「꺼꾸리군 장다리군」이 새롭게 연재되어 7대 연재물이 되었다.

최덕교는 이 내용들을 6월호에 예고했다. 이 같은 예고 광고는 《학원》으로서는 처음인데 다음호의 주요 내용을 알리는데 매우 효과적이었다. 김익달은 최덕교가 제안한 7대 연재물을 검토한 후 전호까지 1만 5천 부 찍던 것을 5천을 더해 2만 부를 찍도록 지시했다. 1953년 7월호, 최덕교가 편집장으로서 처음 펴낸 《학원》 '약진호'는 반품 없이 매진되는 대성공이었다.

이렇게 해서 최덕교는 대양출판사에 입사한지 6개월여 만에 당시 전국

---

22 김성환은 한국전쟁이 끝난 후 1955년 2월 1일부터 《동아일보》에 '고바우 영감'이라는 4단짜리 시사만화를 연재하면서 신문 만화의 대명사가 된다.

을 통틀어 10명이 될까 말까한 편집장 대열에 당당히 그 이름을 올리게 된다.[23]

당시 《학원》 편집실에는 외근·취재의 손양삼, 미술 도안의 박종욱, 편집·교정의 남숙자, 참고서 편집의 심찬근 등이 함께 근무하고 있었는데, 모두 자신의 일처럼 힘을 모아 《학원》 편집 일을 하고 또 바쁘면 참고서 교정도 함께 거들었다.

휴전, 다시 서울로

1953년 7월 27일 마침내 휴전협정이 체결되었다. 사람들은 드디어 전쟁이 끝났다고 환성을 지르며 서울로 돌아간다고 들떠 있었다. 이럴 때 누구보다도 먼저 서두르는 것이 신문사요, 잡지사다.

김익달은 선발대를 서울로 올려 보내 출판 준비를 서둘렀다. 《학원》의 편집실은 아직 대구에 있었지만 '10월호'부터 발행 주소는 "서울특별시 중구 양동 87"로 하고 3만 부를 발행했다.

창간 1주년 기념호인 11월호는 본문 50면을 더 늘리고 232면으로 하여 3만 5천 부를 찍고 '제1회 학원문학상' 작품 모집과 '제2기 학원장학생' 모집 공고를 크게 실었다.[24]

---

23 그때 발행되던 잡지의 편집장을 보면 부산에서 발행된 《희망》은 시인 공중인, 《여성계》는 수필가 조경희, 《문화시대》는 소설가 곽하신, 《새벗》은 아동문학가 이종환, 《자유세계》는 문학평론가 임긍재, 《사상계》는 발행인 겸 편집장 장준하, 대구서 발행된 《소년 세계》는 아동문학가 이원수, 《신태양》은 소설가 유주현 등 모두 쟁쟁한 인물들이 맡고 있었다.

24 《학원》 창간 1주년을 맞아 《신천지》 《문예》 《문화세계》 《수도평론》 《자유세계》 《사상계》 《신사조》 《신시대》 《전선문학》 《여성계》 《국제보도》 《소년세계》 《수험생》 《새벗》 《어린이 다이제스트》 《모범생활》 《스튜던트 다이제스트》 《청년 다이제스트》 《법정》 《고시》 《고시와 전형》 《신태양》 등 24개 잡지사가 축하 광고를 게재해 주었다.

최덕교는 1953년 10월 10일 원고 보따리를 꾸려가지고 혼자 서울로 가게 되었다. 김익달은 혼자 떠나는 편집장에게 건강이 염려되어 미제 비타민 한 병을 코트 주머니에 찔러 넣어주었다. 최덕교가 타고 갈 기차는 미군용 화물 열차인데 거기에 객차 하나가 달려 있었다. 최덕교는 차에 올라 두리번거리다가 차장에게 《학원》 한 권을 주었더니 차장은 반색을 하며 최덕교에게 2등석에 앉으라는 친절을 베풀었다. 당시 《학원》은 청소년잡지 그 이상이었던 것이다.

최덕교는 어둑어둑할 무렵에야 서울역에 내렸다. 바로 건너편이 대양출판사가 있는 양동이었다. 회사로 갔으나 문이 잠겨 있어 여관에 짐을 풀고 서울의 모습이 궁금하여 남산 돌계단을 올라 광장으로 올라갔다.

전쟁이 휩쓸고 간 칠흑 같은 어둠만이 눈앞에 펼쳐졌다. 군데군데 보이는 흐릿한 불빛은 마치 도깨비불 같이 폐허로 변한 서울을 더욱 황량하게 만들고 있었다. 백만 호가 있다는 대한민국의 수도 서울, 1953년 가을의 서울 밤은 짙은 어둠 속에 잠겨 있었던 것이다.

최덕교는 다음날부터 전화조차 없는 편집실에 혼자 출근하여 12월호 편집에 돌입했다. 무엇보다 먼저 사륙배판 200면을 맡아줄 조판소 확보가 관건이었다. 혼자 이리 뛰고 저리 뛰며 서울 안의 조판소를 다 둘러보았다. 공장마다 식자공의 수가 많아야 두세 사람이었다. 일을 한꺼번에 맡아줄 조판소가 없었다. 식자 한 사람에 문선 두 사람, 그리고 정판, 해판은 한 사람이 하는 것으로 계산하여 네 사람이 한조가 되어 작업을 하던 시절이었다. 너무 앞질러 서울로 왔다고 후회했지만 이제 다시 원고 보따리를 들고 대구로 내려갈 수는 없는 일이 아닌가. 최덕교는 한 집에 맡겨서는 도저히 시일을 맞추기 어렵다고 판단하고 임기응변으로 분산작업을 시도했다. 독립문 배화사에 100페이지, 서소문 쪽 한흥인쇄소에 100페이지를 맡겼다. 원고 또한 미리 다 준비된 것이 아니었다. 정비석의

「홍길동전」은 대구에서 가져왔지만, 김내성의 「검은별」은 부산에서 인편으로 보내오고, 「코주부 삼국지」는 군용비행기를 타고 오는 어느 분이 가져다 주기로 되어 있었다.

이런 판국에 독립문 쪽 배화사의 식자공이 온데간데없이 사라지는 사태가 발생했다. 최덕교는 남아 있는 단 한 사람의 식자공에 매달릴 수밖에 없었다. 천만다행으로 40이 좀 넘은 텁수룩한 그 식자공은 잡지의 사정을 이해해 주었고 일이 끝날 때까지 밤낮없이 식자를 해 주기로 했다. 그는 문선·식자·정판도 혼자서 모두 해내는 노련한 사람이었다. 최덕교는 식자를 하는 동안 난로 옆 가마니때기에서 한숨 자고 식자를 끝내면 일어나 조판한 것을 검토하며 OK 놓는 과정을 반복했다. 꼭 사흘 밤낮을 그렇게 작업해 두 곳에서 한 조판이 끝났는데, 두 군데 모두 지형 시설이 없어 문제였다. 그래서 찾은 곳이 지금의 명보극장 뒷골목에 있던 문화지형소였다. 최덕교는 두 곳에 있던 조판 상자들을 모아 신주 모시듯 리어카에 싣고 문화지형소로 가서 지형을 떴다. 습지형 시대[25]라 작업이 참 더디게 진행되었다. 인쇄는 대구에서 하기로 되어 있었기 때문에 김익달은 지형을 가지고 갈 생각으로 서울로 올라와 기다리고 있었다.

서울역에서 출발하는 오후 10시 반에 출발하는 밤차를 타야 다음날부터 인쇄에 들어갈 수 가 있었다. 김익달과 최덕교가 지형을 모두 챙긴 시

---

25 지형(紙型)은 연판(鉛版)을 뜨는데 사용하는 종이로 된 활자판 모형으로 활자 조판이나 블록판 위에 지형지를 올려놓고 압력을 주어 글자 등이 암골되게 한 것을 말한다. 지형에는 습식(濕式) 지형(보통 습지형이라 함), 건식(乾式) 지형이 있는데 습식 지형은 안피지(雁皮紙)와 그 밖의 연질(軟質) 종이를 풀로 배접하여 젖은 그대로 판면 위에 놓은 다음 젖은 천을 덮고 위에서 솔로 두들겨서 자면이 움푹움푹 들어가게 한 다음에 가열, 건조시켜서 뜬다. 그런데 솔로 두들기는 과정이 까다로워 여간한 숙련공이 아니면 자면이 균등하게 들어가지 않아 좋은 인쇄물을 얻기 어렵다. 그런데 건식 지형은 아황산 펄프 등의 화학 펄프를 주원료로 한 종이를 15~20층 겹쳐서 필요한 두께로 하고 내열성·가소성·평활성을 주어서 만든 원지를 판면 위에 놓은 다음, 지형 압착기로 압착하여 가열·건조시켜서 뜨는 것을 말한다. 습식 지형에 비해 지면이 섬세하게 나타날 뿐 아니라 능률적이고 수명이 길다.

각은 10시 15분, 두 사람은 개조한 군용 지프를 타고 서울역으로 달렸다. 서울역 승강장의 계단은 뛰어내리고 이미 기적을 울리며 움직이는 기차에 김익달이 뛰어올랐다. 그 순간 함께 뛰어 왔던 최덕교가 지형 뭉치를 승강구 안으로 던져 넣었다. 그제야 받은 사람도 던진 사람도 손을 흔들었다.

조판은 서울에서, 인쇄는 대구에서, 이 땅의 청소년들이 손꼽아 기다리던 1953년 《학원》 12월호는 이렇게 해서 나왔다. 다시 5천 부를 더하여 4만 부를 찍었다.

《학원》은 힐링의 장

전쟁은 그 자체만으로도 사람들에게 심대한 위기감과 공포감을 안긴다. 전쟁은 사람들의 물리적 삶의 장을 파괴하는 것은 물론 그 정신을 황폐하게 만든다. 한국전쟁은 이러한 전쟁의 일반적인 속성 외에 극단적인 이데올로기의 대립과 동족상잔이라는 특수한 문제가 덧씌워져 그 상황에 직면한 이들의 스트레스와 충격의 지수를 거의 한계적 상황까지 증폭시켰다.

그것도 일본 제국주의에 의한 국권 상실로 일제 강점기 내내 응축되고 산적되어 있던 모순과 갈등이 제대로 해소되지 못한 상태에서 터진 전쟁이었다. 한국전쟁은 남북한을 통틀어 600만 명이 넘는 인명 피해를 냈고 1천만 명이 넘는 이산가족을 발생시켰다.

한국전쟁에 직접 참여한 학도의용군만도 20만 명이 넘었다. 부모 형제 또는 친구나 친지가 생사의 갈림길에 서는 상황을 목도하는 것만으로도 충격이지만 그런 상황을 만든 이가 또 다른 가족이나 친지라면 그 충격은 짐작하기조차 힘들다. 또 이러한 절체절명의 상황을 전해 들었을 뿐이라고 하여 그 충격이 가벼워지는 것도 아니다.

어쩌면 아직 의식이 성숙되지 않은 어린이나 청소년들은 직접적인 경험보다 공포에 질린 가족들이나 친구들의 모습에서 더 충격을 받을 수도 있다. 그들은 아직 의식의 방어 기제 작동이 미숙하기 때문에 충격적인 체험은 무의식의 심연에 더 깊게 가라앉을 수 있는 것이다.

이러한 기억은 무의식의 저변에 잠재되어 있다가 어떤 계기에 의해 의식 전면으로 떠올라 발작과 같은 스트레스 장애를 유발하게 된다. '정신적 외상'이라고 번역되는 '트라우마(trauma)'를 겪게 되는 것이다.

전쟁으로 인한 트라우마는 그 원인이 되는 충격적 경험이 이념 대립과 동족상잔이라는 공동체의 위기에서 비롯된 것이기에 개인의 문제이면서 사회적 차원의 문제이다. 전쟁으로 인한 물리적 파괴와 신체적 부상은 파괴된 현장을 복구하고 적절한 치료로 후유증을 최소화함으로써 일상의 질서를 회복할 수 있다. 하지만 정신적 외상은 그 환부의 외연을 가늠하기 어려우며 병증의 징후가 어떤 상태로 드러날지 예측하기 어렵다. 더구나 그 병증의 징후가 즉각 발현되지 않고 잠복기를 거치듯이 의식 저변에 잠재되어 있다가 예측하기 어려운 어떤 계기로 인해 돌발하는 까닭에 전쟁으로 빚어진 결과로 알아차리지 못하는 경우가 많다.

특히 이 경우 원인 상황과 동떨어진 시간이나 공간에서 예측 불가능한 삶의 위기를 부르는 요인으로 작용하기 십상이어서 삶에 대한 위해는 치명적일 수도 있다.

이러한 정신적 외상에 대한 치유는 단순히 환부를 찾아 말끔하게 도려내는 외상 치료 방법이나, 일반적인 대증요법에 의존할 수 없음은 물론이다. 정신적 외상에 대한 치유는 그 기억의 원인과 내용을 직면하고 이를 이야기하여 푸는 계기를 마련하도록 '말문'을 틔움으로써 가능하다.

'말문'을 튼다는 것은 고통스러운 기억을 공유하는 이들이 서로가 서로를 연민하면서 감성이 어우러지는 연대 의식을 갖게 만들어 준다.[26]

바로 고통스러운 기억을 직면하고 이를 수용할 수 있도록 돕는 '담화의 장'을 만들어 주는 것이 치유의 핵심인 것이다.

김익달은 피란지 대구에서 서울피란대구연합중학교의 실상을 목도한다. 대부분의 학교는 파괴되었고 그나마 성한 학교 건물은 미군의 막사나 병원으로 내주고 천막이나 판자로 만든 가건물에서 124학교가 한데 모여 전시 교육을 하고 있었다. 학생들은 미8군 사령관과 육해공군 총참모장의 이름을 외우고 한국을 지원해 준 참전 16개국의 이름을 암송해야 했다.[27]

김익달은 불행한 이 나라 학생들을 위해 적지 않은 희생을 각오하고 《학원》의 창간을 결심했다. 김익달이 창간사에 밝힌 것처럼 《학원》은 불행한 이 나라 학생들의 참된 벗이 되고자 세상에 나온 것이다.

김익달은 《학원》 창간호부터 「독자문예모집」란을 만들어 학생들의 작품을 모집한다는 공고를 냈다. 학생들로 하여금 단순한 수신자가 아니라 발화자 역할도 하는 이중적 역할을 하게 한 것이다. 이러한 「독자문예모집」란은 그 이후에도 「독자문예」, 「우리네 동산」, 「독자작품모집」, 「독자구락부」, 「학원문단」, 「백만구락부」 등 호수에 따라 명칭을 다르게 했지만 꾸준히 이어졌다.

뿐만 아니라 「독자의 편지」, 「메아리」, 「텔레비」, 「독자만화」, 「학원문단」 등 '독자투고란'도 만들어 청소년들로 하여금 그들의 삶과 생각을 풀어낼 수 있는 장을 마련했다. 이러한 '학원문단', '독자 투고'는 전국에 흩어져

---

26 장일구, 한국전쟁 트라우마의 서사적 형상, 한민족어문학 제66집, 한민족어문학회, 2014, 401면.
27 진덕규, 『학원세대와 김익달』, 학원김익달전기간행위원회, 1990, 258면.

천막 교실에서 삭막한 전시 교육을 감내해야 했던 청소년들을 하나의 열린사회 체계로 통합하는 장이 되었다.

이처럼 '학원문단' '독자 투고'는 청소년이 발화자이면서 수신자였기 때문에 전국적으로 서로의 생각을 교환할 수 있는 '필담의 장'이요. 마음 속 '소통의 장'이 되었던 것이다.

청소년들은 「독자작품모집」, 「독자구락부」, 「대한구락부」, 「독자의 편지」, 「우리 학교의 문예반활동」, 「메아리」, 「텔레비」, 「독자만화」 등의 지면에 자신의 작품, 의견, 궁금한 내용 등을 투고하였다.

청소년들은 자신이 직면한 현실적 억압에 대한 탈주의 욕망을 공개적인 '소통의 장'을 통해 편지나 문학작품으로 해소하고자 하였다.

청소년들이 투고한 글에는 현실을 풍자한 글들이 많았던 것은 어쩌면 당연한 결과였다. 그들이 창작한 글에는 50, 60년대의 치열한 현실 인식과 세계관이 드러났다. 한국전쟁과 4·19, 그리고 5·16이라는 굴곡진 역사를 관통하며 성장한 청소년들은 삶의 압력, 현실의 압력이 가중될수록 이를 견뎌 내려는 정신의 틀을 만들고자 하였다. 《학원》이 제공한 '소통의 장'은 이러한 굴곡진 역사를 넘어서려는 청소년들에게 결핍을 채워주고 해방감을 제공해 주었다.

또한 청소년들은 《학원》이 연재하는 다양한 장르의 소설과 구국 영웅들의 전기, 토막 상식과 세계의 시사 등을 접합으로써 동일한 사회 공동체를 상상할 수 있었다. 독자들은 자기 이외에 동일한 텍스트를 읽고 있는 또 다른 독자의 존재를 상상하며 그들과 동시대성과 유대감을 가질 수 있었다.

이처럼 《학원》은 전쟁으로 황폐해지고 소외된 청소년들의 가슴을 문학 등의 매개물을 통해 동일한 시공간으로 불러 모아 다시 묶어주며 결속력을 강화시켰다.

《학원》은 청소년들에게 사회적 존재로서 공동체와의 유대감을 주는 동시에 자신의 존재를 확인하는 문화적 의사소통의 광장이 되었다. 《학원》이 이룩한 가장 큰 성과 중의 하나는 바로 청소년간의 문화적 소통을 활성화시키고 그들이 한국전쟁의 상처를 넘어서서 건강한 청소년 문화를 만들 수 있는 장을 처음으로 마련한 것이라고 할 수 있다.

청소년들은 독서 행위를 통해 같은 내용을 읽고 있는 전국의 다른 독자들과 정신적 유대감을 형성했다. 개인의 독서 행위는 집단의 공통된 가치관으로 연결되어 서로 간의 결속력을 강화시키는 계기가 되는 것이다.[28]

《학원》은 민족 주체의 교육장

《학원》은 김익달이 창간사에서 "우리의 장래가 학생들의 두 어깨에 달려 있다."고 밝혔듯이 청소년을 민족 주체로 교육하는데, 최우선적인 목표를 두었다. 《학원》은 청소년을 번영된 민족의 미래 주체로 설정하기 위해 청소년들의 적극적인 현실 참여와 사회적 책임 의식을 강조하는 사회 저명인사들의 글을 꾸준히 실었다.[29]

또한 《학원》은 불안한 현실과 혼란을 극복하고 청소년들을 번영된 미

---

28 장수경, 『학원과 학원세대』, 소명출판, 2013, 85면.

29 1952년 11월 창간호에는 동양화가 이청전의 '각자 자기 직분을 다하라', 고려대 교수 왕학수의 '좋은 벗을 가져라'를 게재했고, 1953년 1월호에는 대구 미국 공보원장 아더 앨번이 훌륭한 국민이 되기 위하여 자기 자신을 훈련하는 것은 각자의 의무임을 강조한 '한국 학생 여러분에게'를 게재했다. 또한 1953년 2월호에는 경북대 총장 고병간이 '영광스럽고 행복한 나라를 건설함'에는 청소년의 참여가 절대적이라고 강조한 '새 학기를 맞는 중학생에게'를 실었다. 그리고 1957년 냉전 체제하에서 소련이 세계 최초의 인공위성인 스푸트니크를 쏘아올린 후 발행된 1958년 5월에는 원자력 과장 윤세원이 인류의 평화가 실현되는 우주 시대에 청소년이 민족 주체로 나서야 함을 강조하는 글을 게재했다.

래의 민족 주체로 교육하기 위해 '역할 모델'로서 역사적으로 이름을 떨친 구국 영웅들을 반복적으로 소개했다. 1956년 3월호에는 특집으로 「역대명장전」을 기획하여 어려운 시대에 강철 같은 의지와 충성심으로 나라를 구한 영웅들을 소개하고 있다.

즉 '삼십만 대군을 물리친 을지문덕 장군', '당나라 대군을 한칼에 무찌른 연개소문 장군', '열일곱 살에 무과에 장원한 남이 장군', '삼국을 통일한 명장 김유신 장군', '백제를 사수한 충신 계백 장군', '오랑캐를 압록강 너머로 몰아낸 김종서 장군', '임란 때 육전에서 대공을 세운 권율 장군', '글안의 침략을 막아낸 강감찬 장군', '백전백승의 용장 최영 장군', '의병을 일으켜 왜놈들을 친 곽재우 장군', '병자호란 때 백마산성을 방비한 임경업 장군', '민족의 태양, 바다의 왕자 이순신 장군' 등 구국적 영웅들의 행동을 반복적으로 보여줌으로써 청소년들에게 민족의식을 고취시키고 계몽하고자 하였다.

이처럼《학원》의 민족 주체 양성에 대한 인식은 바로 김익달의 민족의식과 출판 신념의 산물이었다. 김익달은 출판 사업의 목적을 민족의 존속과 번영에 두고 나와 남과 나라가 하나 되는 삼위일체론을 매우 강조하였다.

김익달은 "올바른 길 정도란 무엇인가, 그것은 나를 살리는 길이요, 남을 살리는 길이요, 동시에 나라를 살리는 길이다. 나는 남 속에 있는 것이고 나라의 일부임을 잊어서는 안 된다. 내가 살기 위해서 남을 해치는 길은 정도가 아니다. 내가 살기 위해서 나라를 해치는 길은 정도가 아니다. 정도는 언제나 나와 남과 나라가 함께 살 수 있는 길이다."라며 개인과 타인, 그리고 국가는 하나라는 것이었다.

김익달은《학원》을 통해 청소년들에게 민족 전통과 민족정신을 고취시켜 민족 자강을 실현하고 청소년들을 선진 문화를 창조하는 민족 주체의 주인공으로 내세우려 한 것이다. 창간 3주년을 맞는 1955년 11월호에서 김익달은 《학원》의 창간 목적이 민족 주체로서의 청소년 교육에 있음을 다시 한 번 밝힌다.

"물론 이 《학원》은 여러분의 교양 취미를 향상시키는데 있다고 하겠지만 그것보다도 더욱 큰 것은 헝클어진 민족정기를 바로 잡고 어지러운 국가 사회를 정화해 나가는데 있다고 봅니다. 사랑하는 백만 독자여! 한 마디 더 외치고 싶습니다. 이 《학원》은 겨레의 호흡을 호흡삼고 나라의 고생을 고생삼아 민족 만년의 대계 위에 무궁한 나이테를 헤이며 나아갈 것입니다." 이처럼 김익달은 청소년들에게 헝클어진 민족정기를 바로 잡고 어지러운 국가 사회를 정화해 나갈 민족 주체로서의 사명감을 강조하고 있다.

《학원》이 교양, 취미로 시작했지만 여유로서의 교양 취미에 머무르는 것이 아니라 실제 생활에서의 실천을 강조하고 있는 것이다.

김익달은 창간 3주년을 '기념하는 말'에서 "사랑하는 백만 독자여!"라고 하여 이미 전국 대부분의 청소년들이 《학원》을 보고 있음을 의식하고 있다. 사실 《학원》은 당시 10만 부 가까운 판매 부수를 기록하고 있었는데, 그때의 잡지들은 대부분 여러 사람들이 돌려보는 것이 보통이었으므로 《학원》의 독자 수는 잡지의 판매량보다는 훨씬 많았을 것으로 추정된다.[30]

청소년을 민족의 미래를 이끌어 갈 주체로 교육시키겠다는 김익달의 신념은 《학원》이 종간되는 1979년까지 변함없이 이어져 50년대, 60년대 《학원》을 통해 소통하고 동시대를 호흡한 청소년들에게 '학원세대'라는 호칭을 부여하게 된다. 바로 이 '학원세대가' 이후 산업화 세력과 민주화

---

[30] 평론가 손상익은 《학원》이 한국전쟁 시 이 땅의 중고생이던 청소년의 절반 이상인 20~30만 명의 독자를 확보한 셈이라고 하였다. 장수경, 『학원과 학원세대』, 소명출판, 2013, 129면.

세력의 밑바탕이 되는 것이다.[31]

《학원》은 우리말, 우리글의 교육장

8·15 해방으로 잃었던 나라를 되찾았다. 해방으로 되찾은 목록 중에 아마도 가장 중요한 것 중의 하나는 우리말과 우리글일 것이다.

우리말과 우리글을 되찾았다는 것은 바로 민족혼과 민족정신, 그리고 민족문화를 되찾았다는 것이다. 만약 일제의 민족말살정책에 따라 우리말과 우리글을 배우지도 못하고 쓰지도 못하는 세월이 조금만 더 길어 졌더라면 과연 어떤 세상이 되었을지 상상하기조차 두려운 일이 아닌가. 8·15 해방으로 잃어버렸던 우리말과 우리글로 가르치고 배울 수 있게 되었다. 비록 해방 후의 혼돈과 전쟁 중의 폐허 속이기는 하지만 그래도 우리말과 우리글로 교육받은 세대가 7년째 자라나고 있었다.

김익달은 《학원》을 발간하면서 '창간호'부터 「독자문예모집」 공고를 냈다. 종류는 산문과 시 두 종류이고 산문에는 '콩트, 수필, 일기, 편지, 기행' 등이 포함되었고 시 부문에는 '현대시, 시조, 동시, 동요, 산문시'가 있었다. 작품은 매달 15일까지 보내온 작품 중에서 우수상(《학원》지 6개월분 증정), 입선작(《학원》지 2개월분 증정), 가작(《학원》지 그달 증정)을 선정하되 우수작과 입선작은 지상에 발표하고 가작은 교명과 이름만을 발표한다고 했다.

이 「독자문예모집」 공고에는 선자(選者)를 명시했는데, 시 부문은 '조

---

31 박몽구는 "학생 청년 세대들이 《학원》을 탐독하면서 민주적 교양을 익히게 된 것은 이들 세대들이 4월 혁명의 주인공으로 등장하는데 밑거름을 이루었다고 볼 수 있다."라고 하였다. '학생 저널 《학원》과 독서진흥운동에 관한 연구', 도서관, 제386호, 2012. 65면.

지훈 선생', 산문에는 '정비석 선생'을 내세웠다. 《학원》의 이러한 「독자문예모집」은 「독자구락부」, 「백만구락부」, 「독자의 편지」, 「우리 학교의 문예반활동」, 「메아리」, 「텔레비」 등에서와 같은 청소년들의 의견이나 궁금한 내용을 투고하는 단순한 '소통의 장'을 넘어 우리말, 우리글로 된 문학작품을 생성해 내고, 당대 최고의 전문가로부터 평가받고 지도받을 수 있는 기회를 제공했다.

비록 현실은 억압과 궁핍에 찌든 전쟁 상황이었지만 지적 호기심과 자기표현 욕구에 충만한 청소년들은 이 같은 《학원》의 「독자문예모집」에 열광적으로 호응하였다.

전국에 흩어져 있는 청소년들은 자신이 직면한 현실적 억압에 대한 탈주의 욕망을 공개적이고 대중적인 매체를 통해 해소하고자 하였다. 이는 비단 초·중·고등학교에 재학 중인 학생들뿐만 아니라 재수생이나 독학생 등 모든 10대들에게 열려있었다. 당시 제주 제일중학교 3학년이던 김종원은 「국화는 피어도」란 시로 목포중학교의 정규남, 영덕중학교의 최해봉과 함께 《학원》 독자문예의 첫 테이프를 끊는 영광을 얻는다.[32]

국화는 피어도
김종원(제주 제일중학교 3학년)
1952. 12.

국화가 피기까지는
고향에 가자고 했다.

---

32 김종원은 해방 후 제주도를 온통 뒤흔들어 놓은 4·3 사건과 6·25 전쟁으로 아버지와 생이별하고 고향을 떠나 목포, 영암을 떠돌 때 절망적인 시대 상황과 절실한 향수 속에 고향을 그리워하는 심정으로 시를 썼으며 「국화는 피어도」는 제주 제일중학교 2학년 때 쓴 습작시라고 한다. 최덕교, 『시의고향』, 창조사, 1989. 13~14면.

노을이 곱게 물드는
바닷가 언덕에 누워
휘파람을 불면서 소년은 생각했다.

장마가 지나면
오마던 누나도
소식이 없고

산비탈 집 모퉁이에
국화는 하아얗게 피어도
고향은 멀어

소년은 오늘도
기다리며 서 있다.

《학원》이 창간되고 최초로 이 시를 뽑은 조지훈은 "시상이 순진하며
소년의 정감이 밀도 있게 이루어진 점과 말 높이가 평순하며 무리가 없이
힘에 알맞게 다루어진 점을 산다. 같은 주제라도 보는 각도를 달리하고
상(想)을 깊게 하여 자기대로의 표현을 갖도록 하면 좋은 시를 쓸 소질이
엿보인다."고 평을 달았다.

　청소년들은 독자 투고 작품이 《학원》의 지면을 통해 활자화되고 전국
적으로 유통된다는 사실에 열광했다. 자기표현 욕구가 충만한 청소년들
은 이러한 '학원문단'을 통해 대내·외에 공개적으로 자신을 드러내고 싶
은 욕망을 표현하였다.

　스마트폰이나 컴퓨터는 물론이고 TV나 라디오도 참 귀한 시절이었다.

청소년들은 다음 달 《학원》에는 어느 학교, 누구의 글이 또 어떤 내용으로 어떤 평가를 받으며 실릴 것인지에 대해 예민하게 반응했다.

시인 김광규는 "독자들의 투고를 뽑아 실어 주던 '학원문단'은 전국의 문학소년·소녀들 사이에 중요한 관심의 대상이 되었다. 이달에는 어디 사는 누구의 글이 뽑혔나 하는 것이 커다란 화제였다."고 회고하였다.

또 시인 이성부도 "학원문단은 내가 문학에 눈뜰 무렵의 최초의 스승이었다. 아울러 문학적 열정을 불러일으켜 준 가장 큰 자극제이기도 했다. 중학교 2, 3학년 때부터 '이담에 크면 시인이 되겠다'고 결심을 하게 된 것도 '학원문단'의 영향 때문이었다."고 회고하였다.[33]

이와 같이 '학원문단'이 청소년들로부터 적극적인 호응을 얻고 대대적인 성공을 거둔 이유는 《학원》이 '학원문단'의 선자로 각 문예 분야에서 당대 최고의 전문가를 배치하였기 때문이기도 했다. 이는 해방 후 한글 교육을 받기 시작한 세대들에게 우리말과 우리글을 제대로 익히고 쓰고 또 배울 수 있는 최고의 기회이자 가장 효과적인 교육방법이기도 했다.

'학원문단'의 선자들은 내용과 형식에 있어서 각각의 평가 기준을 마련해 작품을 선별하였다. 선자들은 자신들이 지향하는 문학관을 청소년들의 작품을 평하는 자리에서 분명하게 밝힘으로써 그들이 기성 문단의 문학적·장르적 관습과 기술 등을 모방할 수 있도록 유도하기도 하였다.

'학원문단'의 선자는 1년마다 교체되는 게 관례였다. '1년마다 심사위원 교체'라는 기준은 청소년들로 하여금 기성 작가들의 서로 다른 문학관과 다양한 문학적 감각을 비판적으로 수용하기 위한 전략이었다.

이처럼 《학원》은 애초부터 하나의 문학관을 지향하지 않았고 다양성을 추구함으로써 청소년을 민족 주체로 계몽하고 한국문학과 민족문화

---

33 『학원세대와 김익달』, 학원김익달전기간행위원회, 1990. 35면.

발전의 중심 세력으로 키우고자 하였다.

《학원》 초창기 '학원문단'의 선자로 활동한 문인들을 보면 조지훈·정비석(1953년), 장만영·최인욱(1954년), 김용호·박영준(1955년), 노천명·안수길(1956. 1~1956. 4), 김규동·안수길(1956. 5~1956. 12), 양명문·최정희(1957. 1~1957. 8), 양명문·안수길(1957. 9~1957. 10), 김용호·안수길(1957. 11), 양명문·안수길(1957. 12), 박두진·김이석(1958. 1~1958. 11), 김동리·박목월(1958. 12~1959. 10), 박목월·김용호(1959. 11~1959. 12) 등으로 가히 우리 문단의 최고봉들을 그대로 옮겨 놓은 듯하다.

선자들은 심사평에서 반드시 자신이 선별하는 문학적 기준을 제시하였다. 입선작에 대하여는 구체적으로 장·단점을 분석해 보여줌으로써 다른 학생들이 습작할 때 참고 기준으로 삼게 하였다.

예컨대 조지훈은 1953년 3월호에 게재한 '선자의 말'에서 황동규, 김구용, 최해봉의 시를 논하며 "좋은 작품이 많지만 우수작을 뽑지 않는다. 시란 한두 편 가지고 믿을 수 없기 때문에 세 편 이상 입선된 사람 중에서 그 세 편보다 좀 더 나아진 작품에 우수작을 붙일 작정이다."라고 하였다.

조지훈은 황동규의 시에 대하여 "매우 유망하다. 나이에 알맞은 생각이 한 점 티 없이 깨끗하게 표현되어서 군과 같은 나이의 소년의 시에 대한 태도를 옳고 바르게 보인 것이라고 말하고 싶다. 그러나 너무 자연스러워 못내 염려스럽다. '동화'의 두 낱말의 외래어를 우리말로 고친 까닭을 생각하라."고 평하였고, 김구용의 시에 대하여도 "군의 시는 버릇없이 날뛰지 않는 것은 좋으나 사물을 보는 눈이 시를 꾸미는 데는 무슨 특정된 관찰과 언어가 있는 줄로 그릇 아는 버릇이 있는 것 같다. 둘째 연의 줄은 군더더기가 붙었으므로 내가 아낌없이 잘라버렸다."고 하였다.

또한 최해봉의 시에 대하여는 "이번 것도 전에 비해서 손색이 있는 것은 아니고 좀 더 묵직해진 느낌이 있으나 작은 씨알이 여물 듯이 흐뭇한 것이 모자란다. 시에 대한 재질은 없지 않으니 발분하라."라고 평하였다.

이처럼 선자들은 청소년들이 창작한 텍스트를 평가만 한 것이 아니라 구절이나 내용에 직접 손을 대기도 하였다. 이는 전국에 있는 청소년 독자들이 '학원문단'에 뽑힌 작품과 선자들의 평을 보고 공부할 것을 예상하고 청소년들을 교육하기 위한 것임을 분명히 한 것이다.

이와 같이 시와 산문의 선자는 단순히 좋은 작품을 고르는데 그치는 것이 아니라 학생들에게 문학을 가르치는 교사의 역할까지 겸한다. 즉 선자들은 작품의 좋고 나쁜 점을 지적해 주는 것은 물론 좋지 않은 부분은 고쳐주거나 이전의 투고작과 새로운 투고작을 비교해 주기도 했다. 성인 잡지나 문예 전문지와는 달리《학원》은 문학을 통하여 우리말과 우리글로 교육받기 시작한 청소년들에게 바른 글, 좋은 글쓰기 교육을 시도한 것이다. 이때 선자와 투고자의 관계는 자연스럽게 스승과 제자의 관계가 된다.

예컨대 1954년 7월호에서 시 선자 장만영은 "아래 발표한 것을 보고 본인은 알겠지만 얼마나 내가 손질을 해야 됐는지를 곧 알 것이다. 이후는 오랜 시일을 두고 작품을 만져주길 바란다."고 썼다.

조지훈 역시 1954년 1월호 시 선자의 말에서 "고향 길은 지난번 '가을 길'에 비해서 조금도 진전이 없을 뿐 아니라 짜임새나 생각이 도리어 손색이 있다. 처음부터 이렇게 규모가 작아서야 되겠는가. 형편없이 어수선한 것만 보던 눈에 작으나마 산뜻한 맛에서 한 번 더 뽑았다. '가리까'를 '간다'로 고친 것과 중간에서 줄을 지운 까닭을 생각하라."라고 평하여 작품을 수정한 사실을 숨기지 않았다.

어떻게 보면 뽑힌 학생의 기분이 상할 수도 있는 평이었다. 또 선자들은 자주 독자 투고를 함에도 불구하고 입선작에 오르지 못한 독자의 작품에도 개인적인 관심을 보여주며 꾸준한 공부와 문학적 재능을 키워나갈 것을 기대하였다.

최인욱은 1954년 8월호에서 "나는 내 손으로 한 편이라도 더 좋은 작품을 골라내는 것이 목적이다. 나는 투고하는 여러분의 이름 석 자를 주시하고 있다."고 했고, 1954년 10월호에서는 "조기동 군 여러 번 작품을 보내도 발표가 안 되는 것을 한탄하였는데 발표가 될 때까지 꾸준히 보내는 수밖에 별도리가 없는 줄 안다. 이번에 보낸 두 편은 그전에 비해서 놀랄 만치 좋아졌으나 발표의 줄에 닿기까지는 아직도 한두 센티가량 모자라는 데가 있어 한 달을 더 기다려 보기로 한다."며 낙선자를 격려하기도 하였다.

이처럼 선자들은 학생들의 설익은 작품을 그대로 소개한다는 생각보다 학생들이 좋은 문학작품을 쓸 수 있도록 지도한다는 생각을 더 많이 가지고 있었다. 이것은 바로 《학원》「독자문예」란을 만든 목적이기도 했던 것이다.

그러나 모든 선자들이 작품에 직접 손을 댄 것은 아니었다.

소설가 정비석은 1953년 4월호에 실린 '선자의 말'에서 "종래에는 우수작에 대해서나 입선작에 대해서나 선자가 부분적으로 잘못된 대목에는 조금씩 붓을 대어 왔으나 이달부터는 아무리 잘못된 대목이 있더라도 원문 그대로 발표하기로 하였다. 그 이유는 잘못된 부분은 잘못된 대로 독자들에게 있어서 각자가 자기 의견을 가지고 남의 문장을 비판할 기회를 주기 위해서이다."라고 개작에 관한 기존의 입장을 바꾸기도 하였다.

이처럼 교과서에서나 볼 수 있는 당대 최고의 대가들이 청소년들의 작품에 대해 꼼꼼히 평을 해주는 피드백 과정을 통해 우리말, 우리글로 교육받기 시작한 청소년들은 그들의 생각과 정서를 바르고 아름답게 표현

할 수 있는 언어 감각을 배울 수 있었고 문학에 대한 전문 지식까지 습득할 수 있었던 것이다.[34]

독자문예에 뽑혀 선자들의 평과 함께 《학원》에 자신의 작품이 실린 학생은 화제의 주인공이었고 전국적인 유명 학생이 되었다. 요즈음으로 치면 '아이돌스타'였던 셈이다. 서울의 유경환, 황동규, 마산의 이제하, 대구의 마종기, 목포의 정규남, 전주의 허유 등이 그 시대에 선망 받던 스타였다. 그들은 하루에도 수통씩 팬레터가 올 정도로 인기를 누렸다. 이제하는 "그 무렵 비슷한 또래의 문학도를 비롯하여 몇몇 여학생과도 자주 편지를 주고받았어요. 날 모르는 친구에게서 편지가 오면 얼마나 반가웠던지 뒷산에 올라가 편지를 읽고 하늘 쳐다보며 누웠다가 책 읽고 … 소년기를 그렇게 지냈어요."라고 회고하기도 했다.

또 '학원문단'의 스타들은 비록 서로 만난 적은 없지만 작품을 통해 친숙했던 탓에 문우로서 서로를 그리워하게 되고 결국 유경환, 정규남, 김종원은 1955년 5월 우리나라 최초의 고등학생 시집『생명(生命)의 장(章)』을 내게 된다.[35]

---

34 《학원》은 1954년 4월호 부록에 '학원문단'에 발표된 작품과 '학원문학상'에 당선된 작품을 모아 선자였던 조지훈이『한국소년시집』을 엮고 그 머리말도 썼다. 또 1961년 10월에는 《학원》의 편집장이었던 최덕교가 '학원문단'과 '학원문학상'에 선정된 작품과 시평을 함께 엮은 시집『바람 기(旗)를 올리다』를 펴냈다. 마해송은 1961년 10월 25일자 조선일보 4면에 실린 '서평'에서 이 시집에 대해 "시문학을 즐기는 청소년 학생에게는 시를 읽고 배우는데 거의 유일한 지침이라고 확신한다."라고 소개하였다.

35 원래 이 시집에는 이제하도 참여하기로 되어 있었으나 이제하의 원고가 오지 않아 3인의 시집이 되었다고 한다. 또 시집의 서문을 겁도 없이 한 번도 만나보지 못한 조지훈 선생에게 부탁했는데 서문이 오지 않아 그대로 발행했다고 한다. 그런데 공교롭게도 조지훈의 서문은 시집이 나온 뒤에야 도착했다고 한다. 조지훈은 그 서문에 이렇게 썼다. "만난 적이 없고 편지 한 장 따로 받은 일 없으며 이 시집에 어떤 작품이 수록되었는지 그 원고조차 본 적도 없이 이 글을 쓰겠다고 흔연히 대답한 것은 이들을 위한 몇 가지의 은근한 나의 애정이 시키는 바가 있었기 때문이다. 실상 내가 군들의 시집에 이 글을 쓰기로 한 것은 바로 군들 서로 사이의 우정과 시에 대한 사랑을 끝까지 지켜보겠다는 생각에 지나지 않는다. 사모(思慕)하라. 나의 충고는 이것뿐이다." 최덕교,『시의 고향』, 창조사, 1989. 15~16면.

《학원》은 이와 같이 청소년들의 절대적인 호응 속에 '독자문예'가 성공을 거두자 미래의 한국문단을 이끌어 갈 예비 문인들의 등용문이 된 '학원문학상'을 제정하게 된다.

학원문학상

《학원》은 '독자문예'에 대한 청소년들의 적극적인 호응과 성공을 바탕으로 '학원문학상' 제도를 만들었다. 학원문학상은 제1회(1954년)부터 제21회(1978년)까지 지속되었는데, 이 학원문학상은 청소년들의 문학적 재능을 계발하고 새로운 작가를 양성함으로써 전후 텅 비다시피 했던 한국문단의 주역으로 성장시켰다. 이처럼 학원문학상은 청소년이 자신의 문학관을 형성하고 작가로 진입하는 예비적인 '등용문'의 구실을 하였기 때문에 엄격한 심사를 통해 뽑았다.

원래 '학원문학상' 제도는 매달 투고된 학생들의 작품을 1년마다 총정리하는 의미에서 '우수작'을 선정해 보자는 의도로 시작되었다. 제1회 학원문학상은 1954년 1월호에 공표되었다. 그런데 보통 때 투고되는 독자들의 작품은 시와 산문을 합해 300~400편 정도였는데 제1회 학원문학상 응모작은 5천 편이 넘었다. 편집부에서 1차 예선 심사를 담당했는데 투고된 작품 중 반 정도를 추렸고 1차 예선을 통과한 작품들만 심사위원들에게 넘겼다. 제1회 학원문학상 심사위원장은 시인 장만영과 소설가 최인욱이었는데, 1954년 1월호에 실린 '심사위원의 말'에서 당시 청소년들의 고조된 창작 열기에 대해 언급했다.

장만영은 "내 손에 들어온 것이 자세한 숫자는 알 수 없으나 아마 2천 편을 넘으면 넘었지, 이것들을 모조리 읽기에는 1주일 가까운 시일이 필요하였다."고 했고, 최인욱은 "편집부에서 초선을 하여 심사위원에게로 넘어온 작품은 무려 500여 편이나 되었는데, 이 중에서 재차 뽑힌 것이 70여 편이다. 한참 토의를 거듭한 다음에 다섯 분의 점수를 종합해 보니 정종진 군의 「선생님」과 박경석 군의 「모밀꽃 필 때」가 우수작으로 낙착이 되었다."고 회고했다.

제1회 학원문학상 시 부문 우수작에는 문총위원장상이 수여되었는데, 안동고 3학년 김동기의 「기(旗)」와 마산고 1학년 이제하의 「청솔 그늘에 앉아」[36]가 1석과 2석으로 뽑혔다. 시 부문 심사는 서정주, 장만영, 김용호, 조지훈, 조병화가 맡았는데, 2천 편 이상에서 80편을 추려놓고 다시 그중에서 40편을 뽑고 그리고 나서 10편을 뽑았다고 하니 문학상의 열기가 어떠했는지 가히 짐작할 수 있다. 산문 우수상에는 문교부장관상이 수여되었는데 우수작 1석은 서울사대부고 1학년 정종진의 「선생님」이, 2석은 광주서중 3학년 박경석의 「모밀꽃 필 때」가 차지했다. 산문 부문 심사위원은 마해송, 정비석, 김동리, 최정희, 최인욱이 맡았는데, 편집부가 초선한 500여 편이 심사위원에게 전해졌고 거기서 1차로 70편을 고른 뒤 재차 뽑힌 12편이 최종 심사위원에게 전달되어 심사위원 전원이 합동으로 심사했다고 한다. 심사위원이 선정한 작품은 '학원문단'에 심사평과 함께 게재하였는데 지면 관계로 선외가작은 따로 게재하지는 않고 작가와 그가 소속된 학교명만 밝혔다. 학원문학상은 회를 거듭할수록 전국에 있는 청소년들의 기대와 관심을 증폭시켰고 투고 작품의 수도 큰 폭으로 증가하였다.

1956년 제3회 학원문학상 시 부문 우수상에 국회의장상과 문총위원장상이, 산문 부문 우수상에는 문교부장관상과 공보실장상이 수여되면서

---

36 이제하의 이 시는 몇 년 후 중학교 국어 교과서에 실리는 영광을 안게 된다.

학원문학상의 권위는 더욱 높아졌다. 제4회 학원문학상 당시의 작품 투고 수는 시 5천87편, 산문 1천565편으로 전국에 있는 중·고등학생 중 문학에 관심 있는 학생들은 대부분이 학원문학상에 응모했다고 해도 과언이 아니었다.

시 부문 심사를 맡은 양명문은 시선 후기(《학원》 1957년 2월호)에서 "청소년기는 문학적 발아기이므로 이때에 문학적 예술적 훈련이 없이는 후일의 대성을 바랄 수 없다."고 하여 청소년기의 반복적인 창작과 실습인 습작을 강조하였다. 이처럼 선자들은 청소년기를 문학적 발아기로 보고 이 시기에 문학적·예술적 감수성과 습작 훈련이 필요하다는 의견을 보였다.

선자들의 이와 같은 의식은 《학원》이 청소년들의 문학적 재능을 계발하고 새로운 작가들을 양성하고자 한 것과 맥을 같이하는 것이었다. 즉 일제 강점기에 활동하던 주요 문인들이 해방 후 대거 월북하였거나 한국전쟁 중에 사망 또는 실종된 현실에서 한국문단은 신진 작가 양성이라는 새로운 과제에 직면해 있었기 때문이었다. 《학원》 1960년 1월호 편집후기에서는 '학원문학상'의 의의를 분명하게 밝히고 있다.

"겨레의 뜻하는 바를 힘차게 노래 부르고 분명히 말하여 줄 문인을 탄생시키기 위하여 학원문학상이 수여됩니다."

이처럼 학원문학상 제도는 민족의 현실과 이상을 표현할 수 있는 신세대 작가 양성에 그 1차적 목적이 있음을 명확히 했다. 이는 학원문학상이 단순한 취미 교양으로 하는 독자 투고의 수준을 넘어 문학에 뜻을 둔 청소년들이 중앙 문단으로 진출하기 전에 반드시 거쳐야 하는 예비 문인의 등용문으로 인식되었음을 의미했다.

학원문학상은 해가 거듭될수록 그 열기가 고조되었을 뿐만 아니라 작품의 수준 또한 성인 문학에 거의 근접했음을 보여준다. 제6회 학원문학상 소설 부문 선자였던 박영준은 투고된 작품 전체의 수준이 고등학생의 단계를 지났다고 칭찬하였다. 시 부문 선자였던 박남수도 시 「거울」로 우수작에 뽑힌 이승훈에 대해 '재조군'이라고 칭찬하며 "이승훈이 쓴 선외의 작품인 「가을꽃」과 「자세」 등도 「거울」에 비하여 전혀 손색이 없다며 제법 일가를 이룬 셈이다. 이승훈은 학원문학상을 받을 당시 이미 시인으로서 평균 수준을 갖고 있었다."고 심사 후기에서 밝혔다.[37]

이 시기 주목할 만한 점은 《학원》에 한 번 발표된 작품은 기성 문단의 신춘문예에서 제외되었다는 점에서 학원문학상의 위상을 가늠할 수 있다. 《학원》 1960년 3월호의 '학원문학상 심사장에서'란을 보면 당시 학원문학상의 권위와 그 수준을 알 수 있다. "《학원》 1959년 12월 '학원문단'에 입선했던 오청석의 시 「탑」이 S신문 신춘문예에서 단연 첫 자리를 차지할 것이었으나 《학원》에 이미 발표된 작품이라 제외된 사실에 대해 박목월 선생님이 분하다고 했다."고 한다. 또 "G신문 신춘문예에서 첫 자리를 차지한 양문길 군은 학원문학상 고등부 소설에 입선 2석, 신문사 것보다 학원문학상 작품이 우수하다고 심사위원들도 경탄하였다."는 심사 후기가 실려 있다.

이처럼 《학원》에 발표된 작품은 기성 문단의 문예지에 발표된 것과 동등하게 간주되었다는 것은 학원문학상에 응모한 작품의 수준이 어떠했는지를 증명해 주고 있는 것이다. 또한 《학원》은 1950~60년대 여성의 교육 수준이 남성에 비해 턱없이 낮았던 한국 사회의 실상을 감안하여 여성 문인 양성에도 상당한 의지를 보였다. '학원문단' 초창기에 산문 부문 심사를 맡은 최정희는 여학생들의 작품 수가 적고 문학적 기교와 세계관에서 남학생들의 작품에 비해 다소 부족하더라도 여성 작가를 양성해야

---

37 《학원》, 1960년 3월호, 49쪽.

한다는 대의를 실천하기 위해 여학생의 작품을 뽑았다고 했다.[38]

《학원》은 '학원문단' 출신의 문인들에게 지속적으로 작품을 발표할 수 있는 기회를 제공했고, 또 이들은 1970년 '학원문단'의 선자로 활동하기도 하였다. 《학원》 1963년 8월초에서는 문예 특집 '꿈을 잡는 신예 작가들'을 기획하여 '학원문단' 출신 문인들이 작품을 발표할 수 있도록 하였다. 이 기획에는 시에 정공채의 「여름날 조선소에서」, 허유의 「녹음이 우리를 덮을 때」, 박용삼의 「목탄부족」, 유경환의 「풀밭에서」 4편과 단편소설로 이제하의 「새누나」, 수필로 김송희의 「송사리」, 방송극에 구성봉의 「하모니카 소년」, 평론에 김종원의 「언어에 있어서의 색감문제」가 실렸다.

이처럼 '학원문단' 출신의 작가들은 1950년대 후반부터 본격적으로 문학 활동을 전개하여 《학원》에 자신의 작품을 발표하였을 뿐만 아니라 선자들이 활동하는 잡지인 《현대문학》, 《자유문학》, 《사상계》 등과 신문의 등단 제도를 거쳐 대거 전문 작가로 진입하였다.

전문 작가로 등단한 이들은 자신의 문학적 세계관과 사회적 · 문학적 입지에 따라 다양한 문단 활동, 창작과 비평, 문학 이론과 교육, 출판과 다양한 예술 분야에서 한국문학이 성장하는 과정에서 핵심적인 역할을 하였다. 또한 《학원》은 외국 문학을 번역 · 번안해 소개함으로써 청소년들이 다양한 서구의 문학과 빠르게 접촉하고 향유할 수 있도록 기획 · 배치하였다. 청소년들은 외국 문학을 통해 새로운 문학적 감수성을 수용하고 동시에 서구의 문학적 텍스트를 모방 · 생산하는 과정을 통해 자신들의 독창적인 감수성을 발견할 수 있었다. 《학원》은 이처럼 창간호부터 초당파 문인들을 포진시키고 다양한 외국 문학을 향유할 수 있게 함으로

---

38 1957년 2월호 제4회 학원문학상 선 후기에서 최정희는 "「선물」은 솔직히 말해 뽑지 않아도 좋을 글이었으나 여자의 것이 한 편도 없기 때문에 뽑았다. 안 선생님이나 최 선생님이었으면 안 뽑았을지도 모른다. 분투하기 바란다."라고 밝혔다.

써 해방과 한국전쟁으로 텅 빈 한국문단에서 문학의 재생산과 문학 교육을 담당하는 주체를 대대적으로 양성하는 전위의 장이 된 것이다.

1950~60년대 '학원문단'을 통해 배출된 작가로는 유경환, 이제하, 황동규, 마종기, 이성부, 이수익, 이승훈, 김구용, 김원호, 김광협, 정규남, 유현종, 이청준, 김주영, 최인호, 한수산, 황석영, 최명희, 윤병구, 김승옥, 조해일, 윤후명, 김종원, 김병익 등 줄잡아 150여 명에 이른다.[39]

이른바 '학원문단파'로 불리는 이들은 그 문학적 지향점에 있어서는 다양한 스펙트럼을 가지고 있지만 오늘날 한국문학의 중추적 인물들이 되었던 것이다.[40]

---

39 1984년 5월에 발행된 《학원》의 '혁신 창간호 발간 기념 자료조사'–학원파 문인에 의하면 ▽시인으로는 김종원 구석봉 문충성 유상덕 이우석 신중신 마종기 김광규 김하림 권명옥 김선학 임홍재 박정만 민윤기 윤석산 마광수 이하석 유경환 김광협 이용호 김석규 이성부 김원호 정일진 김시종 강인한 민용태 윤채한 김종철 박지열 장영수 김은자 김성빈 권정자 박경석 정공채 안혜초 박의상 김춘석 김준식 정진규 마종하 이세방 김화영 김성영 오순택 신현정 문정희 이시영 김옥영 황지우 이제하 허유 장윤우 이승훈 박경용 김송희 주성윤 이덕형 이수익 전재수 박해수 김용길 윤상규 이경록 정호승 이선열 안도현 황동규 정규남 조효송 이활용 김재원 고영 김선영 권오운 이상개 이재행 양성우 유자효 송유하 김영재 권택명 조정권 등 84명이고, ▽소설가로는 이제하 이청준 김원두 이은집 조해일 최인호 한용환 박진숙 조성기 김춘복 김용성 송상옥 이건영 전상국 정통일 홍연희 김만옥 박영한 송기숙 김주영 백도기 김원일 황석영 오탁번 한수산 한각수 최학 유재용 문순태 백인빈 양문길 조세희 유광우 백시종 이순 김정숙 유현종 유금호 이성훈 서종택 김인배 손용상 이균영 이계홍 등 44명, ▽희곡작가에는 오학영 오혜령 박양원 전진호 신용삼 강태기 등 6명이 있다. 또 ▽평론으로는 김병익 김흥규 장문평 장윤익 박동규 김종철 등 6명, ▽아동문학가로는 엄한정 한상연 이재철 임신행 김행자 김한규 정채봉 한윤이 등 8명이라고 밝히고 있다. 그런데 혁신 창간호의 자료에는 김승옥, 최명희 등 주요 작가들의 명단이 빠져 있는 것으로 보아 이 조사는 《학원》 잡지와 지속적으로 관계를 맺었던 작가들 위주로 명단이 작성되었을 가능성이 높다고 한다. 따라서 '학원문단'에 처음 이름을 선보인 작가는 위 통계조사보다 훨씬 많은 것으로 추정하고 있다. 장수경, 『학원과 학원세대』, 소명출판, 2013, 323~324면.

40 김종원은 "청록파 이후 한국문단을 주도하는 세력이 있다면 이는 현대문학파도 아니고 그렇다고 서라벌예대파도 아닌 바로 학원문단파이다."라고 하였다. 김종원, 『시의 고향』 창조사, 1989, 12면.

학원미술상

《학원》은 1954년 5월호에 또 한 번 전국의 중·고등학생들을 흥분시키는 이벤트를 기획했다.

그것은 바로 '전국중고등학생미술전람회'의 작품 모집 광고였다. 여기서 뽑힌 학생에게 주어지는 상은 학원문학상과 나란한 '학원미술상'이었다. 이미 학원문학상의 열기와 감동을 경험한 청소년들은 '학원미술상' 제정 소식에 또 한 번 달아올랐다. 그것은 전국 중·고등학교 미술 교사들과 미술반 학생들만의 문제가 아니었다.

이번에는 과연 어느 학교의 누가 어떤 작품으로 대상을 탈 것인가. 전국의 중·고등학생들은 학원문학상과는 또 다른 스타 탄생을 기대하는 심정으로 작품을 응모했고 심사 발표를 기다렸다.

《학원》은 작품 모집 광고에서 심사위원 명단까지 발표했는데, 서양화에 이종우, 장발, 도상봉, 이마동, 김인승, 박영선, 김환기, 이봉상, 박고석, 백영수, 그리고 동양화에 이상범, 이응노 등이었다. 다들 심사위원들 명단을 보고 국전 심사위원을 이 보다 더 권위 있는 분들을 모실 수 있겠느냐고 할 정도였다. 작품의 종류, 내용, 크기 등에 제한은 없었으나 1인 2점 이내였다.

응모 마감일인 1954년 6월 20일까지 모두 642점의 작품이 들어왔다. 642점이었지만 하나하나가 '미술 작품들'이므로 그 부피와 중량은 '학원문학상' 때와는 비교도 할 수 없을 정도로 어마어마한 부피였다.

운반과 보관이 힘들 뿐만 아니라 조금이라고 부주의하여 작품이 파손되거나 훼손된다면 그 책임은 학원미술상을 기획한 대양출판사와 김익달이 져야 하는 것은 당연한 일이었다.

《학원》은 1954년 9월호에 전국의 학생들이 고대하던 '제1회 학원미술상'을 발표했다. 심사위원들[41]은 작품에 대해 며칠을 두고 심사하며 하나하나 평을 달았다. 그 결과 특선 6점, 가작 25점, 입선 130점 등 모두 161점을 뽑았다.

《학원》은 뽑힌 161점을 전시하기로 하고 작품명과 작자의 성명을 잡지에 실었다. 특히 특선과 가작 31점에 대하여는 작품의 사진까지 크게 실었다.

특선한 6명에 대하여는 국회의장상(「부채」, 정순희, 경남여고3), 국무총리상(「추일(秋日)」, 신영복, 목포동광고3), 문교부장관상(「생선」, 하귀선, 경남여고2), 공보처장상(「우리 집 뜰」, 김경식, 휘문고3), 자유아시아협회상(「여름풍경」, 김태수, 경기고3), 서울신문사장상(「동생」, 이준호, 배재고3) 등이 수여되었다.

입상한 작품에 대한 전시는 1954년 7월 12부터 7월 18일 사이에 덕수궁미술관에서 열렸는데, 그 개막테이프는 이기붕 국회의장이 끊었다. 당시 이 행사는 문교부와 공보처, 자유아시아협회 및 서울신문사가 후원했는데, 전시 기간 중 덕수궁 정문인 대한문(大漢門)에는 "제1회 전국 중고등학교생 미술전람회"라는 큼직한 아치가 세워졌다. 하루에 근 1만 명 정도가 입장하여 학생 행사로는 사상 유례가 없었을 정도로 대성황이었고 그 규모는 일반 미술전도 따를 수 없었다. 학원미술상에 대한 열기도 해를 거듭할수록 고조되어 1955년 제2회 때에는 응모 작품 1천8점, 전시된 입상작이 218점, 관람자 수는 학생들의 단체 관람이 잇따라 수만 명에 달했다.

학원미술상은 제3회(1957년도)까지 이어졌으나 안타깝게 그 후로는 이어지지 못했다. 아무래도 학원문학상과는 달리 작품 수가 증가함에 따라

---

41 예고된 심사위원 중 장발만 나오지 못했다.

운송과 보관이 점점 더 힘들어져 출판사나 개인이 감당하기에는 한계가 있었기 때문이다.

학원장학금 제도 창설

김익달은 《학원》을 창간함과 동시에 '학원장학금' 제도를 창설했다. 학생들의 두 어깨에 나라의 장래가 달려있다고 창간사에서 밝혔듯이 민족 자강과 미래 주체 양성은 《학원》의 창간 이념이었다.

김익달은 이러한 《학원》 창간에 그치지 않고 직접적으로 인재 양성을 위한 장학금 제도를 창설한 것이다. 즉 《학원》 창간호에 '장학생모집' 공고를 내고 중학교 2학년 중에서 성적이 탁월하고 향학심이 왕성하나 가정환경이 어려운 남녀 중학생 중에서 학교장의 추천을 받아 10명을 선발한다고 했다. 신청자가 많을 경우에는 서류 심사하여 30명을 가려 시험을 보아 성적순으로 뽑는다고 했다.

장학금, 장학생이란 말조차 생소한 시절이었고 한창 전쟁 중이라 자기 식구들 호구지책 마련도 힘든 피란살이였다. 김익달이라고 하여 물려받은 큰 재산이 있는 것도 아니고 다 같은 피란살이니 출판 사업으로 벌어놓은 돈이 있을 리 없었다. 그래도 다행히 피란지 대구에서도 『간추린 시리즈』가 나가고 있어 당장 1년 정도의 장학금 지급은 감당할 수 있을 것 같았다.

전국의 중학교에서 보내온 수십 통의 신청서 중에서 34명을 서류 전형으로 뽑고 1953년 2월 22일 오전 9시 대구 중앙국민학교에서 장학생 선발 시험을 치르기로 했다. 대구까지 오는 여비를 걱정하는 수험생들을 위해 왕복 여비를 학교장 앞으로 보내 주었다. 수험일을 1주일 앞둔 1953

년 2월 15일 온 국민을 놀라게 한 통화 개혁, 즉 '긴급통화조치령'이 발표되었다. 이에 따라 모든 경제 단위가 100대 1로 계산하게 되었는데, 1만 원(圓)이 100환(圜)이 되었다. 갑작스런 조치에 모든 경제 활동이 일시적인 마비 상태에 빠졌으나 장학생 선발 시험은 예정대로 진행되었다. 1953년 2월 22일 대구 중앙국민학교에서 전국에서 모인 34명의 수험생들이 장학생 선발 시험을 치렀다. 오전에는 필기시험을 보았는데, 시험 과목은 국어, 영어, 수학, 사회생활(공민, 역사, 지리), 과학(생물, 물상) 및 음악, 미술, 보건 등이었고 시험 시간은 총 100분이었다.

시험 출제위원은 문교부 편수관인 홍웅선, 이상선, 김홍주, 조기환, 박만규, 오연석 및 경북대 사대 교수 김상호, 대구대 교수 이규동 등이었고, 근 한 달여에 걸쳐 출제한 것이었다. 오후에는 인물고사, 즉 이른바 면접이 있었고 저녁에는 대구에서 유명한 호수그릴에서 수험생 전원과 마해동, 최정희, 정비석, 장만영 등 《학원》에 글을 쓰는 유명한 시인, 소설가 등이 함께 만찬 겸 환담회를 가졌다. 이 자리에서 학생들은 그날의 소감과 장래 희망 등을 거침없이 발표하여 그때마다 박수를 받았다고 당시 26살의 신입 사원으로 36세의 사장인 김익달을 모시고 그 자리에 참석했던 최덕교는 회고했다.

그날의 좌장은 당시 48세이던 마해송이었는데, 그는 우리나라에서는 아동문학가요, 수필가로 알려졌지만 일찍이 20대에 일본의 대표적인 종합교양지 《문예춘추》의 초대 편집장을 지냈고 1930년에 《모던 일본》을 발행하기도 하였다.

당시 만찬의 음식은 피란살이에서는 상상도 못할 비프스테이크가 나온 일류 양식이어서 모두들 놀랐다고 한다. 이튿날 엄격한 채점과 전형을 통해 원래 예정했던 10명보다 2명이 많은 12명을 뽑았다. 송영필(청주중), 고무환(상주중), 윤교필(서울피란대구연합중), 신상하(대구서중), 김인원(인천황해중), 김해도(대구제일중), 김창복(부산서중), 김진무(대전중), 도진영(제주피란중), 유재천(부산대신중), 이경자(부산동여자중), 옥경신(진주남중) 등이 그들인데 이들이 바로 제1기 학원장학생들이다.

이렇게 우리나라 최초로 민간인이 창설한 '학원장학회'는 《학원》과 더불어 대양을 향해 힘차게 돛을 올렸고 그 후 면면히 이어지며 수많은 인재들의 요람이 된다.

《학원》을 팔지 않겠다는 서점들

《학원》은 창간 1주년호인 1953년 11월호는 3만 5천 부를, 12월호는 4만 부를 찍었다. 1954년 1월호에는 제1회 학원문학상을 발표하고 그 당선 작품을 실어 5만 부를 발행했다. 거의 매월 5천 부 내지 1만 부씩 더 발행했으니 《학원》의 인기는 가히 폭발적이었다.

《학원》 신년호가 막 나온 1953년 12월 20일경 피란살이에서 돌아온 시민들이 아직 제자리도 찾지 못한 채 크리스마스와 연말 분위기에 휩싸여 어수선하고 혼란스러운 날들이 이어지고 있었다. 그런데 이때 참으로 날벼락 같은 소식이 날아들었다.

서울의 굵직한 서점들이 《학원》을 비롯한 《신천지》, 《희망》, 《새벗》 등 인기 있는 잡지들을 팔지 않기로 담합을 했다는 것이다. 더구나 전국의 서적도매상들도 이에 호응할 기세라고 했다. 이유를 알아보니 판매 할인율이 높으니 이를 낮추어 달라는 것이었다. 예컨대 출판사가 서점에 공급하는 가격이 정가의 80%이면 이를 더 낮추어 서점의 마진율을 더 높여 달라는 것이었다.

대형서점은 잡지 공급가에 대하여 출판사와 분쟁이나 협상이 있었던 것도 아닌데 일방적인 통고로 그날부터 잡지를 팔지 않겠다고 한 것이다. 잡지사들은 당황하지 않을 수 없었다. 더구나 《학원》은 지난달보다 1만 부나 더 찍었으니 걱정이 이만저만이 아니었다.

아직 잡지협회 같은 것도 결성되기 전이라 김익달은 '희망사', '신태양사' 등과 함께 힘을 모아 직접 문제 해결에 나설 수밖에 없었다. 논의 끝에 나온 해결책이 잡지를 길거리마다 쌓아놓고 직접 독자들에게 판매하는 것이었다. 편집장 최덕교를 비롯한 직원들은 그 다음날부터 충무로, 명동으로 통하는 남대문로 저축은행 앞(지금의 신세계), 광화문 네거리의 서쪽 모퉁이, 종로 보신각 옆 등 서울의 중심가에다 잡지를 산더미 같이 쌓아놓고 팔기 시작했다.

당시 《학원》과 함께 길거리 판매에 동참한 잡지는 《신천지》, 《희망》, 《신태양》, 《스튜던트 다이제스트》, 《소년세계》, 《새벗》 등이었다. 대양출판사에서는 업무·편집 등 부서를 가릴 것 없이 전 사원들이 나서서 메가폰을 들고 외치면서 가두판매에 들어갔다.

오후가 되자 일반인들보다는 교복에 교모를 쓰고 책가방을 든 남자 중·고등학생들과 경기·이화·숙명·풍문·덕성으로 이어지는 여학생 등 광화문, 종로 근처에 있는 학교에서 학생들이 쏟아져 나왔다. 바로 《학원》의 독자들이 소식을 듣고 몰려들기 시작한 것이다. 특히 종로와 광화문 쪽 진열대 앞에는 100~200명씩 줄을 지어 기다리며 너도나도 한 권씩 《학원》을 집어갔다. 그야말로 불티나게 팔렸다는 것은 이런 것을 두고 한 말일 것이다. 광화문과 종로 쪽에서 서점을 운영하는 주인들은 눈앞에서 벌어지는 엄청난 광경을 착잡한 심정으로 바라보고 있었다. 그것은 《학원》을 사랑하는 학생들의 한바탕 시위였던 것이다. 상황이 이쯤 되자 그날 밤으로 서점 측과 잡지사 측은 원만히 합의하여 잡지 판매가 정상으로 돌아갈 수 있었다.

모두들 "《학원》을 사랑하는 독자들의 그 위세가 아니었던들" 하며 안도의 숨을 내쉬었다. 그것은 마치 한 여름날의 소나기처럼 시원하고 유쾌한 해프닝이었던 것이다.

《학생계》와 한판 승부

1953년 12월 20일경 한바탕 유쾌한 해프닝으로 끝난 '잡지불매운동'이 해결된 지 불과 한 달여가 지난 1954년 1월 하순경 뜻밖의 이야기가 흘러들어왔다. 대구에 기반을 둔 문성당(文星堂)에서 《학원》과 같은 학생잡지를 발행하기로 했다는 것이었다. 문성당은 서적도매상으로도 유명했고, 직영하는 인쇄소도 있고 출판도 아동물과 참고서들을 활발하게 내는 출판사로 재정도 탄탄했다.

김익달은 물론이고 편집장 최덕교와 《학원》 편집 사원 모두 긴장하지 않을 수 없었다. 특히 최덕교는 젊은 편집장으로서 순항하던 참이라 여간 신경 쓰이는 것이 아니었다. 처음에는 《학원》과 다른 성격의 학생잡지라는 얘기도 들리고 시간이 지나면서 별의별 얘기가 다 들려왔다. 잡지의 제호는 《학생계》인데 연재소설은 누구누구이고, 연재만화는 아무아무가 그린다고 했다. 또 편집주간은 유명한 시인이고 편집장도 유명한 소설가라는 것이다.

젊은 편집장 최덕교는 점점 자신이 없어지는 것 같고 마음마저 뒤숭숭해져 일손이 잡히지 않았다. 이런 와중에 하루는 모 씨가 찾아와서 김익달에게 좋은 뜻으로 "《학원》 편집장은 너무 젊고 이름도 알려지지 않은 약채니까 저쪽과 비견할만한 중량급 인사로 앉혀야 한다."는 얘기를 했다고 누군가 최덕교에게 귀띔해 주었다.

그 이야기를 들은 최덕교는 도저히 그냥 있을 수가 없어 저녁 시간에 김익달에게 "사장님, 저도 같은 생각입니다. 문단에서 이름 있는 분을 모셔 와야 됩니다."라며 속마음을 털어 놓았다. 그러자 김익달은 "저쪽 잡지를 아직 구경도 못한 마당에 무슨 소리냐."며 한마디로 일축하고 최덕교와 같이 술잔을 마주하고 밤늦도록 이야기를 나누었다. 온갖 소문과 억측이 난무했지만《학원》은 여전히 신명나게 나가고 있었다. 특히 학원 문학상 발표 후 독자 투고는 열기를 더하여 그전에 비해 몇 배가 들어왔다. 1954년 2월호 산문 서평을 쓴 최인욱는 "이달에 편집부에서 내게로 넘어온 산문의 투고 작품은 382편이나 되었다."고 했다.

학원문학상 때의 초선인 500편에 버금가는 편수였던 것이다. 아무튼《학원》의 인기는 날로 상승, 2월호는 1월호와 같이 5만 부를 찍었고, 3월호는 5천을 더하여 5만 5천 부를 발행했다.《학생계》가 '창간 4월호'를 낸다고 하여 최덕교와《학원》편집진도 4월호에 총력을 기울였다. 지면도 50면을 늘려 총282면이 되도록 했다.

새로운 연재소설로 역사소설가인 윤백남의 「소년 수호전」을 비롯하여 「로빈 후드의 모험」(김영일 옮김), 「바다 밑 2만 리」(최인욱 옮김), 그리고 미국 만화 「꼬마 루루(Little Lulu)」 등을 새로 실었다. 또 이색적인 연재물로는 극작가 김진수의 장막희곡 「바람을 잡아먹은 아이들」을 넣었다. 잡지에서 장막희곡을 연재한 것도 이때가 처음이었다.

1954년 3월 20일 드디어《학원》4월호와《학생계》창간호가 동시에 나왔다.[42]

---

42 당시 문성당의 편집장이었던 조성출은 월간《책과 인생》1995년 9월호에 실은 '책과 더불어 50년'이란 글에서 문성당의 대표 주인용이 학생잡지《학생계》를 창간한 배경에 대해 "초애 장만영은《학원》이 기대 이상의 폭발적인 인기를 얻어서 창간 7개월 만에 당시로서는 경이적이고 천문학적 발행부수였던 10만 부를 거뜬히 돌파하자 1953년 봄 무렵부터 피란살이에 허기진 자기와 가까운 이름 있는 문인 몇몇을 내세워 나와 중학 동창 관계인 문성당 대표 주인용을 귀가 솔깃하게 구

최덕교는 누구보다 먼저《학생계》의 창간 4월호를 구해 구석구석 뜯어 보았다. 최덕교는 아연실색, 아니 어이가 없었다. 《학생계》는 편집 체계와 내용이《학원》과 닮아도 너무 닮아 마치 판박이 같았다.

《학원》이 「홍길동전」(정비석), 「소년 수호전」(윤백남), 「파초의 꿈」(김말봉), 「검은 별」(김내성), 「어디로 가나」(박계주), 「로빈 후드의 모험」(김영일 옮김), 「바다 밑 2만 리」(최인욱 옮김) 등 일곱 가지 소설과 「코주부 삼국지」(김용환), 「꺼꾸리군 장다리군」(김성환), 「꼬마 루루」(마아지 원작) 등 세 가지 만화 즉 10대 연재가 있었는데 비해, 《학생계》는 「애꾸눈 대왕」(박계주), 「태양을 향해서」(최요안), 「별을 헤는 소녀들」(최정희), 「사랑의 집」(박영호 옮김), 「소년 철가면」(김내성 옮김), 「아이슈타인」(이한직 옮김) 등의 소설과 「만화 수호전」(김용환), 「럭키 칠봉이」(신동헌), 「Victory 조절구」(김성환) 등의 만화를 합쳐 9대 연재라고 내세웠다.

《학원》에 단편소설이 몇 편 있다면《학생계》에도 몇 편의 단편소설이 있었다. 또《학원》'학습 강좌'가 몇 과목 있다면《학생계》에도 '학생과 교양'으로 쓰여 진 몇 과목이 있었다. 또 '학생 문단'으로 내세운 '독자 문예'의 시 선자는 조지훈, 박목월, 산문 선자는 김동리, 최정희로 되어 있었고 1등에 자전거 한 대를 준다는 5만 환 대현상도 내걸었다.

《학원》의 별책부록은 「한국소년시집」인데, 《학생계》는 「로빈 후드의 모험」(이봉구 옮김)을 붙였다. 《학생계》는 예고 광고로 5월호부터 김동리

워삶기 시작했다. 그래서 이듬해 초에 주인용으로 하여금 기어이 또 하나의 학생잡지《학생계》를 창간토록 만들었다. … 그것은《학원》에 대한 배신밖에 더 될 것이 아니었다. 결과적으로《학생계》는 투자와 수익의 언밸런스를 감당하지 못하고 상당한 출혈만 감수하고 통권 5호로 폐간되고 말았다. 그 일로 해서 나는 초애 장만영을 사시(斜視)로 보게 되었다."고 하였다. 김익달이 이러한 내막을 알고 있었는지는 알 수 없지만 최덕교는 40여 년이 지난 후 1995년 조성출의 위 글을 보고서야 그 내막을 알았다고 한다. 《학원》의 초대 편집주간이었던 장만영이 실제로 조성출의 말처럼《학생계》창간에 관여했는지는 알 수 없으나 만약 사실이라면 그는 피란살이에 배고픈 문인들에게 좀 더 많은 기회를 주고 학생들에게도《학원》과 경쟁할만한 잡지가 하나쯤 더 있는 것이 유익하다고 생각했을 것이다.

선생의 「소년 삼국지」를 싣는다고 했다. 《학원》과 《학생계》의 면수는 똑같이 282면이고 값도 120환으로 동일하였다. 이는 김익달이 문성당의 대표 주인용과 만나 과당 경쟁에서 오는 출혈을 막기 위해 분량과 정가에 대하여는 협정을 맺은 결과였다.

《학생계》의 판권을 보면 발행소는 서울 남대문로 2가 7(문예빌딩) '학생계사'로 되어 있고 발행인 주인용,[43] 편집주간 박두진, 편집장 이종환으로 되어 있었다.

최덕교는 《학생계》 창간호를 하나하나 뜯어보고 나서 피식 웃음이 나왔다. 《학생계》가 나오기 전에는 엄청난 '호랑이'가 나타나는 줄 알고 잔뜩 겁을 먹고 이 생각 저 생각 끝에 편집장을 그만둘 생각까지 했던 자신이 우스워졌던 것이다. 그런데 김익달 사장은 요란한 소문과 함께 창간된 《학생계》가 기껏 해봐야 처음부터 끝까지 《학원》의 편집 구성을 베낀 닮은꼴에 불과할 거라는 걸 알았을까. 그렇지 않고서야 어떻게 '저쪽 잡지를 아직 구경도 못한 마당에 무슨 소리냐'며 한 치의 흔들림도 없이 최덕교의 사의를 일축할 수 있었을까. 최덕교는 다시 한 번 김익달의 출판에 대한 안목과 배짱에 감탄하지 않을 수 없었다.

《학원》은 1954년 3월호에 「소년 수호전」과 「로빈 후드의 모험」을 새로 연재한다는 예고 광고를 두 페이지에 걸쳐 크게 냈는데,《학생계》 창간호는 「소년 수호전」은 연재만화로 「로빈 후드의 모험」은 별책부록으로 내놓았다. 누가 봐도 일부러 《학원》을 골탕 먹이려는 것임을 알 수 있는 일이었다. 최덕교는 안심했다. 자신이 있었다. 독창적인 기획 없이 남의 잡지를 베끼는 이런 잡지가 성공할 리가 없다. 《학원》은 4월호의 부수를 5천

---

43 사실 주인용은 출판인보다는 사업가로 더 유명한데 1971년 수산업에 뛰어들어 '사조산업'을 창업한 기업가이다. 사조산업이란 상호는 문성당이 1954년부터 중·고등학생용 검인정 교과서 출판을 위해 설립한 사조사(思潮社)에서 따온 것이다.

을 더하여 6만 부를 찍었는데, 《학생계》는 3만 부를 찍었다고 했다.

세상 사람들은 《학원》과 《학생계》의 한판 승부를 보면서 이러쿵저러쿵 하며 말들이 많았지만 김익달의 편집장 최덕교에 대한 믿음에는 변함이 없었다. 《학원》은 돈을 벌려고 발행하는 잡지가 아니었다. 광고조차 책 광고 이외에는 내지 않았다. 조금이라도 학생들에게 유익한 내용, 교양과 정서 순화에 도움이 되고 재미있는 읽을거리를 많이 담은 책을 만들어 싼값에 보다 많은 청소년들이 볼 수 있게 하는 것이 목적이었다. 최덕교는 이러한 김익달의 뜻을 잘 받아들였고 학생들을 위한 잡지 만들기에 열과 성을 다하는 인물이었던 것이다.

불과 몇 달 만에 《학생계》는 투자와 수입이 맞지 않는다는 것을 깨달았고 상당한 출혈만을 감수한 채 통권 5호로 폐간하고 말았다.[44] 최덕교는 김익달의 절대적인 신뢰에 보답하듯 《학생계》는 관심도 두지 않고 《학원》의 편집과 새로운 기획에 매진했다.

5월호에는 전국 중·고등학생들을 흥분시키는 '전국 중·고등학생 미술전람회'의 작품 모집 광고를 게재했다. 이는 8·15 해방 이후 가장 큰 규모의 학생 미술전이며 여기서 주어지는 상은 '학원문학상'과 어깨를 나란히 하는 '학원미술상'이라고 했다.

또 5월에는 유머 소설가로 유명한 조흔파의 그 유명한 「얄개전」을 연재하기 시작했다. '얄개'란 말이 지금은 국어사전에도 나와 있지만 그때만 해도 그 말이 생소할 때라 조흔파는 "얄개란 말은 함경도 지방의 방언으로 평안도 말로 '안타깨비', 서울말로는 '야사리' 이런 뜻의 말인데 남을 속상하게 하는 짓궂은 장난꾼이란 뜻이다."라고 설명하였다.

---

44 최덕교가 펴낸 『한국 잡지 백년』 525면에는 "학생계는 제3호(?)를 내고는 더 나오지 못했다." 고 되어 있으나 당시 문성당의 편집장이었던 조성출에 의하면 학생계는 통권 5호로 폐간되었다고 하였다. 범우사 발행의 월간지, 《책과 인생》의 1995년 9월호의 「책과 더불어 50년」, 14면.

조흔파의 「얄개전」은 제도의 규율과 감시로부터 일탈하는 주인공의 짓 궂은 장난을 통해 독자들을 웃기고 울린다. 「얄개전」은 주인공 얄개가 유발한 풍자적 웃음을 통해 1950년대의 사회적인 억압과 불안을 넘어서고 싶은 청소년들의 시대적인 욕망과 결합하여 폭발적인 인기를 누렸다. 「얄개전」은 연재가 끝난 후 곧바로 단행본으로 출간되어 '명랑'이라는 용어를 대중적으로 유통시켰고 이후 드라마와 영화로도 제작되었다. 이처럼 「얄개전」은 '명랑소설'이 하나의 장르로 본격적인 성격을 형성하는데 결정적인 역할을 하였던 것이다.

《학원》 10만 부 발행

《학원》 5월호(1954년) 편집이 끝날 무렵 수필가 조풍연이 편집실로 최덕교를 찾아왔다. 그는 6월호부터 「동방의 무지개」를 연재하기로 되어 있는데, 중국의 여러 고전, 즉 『노자』, 『장자』, 『한비자』, 『전국책(戰國策)』 등에서 재미나는 제목을 하나씩 뽑아 쉽게 풀이하는 것이었다.

그는 이것저것 얘기 끝에 현재 《학원》을 얼마나 찍느냐고 물었다. 사실 당시 《학원》을 모르면 학생이 아니라고 할 정도였으므로 도대체 몇 부나 발행하는지 누구나 궁금하게 생각하는 문제였다. 최덕교는 3월호는 5만 5천 부, 4월호는 6만 부를 찍었다고 솔직하게 말했다. 그러자 조중연은 놀라면서 그것은 《동아일보》보다 더 많은 부수라며 "얼마 전에 《동아일보》 민재정 편집국장이 점심을 하자기에 나갔더니 그날로 피란 갔다 돌아온 《동아일보》가 마침내 5만 부를 찍었노라고 자랑하면서 술까지 한잔했다."는 것이었다.

당시 《동아일보》는 우리나라에서 최고 부수를 발행하는 신문이었는데, 학생잡지《학원》이 그보다 많은 부수를 발행하고 있었던 것이다.

5월호 부수는 4월호와 같은 6만이었지만 6월호는 「학생용 인명사전」을 별책부록으로 붙여 6만 5천부, 7월호는 「학생 애창곡집」을 별책부록으로 붙여 7만 부, 이어서 8월호는 면수는 310면으로 늘리고 여름방학 선물로 '20만환 대현상모집'을 내세워 8만 부를 발행했다. 그때까지의 한국 잡지 역사상 최고 부수를 기록한 것이다.

그 무렵 미도파(백화점) 서적에서는 경기고와 서울고에《학원》을 납품 판매했는데 두 학교가 거의 비슷하게 구백여 부씩 실어갔다고 했다. 잡지《학원》을 두 학교에 매달 구백여 부씩 판매했다니 지금으로써는 믿기 어려운 기록적인 일이 아닐 수 없다.[45] 이렇게 되자 서점가에서는《학원》이 매달 10만 부씩 나간다는 소문이 쫙 돌았다. 잡지 관련 사전에서도 최고 발행부수가 10만 부라고 기록되어 있을 정도다.

그때까지 우리나라에서 가장 많이 나간 잡지는 일제 때《삼천리》(발행인 김동환)이었고 해방 후에는《신천지》(서울신문사 발행)였다.《삼천리》는 일제 때 나온 대중잡지 중 가장 성공한 잡지고 남북한과 만주, 중국 및 일본 독자까지 망라하여 3만 부 가까이 발행하였다. 또한《신천지》는

---

45 경기고 59회 동창회는 2014년 5월 9일 '경기 59회와 그들의 시대'라는 졸업 50주년기념문집(눈빛출판사)을 발간하였다. 경기 59회는 50년대 후반 중학교를 다니고 1960년 고등학교에 입학한 세대다. 위 문집에서 오세영은 1962년도 자신의 일기를 공개했는데 2월 11일 일기에 "오랜만에 근처에 있는 우리가 살던 옛날 집에 들어가 보았다. 집에 와서 옛날에 나온《학원》을 들춰보다가 윤동주 시인이 지은 「소년」이라는 시를 읽었다. 순이를 그리워하는 소년의 마음 … 여기저기서 단풍잎 같은 슬픈 가을이 뚝뚝 떨어진다."라고 썼다. 또 조중행은 "화동언덕 – 희미한 옛 사랑의 그림자"라는 시에서 "… 가끔은 미소 짓던 하얀 교복의 그 소녀도 / 심장이 터질 것 같던 그 순간도 / 이제는 희미한 옛 이야기 / 골목길 내려와 로터리 '학창서림'에 들려《학원》한 권 사고 / 오른쪽으로 길을 돌아 걷는다. / …"라며 졸업 50주년을 회상했다. 뿐만 아니라 위 문집에 부록으로 첨부된 '연표로 보는 우리의 학생시대(1950–1969)'를 보면 '1952년 11월 대구에서 김익달, 중학생 잡지《학원》창간'을 한국 50년대와 60년대의 중심 연표 중의 하나로 기록하고 있다. 이처럼 이시대의 학생들에게《학원》은 단순한 잡지가 아니라 서로 공감하고 공유하는 문화이고 일상의 일부임을 알 수 있다. 50년대와 60년대에 중·고등학교를 다니며《학원》을 보고 성장한 이들이 바로 '학원세대'인 것이다.

한국전쟁 전까지 가장 인기 있었던 잡지인데 3만 부 넘게 발행하였다. 그런데 《학원》은 한국전쟁으로 모든 것이 파괴되고 무너진 폐허 속에서 청소년들을 주 독자층으로 하면서, 그것도 한반도 반쪽에서만 10만 부에 육박하는 부수를 발행했으니 출판 역사상 기념비적인 일인 것이다.

《학원》, 독서진흥운동을 견인하다

《학원》은 한국전쟁 중인 1952년 11월 탄생했다. 당시는 내일을 예측할 수 없는 불안할 상황이었다. 대구, 부산 등지로 피란 온 출판업자들이 감히 새로운 출판은 엄두도 내지 못할 때였다. 한국전쟁 전에 발행되던 몇몇 잡지조차 엄혹한 전쟁 상황으로 인해 대부분 발행이 중단된 상태였다. 한국전쟁 중 임시 수도 부산에서 피란살이하는 국민들에게 희망을 주고자 1951년 5월 잡지 《희망(希望)》을 창간한 25살의 청년 김종완[46]도 "피란 시절에 잡지를 만든다는 일은 기적을 낳는 일이었다."고 할 정도로 당시 인쇄 시설, 저자, 용지 등 모든 것이 부족한 총체적 난국이었던 것이다.

김익달은 이 같은 총체적 난국을 정면으로 돌파했다. 그가 《학원》 창간사에 밝혔던 것처럼 나라의 장래가 학생들의 양어깨에 달려 있었기 때문이다. 그런데 피란살이 천막 학교에서 변변한 교과서도 없이 배우는 학생들은 학교가 파하면 강가로 거리로 쏘다니거나 과일밭에 숨어 들어가는 일 등으로 소일하는 것 외에 할 수 있는 것이 없었다.

---

46 전쟁이 길어지자 김종완은 《희망》 하나에 만족하지 않고 1952년 7월 《여성계(女性界)》를 창간하고 1953년 7월에는 《문화세계(文化世界)》를 창간하여 전쟁 중 3대 잡지를 발간한 기록을 세웠다.

해방 후 7년간 우리말과 우리글로 배운 한글세대들에게서 전쟁은 그나마 남아 있던 읽을거리조차 빼앗아 갔던 것이다.

김익달은 그의 말대로 적지 않은 희생을 각오하고 전쟁으로 할 일이 없어지고 피란을 와서 있던 고급 인력들을 총동원하는 전략을 썼다.

시인 장만영을 주간으로 하고 소설가 정비석을 필두로 하여 김내성, 윤백남, 최정희 등과 시인 조지훈, 박두진, 박목월, 그리고 만화가로는 김용환, 김성환, 안의섭, 신동헌 등 정상급 인물들을 총동원했다. 아마도 평상시 같았으면 성인 잡지에서도 쉽지 않은 일이었을 것이다. 이런 의미에서 미디어로서의 《학원》에게 전쟁은 행운이었고 《학원》은 당시 우리 문화계가 총력을 기울여 만든 정수였다.[47]

한국전쟁이 끝나 서울로 돌아온 후에도 《학원》은 기라성 같은 문인들을 대거 필진으로 참여시켜 7대 연재물, 10대 연재물 등을 확보함으로써 판매에서도 경이적인 성공을 거두어 10만 부에 육박하는 부수를 발행하게 되었다.

《학원》은 제작에서만 인력을 총동원한 것이 아니었다. 독자층도 학생뿐만 아니라 모든 세대를 독자로 동원하기도 했다. 읽을거리가 별로 없던 그 시대에 기성세대들도 《학원》의 「얄개전」을 즐겨 읽었다.

《학원》에 연재된 김용환의 「코주부 삼국지」[48]와 김성환의 「꺼꾸리군 장다리군」은 학생들에게 장편만화 붐을 일으켰고 연재가 끝나면 단행본으로 발행되어 베스트셀러를 기록하기도 했다. 《학원》의 연재만화가 독자

---

47 박몽구 「학생저널 학원과 독서진흥운동에 관한 연구」, 도서관, 제386호, 2012, 63–64면.

48 김용환의 만화 「코주부 삼국지」는 2014년 6월 17일 개최된 문화재위원회 제3차 회의에서 만화 구성과 구도에서 획기적인 전환점의 계기를 마련하여 현대만화연구에 빼놓을 수 없는 자료로 평가되므로 등록문화재로 지정할 만한 충분한 가치가 있는 것으로 평가된다고 하여 출석위원 9명 전원의 찬성으로 문화재 등록이 가결되어 2014년 9월 2일 등록문화재 제605호로 지정, 등록되었다. 「코주부 삼국지」의 등록문화재 등재는 김용환의 「토끼와 원숭이」, 김종래의 「엄마 찾아 삼만리」, 김성환의 「고바우 영감」에 이어 만화로는 네 번째로 문화재로 등록되는 영광을 안았다.

들로부터 인기를 끌기 시작한 것을 계기로 《만화세계》같은 만화 전문잡지도 생겼고 1960년대 초에는 만화 전문 출판사가 '부엉이문고', '제일문고', '크로바문고' 등 25개나 설립되는 등 만화가와 만화 전문 출판사가 출판의 한 분야를 당당하게 차지하게 되었다.

컴퓨터나 스마트폰, 텔레비전은 물론이고 라디오도 드물었고 단행본 출판도 부진했던 시절이었다. 별다른 레저 활동이나 오락거리도 없었고 아직 입시 지옥을 몰랐던 그 무렵 학생들에게 《학원》은 교양과 정서를 가르치는 교사이자 즐거운 오락이었고 마음을 나눌 수 있었던 친구였던 것이다.

이처럼 《학원》은 공교육이 채워주지 못하는 교양과 신지식에의 욕구를 채워주는 동시에 청소년들을 민족 주체로 양성하기 위해 다양한 기획을 선보였다. 《학원》은 초창기의 「홍길동전」 뿐만 아니라 「협도 임꺽정전」, 「수호전」 등 민중을 주체로 한 역사소설을 지속적으로 연재했고 외국 위인전기도 다양하게 실었다.

「대시성 셰익스피어」를 비롯하여 「인도 성웅 간디」, 「네루」, 「북극을 탐험한 난센 박사」, 「파스칼」 등 외국 위인으로 구국 영웅, 탐험가, 철학가, 정치가, 예술가 등 다양한 분야의 인물을 소개하였다. 《학원》은 또 전쟁의 폐허와 허무 의식을 극복하기 위해 청소년들에게 강인한 개척자 정신을 함양시킨다는 목적에서 '모험소설'과 SF소설, 탐정소설도 연재했다.

「로빈 후드의 모험」을 비롯한 「정의의 타잔」, 「북극에 올린 깃발」, 「바다 밑 2만 리」 등의 모험소설과 「웨리타스 여행기」, 「해저도시 아틀란티스」, 「잃어버린 지하 왕국」 등의 공상과학소설을 실었다.

또한 김내성의 「검은 별」 등 탐정소설, 에드가 앨린 포의 「잃어버린 편지」 등의 추리소설과 조흔파의 「얄개전」으로 대표되는 명랑소설도 지속적으로 연재했다. 또한 《학원》은 청소년들의 순수한 사랑과 성장기의 고통을 그린 순정소설인 최인욱의 「바다 있는 마을」, 최정희의 「하얀 꽃 한 송이」 등을 실어 독자들에게 정서적 공감과 읽는 즐거움을 제공했다. 이 외에도 《학원》은 영화와 사진 기법을 소설에 접목시킨 사진소설이라는 독특한 장르도 선보이는데 정비석의 「파랑새의 꿈」, 곽하신의 「카나리아의 노래」 등 주로 10대의 소년·소녀를 주인공으로 하여 부조리한 현실에서 이상을 추구하는 공통된 지향을 보여준다.

1950년대 《학원》은 외국 문학의 번역과 소개에도 상당한 노력을 기울였다. 초창기 「노트르담의 꼽추」를 비롯하여 「돈키호테」, 「몽테크리스토 백작」, 「엉클 톰스 캐빈」, 「죄와 벌」, 「이방인」, 「데미안」, 「의사 지바고」 등 다양한 세계 명작이 소개되었다. 특히 이때의 세계 명작 번역은 전문 번역가가 아니라 최정희, 이봉구, 정한숙, 박화목, 안수길, 장만영, 이원수, 한낙원, 김영일, 조흔파 등 주로 작가들에 의해 이루어졌다.

《학원》의 독자인 청소년들은 선진적인 외국 문학을 통해 서구 문학과 형식들을 빠르게 수용하면서 '학원문단'에 자신의 작품을 발표할 때 외국 문학에 나타난 정신과 문예 기법을 모방하고 실험하기도 하였다. 이처럼 《학원》이 외국 문학의 번역과 소개에 적극적인 태도를 보인 것은 미래 한국문학의 주체인 청소년들에게 단기간으로 국제적인 소양을 교육시켜 한국문학의 수준을 향상시키고자 한 《학원》의 지향점의 표현이었던 것이다. 《학원》에 실린 다양한 장르의 문학작품과 세계 명작, 위인전기 등을 접한 청소년들은 다음호가 나오기를 고대하게 되었고 나아가 《학원》에 실린 연재물들이 단행본으로 발간될 날을 손꼽아 기다리게 되었던 것이다.

《학원》을 탐독하던 독자들은 당시 지식인에게 크게 인기를 끌던 《사상계》의 독자로 자연스럽게 옮겨갔다. 이들의 신지식과 새로운 교양에 대한 갈증은 을유문화사의 『세계문학전집』(전100권), 신구문화사의 『세계

위인전기』, 학원사의 『생활총서』(전7권) 등 새 시대의 정신에 맞는 서구 문학 고전과 교양을 담은 출판물의 발행을 촉발시켰다.

즉 1958년 이후 학원사, 을유문화사, 정음사, 동아출판사 등이 국어사전, 백과사전, 세계문학전집, 한국문학전집 등 대형 기획물들을 속속 내놓음으로써 우리 출판계의 흐름이 크게 달라졌다. 국민의 기본 교양을 목표로 저명한 필진들이 대거 편집위원으로 참여하는 대형 기획 시리즈물이 출간되었던 것이다. 예컨대 을유문화사는 1959년부터 자체 기획으로 '세계문학전집'을 내기 시작했는데 당시 관행이던 일본어 중역(重譯)이 아닌 원작의 완역, 꼼꼼한 편집·제작 과정을 거쳐 매달 한 권씩 출간하여 무려 총100권 전집을 탄생시켰다.[49]

이러한 대형 전집물의 출간과 월부 판매제의 성행으로 도시의 가정에서는 이 같은 전집물을 장만하여 거실을 그럴듯하게 채우는 장식물로 생각하는 사회적 풍조를 낳기도 했다. 한편 출판인들은 학생들이 값싸고 알차게 새 시대의 교양을 습득할 수 있는 방안도 모색하게 되었다. 바로 일제 강점기에 반짝 등장하였다가 사라진 문고본의 기획 발간이었다. 당시 기획·발간된 문고들을 보면 '양문문고'(양문사), '교양신서'(신양사), '박영문고'(박영사), '위성문고'(법문사), '경지문고'(경지사), '교양사상문고'(상구문화사), '현대문고'(여원사), '세계명작문고'(동국문화사) 등이었는데 이들은 문고 붐을 조성하며 《학원》, 《사상계》 등을 통해 폭발적으로 늘어난 독자층에 교양의 샘물을 공급해 주었다.

독서층의 확대는 자연히 신지식과 새로운 교양을 담은 단행본 발행을 촉발시켰는데, 당시 학생들 사이에서 선물이라고 하면 책을 선물하는 것이 당연한 것으로 생각하는 풍토가 자리 잡게 되었다.

---

49 정진숙, 『출판인 정진숙』, 을유문화사, 2007. 242–246면.

이러한 교양 도서 발간과 교양 도서 읽기 붐은 1960년에 들어 조국 근대화를 추진하던 정부 주도의 자유교양대회를 범국민적으로 개최하는 계기가 되었다. 1960년대와 1970년대에는 문교부나 공립도서관이 벌인 독서운동 외에도 '국민독서연맹', '한국독서인구개발공사', '독서장려협회', '자유교양협회' 등이 조직되어 '마을문고·직장문고운동', '국민독서경진대회' 등이 활발하게 전개되었다.

이처럼 한국전쟁 중에 탄생한 《학원》은 새로운 지식과 교양에 목말라 하던 청소년들과 기성세대들에게 텔레비전이 등장하기까지 지식과 교양, 오락을 제공하면서 우리 사회에 교양 도서 붐을 일으키는 진원지가 되었다. 따라서 매체로서 《학원》이 갖는 의미는 동시대 어떤 잡지와도 비교할 수 없을 만큼 컸고 이 땅에서 발간된 수많은 잡지 중에서 그 어떤 잡지도 자신의 이름을 딴 세대를 만들지 못했는데, 오직 《학원》만이 '학원세대'라는 칭호를 선사받은 것이다.

《학원》 40년

《학원》은 전쟁이 한창 진행 중이던 1952년 11월에 창간하여 1990년 10월까지 통권 343호를 발행하였다. 1950~60년대 다른 잡지들이 그러하듯이 재정적인 이유 또는 사회적·정치적 격변기와 맞물려 몇 차례 휴간과 속간을 거듭하였다.

첫 번째는 1957년 12월호를 내고 1958년 1월부터 4월까지 4개월을 휴간했다. 이 시기는 김익달이 필생의 숙원 사업이라고 생각했던 대백과사전 발간을 위해 대백과사전 편찬부를 본격적으로 발족한 때이므로 인력 면이나 재정적인 면에서 여유가 없었다.

《학원》은 창간호부터 책 광고 이외의 상업적 광고는 일체 실지 않았으므로 10만 부에 육박하는 부수를 발행하였지만 한 번도 흑자를 낸 출판물이 아니었다.

그러니 최덕교 등 주위 사람들의 반대에도 불구하고 기어이 대백과사전을 만들고야 말겠다는 김익달의 신념 앞에 우선 급한 대로《학원》의 발행을 임시 중단할 수밖에 없었던 것이다.

김익달은 백과사전 편찬부 사업이 본궤도에 오르자 1958년 5월《학원》을 속간했다. 그런데 자유당 독재 등으로 정치적 변화가 격심했던 1960년 4월부터 1961년 2월까지 다시 휴간했다. 이 시기 김익달은《학원》을 휴간하는 대신 어린이를 대상으로 하는《새나라신문》을 발행하게 된다. 그러나《새나라신문》역시 1년을 넘기지 못하고 종간된다. 신문의 종간과 함께《학원》은 1961년 3월초부터 다시 복간되었다가 정치적 혼란으로 1961년 9월호를 내고 언제 속간한다는 기약도 없이 휴간했다.

그런데 이 시기《학원》은 청소년 종합잡지에서 일시적으로 '순수문예지'로의 변화를 시도한다. 즉 1959년 10월호 '권두광고'에서 "이제 11월호부터는 제자(題字)를 한글로 바꾸고 내용을 순문예지로 일대 혁신하고자 하오니 독자 여러분의 끊임없는 애독을 바라마지 않습니다."라고 하여 1959년 11월호부터 순수문예지로의 변신을 예고했다. 문예지로서의《학원》은 1959년 11월호(통권81호)부터 1961년 9월호(통권92호)까지 총12호를 발간하게 된다.

문예지 시기《학원》은 전후 한국문단을 이끌어 가던 이은상, 모윤숙, 염상섭, 김동리, 박목월, 박화목, 이무영, 정비석, 구상, 서정주, 최정희, 박경리, 윤석중, 이주홍, 이원수 등 당대 대표적인 문인들을 대거 필진으로 참여시키고 기본 장르에 속하는 작품들을 주로 실었다.

《학원》이 처음 문예지를 표방한 1959년 11월호에는 김동리의 「야식」,

박연희의「고향」, 조향록의「욥」, 고행자의「격류」등 4편의 단편소설이 발표되었다. 이처럼 문예지로 성격이 면모된 후 《학원》에는 중·단편소설과 시, 수필, 일기문이 주로 실렸다. 또 문예지 시기에는 1950년대에 청소년의 흥미를 끌기 위해 지면을 늘렸던 연재소설과 만화, 그리고 사진 등이 배제되고 순문학 위주로 실리는 게 특징이었다. 그러나 이러한 순문학 위주의 편집 체계는 1961년 3월초부터 연재소설과 만화가 다시 실린다는 점에서 한계를 노출하기도 하였다.

하지만 이미 활자 중심의 독서에서 사진, 화보, 만화 등의 시각적 독서로 전화된 독자들의 감각을 충족시키는 데는 어려움이 따랐고 4·19와 5·16이라는 역사적 사건을 겪으면서 사회는 다시 혼란 속으로 빠져들어 《학원》도 1961년 9월호를 내고 언제 속간한다는 기약도 없이 휴간하게 된다. 《학원》이 다시 휴간에 들어가고 대백과사전 6권도 이미 완간한 후라 최덕교는 학원사를 나와 1963년 5월 창조사를 설립하게 된다.

5·16 이후인 1962년 3월 《학원》은 중·고등학생 종합지로 다시 속간된다. 이때 편집장은 아동문학가인 오영식이 맡는다. 그는 1970년대 초반까지 《학원》의 편집장과 편집주간을 맡으며 1960년대 대중 지향과 문예 지향을 선도한다. 이 시기 《학원》은 정치·교육·교양·오락 등의 성격이 강한 기사와 논설·만화 등이 증면되고, 학생들의 지적 능력 개발과 정서 함양을 위한 실질적인 내용의 글이 많이 실린다. 그럼에도 불구하고 《학원》의 문학에 대한 관심과 문예 지향은 일관되게 유지된다는 점에서 의미가 있다. 1969년 3월 《학원》의 발행권이 《학원》의 편집국장이었다가 학원출판사로 독립한 박재서로 넘어갔으나 청소년을 계몽하기 위한 《학원》의 기존 체제는 그대로 유지된다. 이때 편집장으로 활동한 인물로는 박재서, 권오운, 채희상, 강민 등이 있다.

1978년 9월 《학원》의 발행권은 다시 학원사로 돌아왔으나 달라진 독서 시장 공략에 실패하여 1979년 2월 복간 5호로 다시 종간된다. 1984년 5월 학원사에서 기존의 청소년잡지와는 다른 지식인을 위한 문학예술지로 《학원》을 재창간하였고, 1985년에는 계간지로 바꾸며 교육·철학·환경·생태의 책으로 학술지적인 성격을 띠게 된다. 그러나 《학원》은 1990년 10월호까지 통권 343호를 내고 결국 종간되었다.

1955년 4월, 대양출판사에서 학원사로

김익달은 서울역 맞은편에 있던 서울시 중구 양동 87번지 대양출판사를 서울시 종로구 견지동 110번지로 옮기고 새로이 '주식회사 학원사'를 설립하여 본격적인 '학원사' 시대를 열게 된다.

《학원》 1955년 5월호 판권을 보면, '발행 편집 겸 인쇄인 김익달', '주간, 김명엽', '편집장 최덕교', '발행처 대양출판사'로 되어 있다.

편집후기에서 최덕교는 "이사를 했습니다. 남산 아래서 북악산이 가까운 견지동으로 옮겨 왔습니다. 이는 그저 옮겼다는 것이 아니라 발전하는 여러분의 《학원》이 조그만 집에서는 도저히 만들어 낼 수 없다는 형편에서 좀 더 넓은 곳으로 옮긴 것입니다."라고 이사 경위를 밝히고 있다. 또한 같은 지면에 다음과 같은 사고(社告)를 실었다. "독자 여러분! 4월 1일부터 모든 연락은 아래 주소로 해주시기 바랍니다. 서울특별시 종로구 견지동 110번지 주식회사 학원사 편집부."

이에 따라 1955년 6월호부터 《학원》의 판권에는 발행처가 '주식회사 학원사'로 되어 있다. 또 《학원》 6월호 30면에는 '발전하는 학원사'라는 제목의 사진 화보를 실었는데 새로 이사한 종로구 견지동 110번지 학원사 사옥 사진을 싣고 있다. 마치 유럽식 건축물을 연상하게 하는 출입구가 아치형으로 설계된 2층짜리 벽돌 건물이다.

"이미 국내외를 통하여 백만 이상의 독자를 자랑하는 《학원》은 이번에 다시 기구를 확충하고 진용을 강화하여 자본금 2천만 환의 주식회사를 설립하게 되었습니다. 이제 명실 그대로 민족문화의 한 모를 담당하며 제2세 국민의 교양 향상을 위하여 나아가려 합니다."[50]

위 지면에 실린 글처럼 김익달은 이제 본격적인 출판 보국 아니 그 이상의 꿈을 향해 나아가고 있었다.

---

50 그렇다고 대양출판사가 없어진 것이 아니라 주식회사 학원사를 병설한 것이다. 최덕교가 1961년 9월 학원문단 10년을 기념하여 펴낸, 학생 시 333선집 『바람, 기를 올리다』의 판권을 보면 발행처는 여전히 '대양출판사'로 되어 있고 주소가 '서울특별시 중구 태평로1가 31'로 되어 있다. 학원사가 《서울신문》 뒤 태평로 신사옥을 신축하여 이사한 뒤에도 '대양출판사'는 여전히 존속하고 있었던 것이다.

제5부 | 여원(女苑) 창간

1954년 서울 『자유부인』 논쟁, 박인수 사건

《여원》 창간

여성 정체성 형성의 토대가 된 글쓰기

여류 신인 문학상 – 여류 작가의 등용문

여류 문학상 창설

《여원》의 서사 만화

미디어의 사명과 어젠다 세팅 기능을 이해하고 실천

여원사 설립

국민의학전서 발행

《향학(向學)》 창간

세계명작문고, 세계위인문고 발행

중등 교과서와 대학 교재 발행

1954년 서울『자유부인』논쟁, 박인수 사건

1953년 7월 27일 한국전쟁의 종식을 위한 휴전 협정이 체결됨에 따라 부산으로 내려갔던 정부가 8월 15일 서울로 돌아왔다. 김익달도 대구에서의 출판 사업을 정리하고 1953년 10월 대양출판사 편집실부터 서울역 양동 사옥으로 복귀했다.

김익달은 양동 사옥으로 복귀한 뒤 아동문학가 마해송의 동화집『떡배, 단배』를 발행했다.『떡배, 단배』는「바위나라와 아기별」등이 수록되어 있는 우리나라 최초의 창작동화집이다.

또 김익달은《학원》에 연재되어 독자들로부터 인기를 끌었던 정비석의『홍길동전』을 단행본으로 발간했다. 그 후 김익달은《학원》에 연재되었던 인기 연재소설들을 '학원명작선집'이라는 이름으로 모두 단행본으로 발간했다.

『의적 일지매』(정비석 지음, 이승만 그림),『황금박쥐』(김내성 지음, 안영배 그림),『얄개전』(조흔파 지음, 백인수 그림),『홍길동전 상·하』(정비석 지음, 김기창 그림),『검은 별』(김내성 지음, 안영배 그림),『날개 없는 천사』(박계주 지음, 이순재 그림),『협도 임꺽정전』(조흔파 지음, 김기창 그림),『무사 호동』(박연희 지음, 이승만 그림),『은하의 곡』(최요안 지음, 백인수 그림),『민들레의 노래』(이원수 지음, 우경희 그림),『마적굴의 소년』(박계주 지음, 김세종 그림),『푸른 구름을 안고』(조흔파 지음, 백인수 그림),『쌍무지개 뜨는 언덕』(김내성 지음, 김영주 그림),『비둘기가 돌아오면』(마해송 지음, 우경희 그림),『해바라기의 노래』(장수철 지음, 이억영 그림),『별을 헤는 소녀들』(최정희 지음, 김영주 그림),『먹장구름을 뚫고』(박용구 지음, 김세종 그림),『그리운 메아리』(강소철 지음, 송영방 그림),『소년 선인전』(김광주 지음, 김세종 그림),『억만이의 미소』(최요안 지음,

백인수 그림) 등이 그것이다.

인기 연재소설뿐만 아니라 청소년들에게 폭발적인 인기를 얻었던 김용환의 만화『코주부 삼국지』와 김성환의『꺼꾸리군 장다리군』도 연재 후 단행본으로 발행하여 베스트셀러가 되었다. 특히 김용환의『코주부 삼국지』는 우리나라 최초의 장편 역사 만화로서 그 구성과 구도에서 획기적인 전환점의 계기를 마련했다는 점에서 2014년 9월 2일 문화재로 등록되었다.

한편 전쟁으로 대부분의 건물과 가옥이 파괴된 서울은 정부가 환도하면서 재건이 시작되었으나 본격적인 복구 사업은 엄두도 내지 못하는 상황이었다. 구세군이 마련한 무료급식소에는 언제나 많은 사람들로 바글거렸고 유엔이나 구세군이 구호물자를 전달하는 곳은 어디나 그야말로 인산인해였다. 그런데 1954년 1월 1일《서울신문》에 사람들의 시선을 끄는 제목의 소설이 연재되기 시작했다.

바로《학원》에「홍길동전」을 연재하고 있던 소설가 정비석이『자유부인』이라는 소설을 연재하기 시작한 것이다. '자유'를 지키기 위해 한국과 참전 16개국의 젊은이들이 피를 흘리며 싸웠던 전쟁이 끝난 지 반년도 채 되기도 전에 그 '자유'를 '부인' 앞에 붙인『자유부인』이라는 제목은 독자들에게 묘한 어감을 주었다.

대학교수 부인인 오선영이 대학생과 춤바람이 나는 등 탈선하다가 가정으로 돌아오고 대학교수인 남편 역시 젊은 여자에게 매혹된다는 등 요즈음 시각으로 보면 진부하기 짝이 없는 내용이었으나 1950년대 한국 사회에서는 초강력 태풍이었다.

대학교수들은 "소설에 왜 대학교수가 나오느냐"며 대학교수에 대한 모욕이라고 발끈했고 여성계는 여성 모독이라며 목소리를 높였다. 아무튼 『자유부인』덕분에《서울신문》의 판매 부수는 폭발적으로 늘어만 갔고,

『자유부인』의 인기가 날로 상승하자 대학교수측에서 먼저 신랄한 비판이 터져 나왔다.

1954년 3월 1일 서울대 황산덕 교수는 《대학신문》의 지면에 『자유부인』 작가에게 보내는 글'에서 "이 소설의 작가가 갖은 재롱을 부려가며 대학교수를 모욕하고 있다."며 포문을 연 것이다. 이에 정비석은 1954년 3월 11일자 《서울신문》에 실은 '탈선적 시비를 박함'이란 글에서 대학교수답지 않게 흥분한다며 "작품을 다 읽지도 않고 작품을 중단 운운하는 것은 문학가를 모욕하는 탈선적 폭력이며 그러한 허무맹랑한 원성에 결코 개의하지 않을 것이다."라고 반박했다.

그러자 다시 황산덕이 《서울신문》에 "한국의 진정한 문학을 좀먹고 문학에 대한 일반의 인식을 악화시키는 귀하야 말로 문학을 전혀 이해하지도 못하고 야비한 인기욕에만 사로잡혀 저속 유치한 에로(ero) 작문을 희롱하는 문화의 적이요, 문학의 파괴자요, 중공군 50만 명에 해당하는 조국의 적이 아닐 수 없습니다."라며 그 후에도 오랫동안 회자되는 재반박을 했다. 여기에 변호사 홍순엽이 작가를 옹호하는 글을 발표하고 문학평론가 백철은 문학과 사회의 관계에 관한 글을 발표함으로써 이른바 '자유부인 논쟁'은 정점을 치달았다.

『자유부인』의 작가 정비석은 북한이 『자유부인』을 남한 사회의 부패상을 보여주는 것이라며 대남비방용 텍스트로 이용하는 바람에 수차 특무대와 경찰에 불려가 곤욕을 치렀지만 『자유부인』은 연재가 끝난 뒤 단행본으로 발간되어 14만 부나 팔린 베스트셀러가 되었고, 그 후 4회에 걸쳐 영화화되었다. 또 서로 죽자 살자 싸웠던 정비석과 황산덕은 그 후 절친한 친구 사이가 되기도 했는데, 문학평론가들은 『자유부인』에 대해 "봉건적 질서와 전통가치관의 붕괴, 미국 문화의 유입에 따른 전후 한국 사회의 과도기적 혼란상을 잘 드러낸 작품"이라는 평을 내리고 있다.

사실이 그러했다. 한국전쟁 후의 1950년대는 전쟁이라는 극단적인 상황의 집단적 체험에서 비롯된 개인주의의 대두, 급격한 미국 문화의 유입으로 인해 전통적, 봉건적 가치관이 붕괴된 상태였다. 뿐만 아니라 전쟁은 수많은 젊은 남성들의 사망과 실종으로 극심한 여초현상[1]을 가져왔고 일자리 상실과 장기적 인플레는 남성성을 극도로 위축시켰다.

반면 전쟁으로 가장이 없는 현실에 직면한 여성들은 생활고를 극복하고 가족들의 생계를 위해 직업 전선에 뛰어들 수밖에 없었다. 가장의 역할까지 해야 하는 직업여성들의 생활은 힘들 수밖에 없었지만 그들은 가정 내 경제권 장악, 자녀 교육에 대한 책임 등을 통해 점차 자신들의 지위를 변화시켜 갔다. 전쟁 전에는 35% 정도에 불과했던 직업여성들이 전쟁 후에는 50%에 육박할 정도였다.

전쟁 직후의 허무와 냉소가 혼재되어 있는 암울한 분위기 속에서 성개방과 댄스홀로 상징되는 구원자 미국의 저급한 문화가 급속히 유입되면서 오랫동안 억눌려 왔던 여성의 욕망이 분출되기 시작했다. 『자유부인』 논쟁은 평론가들의 말처럼 이 시대의 과도기적 혼란함을 보여 주는 사건이었다. 『자유부인』 뿐만 아니라 이때에 여성을 호칭하는 다양한 단어들이 유행했는데, '유한마담', '여대생', '계부인', '아르바이트 여성', '아프레 걸',[2] '유엔레이디', '독신여성', '미망인' 등이 그것이었다.

이처럼 전통적, 봉건적 가치관이 붕괴되고 분출하는 여성의 욕망은 '춤바람', '계바람', '치맛바람'을 일으키는 가운데 '자유부인 논쟁'에 이어 전

---

1 《합동통신사》의 합동연감 1958~1959, 자료에 의하면 25~29세 연령층에서 남성이 127만 명인데 비해 여성이 174만 명으로 여성이 무려 47만 명이 더 많았다.
2 아프레 걸은 제2차 대전 후 사회의 혼란, 빈곤, 불안, 공포, 반항, 폭력, 파괴, 무정견을 거쳐서 구질서에 반항하고 방황하는 한 시대의 젊은 세대를 지칭하는 불어 아프레게르(après-guerre)에서 온 말이지만 한국에서 '아프레 걸'로 여성 명사화되면서 미국의 퇴폐적 문화를 무비판적으로 추종하는 정조 관념이 없고 물질주의적인 여성을 가리키는 말로 통용되었다.

후 혼란한 사회상을 단적으로 보여주는 메가톤급 사건이 터졌다. 이른 바 '박인수 사건'이다. 박인수 사건이란 해군 헌병으로 제대한 박인수가 1954년 4월경부터 1년여 동안 해군 장교를 사칭하며 해군장교구락부, 국 일관, 낙원장 등 댄스홀을 무대로 훤칠한 외모와 헌병 복무시절 익힌 춤 솜씨로 70여 명의 여성을 농락한 사건이었다. 피해 여성 대부분이 여대 생이었고 국회의원과 고위 관료의 딸도 있었다고 한다. 박인수를 구속한 검사는 법정에서 "혼인을 빙자한 간음"이라고 주장했으나 박인수는 "결 혼을 약속한 적이 없고 여성들이 스스로 몸을 제공했다."고 주장했다. 또 그 많은 여대생들 대부분이 처녀가 아니었으며 단지 미용사 한 명만이 처 녀였다고 진술해 사회에 큰 충격을 던지며 '순결의 확률은 70분의 1'이라 는 유행어를 낳기도 했다.

박인수 사건에 대한 세간의 관심, 특히 여성들의 관심은 대단했다. 법 원은 몰려드는 수천의 방청객들 때문에 개정을 무기 연기한 뒤 당시 언 론의 표현대로 '돌연히' 개정하여 심리를 마쳐야 할 정도였다. 당시 법원 행정처 민문기 법정국장은 "숙녀들이 법정 창문 위로 악을 쓰며 기어오 르고 또 기어오르는 추태는 이루 형용할 수 없었다."고 회고했다. 가히 '숙녀들의 광기'라고 명명될 정도로 지대한 관심이었다.

1955년 7월 22일 담당 판사 권순영은 박인수에 대한 '혼인빙자간음'에 대해 무죄를 선고했다. 그는 지금까지 회자되는 "법은 보호할 만한 가치 있는 정조만을 보호한다."는 그 유명한 판결을 선고한 것이다.

세상은 다시 한 번 발칵 뒤집혔다. '보호 가치 있는 정조'란 무엇인가에 대해 의견이 분분했다. 검찰은 즉각 항소했고 결국 항소심에서 박인수는 징역 1년이 선고되고 대법원에서 상고 기각되어 확정되었다. 이처럼 전후 1950년대는 전쟁의 상처를 치유하고 사회적 분열을 수습하여 국가를 재 건해야 한다는 당위 속에서 여성의 욕망과 전통적인 부계 사회와의 갈등이 첨예하게 대립, 증폭되는 등 가치관의 혼란 속에서 다양한 욕망이 뒤엉켜 사회 구성원 모두에게 살아내기가 참으로 힘든 시기였다.

《여원》 창간

김익달이 여성잡지를 창간하기로 결심한 것은 바로 이때였다. 김익달은 "금전이나 광산, 창과 포만이 나라를 부강하게 하는 도구는 아닌 것이다. 서적 또한 마찬가지다. 따라서 서적을 간행, 광포하는 자, 국민의 제일대공신(第一大功臣)이니라."라던 단재 신채호의 말을 다시 한 번 새기면서[3] 지금처럼 모든 것이 혼란스러운 시기에 필요한 것이 무엇인지에 대해 생각했다.

부강한 나라, 모든 국민이 행복하게 잘사는 나라를 만드는 것은 누구나 바라는 일이지만 그 원대한 목표를 향한 실천은 힘들고 그 방법 또한 복잡다기할 수밖에 없다. 민족을 분단하는 이데올로기 전쟁이었던 한국전쟁이 끝날 무렵 자유, 민주 사회를 건설하고자 하는 열망에서 잡지《사상》과《희망》등이 창간되었다.

이들 잡지는 '종합지'라고 소개되었으나 종합이라기보다는 남성 중심적이었다. 특히《사상계》[4]는 교양지라기보다 지식인을 위한 학술지였다. 이들의 국민, 시민의 개념은 남성 중심적 국민, 시민의 개념이었고 교양 또한 남성 중심적이었다. 전후 민족·민주적 지향에서 여성은 배제되어 있었고 여성 교양 개념도 거의 언급되지 않았던 것이다.

---

3 단재 신채호가《대한매일신보》1908년 12월 18일자에 쓴 「서적출판가 제씨에게 고함」의 일부이다.

4 잡지《사상》은 1952년 9월 창간되었고, 당시 발행 겸 편집인은 이교승이었다가 1953년 4월 《사상계》로 속간되면서 장준하가 발행 겸 편집인이 된다.

김익달은 국가와 사회를 구성하는 기본 단위는 가정으로 여성의 역할에 주목했다. 1948년 제정된 헌법에서 이미 남녀평등의 원칙이 천명되어 법적 제도적으로는 평등이 실현되었으나 실제에 있어서는 여전히 남성 중심적 사고에 머물러 있었던 것이다.

김익달은 여성의 자질, 잠재력을 끌어올려 제도적 형식적 평등이 아닌 남성과 동등한 시민으로 편입되어야만 우리 사회가 번영, 발달의 길로 갈 수 있다고 생각했다. 이에 김익달은 1955년 10월 여성잡지 《여원(女苑)》을 창간한다.

청소년잡지 《학원》은 동산 '원(園)'이지만 《여원》은 나라동산 '원(苑)'인 것이다. 김익달이 직접 쓴 창간사의 제목을 '여성의 문화 의식 향상을 위하여'로 하여 다음과 같이 창간의 뜻을 밝혔다.

"해방 10년 민주주의의 파도는 여성에게도 밀려와 눈부신 각성에서 '여성해방'의 구호는 쉴 사이 없이 부르짖어졌다. 그러나 해방 10년을 맞이하는 오늘, 과연 어느 정도의 남녀동권은 획득되었으며 우리나라의 민주주의 발전에 여성으로서의 이바지함은 얼마나 컸었는가를 돌이켜 생각해 볼 때 무언가 공허함을 느끼지 않을 수 없음이 솔직한 생각이다. 그 이유를 살피건 데 여성의 문화 의식이 높지 못하다는 결론에 용이히 도달하게 된다. 어느 나라든 여성의 문화 의식이 얇고서 그 국가 사회의 번영 발달을 바랄 수 없음은 더 말할 나위 없다. 이에 본사에서는 만 3년래 월간 《학원》을 발행하여 미흡한 대로 학생들의 정신적 양식을 제공하여 왔거니와 다시 갖은 애로를 극복하면서 《여원》을 내어놓게 됨은 모든 여성들의 지적 향상을 꾀함과 아울러 부드럽고 향기로운 정서를 부어드리며 새로운 시대사조를 소개 공급코자하는데 그 미의(微意)가 있다."

이처럼 김익달의 《여원》의 창간 이념은 '여성해방과 남녀동권 획득', '여성의 문화 의식 향상'이었다.

김익달은 《여원》 창간사에서 '여성해방'과 '남녀동권'이라는 용어를 썼다. 또 우리나라의 민주주의 발전에 여성의 역할에 대해 공허함을 느끼지 않을 수 없다고 했다.

전후 봉건적 가부장적 남성 본위의 가치관이 급격히 무너지는 혼란한 시기였으나 본격적인 여성 운동은 아직 그 싹조차 틔우기 전이었다. 당시 자유민주주의의 이상적인 모델로 동경의 대상이 된 미국에서조차 현대 여성 운동의 출발점이라고 평가되는 베티 프리단[5]의 『여성의 신비』가 출간된 것은 1963년이었다.

김익달은 전통적 가치관이 붕괴되고 저급한 미국의 대중문화가 물밀 듯이 밀려와 우리 사회를 집어삼킬 듯한 혼돈 속에서 우리의 정체성을 지키고 국가와 민족의 번영 발달을 이룩하기 위해서는 남성 못지않게 여성의 역할이 중요함을 강조한 것이다.

《여원》은 바로 이러한 김익달의 이상을 창간 이념으로 하여 발행되었고 그 실현 방식으로 가장 먼저 여성들의 지적 향상과 교양의 함양을 내세웠다. 여성들의 문화 의식 향상을 위해 《여원》은 창간 이념에 따라 여성들의 교양을 함양하기 위한 다양한 특집 및 기사를 게재하였다. 특히 창간호에는 특집으로 '여성을 위한 교양 독본'으로 김재준의 「종교와 인생」, 김동리의 「예술과 인생」, 이헌구의 「연애와 인생」을 실었다.

뿐만 아니라 세계 여성 지도자들을 소개한다거나 세계의 움직임을 소개하는 「상식콘사이스」, 「세계의 움직임」을 실었는데, 창간호에는 「4거두 회담 이후의 세계」, 「오스트리아의 여성들」을 실었고 세계의 여성으로 「헬렌 켈러」를 소개했다.

---

5 미국의 페미니스트이자 사회심리학자로 1963년에 출간한 『여성의 신비』(The Feminine Mystique)는 여성의 정체성 찾기, 고정된 성 역할에 대한 반기, 여성 교육 및 취업 기회 확대를 위한 법과 제도의 개선을 촉구하였다. 『여성의 신비』는 앨빈 토플러의 말대로 "역사에 방아쇠를 당겨 수많은 여성의 삶을 바꾸는 계기가 되었다."

창간호에서 특기할만한 것은 당시 '자유부인 논쟁'과 '박인수 사건'을 계기로 증폭된 성·연애담론과 관련하여 사회 저명인사들의 글과 좌담회를 실었다. 즉 이태영 변호사의 '현대 여성은 지성을 상실했는가'와 박인수 사건의 담당 판사였던 권순영의 '왜 그들의 정조는 법이 보호 못 했나'를 게재했고 마해송, 모윤숙, 권순영 등이 참여한 좌담회 '학생 시대의 연애 불가론'을 특집으로 꾸몄다.

또한 《여원》은 박인수 사건과 관련하여 시인, 국회의원, 교수, 기업가 등 사회 지도층 인사를 대상으로 설문 조사를 실시한 결과물을 실었는데 이는 《여원》이 당시 과잉 현상을 보인 성·연애담론을 건전하고 건강한 방향으로 이끌려는 노력의 산물이었다.[6]

《여원》은 창간 1주년 기념사업의 하나로 현대여성교양총서 10권을 발행하였는데, 『여성과 문학』, 『여성과 취미』, 『여성과 건강』, 『여성과 육아』, 『연애와 결혼』, 『새로운 의식주』, 『여성과 예절』, 『여성과 행복』, 『여성과 경제』, 『여성과 교육』 등이 그것이다.

당시 《여원》의 독자층은 이른바 지식 여성층이었는데 주로 여대생과 직장 여성이었다. 이 중 직장 여성의 교양은 '에티켓'으로 분화되었는데 이는 전후 가장의 부재 속에 직장 여성이 급격히 증가한 현실과 연관되어 집중적으로 강조되었다.

《여원》은 1957년 1월호에 '에티켓'에 관해 특집으로 다루면서 '에티켓'은 '모럴'로서 '몸에 지닌 교양'으로 정의했다. 이는 공인된 사회생활의 예절, 인습 및 기준 형식으로서 세상에서 마땅히 서야 할 자리와 해야 할 일을 가리키는 것이라고 했다.

---

6 당시 설문 사항은 4가지였는데, "①박인수 사건에 있어서 남성이 더 나쁘다고 보십니까, 여성이 더 나쁘다고 보십니까. ②연애 혹은 결혼으로 남성을 생각하는 경우 무엇을 중요한 조건으로 보아야 하겠습니까, 다섯 가지만 적어주십시오. ③선생께서 결혼하실 때 두 분의 연령은? ④이상적인 결혼 연령은 각 몇 살이겠습니까?" 등이었다.

직장 여성의 구체적인 에티켓은 화장, 의복, 언어 사용, 대화, 인사법, 호칭 등 주로 일상생활과 관련된 것이 많았다. 또 남성보다 여성에게 에티켓이 더 강조되었다는 것은 여성을 통제 수단으로 인식하였다는 의미이기도 하지만 여성을 사회 구성원으로 인정하기 시작하였다는 의미이기도 하다. 이처럼 《여원》은 직장 여성계층과 에티켓을 결합시키면서 에티켓의 시민화, 민주화를 이루는데 기여했고 여성을 에티켓이란 사회 장치를 통해 이등 시민이 아닌 동등한 시민으로 인정받는데 큰 역할을 한 것으로 평가되고 있다.[7]

여성 정체성 형성의 토대가 된 글쓰기

《여원》은 1955년 10월에 창간되어 1970년 4월까지 총 175호가 발간된 당대 최고의 여성 교양지였다. 창간사에서 김익달이 밝힌 것처럼 여성의 문화 의식, 즉 교양의 함양에 그 일차적 목표를 두었다.

여성의 교양 함양을 위한 실천 방안으로 《여원》은 다양한 특집 기사를 게재하였는데, 그중 하나가 기본 지식 습득을 위한 독서 관련 지침들이었다. 독서와 관련하여 「직장 여성을 위한 독서서클」, 「독서 경향 재검토」, 「독서와 미」, 「독서 안내」, 「주부를 위한 문장 강화」, 「독자 싸롱」 등의 특집 기사를 게재했다. 이는 바로 독서가 교양 함양의 지름길임을 강조한 것이다. 독서와 함께 《여원》이 이상적인 여성상을 만들어 가기 위해 기획한 것이 바로 여성들의 '글쓰기'였다.

《여원》은 1957년 7월호 「젊은 미망인의 고민, 나의 길을 찾고저」라는

---

7 김복순, 「전후 여성 교양의 재배치와 젠더 정치」, 여원연구, 국학자료원, 2008. 38면

수기를 시작으로 독자 응모 수기 「생활의 주변」란을 신설한 것이다.[8]

당시 「생활의 주변」에 응모한 수기는 투병기, 전쟁미망인의 실상, 직장 생활, 생활 속에서의 애환, 외국 여성의 하루, 약혼, 결혼, 신혼여행, 교사 수기, 어려운 살림을 극복한 체험, 시어머니와의 불화·해결, 사랑의 삼각관계, 남편의 외도, 우정, 부업 경험 등 그 당시 많은 사람들이 관심을 가질 수 있는 주제들이 교대로 선택되었다.

독자 응모 수기는 처음에 독자의 생생한 체험을 주제에 따라 받는다고 했다가 점차 '투고 규정'에 제목과 요지를 덧붙여 수기에 담아야 할 내용과 구도를 구체적으로 제시하였다.

여성 독자들은 이와 같은 독자 수기를 통해 해방과 전쟁 등 사회적 격동기에 자신들이 겪었던 다양한 삶과 고통을 솔직하게 토로하고 타인과 소통할 수 있는 통로를 가질 수 있었다.

《여원》 '수기'는 1960년대 들어서면서 직업여성의 기쁨과 슬픔, 나의 청춘, 교원 수기, 어려운 살림을 극복한 체험 등 실생활과 관련된 주제가 주를 이루었다. 또한 근대화, 산업화가 본격적으로 진행되면서 '나의 행복론', '나의 생활에 대한 반성', '나의 일기초', '나의 부업 생활', '나의 시집살이', '우리 집 살림 공개' 등이 주제로 제시되었는데 이는 국가재건사업에 여성을 적극적으로 편입시키되 성별 역할 분담에 기초하여 여성에게 가정 내의 생활 문제를 합리적으로 개선, 조정하는 역할을 강조한 사회적 요구에 따른 것이었다.

이처럼 《여원》의 수기는 당시 근대화, 산업화 이데올로기와 전통적인 가부장제 이데올로기에 근거한 사회적 합의에 의해 조정되는 한계가 있

---

8 김익달은 1956년 7월 학원사와는 별도로 '여원사'를 설립하여 학원사 부사장 겸 편집주간이었던 김명엽으로 하여금 독립적으로 운영하게 하여 1956년 8월호부터는 《여원》의 발행사가 '여원사'이지만 그 매체 이념은 동일하였다.

었다. 하지만 여성들은 자신의 삶에 대한 글쓰기를 통해 체험을 공유하여 서로의 아픔을 위로해 주어 여성들 사이의 연대 의식을 형성함으로써 정체성 형성의 토대를 마련할 수 있었다.

여류 신인 문학상 - 여류 작가의 등용문

《여원》은 1955년 10월 창간호에서 창간기념으로 '여류문예작품현상모집' 공고를 냈다. 《여원》은 고등학교 또는 대학 교육을 받은 지식 여성을 주 독자로 설정하였고 그 창간 이념은 여성 교양의 함양이었다. 따라서 여 성 종합교양지를 표방하며 문학 관련 기사와 작품이 많이 실린 것은 지 극히 자연스러운 일이었다. 《여원》은 독자층인 지식 여성과 '신현모양처 형'의 이상적 주부들이 자기실현 욕구를 표현할 수 있는 출구를 마련했 는데 그 역할을 한 것도 바로 문학이었다.

창간호부터 여류 문예작품을 현상 공모함으로써 여성 작가들이 문단 에 등단할 수 있는 통로를 제공했다. 당시 등단 제도는 신춘문예와 신문 사 장편공모, 문예지 추천, 여성지 등이 있었는데, 《여원》은 《현대문학》 과 더불어 1950년대 60년대 여성 작가들의 등용문이 되었던 것이다.

여류 현상 문예는 1955년 10월 창간호에 공모, 광고를 게재한 후 1956 년 1월, 제1회 당선자 발표를 시작으로 1970년 15회까지 매년 1월 어김없 이 당선작을 발표했다.

김익달이 《여원》 창간호부터 '여류문예작품현상모집'을 기획한 것은 3 년 전부터 발행해 온 《학원》에서의 경험이 크게 작용한 것으로 보인다.

김익달은 《여원》 창간사에서도 "만 3년래 월간 《학원》을 발행하여 미 흡한대로 학생들의 정신적 양식을 제공하여 왔거니와 다시 갖은 애로를 극복하면서 《여원》을 내어놓게 됨은 모든 여성들의 지적 향상을 꾀함과 아울러"라고 하여 《학원》 창간에서와 같은 사명감과 자신감을 피력했던 것이다.

김익달이 기대했던 대로 '여류문예작품현상모집'에 대한 독자들의 열기는 대단했다. 여류 현상 문예는 소설, 시, 수필 등 세 장르에 작품을 모집하였는데, 매회 각 장르별 50여 편에서 200여 편을 넘나들 정도로 호응이 높았다.

심사위원으로는 '학원문학상'과 마찬가지로 당대 최고의 현역 작가들을 배치하였음은 물론이다.

제1회 소설 부문 심사위원은 백철, 최정희, 조연희가 맡았고, 시는 서정주, 모윤숙, 조지훈, 수필은 마해송, 조풍연이 맡았다.

제1회 여류 현상문예 소설 부문에서 당선된 박기원을 비롯하여 제15회까지 《여원》을 통해 등단한 작가가 소설 부문 30명, 시 부문 32명, 수필 18명, 시조 7명 등 모두 87명이다. 전문문예지 못지않은 수의 작가들을 등단시킨 것이다.

《여원》의 여류 현상문예 소설 당선작들의 주제를 보면 사랑과 결혼, 가족 제도의 변화 및 생활고와 가난 등이 대부분이었다. 이는 해방과 전쟁으로 이어지는 격동기 속에서 불안한 삶을 이어가는 여성들의 고백적 글쓰기가 주를 이루었다고 할 수 있다.

제12회 여류 현상문예 소설 부문 심사위원을 맡았던 곽종원은 "후보에 오른 12편은 대부분이 작자들의 경험을 토대로 한 수기 비슷한 인상이 짙었다."고 평가하면서 소설적 구성을 요구하였다.[9]

이처럼 《여원》의 현상문예는 그 당선작들이 아직 본격적인 자기 발견

---

9 《여원》 1967년 1월호 심사평.

의 서사나 소설적 구성의 완성도에 있어서는 미흡한 여성 문학의 맹아에 불과했으나 기성 문학 제도와는 또 다른 여성 작가의 등단 제도로서의 역할을 한 것은 분명하다.

여류 문학상 창설

《여원》은 창간 100호를 기념하여 한국 여류 문학상을 창설한다고 공고한다(1963년 12월호). 《여원》은 김익달이 창간사에서 밝힌 것처럼 여성의 문화 의식, 즉 교양의 함양이 1차적 목표였던 만큼 문학을 교양의 중요 부분으로 인식하는 전략을 견지한다. 따라서 창간호부터 문학 관련 기사나 특집을 꾸준히 게재해 왔다. 특히 《여원》은 일제 강점기의 나혜석, 김명순, 김일엽뿐만 아니라 박화성, 강경애, 이선희, 백신애, 최정희, 모윤숙, 노천명 등의 여성 작가들의 존재를 적극적으로 소개, 부각시킴으로써 여성 문학의 전통이 이어져 왔음을 강조한다. 《여원》은 1956년 1호에는 '여류 예술계의 전망'이라는 좌담회를 통해 여성 작가 중 최초에 해당하는 인물들의 목록을 제시하기도 했다. 예컨대 시는 김일엽, 김탄실, 장점심, 김오남, 모윤숙이고, 소설로는 강경애, 김말봉, 박화성이 있고 그 뒤를 이어 이선희, 최정희, 주수원이 나오고 그 다음에 장덕조, 임옥인, 손소희, 한무숙, 강신재, 전숙희가 나왔다며 그 계보를 정리하고 있다.

뿐만 아니라 《여원》은 창간호부터 여류 현상문예를 공모하여 박기원, 최미나, 전병순 등 신진 작가들을 배출했고 매호마다 2~3편의 장편소설을 연재함으로써 여성 작가들에게 작품 발표의 장을 제공하고 문학의 대중화를 선도했다.

1950년대 이후 여성 작가들의 수는 대폭 늘어났고 그 등단 경로도 잡지, 문예지 추천, 신문사 장편소설 현상공모, 신춘문예 등으로 다양했다. 이는 한국전쟁 후 문예지, 종합교양지 등의 출판물이 늘어났기 때문이기도 하지만 글쓰기 욕망과 역량을 지난 고등교육을 받은 여성들의 수가 급격하게 증가했기 때문이기도 했다. 《여원》은 이러한 여성 작가들을 적극 활용하는 전략을 폈다.

즉 문학 외적인 기사에서도 여성 작가들을 적극 활용하여 좌담회, 탐방기, 독자상담, 권두언 등 다양한 분야에서 필진으로 참여하게 했다. 이 같은 《여원》의 전략은 당시 《사상계》, 《신동아》 등의 종합교양지나 《현대문학》, 《문예》, 《자유문학》 등의 문예지가 여성 작가와 여성 문학을 배치하는데 소극적이거나 여성 작가들의 대중성과 상업성을 비판하는 것과는 뚜렷하게 대비되는 것이었다.[10]

《여원》은 창간 8주년을 기념하여 여성 작가들을 대거 동원한 대규모 지방 강연회를 개최했다. 영남 지역에는 박경리, 박기원, 허근욱, 호남 지역에는 손소희, 전병순, 충남 지역에는 최정희, 조경희, 추은희, 강원 지역에는 장덕조, 정연희가 강사로 나서 여성과 문학, 여성과 교양 등을 주제로 강연회를 열었는데, 여학생·가정주부·직장 여성들의 호응이 뜨거웠다.

1963년 9월 20일 대구에서 시작된 강연회는 부산·마산·진주·김천의 영남 지역, 전주·군산·광주·목표 등의 호남 지역, 청주·대전·충주·천안의 충청 지역과 춘천·원주·삼척 등 강원 지역의 중소 도시까지 아우르는 그야말로 거국적인 행사였다. 연사로 나선 여성 작가들은 가는 곳마다 열렬한 환영을 받았고 강연이 끝나고도 사인을 받으려고 몰려든

---

10 김양선, 「전후 여성 문학 장의 형성연구」, '여원연구' 국학자료원, 2008. 285면-김양선은 위 논문에서 "여원은 문학 내적으로는 여원신인문학상 제도를 통해 신진 여성 작가를 배출하고 기존의 제2기 여성 작가들인 최정희, 박화성, 모윤숙 등을 심사위원으로 활용함으로써 여성 문단의 형성에 기여했고, 문학 외적으로는 여성 작가들을 좌담회, 강연회, 시론, 독자상담의 주요 필자로 포섭함으로써 여성 독자들의 요구에 부응하였다."고 했다.

독자들 때문에 밤늦게서야 겨우 강연장을 빠져나올 수 있을 정도로 대성황이었다. 요즈음으로 치면 당시 여성 작가들은 아이돌 스타 못지않은 인기를 누렸던 것이다. 특히 부산은 당시 신문에 '콜레라만연'이라는 기사가 날 정도로 콜레라가 창궐하고 있었는데도 불구하고 강연장인 토성초등학교 강당에는 800여 명의 청중이 몰려들었다.[11]

이는 여성들의 교양을 함양하는 대표적인 지표로서 문학이 중요한 역할을 하고 있으며 문학을 동경하는 여성 독자층이 많아졌다는 방증이기도 했다. 《여원》은 1963년 11월호에 '창간 8주년 기념 지방 강연회 보고'라는 특집 기사를 낸 뒤 바로 창간 100호 기념호인 1963년 12월호에 '한국여류문학상 창설'을 공고했다.

《여원》은 그 취지문에서 "민족문화의 결정인 한글이 내방(內房) 문학에 의해서 그 명맥을 유지하였음은 역사가 기록하고 있다. 신사임당, 황진이, 허난설헌이 이룩한 여류 문학의 주옥은 민족의 정서를 대변하고 있음을 우리는 기억하고 있다. 이러한 여류 문학의 전통을 계승하고 여류 문단의 난만(爛漫)한 개화를 위하여 이에 한국여류문학상을 창설하고 100호를 기념하는 《여원》이 통감하는바 사명의 일단을 필하고자 한다."라고 하였다.

여류 문학상의 심사 원칙은 "한국 여류 기성 작가로 해당 기간에 국내주요 신문, 잡지, 단행본으로 발표된 소설 중 심사위원회가 선정하는 1편에 수상한다는 것, 심사위원은 5인 이상으로 구성한다."는 것이었다.

이미 '여류신인문학상'을 통해 신진 작가들의 등단 통로를 마련한 《여원》이 여류 문학의 전통 계승과 여류 문단의 개화를 위해 이미 여류 문학 제도 안에 안착한 작가들을 대상으로 '문학상' 제도를 창설한 것이다.

---

11 《여원》, 1963년 11월호 204면.

이 여류 문학상은 《여원》이 종간할 때까지 6회에 걸쳐 수상되었는데, 제1회는 최정희의 「인간사」가 수상했다. 심사위원은 박영준, 안수길, 백철이었는데, 백철은 선평에서 "인간사는 작품명이 알리는 대로 1930년대 이래 4·19까지 30여 년의 한국의 현대사를 한 권에 집약하려는 야심적인 역작이다."이라며 수상작으로 선정한 이유를 밝혔다.[12]

그 후 제2회는 박경리의 「시장과 전장」(1965년 10월), 제3회는 강신재의 「이 찬란한 슬픔을」(1966년 11월), 제4회는 손장순의 「한국인」(1967년 10월), 제5회는 전병순의 「또 하나의 고독」(1968년 11월), 제6회는 임옥인의 「일상의 모험」(1969년 11월)이 각 수상했다.

이러한 여류 문학상을 수상한 작가와 작품 목록을 보면 '한국여류문학상'은 사실상 전후 여성 문학 장을 대표하는 작가들을 확정짓는 역할을 했다. 여성 작가들은 1965년 9월 8일 한국여류문학인회를 결성하고 독자적으로 『한국여류문학전집』, 『한국여류문학 33인집』을 펴내기에 이른다. 이처럼 '여류문학상'과 '여류문학전집'이라는 두 가지 경로를 통해 여성 작가들은 권위를 인정받음과 동시에 남성들이 주도해 온 기존 문학 장과는 다른 영역을 확보해 나갔다. 《여원》은 여류 문학상 제정과 여성 작가와 작품을 적극 활용함으로써 여성 문학 장의 제도화에 크게 기여한 것으로 평가되고 있다.

《여원》의 서사 만화

창간호부터 여성을 주인공으로 하는 다양한 만화를 연재했다. 《여원》의

---

12 《여원》, 1964년 10월호 99면.

만화는 한 칸짜리 캐리커처와 네 칸짜리 짧은 그림 메시지인 카툰과 열다섯 칸 내지 스물한 칸 정도까지의 이야기체로 된 서사 만화 등으로 다양하다. 이 중 서사 만화는 작품 수와 지면의 분량에 있어 캐리커처나 카툰에 비해 큰 비중을 차지했는데 매달 두 편 이상 많을 때에는 일곱 편까지 싣기도 했다.

만화 작가로는 김용환, 김성환, 신동헌, 김경언, 안의섭, 임창, 정운경, 신동우 등 당시 만화계를 대표하는 전문 화백이었다. 만화의 주인공은 가정주부(모나고 여사, 변덕 부인, 마담 릴리리), 여고생(여학생의 꿈), 여대생(여대생 민들레 양), 직장 여성(미스 호들갑), 식모(왈순 아지매), 미혼 남성, 소년 등으로 여성이 주인공인 만화가 압도적으로 많았다.

《여원》의 서사 만화는 주로 일정 기간 동안 같은 캐릭터들이 나와서 매회 한 가지 테마를 중심으로 이야기가 전개되는 형식으로 연재되었다. 《여원》 만화의 배경은 대부분 도시, 즉 서울의 주택이나 길거리가 대부분이었다. 당시 농촌 인구가 전인구의 3분의 2를 차지하고 있었지만 《여원》의 주 독자층은 직업여성이나 여대생 등 교양 있는 신지식 여성들이었기 때문에 《여원》 만화의 관심은 여성 전반이 아니라 도시 여성에 국한되었던 것이다. 《여원》 만화의 소재는 요리, 세탁, 집안 수리, 청소, 가구 배치, 집안 장식, 육아 등의 집안일, 남편, 시부모, 아이, 친척 등 집안 식구들 사이에서 벌어지는 이야기, 손님 접대, 취미 생활, 여행 등 문화생활에서 일어나는 이야기 등 주로 가정의 일상사가 주였다. 만화는 여성의 일상을 구경거리로 재현하여 여성 독자들의 시각적인 호기심을 자극하고 약간의 과장과 비틀기를 가미하여 볼만한 오락거리로 만드는 것이었다. 《여원》 만화의 의의는 매회 테마를 중심으로 캐릭터의 개성을 드러내면서 희화화함으로써 당대의 세태를 반영함과 동시에 어느 정도는 현실 비판에 이르고 있다는데 있었다.

《여원》의 만화 중 가장 독특한 캐릭터로 지금까지도 회자되는 것은 단연 직업여성이자 가정주부인 '왈순 아지매'로 당시에도 큰 인기를 끌었다. 이 작품은 전후 한국적인 상황이 탄생시킨 새로운 직업인 '식모'의 삶을 소재로 하고 있다. '왈순 아지매'는 과중한 가사 노동과 열악한 노동 조건, 인권의 사각 지대인 척박한 노동 환경 등을 여러 가지 에피소드와 함께 코믹하게 그렸다. 이 만화는 도시 속의 소외 계층 여성, 당시 서울에만 5만여 명에 달하는 식모의 삶을 세상에 드러내는 역할을 했던 것이다.

《여원》은 1958년 8월호에 '식모: 생활 개선을 위한 주부들의 공동 연구'라는 좌담회를 열어 식모들의 인권 보호와 처우 개선, 합리적인 관리 방법 등을 논의했고, 1966년 5월호에는 '식모, 이 변함없는 인권의 푸대접'이라는 김인건의 글을 실어 소외 계층 여성의 권익 신장을 위한 담론을 주도하였다.

이처럼 《여원》의 서사 만화는 당시 수직적인 지배 구조 사회에서 상층부 여성의 삶과 하층민 여성의 삶을 희화화함으로써 대상으로 거론된 인물로 하여금 성찰적 자성을 촉구하는 의미를 내포하고 있다는 측면에서 근대적인 만화로서의 소임을 일정 부분 수행했다는 평가를 받고 있다.[13]

미디어의 사명과 어젠다 세팅 기능을 이해하고 실천

김익달은 언론학이나 미디어의 기능에 대해 학문적으로 공부한 사실은 없었다. 그는 10대 후반에 단신으로 밀항선을 타고 일본 도쿄로 건너가 인쇄소 직공을 거쳐 서점 점원으로 일하며 독학으로 와세다대학 상과 과

---

13 장미영, 「1950, 60년대 여성지의 서사 만화 연구」, '여원연구', 국학자료원, 2008. 141면.

정을 마쳤을 뿐이다. 하지만 김익달은 서점 점원으로 근무하면서 당시 일본이 신문이나 잡지 등 미디어를 이용해 어떻게 일본 국민을 천황의 충성스러운 신하로 만들고 전쟁에 동원하는지를 똑똑히 볼 수 있었다.

김익달은 한국으로 돌아와 대구와 해주에서 서점과 신문배달조합 지국을 경영하면서 신문과 잡지 등 언론 매체가 국민들에게 얼마나 큰 영향을 미칠 수 있는지 또 한 번 실감했다. 사람들의 눈을 뜨게 하고 귀가 열리게 하는 일, 그리하여 세상을 바로 볼 수 있게 하고 올바른 말을 들을 수 있게 하는 것, 그것이 바로 미디어의 사명이요, 이 세상에 미디어가 필요한 이유였다.

김익달은 이러한 미디어의 사명을 온몸으로 느꼈고 출판을 통해 이를 실천하고자 하였다. 바로 미디어의 어젠다 세팅(Agenda-setting)기능을 누구보다 잘 이해했고 이를 활용하고자 했던 것이다.[14]

《여원》은 창간호에 특집 「여성을 위한 교양 독본」과 좌담회 「학생 시대의 연애불가론」을 게재한 것을 비롯하여 매호마다 '특집', '좌담회', '공동연구', '르포', '독자 수기', '여원 상담실', '여원 재판실', '법률 상의', '나의 호소' 등의 란을 만들어 성과 사랑, 결혼과 가족에 관한 담론을 공론화하였을 뿐만 아니라, 이상적인 여성상을 생활은 근대화되고 의식은 전통적인 유교적 윤리를 충실히 따르는 이른바 '신현모양처상'에 관한 논의를 반복적으로 게재했던 것이다.

---

14 어젠다-세팅 기능이란 매스미디어가 뉴스나 시사 프로그램을 통해 중요하다고 보도하는 주제가 공중에게도 중요한 주제로 되는 것을 말한다. 즉 어떠한 사회적 문제를 강조, 보도함으로써 그것을 사회의 중요한 이슈로 부각시켜 주는 기능이다. 1922년 미국의 커뮤니케이션 학자인 매콤과 쇼(Maxwell E Mccombs and Donald L. Shaw)는 어떤 사회적 문제들에 대해 매스미디어가 할애하는 보도의 양(신문 잡지의 경우는 지면의 크기, 방송의 경우는 시간)과 그 문제들에 대하여 수용자 대중들이 얼마나 중요시하고 있느냐 하는 것과의 사이에 아주 높은 상관관계가 있음을 발견하고 매스미디어가 이 같은 의제 설정 기능을 수행하고 있으며 그 결과 매스미디어는 사회에 중요한 영향을 미치고 있다는 요지의 의제설정기능이론(Agenda-setting function theory)를 주장했다.

《여원》이 '계획 경제를 실현하는 주부되기'라는 구호를 내걸고 1960년 1월호 부록으로 '가계부'를 배포하며 가계부 쓰기를 전파한 것도 이러한 전략의 일환이었다. 《여원》은 이와 같이 '알뜰, 교양, 합리' 등을 모토로 한 가정주부상을 이상적 여성상으로 제시하였고 여성을 제도로서의 '주부'로 호칭하였던 것이다.

또 《여원》은 주부와 가장, 아이들로 구성된 핵가족을 이상적 가정으로 등장시키고 그 이미지를 '스위트홈'이라는 말로 표현했다. 《여원》이 1964년부터 실시간 '홈 송 가사현상모집'과 '생일노래공모' 등도 이상적인 가족과 가정주부의 이미지를 정착시키기 위한 것이었다. 1968년 《여원》은 '살림 잘하는 주부상'을 제정하여 1970년 폐간까지 3회 수상하기도 했는데, 이는 《여원》이 그동안 전개한 가계부 적기 운동의 결실이기도 했다. 이처럼 김익달은 매스미디어의 아젠다 세팅 기능을 누구보다 잘 이해했고 대중적인 잡지 출판을 통해 이를 바른 방향으로 활용함으로써 여성 교양의 함양과 이상적인 여성상을 제시하고자 했던 것이다.

여원사 설립

김익달은 1955년 10월 《여원》을 창간한 후 1956년 7월 '학원사'와는 별도로 '여원사'로 설립하여 당시 부사장 겸 편집주간이던 김명엽으로 하여금 여원사를 독립하여 운영하게 하였다.

따라서 1956년 8월호부터는 발행인이 여원사의 김명엽으로 되어 있다. 하지만 《여원》은 1970년 종간될 때까지 김익달이 창간호에서 밝혔던 대로 여성 교양 함양이라는 원래의 기조를 그대로 유지했다. 김익달은 여원사 독립을 계기로 함께 일한 직원들 중 뜻이 있고 능력이 있는 직원들에게는 지형이나 잘나가는 출판물의 판권을 주어 출판사를 설립하여 독립할 수 있도록 했다. 이는 경쟁 출판사를 자꾸 만들어 주는 것으로 볼 수 있어 보통 사람의 경영 마인드로는 이해하기 힘들지만 김익달의 생각은 달랐다. 능력 있는 사람을 독립시켜 출판을 독자적으로 하게 하면 그만큼 출판계의 역량이 커지는 것이고 사람들에게 좀 더 유익한 좋은 책들을 더 많이 보급할 수 있어 나라와 국민 전체의 힘이 커진다고 생각했던 것이다.

이렇게 김익달에게서 출판을 배우고 함께 일했던 사람들 중에 나중에 출판사를 설립해 독립한 사람이 30여 명이나 되었고 이들은 후에 김익달을 기리는 '익우회'를 결성하게 된다.

김익달이 '여원사'를 서둘러 독립시킨 또 다른 이유가 있었는데, 그것은 바로 오래전부터 숙원 사업으로 생각해 왔던 『세계대백과사전』을 향한 꿈 때문이기도 했다.

국민의학전서 발행

김익달은 여원사를 설립하여 《여원》을 독자적으로 발행토록 한 뒤 새로운 출판물을 기획했다. 그것은 각 분야의 최고 전문가들을 동원한 이른바 기획 출판물이었다.

김익달이 가장 먼저 관심을 기울인 것은 건강에 관한 것이었다. 자신이 폐결핵에 걸려 삶을 포기할 생각까지 할 정도로 절망에 빠진 적도 있었던 만큼 건강은 행복한 삶을 위한 기본 조건이었다.

당시 우리나라의 평균 수명이 50세 남짓으로 선진국들에 비해 턱없이 짧았는데, 이는 열악한 의료 환경이나 식량 부족으로 인한 영양 결핍, 질병이나 전염병 등 여러 가지 원인이 복합된 것이겠지만 무엇보다 개개인의 의학 지식이나 건강에 관한 상식이 부족한 것도 큰 원인이라고 생각되었다.

김익달은 먼저 국민 개개인의 건강에 관한 관심과 상식을 늘리는 것이 급선무라고 생각하여 사람들이 이해하기 쉬운 건강 의학책을 발간하기로 하였다.

먼저 의료계 전공 분야별로 최고 전문가 50여 명에게 질병의 원인, 치료, 예방법을 일반인들이 알기 쉽게 기술하도록 하고 관련된 사진들과 삽화를 풍부하게 곁들여 한 권의 책으로 만든 '국민의학전서'를 발행한 것이다. 국판 1천500쪽에 사진 도판만 500여 개가 들어간 대작이었다.

1956년 10월에 발행한 '국민의학전서'는 이처럼 한 저자의 저술이 아니라 김익달이 기획하고 김익달이 양성한 교정·레이아웃·도안·사진 등 전문 편집인들에 의해 만들어 낸 한국 최초의 기획 출판물이었다.

이 책은 국민들의 건강에 관한 뜨거운 관심과 함께 최고의 베스트셀러가 되어 학원사가 가정 의학서의 명문으로 우뚝 서게 된 첫 번째 책이 되었다.

그 후 김익달은 1962년 『가정의학대전』, 1969년 『가정종합병원』(전3권), 1972년 『가정의학대전』(개정판), 1973년 『가정종합병원』 개정판인 『가정의학대백과』(전5권), 1974년 『가정의원』(양방·한방·민간요법), 1981년 『한국명의 333인』(전6권) 등 건강과 가정 의학에 관한 책을 꾸준히 발행했다.

특히 『가정의학대전』은 학원사가 발행한 가정 의학서 중 가장 인기가 있었던 책으로 1962년부터 1972년까지 10여 년에 걸쳐 계속 수정·증보판을 내며 중판을 계속한 이른바 스테디셀러였다.

《향학向學》 창간

김익달은 1955년 12월 대학 입시를 앞 둔 고교생을 대상으로 한 고교생 학습교양지 《향학》을 창간했다. 《향학》은 오늘날 대학 입시 전문지의 효시가 된 잡지로 창간호인 1956년 신년호에는 특집으로 '입시 전 3개월 각 과 종합 총정리'를 실었다.

그러나 《향학》은 대학 입시 전문지라는 독자층의 한계 때문에 1956년 1년간 발행한 후 휴간에 들어갔다. 《향학》은 김익달이 전쟁 중이던 1952년 11월 청소년들에게 꿈과 희망을 주기 위해 창간한 《학원》이 정치적 격변기를 맞아 휴간하게 된 1960년 4월 복간된다.

김익달은 《향학》 복간사에서 "부득이한 사정으로 휴간하였던 본지가 이제 모든 난관을 무릅쓰고 다시 복간하게 되었음은 실로 이러한 과정에 있는 여러분의 수학에 조금이라도 도움이 되고자 함에 있음은 설명할 필요도 없는 것입니다."라고 밝혀 당시의 정치적 사회적 여건이 청소년을 위한 잡지 발행에도 많은 영향을 미치고 있음을 알 수 있다.

《향학》은 발간 취지대로 거의 대부분이 '학습교양물'로 짜여 있고 특히 "금년도 대학 입시문제를 해부한다."는 등의 특집 기사를 실어 요즈음으로 보면 공교육이 미치지 못하는 부분을 채워주는 지금의 EBS 같은 역할을 해 주었다.

하지만 《향학》이 학습교양지를 표방하더라도 4·19를 겪은 후 발행된 1960년 6월호에는 '4·19 총보고'라는 특집을 싣고 온통 4·19에 관한 기사, 화보, 의의 등에 관한 글을 게재하여 젊은 학생들의 민주주의와 정의에 대한 열망을 상세하게 다루었다.

6월호 표지 자체를 '민주주의 사수하자'라는 플랜카드를 들고 행진하는 학생들의 사진을 실었고 이희승의 「4·19 희생자들의 제단에」라는 권두시를 실었다.

넋이여!
아들딸들의 꽃다운 넋이여!
불의와 억압에 격돌하여
옥으로 부서진 젊은 넋이여!
4·19!, 4·19!!, 4·19!!!
꽃피어 화창한 이 계절에
피어보지 못하고 떨어진
꽃 봉우리들이여!

(중략)

그대들의 거룩한 피가 어린
이 하늘 아래
무궁화 꽃동산은
새 향기를 더하리라
젊은 넋이여 굽어 살피라
4·19 4·19 정신은
자유의 꽃으로 피어나리니
민주의 열매로 무르익으리니
−4293. 4. 24−

그 외에도 《향학》 6월호는 '학생 의거의 요인과 소망'이라는 글을 통해
4·19 의거의 요인을 상세히 분석했고 4·19에 대한 미국, 영국, 프랑스,

벨기에, 포르투갈, 오스트리아, 노르웨이, 스웨덴 등 각국의 반향을 보도함으로써 젊은 학생들이 합리적인 이성과 국제적 감각을 유지할 수 있도록 했다.

1960년 6월호 《향학》은 편집후기를 이렇게 마감했다.

"민주주의 바로 잡자. ―요원의 불길, ―저 젊은 사자들의 함성, 전국 아니 전 세계에 이렇게 외친 4 · 19 학생 의거는 우리나라 역사의 한 전기를 이루었으며 민주주의의 올바른 좌표를 그어 놓고야 말았다."

한편 《향학》 1960년 9월호 편집후기에는 '사내 소식'이라는 란에 학원사의 중요한 두 가지 소식을 실었다.

첫째는 1960년 9월 1일부터 학원사에서 800만 어린이들을 위한 일간 《새나라신문》을 발행한다는 것이었다. 급변하는 나라 안팎의 소식을 어린이에게 알맞게 종합 취급 보도하는 한편 유익한 과학, 문화, 시사의 읽을거리들을 제공하기 위함이며 전국 지국 · 지사를 통해 가정에 배달할 예정이라고 밝히고 있다.

둘째는 1960년 7월 21일자로 김익달과 손양삼 전무가 일본으로 떠났는데, 이는 학원사가 출판계 최초로 일본지사를 설립했고 손양삼 전무가 그 지사장으로 부임하기 위함이라는 것이었다.

이처럼 김익달은 '출판 보국'이라는 신념으로 출판 사업을 함에 있어서 늘 '세계 속의 한국', '세계를 향한 대한민국'이라는 생각을 염두에 두고 있었다.

사내 소식에서 밝힌 대로 김익달은 1960년 9월 1일부터 어린이를 위한 일간 《새나라신문》을 발행하였다.

타블로이드판 4면으로 구성된 《새나라신문》은 우리나라 어린이 일간 신문의 효시가 되었는데, 시사 · 교양뿐만 아니라 특히 과학 관련 기사에 역점을 두었다. 이는 과학에 관한 새로운 지식과 이를 바탕으로 한 합리적인 사고 능력은 미래의 주역인 학생들에게 반드시 필요하다는 김익달의 신념에 기인하는 것이었다. 또한 인기 작가 조흔파, 이원수 등의 연재소설, 만화가 안의섭의 4칸짜리 만화 「엉뚱이」, 백인수의 「일일만평」, 당시 일본에서 활약하고 있던 김용환의 장편만화 「신판 코주부삼국지」 등 어린이를 위한 다양한 읽을거리, 볼거리들을 실었다.

그러나 안타깝게도 《새나라신문》은 1960년 12월 31일까지만 발행되었고 《향학》도 1960년 12월호를 끝으로 다시 휴간되었다. 그만큼 그 당시 사회는 격동과 혼란의 연속이었고 잡지나 신문의 발행은 어려웠던 것이다. 《향학》의 1960년 12월호 편집후기 '알림'란에 휴간에 관해 이렇게 적고 있다.

"9개월이란 짧지도 길지도 않은 동안 수험생 여러분과 함께 호흡하여 온 본 《향학》지는 이번 뜻하지 않은 본사 사정으로 휴간하지 않을 수 없게 되었음을 여러분에게 사과드립니다. 헤어지는 자 반드시 만날 날이 있을 것이라는 고사를 거울삼아 다시 복간 날을 위하여 여러분의 아낌없는 마음의 성원을 보내시기 바랍니다."

'헤어지는 자 반드시 만날 날이 있을 것'이라는 편집후기처럼 김익달은 1961년 3월 그동안 휴간했던 《학원》을 복간함으로써 다시 청소년들과 만나게 된다.

세계명작문고, 세계위인문고 발행

김익달은 청소년들을 미래의 주체로 양성하기 위한 좋은 책들을 출판하는데 늘 역점을 두었다.

전쟁이 끝난 지 3년, 청소년들의 새로운 지식과 교양에 대한 열망은 점점 더 뜨거워졌고 상급학교에 대한 진학률은 급격하게 높아졌지만 기본적으로 읽을거리가 부족했다.

김익달은 1956년 11월, 40명의 작가와 40명의 화가를 동원하여 한국 최초의 소년 야사집인 『소년야사』를 발행한데 이어 청소년들을 위한 획기적인 대형 출판물을 기획하고 있었다.

바로 「세계명작문고」(60권)과 「세계위인문고」(60권)였다.

《학원》을 통해 세계의 수많은 위인들과 셰익스피어와 톨스토이 등 세계적인 문호의 작품을 접한 독자들은 더 많은 문학작품과 새로운 지식에 대한 열망이 강했는데, 『세계위인문고』와 『세계명작문고』들은 청소년들의 이러한 열망에 부응하는 책들이었다.

당시 《학원》을 탐독하던 이른바 '학원세대'들은 《학원》 명작 문고인 『삼국지』, 『전쟁과 평화』, 『십자군의 기사』, 『소공녀』 등을 보며 세계와 호흡했고, 《학원》 위인 문고인 『나폴레옹』, 『링컨』, 『김유신』, 『간디』, 『안중근』 등을 읽으며 그들의 꿈을 키울 수 있었던 것이다.[15]

---

15 《학원》『세계명작문고』 60권은 학원사 편집부가 선정한 것으로 다음과 같이 구성되어 있다. ①집 없는 천사 ②철가면 ③괴도 루팡(1) ④목장의 소녀 ⑤거지왕자 ⑥대위의 딸 ⑦마경천리 ⑧삼국지 ⑨후로스의 남매 ⑩삼총사 ⑪타잔(1) ⑫장발장 ⑬로빈 후드의 모험 ⑭암굴왕 ⑮서커스의 소녀 ⑯걸리버 여행기 ⑰사랑의 일가 ⑱눈보라 고개 ⑲솔로몬의 동굴 ⑳아라비안나이트(1) ㉑바다 밑 2만 리 ㉒보물섬 ㉓학클베리 핀의 모험 ㉔즉흥시인 ㉕사막의 여왕 ㉖전쟁과 평화 ㉗올리버 튜스트 ㉘아라비안나이트(2) ㉙로빈슨 크루소 ㉚타잔(2) ㉛알프스의 소녀 ㉜돈키호테 ㉝숲속의 형제 ㉞복면의 기사 ㉟十五 소년 표류기 ㊱소공녀 ㊲봄베이 최후의 날 ㊳아라비안나이트(3) ㊴아사왕 이야기 ㊵괴도 루팡(2) ㊶톰 소야의 모험 ㊷소공자 ㊸괴도 루팡(3) ㊹쿼바디스 ㊺타잔(3) ㊻노트르담의 꼽추 ㊼그레시아 신화 ㊽장미 의적단 ㊾비밀의 화원 ㊿알프스의 소년 (51)장크리스토프 (52)십자군의 기사 (53)양자강의 소년 (54)괴도 루팡(4) (55)정글북(1) (56)정글북(2) (57)정글북(3) (58)수호지 (59)모히칸족의 최후 (60)서유기. 《학원》『세계위인문고』 60권은 다음과 같이 구성되어 있다. ①나폴레옹 ②헬렌 켈러 ③플타크 영웅전 ④콜럼버스 ⑤마제란 ⑥에디슨 ⑦나이팅게일 ⑧괴테 ⑨쇼팽 ⑩링컨 ⑪큐리 부인 ⑫안델센 ⑬따윈 ⑭리빙스톤 ⑮그리스도 ⑯프랭클린 ⑰아문젠 ⑱슈바이처 ⑲고흐 ⑳이순신 ㉑렌트겐 ㉒시튼 ㉓슈베르트 ㉔파브르 ㉕워싱톤 ㉖디젤 ㉗손문 ㉘톨스토이 ㉙김유신 ㉚셰익스피어 ㉛아인슈타인 ㉜스토 부인 ㉝베토벤 ㉞잔 다르크 ㉟라이트형제 ㊱뉴턴 ㊲공자 ㊳석가 ㊴마르코 폴로 ㊵포드 ㊶루터 ㊷바흐 ㊸노벨 ㊹시저 ㊺칭기즈칸 ㊻마호메트 ㊼간디 ㊽와트 ㊾미켈란젤로 ㊿뒤낭 (51)사명당 (52)네루 (53)안중근 (54)레오나르도 다빈치 (55)이차돈 (56)아이젠하워 (57)카네기 (58)동명성왕 (59)케네디 (60)원효대사.

김익달은 『세계명작문고』 60권과 『세계위인문고』 60권을 완간한 후 그 판권을 그가 설립한 '학원장학재단'에 기증하여 1960년부터는 '학원장학회' 명의로 발행하게 된다.

중등 교과서와 대학 교재 발행

한국전쟁이 종식되어 정부가 서울로 돌아오고 각급 학교가 제자리를 찾게 되자 교과서와 학습참고서에 대한 수요가 폭발적으로 늘어났다.

당시 초·중등학교의 교과서에 관하여는 교육법 및 그 시행령인 '교과용도서검인정규정'(대통령령 제336호), '국정교과용도서편찬규정'(대통령령 제337호) 및 '국정교과용도서편찬심의규정'(문교부령 제8호)과 '교수요목제정심의회규정'(문교부령 제9호)에 따라 국정교과서와 검정교과서 및 인정도서를 사용하도록 되어 있었다.

또 교과서의 선택은 국정교과서가 없는 경우에는 검정교과서 또는 인정도서를 선택해 사용하되 문교부 편수국장의 허가를 얻어 학교장에게 그 선택 권한이 일임되어 있었다.

사정이 이렇다보니 출판업계에서는 교과서 채택 경쟁이 과도하게 벌어져 부작용이 커지고 출판사 경영을 위협할 정도가 되었다. 결국 교과서 출판사들은 뜻을 모아 1957년 '한국검인정교과서주식회사'를 발족시켰는데, 주주는 72명, 교과서 공급자는 225명, 발행 교과서는 모두 925종이었다.

'한국검인정교과서주식회사'의 설립 목적은 공동 생산과 공동 판매였는데, 공동 생산을 하게 되면 계획 생산을 할 수 있어 과당 경쟁이나 교과서 채택을 둘러싼 부작용을 없앨 수 있어 경영 합리화도 기할 수 있었던 것이다.

당시 문교부는 교과서 출판을 행정적으로 지원해 주었는데, 교과서 출판 계획과 생산을 총괄할 협회가 필요하게 되어 1958년 3월 '한국검인정 교과서발행인협회'가 탄생했다.

이 협회에서는 각 학교로부터 필요한 교과서의 수요량을 파악하여 이를 문교부에 보고하면 문교부에서는 필요한 생산 회사에 필요한 생산 부수를 지시하는 체계였던 것이다.

김익달 역시 학생들을 위해 질 좋은 교과서 공급이 급선무라는 사실을 잘 알고 있었으므로 '한국검인정교과서주식회사'에 참여하게 되었다.

김익달의 학원사가 발간한 교과서는 경북대 김사엽 교수가 저술한 『중학작문』(1)(2)(3), 『새로운 조형예술』 중1, 중2, 중3(46배판 각권 42쪽 아트지 사용), 『새로운 과학』(생물 편, 물상 편) 등이었다.

학원사가 발행한 위 교과서들은 그 내용이 뛰어났을 뿐만 아니라 종이 질과 인쇄 상태도 당시 최고 수준이어서 인기가 높아 교과서 발간 사상 가장 많은 부수를 기록하기도 했다.

김익달은 중등학교의 교과서뿐만 아니라 우수한 대학 교재 발간에도 심혈을 기울였다. 당시 학원사에서 발간한 대학 교재로는 『논리학』(전상철 저), 『서양교육사』(이수난 저), 『교육윤리』(문한영 · 박준희 공저), 『교육심리』(박준희 저), 『교육방법』(문한영 저), 『고등물리』(김영록 저), 『고등화학』(이성우 · 성라경 공저) 등이었다.

하지만 '한국검인정교과서주식회사'는 출판사 간의 과당 경쟁을 줄이고 좋은 교과서를 저렴하게 공급함으로써 경영 합리화를 도모하겠다는 본래의 취지가 세월이 흐르면서 여러 가지 문제점이 드러나기도 했다.

그 대표적인 것이 그로부터 20년 후인 1977년 2월에 터진 이른바 '한국검인정교과서 부정사건'[16]이었다. 이는 '한국검인정교과서주식회사'가 문교부 편수관과 짜고 교과서 대금을 높게 책정하여 부당한 이득을 취하고 거액의 세금을 탈세했다는 내용이었다.

이는 당시 유신 체제하에서 정부는 검인정교과서를 국정으로 또는 '단일본'으로 하여 그 내용을 유신에 맞도록 수정할 것을 요구하였고 신규 검인정교과서를 접수하지 않음으로써 신규 업자들의 반발이 발단이 되었다.

뿐만 아니라 1천여 명이 넘는 대학교 교수인 저자와 출판사들은 한국식 민주주의로의 획일화된 교과서 개편 작업에 대해 이견도 많았고 그로 인한 충돌도 만만치 않았다.

결국 정부는 유신 체제에 비협조적이었던 교과서 출판사들을 곱게 보지 않았고 청와대 사정담당 특별보좌관의 지휘 아래 이른바 '검인정교과서사건'을 터뜨렸던 것이다.

치안본부 특수수사대는 1개월여 동안 37명을 구속하였는데 구금된 상태에서 강압에 의하여 작성된 자인서를 근거로 국세청은 일방적으로 221억 원에 달하는 탈루 세금을 통고했던 것이다. 그러나 당시 '검인정교과서사건'은 다분히 정치적 성격이 강했고 유신 체제하의 언론은 이를 확대·과장하여 보도한 면이 많았다.

결과적으로 이 사건으로 교과서 출판사 117사 중 96사는 교과서 업계를 떠나 30여 년간 축적한 자본과 기술, 그리고 경험이 무로 돌아가 우리나라 출판문화의 10년 이상 후퇴를 가져왔다고 평가되고 있다.[17]

김익달은 당시 검인정교과서주식회사에서 임원이나 간부를 맡은 것이

---

16 1977년 2월 24일 치안본부 특수수사대와 국세청 조사반이 합동으로 한국중등교과서주식회사, 고등교과서주식회사, 한국검정실업교과서주식회사, 한국교과서주식회사 등 4개 법인체의 임원과 간부 사원을 연행하고 장부 일체와 기타 주요 서류를 압수한 사건을 말한다.
17 「나와 검인정교과서」, 이대의, 중앙출판공사, 2002, 214면.

아니라 한국중등교과서주식회사 및 한국교과서주식회사의 주주로만 참여할 뿐이어서 직접적으로 조사를 받은 것은 아니었으나 마음이 편할 수가 없었다. 특히 학생들이 사용하는 교과서 때문에 벌어진 일이라는 데서 오는 자괴감이 무엇보다 컸다. 결국 김익달은 이 사건을 계기로 검인정교과서주식회사의 주식을 모두 처분하고 교과서 발행에는 관여하지 않게 된다.[18]

그 후 출판사들은 국세청의 부당한 강압에 의한 자인서를 근거로 한 과세 처분은 무효라는 소송을 제기하였고 10년이 넘는 소송 끝에 1990년 7월 22일 대법원에서 "강박에 의한 과세 처분은 무효"라는 판결을 받음으로써 그 명예를 회복하였으나 그동안 출판사들이 입은 심적·물적 피해는 보상받을 길이 없었다.[19]

---

18 당시 김익달은 한국중등교과서주식회사의 총 발행주식 50만 주 중 6천185주를 보유하고 있었고 한국교과서주식회사는 총 발행주식 10만 주 중 1천11주를 보유하고 있었다. 「나와 검인정교과서」, 이대의, 중앙출판공사, 2002, 206-207면.
19 「나와 검인정교과서」, 이대의, 중앙출판공사, 2002, 211-223면.

제6부 │ 백과사전을 향한 꿈

왜 백과사전인가

과학대사전 발간

생활총서 간행

대백과사전 편집부의 탄생

최덕교, 헤이본사판 『대백과사전』을 보다

큰일은 시작되었다

경쟁사가 나타나다

또다시 난관을 뚫고

또 절벽이

우리나라 최초의 『대백과사전』 고고의 성을 울리다

기획 출판의 귀재

『농업대사전』 발간

우리나라 최초의 화문집 『화방여적(畵房餘滴)』 발행

『문예대사전』 발간

서울특별시 문화상 수상

『철학대사전』 발간

『자동차백과』 발간

새 세대의 진로 발간

대입 준비서 '세미나 시리즈' 발행

왜 백과사전인가

김익달은 식민지 소년으로 혈혈단신 밀항선을 타고 일본의 심장부 도쿄로 건너가 고학하던 그때의 충격을 잊을 수가 없었다.

우에노 공원에서 벚꽃 하나미가 한창이던 어느 봄날이었다. 일본에서도 인류의 모든 지식, 사상, 문화, 예술을 망라한 『세계대백과사전』이 완간되었다며, 일본 열도가 흥분했던 것이다. 한 권당 700페이지가 넘는 26권의 『세계대백과사전』은 그 외양도 참 당당했다.

서양에서 백과사전의 기원은 고대 로마의 정치가이자 박물학자인 플리니우스가 100여 명의 학자를 동원하여 만들어 로마의 제10대 황제 '티투스'에게 헌정한 37권짜리 '박물지'를 꼽는다.

한편 동양에서는 B.C. 3세기에 고대 중국의 거상이자 진나라의 재상이었던 여불위가 3천여 명의 빈객을 동원하여 춘추전국시대의 모든 사상을 절충·통합, 분석하여 저술하게 한 『여씨춘추(呂氏春秋)』 26권이 백과사전의 효시라고 할 수 있다.[1]

현대적 의미의 백과사전은 1728년에 영국 체임버스(Chambers. E)에 의해 간행된 백과사전으로 각 항목에 학자들의 논문을 수록하고 알파벳 순으로 배열하였으며 상호 참조 방식을 채택함으로써 이후 백과사전의 모범이 되었다.

프랑스 대혁명의 원동력이 되었다는 디드로와 달랑베르의 '백과전서'도 사실 처음에는 영국의 이 『체임버스백과사전』(2권)을 번역 출간하려는 파리의 출판업자 '르 브르통'의 계획에서 출발한 것이다.

---

1 여불위는 이 책을 진의 수도인 함양(현재의 서안) 저자 거리에 전시해 놓고 "이 책에서 한 글자라도 고칠 수 있다면 천금을 주겠다."고 큰소리를 쳤는데, 이 때문에 '일자천금(一字千金)'이라는 고사가 생겼다.

'르 브르통'은『체임버스백과사전』번역 출판 계획이 뜻대로 되지 않자 당시 무명이던 '디드로'(Denis Diderot)를 편집장으로 발탁한 것이다.

디드로는 달랑베르(Jean Le Rond d'Alembert)와 함께 투르고, 볼테르, 몽테스키외, 루소, 케네 등 당대 최고의 학자, 문인들과 프랑스의 진보적 지식인 184명을 동원하여 계몽사상과 공예, 기술을 집대성한 당대 최고의 걸작을 만들었던 것이다.

디드로와 달랑베르는 1751년 7월 1일 백과전서 제1권을 발간하였는데 그 정확한 제목은『백과전서 또는 과학, 기술, 공예에 관한 합리적 사전』(Encyclopédie, ou Dictionnaire Raisonné des Sciences, des Art et Métiers)이다.

신비주의와 종교적 비관용을 비판한 백과전서의 내용을 문제 삼은 교회와 국왕의 탄압에 놀란 달랑베르는 손을 떼었지만 디드로는 이에 굴하지 않고 25년에 걸쳐 1772년까지 본문 17권, 도편 11권 등 모두 28권의 백과전서를 완간했다.

디드로는 "백과전서의 목적은 단지 지식을 모아 놓는 것이 아니라 사람들의 생각을 변화시키는 것이며, 이 책은 곧 사람들의 마음속에 혁명을 불러일으킬 것이다."라고 했다.

이 백과전서는 나올 때마다 전 유럽 사회에 엄청난 반향을 불러일으켰고 2만 5천 부가 판매됨으로써 상업적으로도 대성공을 거두었다.[2]

수많은 계몽 사상가들이 필진으로 참여한 백과전서는 기존의 사고방식에 의문을 제기했고 편견과 구습을 비판하고 또 과학 기술에 관한 최신의 정보를 체계적으로 전달하고자 하였다.

결국 당시의 사회 제도를 이성의 눈으로 고찰하고자 했던 계몽사상의

---

2 당시 프랑스 인구는 대략 2천600만 명으로 추정되고 있다.

결실인 백과전서는 프랑스혁명의 사상적 기초를 제공하였다고 평가받고 있는 것이다.[3]

우리나라에서도 조선 후기에 이르러 광해군 때인 1614년 이수광이 편찬한 『지봉유설』(20권)과 영조 때의 실학자 이익이 편찬한 『성호사설』(30권), 순조 때의 실학자 유희가 지은 『물명고(物名攷)』(5권), 고종 때의 이유원이 편찬한 『임하필기(林下筆記)』(39권) 등이 백과전서격인 출판물이라고 할 수 있다. 특히 이수광의 『지봉유설』과 이익의 『성호사설』은 실학사상 연구를 위해서도 중요한 자료로 평가된다.

그러나 조선의 백과사전과 영국, 프랑스의 백과사전은 새로운 지식의 양에서도 차이가 났지만 그보다 더욱 중요한 것은 그 많은 양의 지식을 전달하는 방법이었던 것이다.

디드로와 함께 프랑스 백과사전 편찬을 주도했던 달랑베르가 백과전서 서문에 쓴 글은 이 점을 분명히 보여주고 있다.

"우리들이 시작한 그리고 잘 마무리되기를 희망하는 이 작업은 두 가지의 목적이 있다. 지상에 널린 온갖 지식을 모으고 그들의 연관을 밝혀 보편적인 체계를 세우는 일, 그래서 지난 수백 년간 축적된 과학과 기술 지식을 쉽게 찾을 수 있는 요긴한 참고서를 만들어 인류에게 전하는 일이 그것이다."

이처럼 백과사전의 목적은 인류의 정신문화 유산을 집대성하여 보다 많은 사람들이 쉽게 찾아보고 활용함으로써 사회를 진보의 방향으로 나아가게 하는 것이다.

조선에도 많은 실학자들이 있었고 또 그들은 실학사상을 집대성한 백

---

3 마들렌 피노(Madeleine Pinault)는 백과전서가 나오기까지의 역사적 사건과 서지 사항을 총정리한 '백과전서'라는 책에서 "18세기의 진정한 혁명은 '백과전서'의 페이지를 통해 이루어 진 것이다."라고 하였다.

과전서를 펴냈지만 이는 필사본의 수준을 넘지 못해 많은 사람들로 하여금 세상 물정에 대한 지식을 공유하고 자각하게 하는데 실패했던 것이다.

하지만 프랑스에는 당시 르 브르통과 같은 출판업자들이 있어 지적인 욕구와 열망이 뜨거웠던 소비자, 그리고 합리적인 이성으로 불합리한 인습과 제도를 타파해 사회를 변화시키고자 했던 계몽주의자들, 도판 작업에 열정적으로 참여한 화가 및 동판 기술자들을 함께 묶어 엄청난 결과를 이룩할 수 있었다.[4]

하지만 백과사전의 목적은 디드로의 말처럼 인류의 모든 지식과 사상, 문화 등에 관한 모든 지식을 단지 모아 놓는 것에 있는 것이 아니라 인류가 이룩한 정신문화의 총화를 바탕으로 기존의 사고방식과 사회 제도에 의문을 갖고 이성의 눈으로 보다 나은 사회 건설을 위해 사람들의 생각을 변화시키는 것이라는 관점에서 볼 때 우리나라에는 아직까지 근대적 의미의 백과사전은 없었던 것이다.

김익달의 백과사전을 향한 꿈은 바로 디드로와 달랑베르가 했던 것처럼 인류가 이룩한 모든 지식과 사상, 문화를 집대성하여 이를 널리 보급함으로써 사람들의 눈과 귀가 열리게 함으로써 모두가 잘사는 세상을 만들어 보고자 하는 것이었다.

더구나 해방된 조국에서 세상에서 가장 우수한 우리말과 우리글을 되찾았으니 우리말과 우리글로 인류의 정신문화 유산을 모두 모아 사람들에게 널리 보급하는 일, 이 얼마나 생각만 해도 가슴 벅찬 일인가.

김익달은 해방 후 서울역 앞 양동에서 대양출판사를 할 때부터 백과사

---

4 프랑스에서 '백과전서'가 회오리를 일으켰던 것은 꼭 새로운 지식이 그만큼 많았던 덕이라기보다 당시 활약한 출판업자들 덕분이었다고 한다. 이들은 제작 초기에 1천500질을 판매하면 수지를 맞출 수가 있다는 계산으로 주문을 받기 시작했는데, 4천질이 넘는 주문을 받았다고 한다. 이병남, 『경영은 사람이다』, 김영사, 2014. 171-173면.

전 출판에 대한 꿈을 꾸기 시작했다.

김익달은 한국전쟁 전 '간추린 시리즈'가 크게 히트 칠 무렵 당시 책 제목으로 '간추린'이란 말을 처음으로 선보인 신입 편집 사원 김성재와 퇴근 후 단둘이서 저녁을 먹는 경우가 많았다. 그때마다 김익달은 막걸리 잔을 기울이며 입버릇처럼 "우리나라에도 백과사전이 필요해, 언젠가 꼭 해낼 거야."라는 말을 하곤 했다.[5]

신입 편집 사원 김성재는 젊은 사장이 막걸리 잔을 기울이면 으레 하는 얘기로 치부하고 말았지만 백과사전에 대한 김익달의 집념은 그만큼 확고했던 것이다.

과학대사전 발간

김익달은 『국민의학전서』의 발행과 성공을 계기로 지금까지의 출판 관행에 일대 혁신을 단행했다.

당시의 출판이란 수익성이 보장되는 아동 도서와 교과서 및 참고서를 발행하거나 월간지 등 잡지의 발행 또는 한 작가로부터 원고를 받아 단행본을 발간하는 것이 대부분이었다.

김익달 역시 일부 교과서와 간추린 시리즈 등의 참고서, 《학원》과 《여원》 등의 잡지와 대학 교재 등의 단행본을 발행해 왔으나 이제 시대가 요구하고 사회를 선도하는 출판을 해야 할 때라고 생각했다.

그것은 출판사가 당시 상황에서 꼭 필요하다고 생각하여 스스로가 기획한 책, 즉 자기 자신이 기획하고 편집한 대사전류를 발간하는 것이었

5 김성재, 「하나의 시대를 만들어 리드해 간 빼어난 출판인」, 『학원세대와 김익달』, 학원김익달 전기간행위원회, 1990, 140면.

다.

그러기 위해서는 교정, 조사, 미술, 사진, 레이아웃 등을 담당하는 전문 편집자들을 자체적으로 양성해야 한다는 것을 의미했다.

김익달은 이러한 사실을 잘 알고 있었다. 김익달은 편집실에 과학대사전부, 생활총서부, 백과사전부 등 전문부를 만들고 인력을 전공에 따라 재배치했다. 이에 따라 각 전문부에서는 각 분야별로 최고의 전문가를 필진으로 확보하는 일부터 조사, 교정, 사진, 레이아웃 등을 담당해야 했다. 물론 이때의 백과사전부는 단 권으로 간행하는 소백과사전을 염두에 둔 것으로 본격적인 대백과사전을 준비하기에는 모든 것이 역부족인 상황이었다. 무엇보다 먼저 각 전문 분야별로 실력 있는 편집 인력을 양성하는 것이 급선무였다.

김익달은 과학 분야에 대해 특별히 공부한 일이 없다. 하지만 김익달은 식민지 소년으로 일본을 이기려면 일본을 알아야 한다는 생각에서 혈혈단신 일본으로 밀항하여 도쿄의 한 인쇄소에서 하루 16시간씩 일할 때부터 과학의 힘을 피부로 느꼈다. 정신을 차릴 수 없을 정도로 현란하게 돌아가는 인쇄기에서 각양각색의 인쇄물이 쏟아지고 책으로 만들어지고 있었다. 그것은 김익달이 지금까지 보아온 보통학교 교과서나 명심보감, 소학과는 차원이 다른 책들이었다.

그곳에 담긴 내용들 또한 새롭고 경이롭기만 했다. 김익달은 인쇄소에서 서점의 직원으로 옮겨 일하면서 밤을 세워가며 걸신들린 듯이 새로운 지식을 탐하곤 했다. 김익달은 인문사회 분야보다는 실생활에 도움을 주는 과학 분야에 더 매료되었다. 생활을 편리하게 하는 자동차와 비행기, 배를 만드는 것, 가볍고 질긴 옷감으로 옷을 만들고, 새로운 방법으로 농사를 짓고 과수원을 가꾸어 더 많은 수확을 하는 것, 건강을 지키고 질병 예방과 치료에 관한 것, 이 모든 것들이 과학의 힘이었던 것이다. 그저 하늘만 바라보며 대대로 해온 대로 농사짓고 길쌈하며 이웃과 사이좋게 산다고 하여 저절로 잃었던 나라를 되찾을 수는 없었던 것이다.

김익달은 청소년들을 위한 잡지 《학원》과 《향학》뿐만 아니라 여성들을 위한 《여원》을 간행할 때에도 세계의 여러 나라의 움직임을 보도하는 시사 기사와 실생활에 도움이 되는 새로운 과학 지식에 관한 것을 반드시 싣도록 했다. 김익달은 잡지에 단편적인 과학 지식을 전달하는 것만으로는 한계가 있음을 절감했다.

전쟁이 끝난 지 얼마 되지 않아 사회는 여전히 혼란하고 식량은 원조 물자에 의존해야 하는 궁핍하기 그지없는 세계의 최빈국이지만 반만년의 역사를 가진 대한민국이 이대로 주저앉을 수는 없었던 것이다.

김익달은 새로운 지식, 특히 과학 지식과 이를 바탕으로 한 합리적 사고만이 우리 사회를 잘살게 하는 힘이 될 수 있다고 믿었다. 이에 김익달이 생각한 것은 전국의 과학자들을 총동원하여 과학 전반에 관한 대사전을 만드는 일이었다. 우선 각 분야별로 최고의 과학자들에게 집필을 의뢰하였는데 75명의 석학들이 함께 하였다.

이렇게 하여 1958년 4월 1일, 총 3천6백여 항목, 도판 3천 매, 사진 50면, 46배판으로 총 1천186면의 방대한 책으로 우리나라 최초의 대사전인 과학대사전이 탄생한 것이다.

이 책이 발행되자 당시 부통령이던 장면은 친서로서 "도움을 드리지 못해 미안하다."고 전제하고 한 민간출판사가 이런 대사전을 간행한 것을 치하했다.

이 과학대사전이 발간되면서 이른바 활자 혁명이 일어났는데, 이 책은 구체 수각 활자로서 조판된 마지막 대사전이기도 하다.[6]

---

6 당시까지는 활자를 주로 손으로 조각한 것을 사용했는데 그 이후로는 미국의 L. B. 벤턴이 1884년 발명한 벤턴자모조각기에 의해 생산한 자모를 사용함으로써 정밀도도 높아지고 활자의 외

김익달의 과학을 통한 사회 발전의 신념은 과학대사전의 발간에 그치지 않았다. 과학대사전 발간 후 이어서 1959년 2월『우주시대의 과학』을 발행했다. 이『우주시대의 과학』도 한 저자가 저술한 책이 아니라 대학 교수와 중·고등학교의 과학 교사들 및 교통부와 해운공사의 실무 전문가들이 전공별로 분야를 나누어 집필한 것으로 김익달의 기획 출판물이다.

이 책은 머리말에서 "우주시대 제3년에 이르러서도 최신 과학의 움직임을 올바로 인식치 못한다면 이 얼마나 통탄할 일이겠습니까? 더욱이 우리나라는 여러 선진 국가에 비해서 과학이 뒤지고 있는 만큼 앞으로 과학자가 수많이 나와야만 이 뒤짐을 극복할 수 있을 것입니다."라며 과학에 국가의 미래가 달렸음을 강조하고 있는데, 바로 김익달의 과학에 대한 남다른 관심과 열정을 보여주고 있다.

과학대사전은 또 1972년『원색과학대사전』전8권으로 발전하였고『우주시대의 과학』은 "20세기의 과학, 오늘과 내일"로 보완 발행되었다.

특히 학원사가 발행한 중학 교과서『새로운 과학』은 과학 교과서 중 단연 최고의 인기를 끌었다.

학원사는 학생들의 학습에 도움을 주기위해 1960년 2월 지난해 일들을 총정리한 1960년판 학생 연감을 발행하였는데 그 첫 장에 확대된 달의 사진을 싣고『달의 뒷모습은 밝혀졌다』라는 제목을 달았다. 또 그 다음 페이지에 실은 각종 화보에서도 '제트여객기'와 '국산로켓', 그리고 '우리나라 최초의 원자로 기공식' 등에 관한 과학 뉴스가 가장 먼저 등장한다.

김익달은 학생 연감 '머리말'에서 "우리는 조국의 현실을 똑바로 보아

관도 미려해졌다.

야겠다. 그리고 세계의 흐름에 견주어 우리의 갈 바를 찾아야겠다. 날로 발전해 가고 변모해 가는 이 사회와 과학적 사실에서 눈을 가려서는 안 된다. 좀 더 우리는 새 시대와 새 사실에 민감해야겠다. 우리라고 어찌 달나라 계획과 우주여행에서 낙오하라는 법이 있겠는가."라며 과학적 사고를 강조하며 학생들의 분발을 촉구하였다.

이처럼 김익달은 우리가 잘살 수 있는 길은 과학에 있다는 확고한 믿음을 가지고 있었던 것이다.

생활총서 간행

김익달은 전쟁 종식 후 전통적인 가치관의 붕괴와 밀물처럼 몰려오는 저급한 미국식 문화의 범람으로 우리 사회가 혼돈을 거듭하자 이를 바로잡아 줄 일상생활의 모범 답안 같은 것이 필요함을 절실히 느꼈다.

일제 강점기와 해방, 그리고 3년여에 걸친 동족상잔의 비극을 겪은 국민들은 일상생활의 기본적인 예의와 염치마저 져버리는 경우가 많았고 또 젊은 사람들은 기본적인 상식이나 예의를 배울 수 있는 기회마저 없었던 것이다.

김익달은 각 분야의 전문가들을 필진으로 모셔 식사, 연설, 웅변 등 사회생활의 기본적인 내용을 정리한 『식사, 연설, 웅변전서』(46판, 820쪽)를 1958년 4월 30일 발행했다. 이어서 『현대스포츠전서』(46판, 1천38쪽), 『서간문전서』(46판, 790쪽), 『취미오락전서』(46판, 810쪽), 『사교예의전서』(46판, 842쪽), 『원예전서』(46판, 960쪽), 『현대신문전서』(46판, 810쪽), 『가정교육전서』(1천70쪽) 등 모두 9권의 생활총서 시리즈를 발행했다.

특히 1960년 10월에 초판을 발행한 『사교예의전서』의 머리말에서는 "인간이 인간으로서의 높은 향기와 긍지를 보유하며 생활하는 까닭은 아름다운 이상과 문화와 예의를 아울러 간직한 때문입니다. (중략) 우리나라에서는 오래전부터 깊이 뿌리 박혀 있던 유교 봉건사상 위에 일제의 암흑기를 거쳐 새로이 밀려든 신사조로 말미암아 허다한 혼잡을 초래하고 있습니다. 이와 같은 현실에 비추어 학원사에서는 새롭고 체계 있는 우리들의 생활을 위하여 『사교예의전서』라는 책을 엮어 보았습니다."라며 발간 취지를 밝히고 있다.

이 『사교예의전서』에는 사회생활에서의 예절, 직장에서의 에티켓, 동료 간의 에티켓뿐만 아니라 여행 예절, 축하, 위문, 조문 등에 관한 구체적인 방법과 절차가 상세하게 소개되어 있어 50년이 더 지난 지금의 시점에서 보아도 유익한 내용이 많다.

뿐만 아니라 부록으로 첨부된 '에티켓 루움'란에는 '서양요리 먹는 법', '감상과 관람의 에티켓', '하이힐로 걷는 법'도 기재되어 있고 또 마작 에티켓에 관해서는 "밤중 고요할 때가 되면 마작 소리가 멀리까지 들리는 법이니 이웃집에 폐가 되지 않도록 주의할 것입니다."라고 기술하고 있어 너무나 구체적인 내용에 저절로 웃음이 나온다.[7]

대백과사전 편집부의 탄생

김익달이 당시의 출판 경향인 한 저자의 저술이나 여러 사람들이 신문, 잡지 등에 기고하였던 글을 한데 묶어 출판하는 것에서 탈피하여 기획 출판물을 생각한 것은 인쇄 기술의 발전과 밀접한 관련이 있었다.

---

7 『사교예의전서』, 학원사, 1960. 436면.

즉, 당시의 활자의 자모는 사람의 손으로 도장을 파듯이 새기는 이른바 '수각'한 것이었다. 그런데 1957년 들어 미국에서 발명된 '벤턴조각기'가 들어왔다. 이 벤턴조각기는 사방 10센티미터쯤 되는 종이에 문자를 비롯한 그림 등 원도만 그리면 그 선과 획이 직선이든 곡선이든, 굵든 가늘든 간에 필요한 크기의 자모를 자유자재로 조각해 내는 기계로 인쇄계에 있어서는 가히 혁명적이라 할 수 있었다. 물론 벤턴조각기로 조각할 활자의 자모의 원도는 사람의 손으로 해야 했다.

당시 출판사로는 동아출판사와 민중서관이 처음으로 벤턴조각기를 들여왔고, 삼화인쇄, 평화당인쇄에서도 이 벤턴조각기를 도입하여 좀 더 아름다운 모양을 갖추고 가독성도 높일 수 있는 활자를 개발하는데 열을 올리고 있었다.

백과사전 등 기획 출판물은 우선 책의 부피도 일반 단행본 출판물과 비교할 수 없을 뿐만 아니라 수많은 그림과 도표 등도 들어가야 하고 활자의 모양과 크기도 다양해야 하므로 일일이 이를 '수각'한다는 것은 불가능한 일이었다.

김익달은 일본에서 고학할 때 인쇄소에서 거의 살다시피 한 적도 있었던 만큼 출판에 있어서 인쇄가 얼마나 중요한지 잘 알고 있었다.

1957년 여름 내내 김익달은 학원사 출판물의 인쇄를 전담하다시피 하는 평화당인쇄(주)를 드나들며 인쇄 시설을 돌아보고 이일수 사장과 새로운 활자에 대해 토론했다.

김익달과 이일수는 사무실에서 활자의 모양과 크기 등에 논의하다가 시간이 길어질 것 같으면 아예 수박과 맥주를 사들고 한강 중지도 부근의 백사장으로 가서 하루 종일 서로의 의견을 교환하기도 했다.

당시 이일수는 새로운 활자 개발에 의욕을 불태우고 있었고 조만간 벤

턴조각기를 들여 올 계획이었다.[8]

김익달은 자신의 백과사전 출판 계획을 밝히고 활자의 크기와 모양, 세부적인 인쇄 계획에 대해 이일수와 사전에 의견을 조율하고자 했던 것이다.

김익달이 백과사전 편찬을 위해 반드시 사전 점검을 해야 했던 것이 하나 더 있었다. 그것은 바로 컬러 인쇄였다. 명색이 인류의 지식과 정신문화 유산을 집대성하여 보다 많은 사람들에게 개방하고 이를 공유하고자 하는 백과사전이 아닌가. 그렇다면 지금까지와 같은 흑백 인쇄와 흑백 사진만으로는 부족했다.

김익달은 《학원》 창간호의 표지를 원색으로 인쇄한 삼화인쇄의 '유기정'[9]을 찾았다. 당시 삼화인쇄는 일본에서 기술을 배운 전차훈과 손잡고 동판에 의한 원색 인쇄 기술을 개발하여 원색 인쇄계를 휩쓸고 있었다.

김익달은 삼화인쇄의 유기정과 수차 만나 우리나라 인쇄 기술의 발전 정도와 삼화인쇄의 원색 동판 인쇄와 사진 제판술 등에 관해 논의하면서 삼화인쇄라면 백과사전에 들어가는 각종 컬러 화보를 충분히 인쇄할 수 있다는 확신이 들었다. 그렇다면 이제 백과사전 편찬을 위한 기본적인 밑그림은 그린 셈이었다.[10]

---

8 실제로 평화당인쇄(주)는 1958년 3월 벤턴조각기를 도입함으로써 학원사 대백과사전을 벤턴조각기가 조각한 활자로 인쇄하게 된다.

9 삼화인쇄소의 '삼화(三和)'는 유기정의 장인이며 평화당인쇄(주)의 창업자인 한학자 이근택이 "천(天)·지(地)·인(人)의 화합, 자본·경영·기술의 삼위일체로 기업 이윤을 축적하고 일자리를 창출하고 국민 경제와 문화 발전에 기여함이 삼화인쇄출판의 창업 이념이다."라며 지어 준 상호이다. 그러니까 당시 평화당인쇄(주)를 경영하던 이근택의 장남 이일수는 유기정의 처남이다. 고정일, 『한국출판 100년을 찾아서』, 정음사, 2012. 909면.

10 삼화인쇄는 1957년 3월 14일부터 10일 동안 미국 공보원 전시관에서 개최된 제2회 미술인쇄 및 캘린더 전시회에서 24개 사에서 출품한 150개 작품 중에서 관람객들의 인기투표에서 활판으로 제작한 16절지 크기의 단색 작품인 '할머니'로 영예의 1위를 차지했다.

1957년 10월 4일, 세계를 놀라게 한 뉴스가 전해졌다. 바로 구소련이 세계 최초의 인공위성인 스푸트니크(Sputnik)[11] 1호를 성공적으로 발사한 것이다.

소련은 최초의 인공위성인 스푸트니크 1호를 발사하면서 스푸트니크 1호가 안테나를 통해 발신하는 신호를 암호화하지 않고 웬만한 아마추어 통신가라면 누구든지 수신기 1대만으로 들을 수 있게 계획했다. 이는 물론 세계 최초의 인공위성을 쏘아 올린 국가가 바로 소련이라는 것을 전 세계에 알림으로써 우주 경쟁에서 미국보다 우위에 있음을 과시하기 위함이었다.

그리고 소련은 스푸트니크 1호가 발사된 지 한 달 만인 1957년 11월 3일 '라이카'라는 개를 탑승시킨 스푸트니크 2호를 성공적으로 발사했다.

이에 자극을 받은 미국은 소련보다 4개월 뒤인 1958년 1월 31일에 소형 인공위성인 익스플로러 1호를 발사했다.

소련의 인공위성 발사 소식을 신문과 라디오에서는 크게 보도했지만 당시는 텔레비전[12]이 보급되지 않았을 때라 일반 시민들은 그것이 무슨 소리인지 제대로 알지 못했고 그저 어리둥절할 뿐이었다.

인류 최초의 인공위성 스푸트니크호의 발사 성공 뉴스를 접하는 김익달의 심정은 참 복잡했다. 인류가 처음으로 우주 정복의 첫걸음을 떼었으니 어찌 보면 기뻐할 일이지만 우리나라의 현실을 돌아보면 답답하고 안타까운 일이 아닌가. 남들은 우주를 정복하겠다고 인공위성을 쏘아 올

---

11 스푸트니크는 '여행의 동반자'라는 소련어로 '멀고도 외로운 우주로의 여행에 동반자가 되어 달라'는 뜻으로 붙여졌다고 한다.

12 우리나라 최초의 TV 방송은 1956년 5월 12일에 개국한 HLKZ-TV 방송국에 의해 이루어졌다. 이 방송국은 출력 0.1KW에 9번 채널로 하루 2시간씩 방송하였으나 경영난으로 1년 만에 문을 닫았다. 우리나라에서 본격적인 TV 방송 시대의 도래는 1961년 서울텔레비전방송(KBC), 문화방송(MBC), 1962년 동양텔레비전방송국(TBC)이 개국하면서부터라고 할 수 있다.

리는데 우리는 전쟁의 폐허 위에서 가장 기본적인 먹을 것조차 원조에 의존해야 하는 처지가 아닌가. 김익달은 조간, 석간 할 것 없이 스푸트니크 기사를 보도한 며칠 동안의 신문들을 모조리 모아 책상 위에 펼쳐놓고 하나도 빼지 않고 보고 또 보았다.

잡지《학원》의 편집주간을 맡고 있는 최덕교가 보기에도 김익달의 이러한 태도는 심상치 않았다. 김익달의 과학에 대한 남다른 관심을 잘 알고는 있었지만 단순히 잡지에 낼 특집 기사를 구상하는 것은 아닌 듯 했다.

그렇게 며칠이 지나간 뒤 김익달은 퇴근 무렵 최덕교를 불러 저녁을 같이 하자고 했다. 그 무렵의 사옥은 서소문동에 있었는데, 김익달은 최덕교에게 같이 걷자고 했다.[13]

김익달과 최덕교, 두 사람은 서소문 거리에서 덕수궁 대한문 앞을 지나 시청을 바라보고 무교동과 청진동을 지나 안국동 쪽 골목길에 있는 한정식 집으로 들어갔다.

최덕교는 김익달이 중요한 구상이 있거나 의논할 일이 있을 때면 으레 주안상을 앞에 놓고 이야기를 풀어나가는 것을 잘 알고 있었기 때문에 앞에 앉아 말을 꺼내기를 기다렸다. 김익달은 아무 말 없이 막걸리 한 사발을 비우고서도 좀처럼 입을 떼지 않았다. 평소와는 조금 다른 그의 태도에 최덕교는 긴장감이 더해 갔다. 《학원》의 편집주간이라 하나 그의 나이 이제 서른한 살이었다. 사장인 김익달보다 딱 10년 연하이다.

술잔이 한두 번 오고 간 뒤에야 김익달은 가을도 깊어 가는데 술이나 한잔하고 싶었다며, 늘 하던 버릇대로 한쪽 어깨를 슬쩍 들어올린다. 그러고는 다시 한 잔을 들이킨 뒤, 김익달은 최덕교를 향해 "최 주간, 세상

---

13 학원사는 1956년 8월 종로구 견지동 110번지에서 서대문구 서소문동 120–10으로 이전했다.

이 많이 달라지고 있나봐, 우주의 신비도 벗겨질 것 같아. 그러니 우리도 가만히 있을 수만은 없지 않은가?"라며 알쏭달쏭한 화두를 꺼냈다. 김익달은 평소에 말이 별로 없는 편이었다. 하지만 누군가에게 사업 계획을 설명하거나 반가운 손님이라도 맞게 되면 이야기가 저절로 술술 나오는 사람이었다. 김익달의 그런 모습을 너무나 잘 알고 있는 최덕교로서는 이번엔 어떤 중요한 구상이기에 이렇게 서두가 길까하고 내심 긴장하며 들을 수밖에….

초저녁에 시작된 자리가 통금 시간인 12시가 가까워 오도록 끝날 기미가 보이지 않았다. 김익달은 그날 저녁 최덕교가 이미 알고 있는 학원사가 지금까지 걸어온 길을 다시 한 번 되짚어 설명했다. 전쟁 중《학원》을 창간한 일, 54년, 55년에는 7~8만 부를 넘게 발행하여 크게 기세를 떨쳤던 일, 55년에《여원》을 창간하고 56년에 살림을 내보낸 일, 56년 수험잡지《향학》을 창간했으나 그저 시들해 진 일,[14] 한때 학습참고서 시장을 석권하던 '간추린 시리즈'도 많은 경쟁자와 부딪치고 있는 일[15] 등을 이야기 했는데, 요컨대 회사 운영이 뜻대로만 되지 않는다는 것이었다. 그러면서 김익달은 최덕교에게 회사의 재무 상황과 자신의 주머니 사정까지 털어놓으며 부채가 자산보다 많아지고 있다고 했다. 최덕교는 술이 확 깨고 정신이 번쩍 들었다. 한 번도 내색한 적이 없어 회사 운영이 그렇게 어려워진 줄은 몰랐던 것이다.

최덕교는 숨을 죽이고 김익달의 다음 말을 기다렸다. 사장이 젊은 편집주간을 불러 저녁을 먹자며 안국동까지 데리고 왔을 때에는 회사 사정

---

14 향학은 56년 신년호를 창간호로 하여 발행되었으나 1년을 발행한 뒤 휴간하여 당시에는 휴간 중이었다.
15 당시 '간추린 시리즈'의 가장 강력한 라이벌은 김익달의 대구해성보통학교 동기동창인 김상문의 동아출판사가 발행하는 '뉴코스 시리즈'였다. 빈손으로 와서 빈손으로 간다, 김상문, 1992, 상문각, 97면

이 어렵다는 얘기를 하고자 했던 것이 아님을 잘 알고 있었던 것이다. 곧 이어진 김익달의 말에는 힘이 들어가기 시작했다. "최 주간 형편이 어렵다고 학원사가 이대로 주저앉을 수는 없지 않은가? 저 인공위성이 하늘을 뚫고 올라가듯이 우리도 한번 힘을 내서 새로운 활로를 찾아야 하지 않겠어?"

김익달은 목이 마른지 다시 막걸리 한잔을 맛나게 훅 들이키고, 그동안 구상했던 것을 최덕교에게 설명하기 시작했다. 새로운 사업 얘기에 신바람이 났는지 김익달은 오른쪽 어깨를 또 한 번 들썩거리면서 "최 주간, 이번에 아예 '소백과'를 '대백과'로 다시 기획했으면 하는데 최 주간 생각은 어때?" 소백과 사전은 1년여 전부터 일반도서 편집부에서 단권짜리로 진행해 오던 중이었다.

"그동안 국민의학전서와 같은 기획 출판물도 해봤고 또 그동안 과학대사전부 생활총서부에서 직원들이 기획 출판에 대한 훈련도 많이 받았으니 '대백과'를 한번 기획할 때가 되지 않았어? '대백과'에 필요한 인재는 더 뽑으면 되고, 인쇄는 평화당의 이 사장과 이미 얘기해 두었는데 곧 벤턴조각기가 들어온다니까 활자나 인쇄는 문제없을 것 같아."

김익달은 그동안 평화당의 이일수와 진행했던 일들과 삼화인쇄의 원색 동판 인쇄와 사진 제판술을 점검한 내용들을 쫙 풀어놓았다. 최덕교는 너무나 엄청난 얘기에 가슴이 뛰고 아찔해졌다. 김익달은 어느새 활자와 인쇄에 관한 것까지 구상을 마쳤던 것이다. 평소에 '출판인으로서 멋진 백과사전을 내야지'하는 포부는 여러 번 들어서 익히 알고 있었지만 그 시기가 이렇게 빨리 올 줄은 상상도 하지 못했던 것이다.

김익달로부터 대백과사전 편찬에 관한 구상을 들은 최덕교는 참으로 엄청난 얘기에 잠을 제대로 잘 수가 없었다. 《학원》 편집주간을 맡고 있는 자신만을 따로 불러 저녁상을 앞에 놓고 사업 구상을 얘기했다는 것은 일종의 선언이었다. 지금까지 김익달은 아무리 형편이 어렵다고 해도 한 번 해보겠다고 결심한 것은 뒤로 물러서는 법이 없었다. 더구나 백과사전은 김익달이 평소에도 틈만 나면 꼭 내고야 말겠다는 숙원 사업이 아니었던가. 아마도 인류 최초의 인공위성인 스푸트니크 발사 성공에 더 이상 우리나라, 우리 민족이 세계의 흐름에 뒤처져서는 안 되겠다는 생각에서 원래의 구상보다 시기가 조금 앞당겨진 것인지도 모르겠다.

김익달이 자신에게 먼저 대백과사전 편찬 구상을 밝힌 것은 백과사전 편찬에서도 편집주간의 책임을 맡으라는 명령이나 다름없었다. 학원사에 입사한지 6개월 만에 《학원》의 편집장을 맡으라고 할 때에도 눈앞이 캄캄했었는데, '대백과사전'은 《학원》과는 비교조차 할 수 없는 대사업이었다.

그때와 다른 점이 있다면 이제는 신입 사원이 아니라 《학원》의 편집장을 맡은 지 5년째고 이제는 제법 편집장 틀이 조금 잡힌 정도라고나 할까. 《학원》 편집장을 처음 맡았을 때에도 자기가 생각해도 제자리가 아닌 것 같아 벌떡 일어나 곧잘 상화시비(尚火詩碑)가 있는 달성공원으로 찾아갔던 기억이 있다.[16]

최덕교는 달성공원을 걸으며, 또 관풍루에 올라 밤하늘의 별무리를 보면서 잡지를 생각하고 또 생각했던 기억을 떠올렸다. 그때도 그랬다. 잡지 편집이란 늘 곰곰 궁리하는 일이었다. 「홍길동전」보다, 「코주부삼국지」보다 더 재미나는 것은 없을까. 그런 궁리 끝에 찾아낸 것이 바로 부

---

16 대구 달성공원에 있는 이상화(李相和)의 시비에는 그가 1922년 현진건, 박종화 등과 함께 창간한 동인지 《백조》 창간호에 발표한 「나의 침실로」로 새겨져 있다. 상화시비는 김소운 등의 제안으로 1948년에 세워진 우리나라 최초의 시비로 건립 당시 상화의 또 하나의 대표작인 「빼앗긴 들에도 봄은 오는가」를 시비에 새겨야 한다는 의견도 있었으나 3백 년, 5백 년 후에도 '빼앗긴 들에도 …'를 넋두리처럼 중얼대는 것보다는 성장하는 민족이 되어야 하지 않겠는가라는 의견이 반영되어 그의 대표작인 「나의 침실로」로 결정되었다는 일화가 있다.

산의 김내성이 아니었던가.[17]

이렇게 해서 1953년 9월호부터 연재된 김내성의 탐정소설 「검은 별」은 인기 폭발이었던 것이다.

그런데 대백과사전은 다르다. 아직 우리나라에서 대백과사전이란 것을 편찬한 사실이 없다. 그러니 그 누구도 대백과사전 발간을 경험해 본 사람도 없다. 최덕교가 대백과사전이란 것을 본 것도 1930년대에 나온 일본 헤이본사(平凡社)의 『대백과사전』(전28권)이 전부였다. 그것도 속속들이 본 것이 아니라 그저 필요할 때 뒤적거려 보았을 뿐이었다. 그런데 어떻게 대백과사전 편찬에 관한 막중한 책임을 진단 말인가. 참으로 말도 되지 않는 일이 아닌가.

최덕교는 정신을 가다듬고 2차 대전 후 그때까지 나온 백과사전을 살펴보았더니 『브리태니커』에서 보유판으로 내는 것과 일본 '헤이본사'에서 1955년부터 순차적으로 내는 『신판 세계대백과사전』이 대표적인 것이었다. 우리보다 한참 앞선 나라에서도 백과사전 편찬이란 이처럼 엄두를 내기도 어려운 일인데 전 강토를 잿더미로 만들고 수많은 인재들의 생명을 앗아간 전쟁이 끝난 지 몇 년도 안 된 마당에 무슨 수로 그 방대한 작업을 할 수 있단 말인가. 지금은 고사하고 참고 자료도 없고 백과사전을 집필할 필진도 태부족이었다. 아무리 이 궁리 저 궁리해 보아도 불가능한 일이었다.

최덕교는 며칠 후 사장실로 들어갔다. 그동안 생각하고 보고, 듣고 또 생각한 일들을 장황하게 설명했다. 요컨대 지금의 우리 형편에서는 참 어렵겠다고 조심스럽게 말했다. 그리고 최덕교는 김익달의 백과사전에 대한 집념을 잘 아는지라 한 가닥 여운을 남기는 말을 했다. 그것은 "한

---

17 최덕교, 『한국잡지백년3』, 현암사, 2004. 529면. 당시 김내성의 소설 『청춘극장』(5부작)은 서점가의 화제였다고 한다.

나라의 역사와 문화뿐 아니라 인류의 정신문화 유산을 집대성하는 것이니 편찬 책임자는 저 같은 미숙(未熟)으로서는 되지 않으니 연세가 지긋한 박람강기한 학자 한 분을 편찬주간으로 하여 일을 진행시키십시오. 다른 나라의 경우에도 예외 없이 명망 있는 학자나 문인이 그런 일을 맡아서 했습니다."라고 했다. 최덕교의 말을 묵묵히 듣고 있던 김익달의 안색이 달라졌다. 그러고는 목청을 높여, "최 주간, 지금 무슨 소리를 하는건가. 잡지고 뭐고 다 집어치우더라도 이 일만은 꼭 해야겠어."라며 최덕교를 향해 호통을 쳤다. 《학원》의 편집주간을 당장 때려치우고 대백과사전 편찬 준비에 돌입하라는 사장의 명령이었던 것이다. 최덕교는 더 이상 아무 말도 못하고 풀이 죽은 채 사장실을 물러나왔다.

최덕교의 고민은 깊어만 갔다. 참으로 난감한 일이 아닌가. 무슨 일이든 한번 결심했다 하면 누가 뭐래도 꼭 하고야마는 사장의 마음을 어떻게 돌릴 수가 있다는 말인가. 그렇다고 딱히 상의해 볼 마땅한 사람도 없었다. 그렇게 며칠을 생각한 끝에 최덕교는 자신도 모르게 "에라 모르겠다."라며 외마디 소리가 나오고 말았다. 약골도 훌륭한 장수를 만나면 용사가 된다고 하지 않던가. 비록 분수를 모르고 덤비는 일이겠지만 김익달의 그 큰 뜻을 따르기도 결심한 것이다.

최덕교는 다음 날부터 한 권의 노트에 생각나는 대로 하나씩 적어나가기 시작했다. 그러고는 몇 사람을 모아놓고 그동안의 경위를 설명했다. 예상했던 대로 찬반으로 갈렸지만 결국은 모두 함께 나서야 한다는 쪽으로 의견이 모아졌다. 가장 시급한 것부터 착수하기로 했는데 첫째가 참고 자료를 뽑는 일이고 둘째가 학계와 문단, 각 전문 분야별로 필자를 선정하는 일이었다.

최덕교, 헤이본사판 『대백과사전』을 보다

김익달이 백과사전을 편찬하기로 결심하고 최덕교도 이에 따르기로 마음을 굳힌 뒤 구체적으로 편집계획을 세우기 위해 최덕교가 가장 먼저 한 일은 편집실에 있던 일본 헤이본사(平凡社)판 『대백과사전』 제27권을 집으로 가져간 일이었다. 그것은 제27권 끝부분에 실린 헤이본사 사장 시모나카 야사부로가 쓴 "대백과사전 완결에 즈음하여 생각나는 일들을 말한다."라는 글을 보기 위함이었다. 그 글은 시모나카 야사부로가 어린 시절의 고난을 뚫고 뜻을 세운 뒤 세계적으로도 손색없는 백과사전을 완간하기까지의 피땀 어린 여정을 엮은 것이었다.

백과사전 편찬을 어디서부터 어떻게 시작해야 할지 막막하던 최덕교는 그 글을 읽고, 또 읽고 그리고 생각나면 또 읽어 하나하나 마음에 새겨두었던 것이다.

그 글에는 야사부로의 청년 시절 노일전쟁이 일어난 1905년경 브리태니커 백과사전 10판 35권을 예약금 없이 월부로 구입했는데 그 내용의 풍부함에 놀랐다는 기록도 있었다.

최덕교도 영국의 브리태니커 백과사전이 세계에서 가장 잘 만든 책이라는 평가를 받을 정도로 유명하다는 얘기를 들은 적이 있으나 아직 한 번도 실물을 본 적이 없었다.[18]

---

18 우리나라에서 브리태니커 백과사전이 들어온 것은 1963년경 미8군에서 한국어 강사를 하며 미군들에게 귀국용 비행기표와 성경책을 팔던 한창기에 의해서라고 할 수 있다. 한창기는 미군 영내에서 우연히 '브리태니커'라는 백과사전을 처음으로 보고 그 '위대한 책'의 세일즈맨이 되기로 결심하고 미국본사에 간곡한 편지를 보내어 '브리태니커' 백과사전을 일본지사에서 받아 미군들에게 팔기 시작했다. 한창기는 1968년 1월 엔싸이클리피디어 브리태니커 코리아를 설립해 일반 시민들에게 '브리태니커'를 본격적으로 판매하기 시작했고, 브리태니커 국제조직 중에서 가장 뛰어난 경영 실적을 올린 지사에 주는 국제경영상을 수차례 받았다. 그 후 한창기는 1976년 순 한글잡지인 《뿌리 깊은 나무》를 창간했는데 신군부에 의해 1980년 8월호로 폐간되자 1984년 여성종합지 《샘이 깊은 물》을 창간했다.

이 시모나카의 글 중에서 최덕교의 눈을 번쩍 뜨게 만든 것은 바로 방대한 편집계획안과 그 실무를 구체적으로 상세히 기술한 부분이었다.

시모나카의 편집계획안은 대백과사전을 총24권으로 하며 1권의 분량은 704면(본문 640면, 별쇄 64면), 7포인트 활자 4단조, 1면의 자(字)수는 2천880자, 문자와 삽화의 스페이스 비율(본문 8.5할, 삽화 1.5할), 1권의 원고 3천900여 매, 총24권의 원고 9만 4천 매, 총 항목 약 18만 등 백과사전 설계도를 그리는데 필요한 구체적인 사항들이 망라되어 있었던 것이다.

최덕교는 "바로 이거다."라고 소리치고 싶은 심정이었다. 도대체 백과사전 설계도를 어떻게 그려야 하는지 혼자 끙끙거리고 있는데 그야말로 모범 답안을 하나 발견한 격이었다.

그 외에도 시모나카의 글에는 '편집의 일반 방침', '용자(用字)의 방침', '원고를 받는 순서' 뿐만 아니라 '체제상의 방침'과 '편집 및 출판 방침'에 이르기까지 꼼꼼히 적혀 있어 최덕교가 백과사전 편찬계획을 세우는데 결정적인 도움을 주었다.

마침내 1931년 11월 25일 헤이본사 『대백과사전』 제1권이 세상에 나왔을 때 산세이도의 실패[19] 때문에 과연 헤이본사가 제2권, 제3권 등 끝까지 해낼 수 있을까에 대해 우려하는 목소리도 있었다고 한다.

이러한 우려에 대해 시모나카는 "지구의 운행이 정지되지 않는 한 헤이본사의 백과사전은 반드시 월 1권을 발행한다."고 강조하며 백과사전 발간에 대한 신념과 사명감을 보인 것은 최덕교에게 깊은 감명을 주었다.

그러나 최덕교가 시모나카의 글을 토대로 '대백과사전' 편찬계획안 작성에 골몰하면 할수록 무엇인가 부족한 것이 있지 않나하는 생각에 마음

---

19   산세이도(三省堂)는 1908년 일본대백과사전 제1권을 출간하였으나 전6권으로 간행하려던 작업이 규모가 점점 늘어나 재정압박이 가중되면서 결국 1912년 도산하고 말았다.

한구석이 차지 않는 듯한 느낌이 들었다. 시모나카의 백과사전 계획안은 훌륭하지만 이미 20여년도 더 지난 과거의 것이고 세상은 하루가 다르게 변하고 있다. 또 한국과 일본은 역사와 문화가 다르고 무엇보다 문자가 다르지 않은가. 문자가 다르다는 것은 세로판 짜기로 해야 할지 가로판 짜기로 해야 할지 또 한 면을 2단으로 할지 3단, 4단으로 해야 할지, 뿐만 아니라 글자의 크기 또한 7포인트냐 8포인트 아니면 9포인트로 해야 하는지 등 여러 가지 면에서 큰 차이가 있게 마련이다.

최덕교는 1957년 11월 초의 어느 날 퇴근하여 서소문 사무실[20]에서 이화여대 앞쪽에 있던 집으로 평소처럼 만보를 걷기 운동 삼아 걸어서 가고 있었다.

여전히 머릿속에는 백과사전 계획안으로 가득 차서 머리가 무거운데 어느 새 굴레방다리와 맞붙어 있는 아현시장 골목을 지나고 있었다. 그때의 아현시장 골목에는 고물상과 헌책방들이 어지럽게 늘어서 있었는데 헌책방에는 전쟁이 지나간 뒤에 모은 일서들도 제법 보이곤 했다.

그날은 신기하게도 간판도 없는 헌책방에 쌓아놓은 일본 후산보(富山房)의 『국민백과대사전』(전13권)이 눈에 띄었다. 지금까지 최덕교가 본 백과사전은 편집실에 있던 헤이본사의 『대백과사전』(전28권)이 전부였던 것이다. 최덕교는 두말 않고 후산보의 『국민백과대사전』을 구입하고 즉시 약조금을 주고 그 다음 날 리어카꾼을 불러 집으로 가져갔다.

굴레방다리에서 쭉 뻗은 이화여대로 가는 아주 넓은 오르막길을 올라 아현동 고개를 넘는데, 양화나루 쪽에 비낀 노을이 그날따라 유난히 더 붉게 타는 듯 했다. 최덕규는 또 하나의 백과사전을 품에 안고 예로부터

---

20 학원사는 서울 종로구 견지동 110번지에서 1956년 8월 서대문구 서소문동 120번지로 이사했다. 학원사는 서소문으로 이사하면서 그때까지의 셋집 사무실과는 달리 공놀이를 할 정도의 마당이 넓은 서소문 사옥을 매입하여 이전하였던 것이다. 서소문 사옥은 대지가 300평이 넘는 일본식 목조 2층 건물이었는데 개조하여 사무실로 쓰고 창고도 큼직하게 지었다.

마포팔경[21]의 하나로 손꼽히는 양진낙조를 바라보며 집으로 돌아오는 마음은 어린아이처럼 설레고 있었다.

최덕교는 집에 오자마자 『국민백과대사전』을 표지부터 살펴보았다. 책등은 초콜릿색 가죽에 '國民百科大辭典 富山房 1' 등의 글자와 이를 에워싼 장식은 금박으로 찍었고 표지는 짙은 밤색의 가죽 문양의 클로스(cloth)였다. 용지는 흔히 보는 서적지와는 달리 광택이 나는 미색 고급양지로 되어 있었다.

후산보의 백과사전은 헤이본사판과는 달리 2단 '가로짜기체제'로 본문 800면에 부록 30여 면이었다. 또 책머리에는 흔히 보는 발간사와는 달리 예언(例言)이라고 하여 편집 요지를 밝히고 『국민백과대사전』을 사용하는 방법을 적어놓았다.

그런데 최덕교의 눈길을 끌어당긴 것은 이 사전의 각 권마다 들어 있는 '국민백과 팸플릿'이었다. 이 팸플릿은 백과사전 발행에 따른 제반 소식을 독자에게 서비스하는 정보지로서 백과사전과 관련된 많은 기사가 실려 있었다. 그중에서도 제1호에 실린 세계의 서점 순례 '(1)라루스서점과 백과사전 사업'은 '백과사전이란 과연 무엇인가'라는 명제와 씨름하고 있는 최덕교에게 많은 것을 시사해 주었다.

프랑스의 라루스(Larousse)출판사는 1852년 피에르 라루스 (Pierre Larousse)와 P. A. 브아이에(P. A. Boyer)가 "서적으로 민중을 계몽한다."는 목적으로 창립했다.

라루스는 '인간의 모든 지식을 대중에게 개방한다'는 원대한 포부를 가

---

21 예로부터 전해오는 마포팔경은 다음과 같다. ①용호제월(龍虎霽月; 비갠 날 저녁 용산강에 뜬 달) ②마포귀범(麻浦歸帆; 마포 서강나루를 돌아드는 돛단배) ③방학어화(放鶴漁火; 방학교 샛강의 고깃배 불빛) ④율도명사(栗島明沙; 밤섬의 맑고 깨끗한 모래밭) ⑤농암모연(籠岩暮煙; 농바위의 저녁 때 오르는 열기) ⑥우산목적(牛山牧笛; 와우산 목동들 피리 소리) ⑦양진낙조(楊津落照; 양호진 석양 노을) ⑧관악청람(冠岳晴嵐; 관악산의 아지랑이).

지고 1865년부터 12년에 걸쳐 19세기『세계대백과사전』15권을 간행했다. 라루스 백과사전은 '디드로'가 발행한 백과전서와는 달리 새 시대에 맞는 참신하고 실용적인 형식을 개발했다. 바로 사전식 백과사전으로서 백과전서와 사전을 결합시킨 것이었다. 즉 그 어떤 부류에 속하거나 모든 말을 일률적으로 ABC 순으로 배열한 다음 그 밑에 각 말이 나타내는 사물이나 관념을 통일하여 단순 명쾌한 설명을 달았던 것이다.

이로써 지식욕에 불타는 사람들은 원하는 것을 쉽고 편리한 방법으로 얻을 수가 있었다. 라루스 백과사전은 "거기에는 모든 지식이 아무리 미세한 것이라도 빠짐없이 수록되어 있다. 이 책 속에는 무엇이나 찾기만 하면 반드시 있다. 없는 것을 찾기가 오히려 힘들 정도다."라는 전문가들의 평을 들을 정도였다.

이처럼 라루스는 백과사전에 생명의 활기를 불어넣는 한편 선택된 사람들에게 한정하지 않고 모든 사람들이 백과사전을 이용할 수 있도록 분위기를 조성했다. 또 라루스는 과학의 눈부신 발달과 시대의 변화에 호응해 1927년부터 6년에 걸쳐 총 6권의 20세기 라루스를 간행했다. 라루스는 이 20세기 라루스에 대해 단지 서적의 총 결산이 아니라 실로 지구의 완전한 조감도이자 고명한 대가들이 기라성처럼 늘어선 초상화의 화랑이며, 모든 실험실의 성과를 빠짐없이 도식에 담아 간직하고 있는 대실험실이자 박물학·고고학의 대박물관이라고 자부했다.

최덕교는 이와 같은 라루스출판사의 백과사전 사업에 관한 개요를 보고 또 보면서 학원사가, 김익달과 자신이 펴내고자 하는 대백과사전이 어떠한 모습이어야 하는지 이제는 그 윤곽을 잡을 수 있을 것 같았다.

최덕교는 이와 같은 세계적인 백과사전들의 편집계획안들을 참고하여 기본적인 편집 방침을 다섯 가지로 정하였다. 즉 항목의 정선, 내용의 충실, 해석의 정확, 편집의 세련, 인쇄의 정밀 등이 그것이었다.

최덕교는 그동안의 자료 조사 결과와 기본적인 백과사전 계획안을 김익달에게 보고하고 향후 진행 방향을 논의했다. 김익달은 최덕교의 기본적인 편집 방침에 전적으로 동의하면서 우리나라에서 최초로 발간하는 대백과사전이니 만큼 민족적인 주관과 세계적인 시야에서 일을 진행해야 한다는 것을 거듭 강조했다.

드디어 우리나라 최초의 현대적인 대백과사전의 간행, 그 큰일이 시작된 것이다.

큰일은 시작되었다

기본적인 편집 방침은 정해졌으니 이제 가장 시급한 일은 대백과사전 편찬 업무를 감당할 능력 있는 인재들을 모으는 일이었다. 1957년 11월, 학원사는 대백과사전 편집 사원을 공채하기로 했다. 신문에 백과사전 편집 사원모집 공고를 내고 학원사 이웃에 있던 서울문리사범대학[22](현 명지대학교 전신)의 교실 몇 개를 빌려서 시험을 보게 했다.

그때 합격한 사람이 박재서(후일 학원출판사 사장), 조우제(후일 진학사 사장), 이홍무(후일 숭실대학교 총장), 하동훈(후일 숙명여대 불문학과 교수) 등 모두 20대의 쟁쟁한 엘리트였다.

신입 사원의 출근은 12월부터였지만 앉을 자리가 마땅치 않았다. 당시 학원사 편집국에는 20여 명이 있었는데, 서소문 사옥이 좁아 백과사전 편찬부를 따로 마련할 공간이 없었던 것이다. 그래서 보다 넓은 장소를 물색해 보았으나 이 역시 여의치가 않았다. 그래서 신문로에 있는 김익달

---

22 2년제 남녀 공학의 초급대학으로서 서소문에 교사가 있었다. 후일 서울문리실과대학으로 교명이 변경되었다가 명지초급대학을 거쳐, 명지대학교가 되었다.

의 살림집 2층을 쓰기로 했다.

그 집은 대지 100평에 건평 60평이 넘는 2층 양옥으로 그전 해에 신축해서 이사한 집이었다. 2층에는 큰방 하나에 작은 방이 두 개였다. 작은방 하나는 자료실, 또 하나 작은방은 미술실, 그리고 큰방은 편집실로 쓰기로 하였다. 이렇게 해서 1958년 1월 대백과사전 편찬부가 정식으로 발족되었다.

처음에는 5명 정도로 시작했지만 2월 10명이 되고, 3월에는 20명, 그리고 일이 진행됨에 따라 48명으로 늘어났다. 그런데 문제가 하나 있었다. 백과사전 편집부를 이끌어 갈 편집부장 인선이 여의치가 않았다. 당시 학원사 내에는 부사장 최태열(후일 육민사 사장), 상무 손양삼(후일 학창사 사장), 경리부장 김상균, 총무부장 김영성, 《향학》 편집장 한무학, 단행본부 편집국장 유국현(후일 교문사 사장), 편집부장 주채원(후일 정향사 사장) 등의 간부진이 있었지만 현재 각자 맡고 있는 일들이 있어 백과사전 편집부장으로 앉히기에는 적절하지가 않았다. 그렇다고 출판계를 두루 살펴보아도 그때까지 백과사전 편찬에 이렇다 할 경험을 가진 사람도 없었다. 당시 한국 출판계의 발행인들이라고 해봐야 30대와 40대가 주축을 이루고 있었고 편집 분야는 20, 30대의 젊은이들뿐이었다.

그러던 어느 날 김익달은 최덕교에게 김천고등학교 교사 출신 소봉렬을 편집부장으로 채용하면 어떻겠느냐는 의견을 제시했다. 최덕교가 갑작스런 김익달의 제안에 의아해 하자 김익달은 당시 《학원》 편집장이던 '백동주'의 고등학교 은사인데, 백동주가 간절히 천거하고 있다는 경위를 밝혔다.

김익달이 최덕교에게 소봉렬의 천거 경위까지 밝혔다는 것은 이미 어느 정도 마음을 정했다는 뜻으로 보고 최덕교도 더 이상 이의를 달지 않고 편집부장 자리를 마련하고 소봉렬을 편집부장으로 맞이했다. 학원사 편집 사원은 공채가 원칙이었는데, 백과사전 편집부장만은 김익달이 특채를 한 셈이었다.

그 후 김익달은 백과사전 편찬부의 인사 문제에 대하여는 일체 관여하지 않고 최덕교가 알아서 하도록 일임했다. 그만큼 김익달은 최덕교의 사람 됨됨이와 일에 대한 열정을 깊이 신뢰하고 있었던 것이다. 백과사전 편집부가 본격 가동하면서 일은 폭발적으로 늘어나 그야말로 더 많은 일꾼이 필요한데 그때마다 공채를 하겠다고 시간을 낭비할 수가 없어서 추천과 소개로 필요한 인재를 채용할 수밖에 없었다. 아무래도 당시에는 가장 많은 참고 자료가 주로 일본 서적이었으므로 주로 일본어에 능통한 30대와 40대를 뽑았다. 뽑고 보니 고등학교 교사 출신이 대부분이었는데 전공과목별로 고르게 뽑았다.

편집부 인선이 대충 마무리되자 2월 중순부터 본격적인 업무에 돌입했다. 우선 그동안 1년 넘게 만지고 있던 '소백과'의 7천 장 넘는 원고에다 많은 소항목을 보완할 대항목, 중항목의 원고가 시급했다. 어휘 중심의 사전(辭典)과는 달리 백과사전에는 일정한 제목에 대하여 그 방면의 권위자, 전문가들이 깊이 있게 집필한 상당한 분량의 대항목이 들어가야 하기 때문이었다. 대항목은 15장에 50장 내외로 전문 권위자에게 집필을 의뢰했고 10장 미만의 중항목의 일부는 외부 전문가에게 청탁하거나 소항목과 같이 편집부 내부에서 쓰기로 했다.

이처럼 대항목·중항목·소항목으로 이루어지는 백과사전은 그야말로 지식의 보고인데 학원사가 우리나라에서는 최초로 그 모든 자식과 정보를 분류, 정리하여 누구나 쉽고 편리하게 찾아볼 수 있는 대백과사전 발간 사업에 돌입한 것이다. 처음에는 그 항목 수가 얼마가 될 것인지는 아무도 장담할 수 없었다. 또 처음부터 몇 권으로 한다는 계획도 없었다. 김익달 역시 그 분량이 어느 정도가 될지 짐작할 수가 없어 몇 권으로 하라고 지시하지 않았고 또 그럴 수도 없는 일이었다. 그 만큼 백과사전이란 그때만 해도 그 규모를 함부로 어림잡을 수 없는 방대한 양이었던 것이다.

최덕교는 대백과사전의 규모를 어림하기 위해 대항목 집필자들을 만나 자문을 구했다. 국학대 교수인 이상옥은 국사 항목이 아무래도 2만은 되지 않겠느냐고 했다. 또 민속학자 최상수도 민속 항목만 족히 1만은 될 것이라고 했다.

김익달은 자금 조달과 벤턴조각기에 의해 조각된 활자의 모양과 크기, 컬러 인쇄를 위한 동판, 사진판, 평판, 지도 제작, 아연판, 표지, 제책 등에 관한 사항을 하나하나 점검하고 준비하느라 그야말로 눈코 뜰 새 없이 움직이고 있었다. 대백과사전은 한 나라의 정신문화의 총화이고 지식 수준을 나타내는 바로미터이니 그 어느 것 하나 소홀히 할 수 없었던 것이다. 그러니 자연 원고를 쓰고 모으는 편집부의 일을 책임진 최덕교 역시 낮과 밤이 따로 있을 수가 없었다. 조사부는 조사부대로 원고에 가장 부합하는 도판 자료를 찾느라 열을 올리고 있었고 미술부에서는 동식물을 비롯한 많은 삽도를 그리고 있었다.

하늘은 스스로 돕는 자를 돕는다고 했던가. 최덕교가 편집부의 최정예 인력을 총동원하여 원고 수집, 정리, 항목 선정 등 백과사전 편찬 준비에 매진하고 있을 때 바로 가까이에 백과사전에 큰 도움이 되는 자료가 있음을 발견한 것이다. 그것도 일본의 자료도 미국의 자료도 아닌 우리나라 자료가 아닌가. 그것은 바로 불과 몇 개월 전에 을유문화사에서 발간한 전6권짜리 『큰사전』이었다.

원래 『큰사전』의 원고는 한글학회의 전신인 조선어학회 회원들이 1930년대부터 오랜 세월에 걸쳐 수집하고 정리한 원고였는데, 1942년 일제가 조선어학회 회원인 이희승, 이극로, 김병제, 최현배 등 30여 명을 체포 투옥한 이른바 조선어학회 사건으로 사라져 버린 원고였다. 그런데 해방 1

년 후 이극로, 김병제가 재판의 증거물로 운송 중 해방이 되는 바람에 한 국통운 창고에 방치되어 있던 그 원고들을 기적적으로 찾았던 것이다.

조선어학회 회원들은 하늘의 도움이라고 감격했고 곧 이를 우리말사 전으로 출판하기 위해 동분서주했지만 당시로서는 엄청나게 방대한 작업 이라 누구도 선뜻 나서는 사람이 없었다. 이와 같은 『큰사전』 원고에 얽 힌 사연을 알게 된 을유문화사 정진숙은 조선어학회 회원 이극로, 김병 제 등의 수차례의 간청에 숙고 끝에 출판을 결심하고 1947년 10월 9일 드디어 B5판, 564쪽의 제1권을 발행했던 것이다.

을유문화사는 1950년 6월 1일 『큰사전』 3권을 발행한 뒤 6·25가 터지 자 나머지 원고들은 숨겨 놓고 『큰사전』 발간을 중단할 수밖에 없었다.[23] 결국 한국전쟁이 끝난 후 '한글간소화'라는 철자법 파동을 거쳐 1957년 10월 9일에야 6권까지 발행함으로써 『큰사전』이 완간되었던 것이다. 무 려 10년이란 세월이 걸린 셈이었다.

이렇게 온갖 우여곡절을 겪으면서 간행된 『큰사전』은 1923년 조선총독 부가 발행한 『조선어사전』의 6만 어휘와는 비교도 안 될 정도로 수록 표 제어만 16만 4천125개였다. 이 중에는 어휘와 함께 인명, 지명 등의 고유 명사를 비롯한 수많은 동·식물명과 인류사회 전반의 사물과 사상(事象) 을 나타내는 사휘(事彙)가 상당수 포함되어 있었다. 말하자면 개개의 낱 말의 뜻풀이를 모은 책이 사전(辭典)이라면 사휘(事彙)를 폭넓게 모아 해 설한 책이 바로 백과사전인 것이다. 그런 의미에서 이 『큰사전』은 대백과 사전의 항목을 설정하는데 큰 도움이 되었다. 또 그 무렵 우리나라에서 는 처음 나온 정태현 편 『한국식물도감』도 큰 도움이 되었으나 나란히 있

---

23 한글학회는 6·25가 발발하자 '큰사전' 원고의 원본을 편찬원 유제한의 고향인 천안으로 옮겨 항아리에 담아 땅속에 묻었고 이보다 앞서 10여 명의 인원을 동원해 한 달 동안 작업해 만든 복사 본을 역시 항아리에 담아 최현배 집 마당에 묻어두었다. 『출판인 정진숙』, 을유문화사, 2007. 149-150면.

어야 할 '동물도감', '조류도감'은 없었고 또 나온다는 소식도 없었다. 결국 어류학자 정문기를 편집실에 초청하여 세밀한 감수를 부탁하고 일본어로 된 수많은 물고기의 이름을 우리말로는 뭐라고 부르는지 하나하나 물어볼 수밖에 없었다.

하지만 아무리 구할 수 있는 데까지 구해도 백과사전 편찬에 필요한 참고 자료와 참고 문헌은 역시 태부족이었다. 더 많은 자료를 국내에서는 구할 수가 없어 어쩔 수 없이 충무로에 있는 '동남도서' 등 몇몇 집의 수입 서적상을 활용할 수밖에 없었다. 당시는 해외여행도 자유롭지 못했을 뿐만 아니라 우편물조차 제한이 있었기 때문에 잡지나 책을 구하는 일도 쉬운 일이 아니었던 것이다. 새로 수입한 자료 중에는 2차 대전 후 헤이본사가 1955년부터 순차로 발행한 신판 『세계대백과사전』(전32권)이 큰 도움이 되었다. 이 신판 『세계대백과사전』은 구판과 달리 A4판 3단 가로짜기여서 그 체제부터가 시원하고 참신했다. 그리고 무엇보다 상세하게 기술한 '범례'는 새로이 백과사전을 편찬하는데 중요한 참고 자료가 되었다.

경쟁사가 나타나다

1958년 4월 중순, 학원사 백과사전 편찬부는 그때까지도 편집 일정이며 작업 공정, 발행 일자에 대한 계획표조차 제대로 작성하지 못하고 그저 원고 작성, 원고 청탁 등 눈앞의 일에만 열중하고 있었다. 그런데 바로 그때 뜻밖의 소식이 들려와 김익달과 최덕교는 물론이고 백과사전 편찬부 전체를 긴장하게 만들었다.

그것은 한 소식통이 당시 출판사 중에서는 가장 규모가 크고 막강하다고 알려진 동아출판사에서도 백과사전을 준비하고 있다는 얘기를 전해 주었던 것이다. 당시 동아출판사는 사원도 학원사보다 몇 배나 많고 최신 시설을 갖춘 인쇄 공장을 갖고 있었다.[24]

김익달과 최덕교는 이 날벼락 같은 소식에 난감하지 않을 수 없었다. 백과사전 편찬이란 오랜 시일과 막대한 자금, 각 분야의 최고 전문가들과 많은 편집 인력이 투입되어야 함은 물론 인쇄, 제본 등 각 관련 분야의 유기적인 협력이 있어야 가능한 일이었다. 또 갖은 난관을 극복하고 백과사전이 발행되었다고 하더라도 과연 성공할 수 있을지는 장담할 수가 없는 일이었다. 이미 일본의 저명한 출판사인 산세이도의 도산을 익히 알고 있지 않은가.

김익달과 최덕교는 서로 말하지 않아도 이 일을 어떻게 대처해야 하는지 알고 있었다. 상대가 아무리 자금이나 시설 면에서 막강한 실력을 갖추고 있다 하더라도 이제 와서 백과사전 편찬을 미루거나 포기할 수는 없었다. 이 난관을 돌파할 수 있는 방법은 오직 하나 정면 돌파밖에는 없었던 것이다. 더 좋은 백과사전을 하루라도 빨리 내는 도리밖에 없었다.

김익달과 최덕교는 편집부 전 직원들과 같이 그때까지의 상황을 점검해 보았다. 현재까지 들어온 원고가 얼마이며 앞으로 들어올 양은 또 얼마나 되는지 가늠해 보았다. 그리고 B5판 1천 페이지를 한 권으로 했을 때 도대체 몇 권의 책이 되는지 서둘러 계산해 보았다. 대략 다섯 권에서 여섯 권이면 좋겠다는 의견이 많았다. 좀 더 여유를 가지고 차분하게 진행하던 일들이 이젠 어쩔 수 없이 달음박질을 치게 되었고 백과사전 편찬부는 그야말로 전시체제로 돌입했다.

---

24 당시 동아출판사는 서대문경찰서 뒤 900평 대지에 3층 건물의 사옥을 가지고 있었는데 1층이 인쇄소·제본소, 2층이 편집실·영업실, 3층에 조판실이 있었다. 그리고 1959년에는 사옥을 5층으로 증축하였는데 직원만 600명에 달하는 거대한 출판사였다. -김상문, 『빈손으로 와서 빈손으로 간다』, 상문각, 1992. 94면, 109면.

5월에 접어들면서 30명이 넘는 편찬 인력을 제1권에 집중 투입했다. 모두들 퇴근 시간이 따로 없었다. 퇴근 시간이 지나도 저녁을 먹고 다시 사무실로 돌아와 우선 제1권을 편찬하는 일에 매달렸다. 모두들 회사의 운명이, 그리고 자신의 운명이 이 한 권에 달려 있다는 각오와 일치단결된 마음으로 눈에 불을 켜고 원고를 만지고 삽화와 사진, 각종 도표를 점검했다.

최덕교는 다시 한 번 제1권의 진행 상황을 챙겨보았다. 아무래도 대백과사전의 중심 내용이며 특징이라고 할 수 있는 '대항목'에 좀 더 힘을 기울이기로 했다. 대항목은 분량도 15장 이상 50장으로 양도 양이지만 무엇보다 전부 학계·문화계 등 각계의 석학들과 전문가들이 집필한 원고이므로 백과사전의 핵심이라고 할 수 있었다.

드디어 1958년 6월 1일, 원고의 첫 꼭지가 공장으로 넘어갔다. 공장은 이미 오래전부터 함께 하기로 했던 평화당인쇄(주)였다. 김익달은 최덕교와 함께 직접 원고를 들고 갔다. 공장 형편은 그리 넉넉한 편이 아니었다. 식자공 네 사람 이상은 붙일 수가 없다는 이야기였다. 식자가 4명이면 문선은 8명, 숙련공 한 사람이 하루에 잘 짜야 6페이지, 4명이면 24페이지가 나온다. 그런데 당시 경쟁사는 식자공만 해도 100명이 넘고 활자도 벤턴자모조각기에서 나온 신체활자를 이미 갖추고 있었다. 활자야 평화당에서도 벤턴조각기에서 나온 신체활자를 쓰기로 했으니 같은 조건이지만 문제는 조판이었다.

김익달은 인쇄소에서 돌아오는 길에 길가의 다방에 들러 최덕교와 향후 일정에 대해 한참 이야기를 나누었다. 요컨대 밤을 새워서라도 9월 중순까지는 무조건 첫째 권을 내자는데 의견이 일치되었고 서로가 서로에게 다시 한 번 다짐한 자리였다.

편집자의 일상에서 가장 기분이 나는 일 중의 하나가 애써 만든 원고를 공장으로 보내서 그것이 조판되어 교정쇄가 나올 때이다. 『대백과사전』 제1권의 첫 꼭지 교정쇄는 원고를 돌린 지 5일 만에 나왔는데 최덕교가 직접 인쇄소로 가서 공장장으로부터 받았다. 가장 먼저 벤턴조각기가 만든 신체활자가 눈에 띄었다.

새로 만든 활자는 세련된 8포인트 활자였다. B5 크기의 표지에 깨알같이 박힌 그 한 자 한 자가 앞으로 백과사전이라는 위대한 작품에 쓰이겠구나 생각하니 남다른 감회가 일었다. 최덕교는 공장장으로부터 작업 공정과 작업 계획에 대한 설명을 들으면서 조판 체제를 살펴보았다. B5판 2단 가로짜기, 그 1단은 25자×57행=1천425자, 즉 1천500자×2단=3,000자, 그러니 1면에 200자 원고 15장이 소요된다는 계산이다. 최덕교는 교정쇄를 가지고 돌아와 편집부장과 몇몇 주역들과 둘러 앉아 교정 계획을 세우는 회의를 장시간했다.

오늘날의 컴퓨터 작업에서는 '재깍'하면 나오는 교정쇄인데, 당시의 교정쇄가 나오는 과정은 참으로 거추장스러운 전근대적인 것이었다. 예컨대 1면에 납활자 3,000자를 손으로 식자(植字:조판)해서 무너지지 않게 질긴 실끈으로 단단히 조여매고 흔히 게라판[25]이라고 하는 대개 목재로 만든 쓰레받기 모양으로 된 보관 상자에 두었다가 그것을 교정쇄에 올려 놓고 롤러에 흑색 인쇄 잉크를 묻혀 그 조판된 활자 면에 고르게 밀어주고 그 위에 백지(갱지)를 얹어 수동으로 인쇄하듯이 박아내는 것이다.

이처럼 교정쇄가 나오기까지는 한참의 시간과 노력이 필요했으니 오늘날의 그것과는 전혀 달랐다. 더구나 백과사전과 같은 방대한 책이라면 B5판 1,000면을 조판하여 보관하려면 보관 상자만 해도 500상자[26]가 필

---

25 영어로 galley인데 "조판해 놓은 활자를 담아두는 목판을 말한다. 교정쇄는 galley proof"라고 한다.
26 1상자에 2면씩 넣음.

요하다. 그러니 그 많은 납활자의 무게는 얼마이며 또 그 금액은 얼마인가. 오늘날은 1만 페이지를 조판해도 그것이 어디 있는지조차 모르고 컴퓨터 하나만 잘 관리하면 그만이다. 하지만 1950년대 조판이란, 더구나 백과사전과 같은 1권당 1천 페이지짜리 조판이란 지금으로서는 상상하기조차 어려운 일이 아닐 수 없다.

이제 교정쇄가 나오기 시작했으니 그 다음 단계는 사전 편찬에 있어서 가장 큰 작업이라는 교정이었다. 일본의 후산보(富山房) 『국민백과대사전』의 경우에는 10교를 보고 다시 집필자에게 교열을 받았다는 기록이 있었다.

최덕교는 교정 계획을 세우는 회의에서 후산보 백과사전의 실례를 들면서 편집부원들의 의견을 들었다. 결국 교정에 관한 여러 의견을 종합한 결과 초교쇄는 수정자가 많고 복잡할 테니까 A4 용지에 1면씩 박아서 두 사람이 각기 빨간 잉크와 파란 잉크로 보고, 재교쇄 이후는 8절지에 2단씩을 앉혀서 2인이 보고, 3교쇄·4교쇄 또 2인이 보면 모두 8교를 보는데 이것을 OK장으로 하고 5교쇄를 내서는 주간인 최덕교 책상 위에 놓기로 했다.

이 5교쇄는 인쇄에 들어가기 전까지 누구든지 고칠 일이 있으면 편집부장이나 주간에게 말하고 고치는 것으로 했다. 한자(漢子)가 많은 교정이 아니고 한글 위주니까 8교면 좋겠다는 의견이 모아져 그대로 결정했던 것이다. 당시는 볼펜이 없었던 때라 펜으로 교정을 보았는데 혼자서 보는 것은 빨간 잉크로, 둘이서 보는 것은 반드시 빨강·파랑 2색으로 보고 각자 사인을 하게 했다.

교정이 시작되면서 편집실에는 아침에 출근하면 빨강·파랑 잉크부터 준비해야 했고 하루 종일 철필로 그 파랑·빨강 잉크를 번갈아 찍어가면서 일을 하곤 했다.

교정쇄가 나오기 시작하면서 김익달은 더 바빠졌다. 평생의 숙원 사업이자 학원사의 모든 것을 걸고 하는 대백과사전 편찬사업이었다. 단 한 자의 오자도 있어서는 안 되는 일이었다.

김익달은 거의 매일 아침 조판과 인쇄가 진행되는 평화당인쇄(주)에 출근하다시피 했다. 교정지가 나오면 편집부 교정 작업과는 별도로 교정지를 들고 평화당인쇄소 건너편에 있던 일조각의 한만년을 찾곤 했다.[27]

일조각의 한만년 대표는 "백과사전 제작이 진행되는 동안 김익달은 거의 매일 아침 평화당으로 출근하여 평화당의 이일수 사장과 진행에 관한 논의를 했는데, 그 일이 끝나면 평화당 길 건너에 조그만 방 하나로 풋내기 출판사를 차렸던 자신을 찾았다."고 회고했다. 김익달은 한만년에게 열변을 토하듯이 백과사전과 그 진행 사항에 대해 얘기하곤 했다. 한만년은 긴장된 표정의 김익달이 자신에게 진행 사항을 설명하는 것은 정리해서 말함으로써 새로운 아이디어를 얻는다는 것과 점심까지의 시간을 때우는 두 가지 목적이 있었다고 했다.[28]

교정쇄가 나오기 시작하자 전쟁터는 백과사전 편집부만이 아니었다. 원래 출판사와 인쇄소 사이에는 으레 실랑이가 있기 마련이다. 조판이며 정판을 보다 빨리 해내라는 것이 출판사의 요구라면 원고에 교정을 좀 더 잘 검토하고 보내라는 것은 인쇄소의 요청이다. 권당 1천 페이지가 넘고 1면당 3,000자가 들어가는 백과사전이라면 더 말할 나위가 없다. 최덕교는 편집부 직원을 평화당인쇄소에 상주시키기로 했다. 공장 측에서 내용을 잘 모르는 것이 있으면 알려준다는 것이 그 명분이지만 일의 진행 사항을 감시, 감독하는 역할이라는 것을 평화당 직원들이라고 모를 리가

27 당시 평화당인쇄(주)는 종로구 견지동 60번지에 있었고, 한만년이 설립한 일조각은 종로구 공평동 9번지에 사무실이 있었다.
28 한만년, 「기발한 착상, 무서운 추진력」, 『학원세대와 김익달』, 학원김익달전기간행위원회, 1990. 278-279면.

없다.

공장에 파견된 편집부 직원은 깐깐하게 일을 챙기고 일의 진행을 독촉하고자 왔지만 막상 현장을 목격하고는 어느새 평화당 측을 옹호할 수밖에 없게 된다. 그러면 전화통에서 "왜 그렇게 재교, 삼교가 안 빠지는가."라는 최덕교의 고함 소리가 귓전을 때리기 마련이었다.

"제가 봐도 볼 수 없을 정도로 교정쇄를 빽빽이 고쳐 놔서요."라며 편집부 직원은 평화당을 대신해 변명했다.

그러면 최덕교는 "당신은 일을 촉진시키려 간 사람이오. 늦추러 간 사람이오? 왜 오전 중에는 판이 된다고 하였는데, 지금이 몇 시요? 그럴 지경이면 쓰지도 못할 판, 아예 엎어 버려요."라며 재촉했다.

판을 엎으라는 건 아예 처음부터 다시 하자는 얘기다. 편집부 직원도 속이 타긴 마찬가지다.

"판을 엎으면 더 늦어요."라고 할 밖에 없었다. 그런데 정작 더 큰일은 교정을 보고 있던 백과사전 편집부에서 터지고 말았다. 30여 명이 종이 넘기는 소리만 들리는 침묵 속에서 진행하던 교정 전쟁터에서 기어이 폭발음이 나고야 말았다.

최덕교는 팽팽한 긴장과 침묵을 일순간에 깨뜨리는 소리에 놀라 그 경위를 살펴보지 않을 수 없었다. 바로 '띄어쓰기'가 문제였다. 한글맞춤법은 바르고 틀린 것은 이내 알 수 있지만 '띄어쓰기'는 애매모호한 것이 적지 않았다. 예컨대 '우리나라'를 앞의 교정자는 '우리 나라'로 띄어 놓았는데 그 다음 교정자는 다시 '우리나라'라고 붙여 놓는다면 어떻게 되겠는가? 그러면 후자가 전자의 교정 실력을 무시하는 뜻이 된다. 그래서 화가 치밀어 한소리를 높여 침묵을 깬 것이다 모두가 20대 30대의 혈기 방장한 신진기예들이다. 그러니 그냥 넘어갈 수가 없었던 것이다.

또 띄어쓰기에는 이것만이 문제가 아니었다. 또 다른 예를 보면, "그는 차 한 잔 값인 500 원으로 시집 한 권을 사서 1 주일에 세 번 읽었다."
고 할 때 이 27자의 문장에는 15군데에서 띄어쓰기를 해야 한다. 1단 25
자로 정해진 이 백과사전에 이런 띄어쓰기가 과연 합리적인 것일까? 이
것은 백과사전만의 문제가 아니고 그 1단의 자수가 정해진 오늘날의 신
문이나 잡지도 마찬가지다. 그래서 새로 발간할 대백과사전에서는 이 문
장의 "한잔, 500원, 한권, 1주일, 세번"등은 붙여도 무방하다고 결정했다.
또 교정자 중에는 '두발'을 꼭 '머리털'로, '폐'를 꼭 '허파'로, '맥고자'를 꼭
'밀짚모자'나 '보리짚모자'로 고쳐 쓰는 이가 있고 또 내과(內科) · 외과(外
科)를 내꽈 · 외꽈로 읽으면 되는데, 그것을 꼭 냇과 · 욋과와 같이 사이시
옷을 넣기를 주장하며 사이시옷 노이로제를 일으키기도 했다.

그뿐이 아니었다. 외래어 표기도 '뉴욕'으로 하면 될 것을 문교부 표기
안이라고 하여 '뉴우요우크'를 들고 나와 실랑이하는 경우도 있었다.

결국 이러한 문제에 대해 지휘봉을 든 주간은 어떤 형태로든지 방향을
제시해야 했다. 몇 사람의 주역들과 상의한 결과 맥고자나 밀짚모자는
어느 쪽이라도 좋고 외래어 표기는 '뉴우요우크'보다는 흔히 쓰는 관용어
인 '뉴욕'으로 하자고 결론을 냈다.

최덕교는 한글 간소화라는 철자법 파동 때문에 『큰사전』 발간이 2년 6
개월이나 지연된 사실을 상기하면서 애매모호한 띄어쓰기는 어지간히 해
두기로 했다. 띄어쓰기 하나를 가지고 결론이 날 때까지 마냥 붙잡고 있
을 수는 없었던 것이다. 또 교정 시에 늘 마음에 새기는 "교정을 무서워
하라."라는 말도 다시 한 번 되새겼다. 후산보의 국민백과 팸플릿에도 나
와 있듯이 "10교를 정밀히 보고 집필자 선생에게 보내어 교정을 받은 뒤
인쇄해도 책이 나오고 보면 오자가 있게 마련이다."라는 말을 떠올리곤
했다.

또다시 난관을 뚫고

백과사전 편집부에서는 하루하루를 침묵 속에서 치열한 전투를 치르듯 눈에는 불꽃이 일다시피 교정을 보고 있는데, 최덕교는 전혀 생각지 못했던 장벽에 부딪치고 말았다.

사실 교정쇄가 나오기 전인 지난 5월부터 그런 기미가 조금씩 나타나긴 했지만 설마설마하고 있었는데 기어이 전면에 불거지고 말았던 것이다. 백과사전에서 특히 중점을 두었던 대항목에 대해서는 각 분야의 석학과 전문가가 집필하는 청탁원고이므로 원고를 받을 때는 으레 "수고하셨습니다."라며 사례로 원고료를 드리는 것이 당연한 일이었다. 그런데 이게 무슨 말인가? 경리부에 자금이 더 이상 없다는 것이 아닌가. 대항목은 제1권만이 아니라 제6권에 들어갈 것까지 미리 청탁했기 때문에 그 원고료도 적지 않았던 것이다. 백과사전을 만들겠다는 학원사가 원고료도 낼 수 없는 형편이라는 소문이라도 난다면 정말 심각한 일이 아닐 수 없었다.

최덕교는 이러한 자금 사정을 사장인 김익달에게 상의하는 것이 당연한 절차였지만 만약 그렇게 하면 김익달은 당장 사채 빚이라도 얻어 원고료를 지불하겠다고 할 것이 불을 보듯 뻔했다. 그렇게 되면 그 살인적인 사채 이자도 문제지만 학원사의 재정 상태가 밖으로 흘러나가는 것은 시간 문제였다. 최덕교는 궁여지책으로 한 가지 방안을 생각해 냈다. 그것은 최태열 부사장과 손양삼 상무에게 상의하여 학원사에서 잘 나가는 참고서 등을 최덕교 앞으로 출고해 주면 그 책을 '덴바이'에게 넘겨주고 그 돈을 받아서 쓰면 어느 정도는 버틸 수 있지 않겠느냐는 것이었다.

최태열과 손양삼 역시 사정이 정 그렇다면 그렇게라도 해야 하지 않겠느냐며 최덕교의 제안을 받아들였다. 물론 사장인 김익달은 모르는 것으로 하자는데 다들 동의했다. 평생을 정도만 고집하는 김익달이 알면 불호령이 내릴 것은 뻔했기 때문이다. '덴바이'란 일본말인데 우리가 흔히 '전매'라고 하는 것이다. 미등기 아파트의 전매처럼 샀던 물건을 도로 파는 것을 말한다. 당시 서점가에서는 베스트셀러를 비롯한 잘나가는 책을 자전거에 싣고 책방을 돌면서 출판사보다 할인율을 낮게 판매하는 꾼이 있었는데, 이 같은 자전거 판매를 일본어 그대로 '덴바이(轉賣)'라고 했다. 요즈음으로 치면 덤핑으로 물건을 신속하게 팔아 치우고 현금을 확보하는 것이다.

'궁하면 통한다'고 마침 유능한 '덴바이꾼'을 찾게 되어 원고료를 요긴하게 조달할 수 있었다. 이러한 자금 압박은 제1권이 나올 때까지 지속되었으니 대백과사전 편찬주간인 최덕교로서는 체면이 서지 않는 일일뿐만 아니라 또 얼마가 필요한지 하루하루를 피를 말리며 제1권의 출간을 기다릴 수밖에 없었다.

6월 중순부터는 제1권에 대한 교정이 본궤도에 올라 7월 들어서는 그 정점을 향해 거침없이 치닫고 있었다. 한 지붕 밑에서 편집부 40여 명이 빽빽하게 붙은 책상에 앉아 에어컨은 상상도 못하던 때라 7, 8월 한더위를 또 어떻게 넘기나 하고 궁리하고 있는데, 또 전혀 얘기치 못했던 사태가 일어났다.

7월 초순의 어느 날 백과사전 편찬원 두 사람이 퇴근 무렵 주간인 최덕교를 좀 만나자고 하여 근처 다방으로 갔다. 두 사람은 30대 중반을 넘은 중견들로서 출판 인쇄계에서의 경력도 상당하여 최덕교로서도 평소 믿음직하게 생각하던 사람들이었다. 근데 그 두 사람의 입에서 놀라운 이야기가 흘러나온 것이다. 첫째는 경쟁사에서 백과사전 멤버 중 몇 사람을 스카우트하려고 작업을 하고 있다는 것이고, 둘째는 백과사전 편찬원 대부분이 현재의 봉급 수준에 불만을 안고 있다는 것이었다. 최덕교는 그동안 앞뒤 가리지 않고 백과사전 편찬이라는 앞만 보고 달려온 터라 가슴이 철렁했다.

원고료도 사장 몰래 '덴바이'를 통해 겨우 조달하는 형편인데 경쟁사의 스카우트 공작과 봉급 불만이라니 이 일은 어찌해야 한단 말인가!

최덕교는 그 다음날 퇴근 후 신문로 큰길 건너편 골목 안에 있는 중국집 홍성루에서 주역 몇 사람과 마주 앉았다. 7, 8월만 잘 버티면 9월에는 제1권이 나올 판인데, 제발 모두들 딴 생각하지 않게 잘 다독거려 달라고 부탁하는 수밖에 별도리가 없었다. 사실 경쟁사의 스카우트 공작은 편찬원들에게만 있었던 것이 아니었다. 주간을 맡고 있는 최덕교에게도 추파는 여러 번 왔었다. 그래도 명색이 주간인지라 그 방법은 좀 더 교묘했다. 우선 학원사 사장인 김익달과 아주 친숙한 사람이 학원사 사장을 직접 찾아가 "최 주간이 마음이 변했다."고 전한 것이다. 그리고 또 다른 사람은 최덕교에게 지금보다 훨씬 좋은 조건을 제시하며 수작을 부렸던 것이다.

하지만 김익달이나 최덕교가 그런 말에 미동이라도 할 사람들인가. 최덕교는 흔들리지 않고 여전히 백과사전 편찬에 전력을 다했고 김익달은 아예 그런 내색조차 없었던 것이다. 김익달은 조판이 본격적으로 나온 6월 중순부터는 매일 아침에 인쇄소를 들러 이일수 사장과 진행 상황과 예정을 상의하고 오후에는 잘 나오지 않던 편집실에도 매일 나왔다. 그러고는 가장 늦게까지 남아 최덕교와 마주 앉아 그날의 진행 상황을 듣고 앞으로의 일정에 여러 가지 대책을 의논했다.

한여름에 접어들면서 조판 작업 역시 정점을 치달으며 대백과사전 편집부와 평화당 공무국 사이의 접전은 대회전으로 바뀌고 아이 싸움이 어른 싸움이 된다고 김익달과 평화당의 이일수와의 의견 충돌도 여러 차례 있었다. 하지만 평화당의 이일수 역시 학원사와 한 배를 탔고 한국 최초의 백과사전을 조판한다는 긍지와 의욕에 불타 있었다. 김익달과 의견

충돌이라도 있는 날이면 김익달과 저녁 식사를 함께하고 소위 3차, 4차로 서울의 밤거리를 누볐다.

당시 김익달은 40대 초반이었고 이일수는 30대 초반이었다.[29] 그래서인지 조판 작업은 예정보다 앞당겨져 7월 중순에 끝나고 교정만 8월 중에 마무리 되면 드디어 9월 중순에는 제1권이 나올 전망이 보였다.

제1권의 본문은 전지 30장×32면=960면으로 결정했다. 1권의 교정을 8교로 본다면 7천680면(960면×8교), 1면에 3,000자이니 총 합계가 2천304만 자가 된다. 이 2천304만 자 중에서 오식 글자를 찾아내는 작업이 교정인 것이다. 학원사 대백과사전 편찬부 30여 명은 6월부터 8월까지 첫더위에서 한더위까지 그 힘겨운 작업을 해왔다. 7교, 8교를 본 다음에는 그중 한 벌은 공장으로 보내고 한 벌은 최덕교 책상 위에 두고 인쇄가 되기까지 누구든지 보면서 고칠 수 있게 했다. 모두들 한민족의 대백과사전을 편찬한다는 이 역사적인 일에 자부심과 긍지를 가지고 마침내 해내고 말았던 것이다.

또 절벽이

8월에 접어들자 도무지 끝이 보이지 않을 것 같던 2천3백만 자에 대한 교정 작업도 끝이 보이는 것 같았다. 다들 조금만 더 힘을 내자며 손과 옷에 빨강, 파랑 잉크를 묻혀가며 마지막 피치를 올리고 있었다.

김익달은 또 다른 일로 동분서주하고 있었다. 이제 9월이면 대백과사전 제1권이 나올 테니 교정지를 찍는 갱지가 아니라 백과사전을 찍을 고

29 이일수 「대백과사전의 창간 무렵」, 『학원세대와 김익달』, 학원김익달전기간행위원회, 1990. 225면.

급 백상지를 준비해야 했다.

그런데 이게 무슨 일인가! 지업상들의 분위기가 심상치 않았다. 어느 지업상도 선뜻 종이를 대겠다고 나서는 곳이 없었다. 지금까지 출판계에서 쌓아온 신용으로 치면 둘째가라면 서러워할 정도의 김익달인데, 백과사전 출판에 필요한 종이를 주지 않겠다니 이럴 수도 있는가.

김익달은 이게 어떻게 된 것인지 여러 방면으로 사정을 알아봤다. 그랬더니 그동안 학원사가 백과사전 편찬을 위해 막대한 자금을 쏟아붓다가 사채도 끌어 쓰고 막판에는 자금이 달려 잘나가는 참고서들을 '덴바이'꾼을 통해 덤핑 처분하였는데도 원고료도 주지 못했다는 소문이 이미 지업상들까지 퍼져 있었던 것이다. 심지어 어떤 지업상은 학원사는 이제 망했다는 얘기도 했다.

거기다가 엎친 데 덮친 격으로 막강한 동아출판사와 경쟁이 붙었으니 결과는 뻔하다는 것이었다. 학원사는 이미 빚더미 위에 올라 출판계에서는 이미 망해 버렸다는 소문이 퍼지기 시작했다는 것이다.[30] 그래서 지업상들은 백과사전 출판에 종이를 주었다가 종이 대금을 떼이기 십상이라 종이를 댈 수 없다는 결론을 내렸다는 것이다.

김익달은 참담했다. 무슨 일이 있어도 백과사전 편찬이라는 숙원 사업을 해내고야 말겠다는 신념에서 지금까지 최덕교를 비롯한 50여 명의 편집부 직원들과 눈에 불을 켜고 달음박질치듯 달려와 이제 결승선이 얼마 남지 않았는데, 온몸에 힘이 풀려 한 발자국도 나아가지 못하고 있는 꼴이었다. 미리미리 계획하고 대비하지 못한 자책감과 모두에게 미안하여

---

30 당시 《자유문학》의 편집장이었던 김시철은 "빈 독에다가 물 붓듯이 쏟아부어야하는 막대한 제작비는 자체 능력의 한계를 넘어 사채라는 비상수단이 동원되어야 했고 재정 압박으로 인한 고충은 한때 출판업을 중단하느냐 마느냐 하는 '사운'하고도 관계가 되었다. 한때 이런 악조건으로 당시 김익달 사장과 최덕교는 자살까지 계획했다는 소문이 유포되면서 많은 사람을 안타깝게 만들었다고 한다."고 기술했다. 김시철, 『격랑과 낭만』, 청아출판사, 1999. 49~50면.

밥이 넘어가지 않고 잠을 잘 수도 없었다.

세상인심이 이리 야속할 수 있는지 세상을 원망하기도 했다. 오랫동안 거래해 오던 지업상들도 학원사가 망했다는 소문에 모두 얼굴을 돌렸으니 참 기업의 세계란 이처럼 냉혹한 것인가?

김익달은 지업상들로부터 도저히 종이를 구할 수 없게 되자 우이동 골짜기로 달려가 풀밭에 털썩 주저앉아 하늘을 우러러보며 소리 내어 통곡했다. 어린 나이에 일본으로 가는 밀항선을 탔을 때에도, 결핵에 걸려 병마와 싸울 때에도, 한국전쟁으로 모든 걸 버리고 가는 피란길에서도 결코 소리 내어 통곡해 본 적은 없었다.

김익달은 다시 정신을 가다듬고 상황을 정리해 보았다. 이제 모든 것은 준비가 되었으니 종이만 구하면 되는 상황이었다. 종이를 구해 백과사전 제1권이 나온다면 틀림없이 출판계, 아니 나라 전체에 선풍을 일으키게 될 것은 틀림없다고 확신하고 있었다. 그만큼 백과사전은 김익달과 최덕교 뿐만 아니라 우리나라 최고의 석학과 전문가, 그리고 사명감에 불타는 편집부 직원들까지 모두 합심하여 만든 최고의 책이라는 자부심이 있었다.

김익달은 결심했다. 을유문화사를 설립한 정진숙 사장을 찾아가기로 한 것이다. 정진숙은 1945년 을유문화사를 설립하여 1947년 사람 키보다도 더 높은 조선어학회의 방대한 원고를 보고 아무도 출판하려고 하지 않던 『큰사전』을 출판하겠다고 결단을 내린 사람 아닌가.

김익달은 정진숙을 찾아가 그동안의 사정을 설명하고 백과사전 편찬에 필요한 종이를 빌려 달라고 청했다. 정진숙은 김익달이 한국전쟁 중 《학원》을 창간하여 청소년들에게 희망을 준 사실을 잘 알고 있었을 뿐만 아니라 국제회의에도 같이 참석한 일이 있어 김익달의 인물됨을 익히 알고 있었다.

김익달의 말을 들은 정진숙은 『큰사전』을 출판하는 데에는 록펠러 재단으로부터 제작 물자를 지원받았고 1956년 『영한의학사전』을 출판할 때에는 아시아재단[31]으로부터 용지를 지원받은 사실을 회고했다. 그런데 김익달은 그 어떤 단체나 누구의 도움 없이 한민족, 한나라의 정신문화의 총화라는 백과사전 편찬이라는 대사업을 이만큼 진행해 온 것이 아닌가, 이 얼마나 장한 일인가.[32]

정진숙은 그 자리에서 두말 않고 그렇게 하자고 하였다. 나라와 민족을 생각하는 두 사람의 마음은 사업상의 이해관계를 초월했던 것이다. 김익달보다 네 살 연상인 정진숙과의 각별한 인연과 우정은 이렇게 하여 더욱 두터워졌고 이후 두 사람은 우리나라 출판계에서 많은 일을 함께 하게 된다.[33]

이렇게 해서 정진숙은 1천 페이지짜리 백과사전 1만 부를 찍을 수 있는 고급 백상지 600연(1연은 전지 500매)을 선뜻 내놓았다. 을유문화사 정진숙의 도움으로 종이를 구한 김익달은 드디어 1958년 9월 15일 우리나라 최초의 『대백과사전』 제1권을 발간하게 된다.

우리나라 최초의 『대백과사전』 고고의 성을 울리다

드디어 1958년 9월 15일, 우리나라 최초로 『대백과사전』 제1권이 발간되

---

31 미국 사회의 저명인사들이 모여 아시아의 개발을 목적으로 1954년 창단한 단체다. 샌프란시스코에 본부를 두고 정치·경제·교육 등 다방면에 걸친 지원을 펼쳤다.
32 정진숙은 김익달에 대해 "16세기 조선 시대의 실학자로 우리나라 최초의 백과사전인 『지봉유설』을 펴낸 지봉 이수광과 견줄만한 사람이다."라고 회고했다. 정진숙, 「우리 현대 출판의 개척자」, 『학원세대와 김익달』, 학원김익달전기간행위원회, 1990. 241면.
33 김익달이 1985년 11월 2일 운명하기 바로 전날, 가족 외의 외부 사람으로 마지막 만난 사람도 바로 정진숙과 최덕교였다.

었다. 먼저 견본 10부를 내고 잇따라 초판 10,000부의 제작에 돌입했다.

최덕교는 벅찬 가슴으로『대백과사전』제1권을 받아 들고 백과사전 편집부로 뛰어와 모두가 함께 보라며 책상 위에 펼쳐 놓았다. 사무실이 떠나갈 듯한 환성이 터져 나왔다. 지난 1년 동안 달음박질하다시피 하며 온갖 난관을 뚫고 정신없이 달려 온 우리말, 우리글로 된『대백과사전』이 모두의 눈앞에서 힘차게 고고의 성을 울리고 있는 것이다.

김익달과 최덕교, 그리고 50여 명의 편집부 직원들은 모두들 감격에 겨워 부둥켜안고, 두 손을 잡고, 어깨를 두드리며 서로가 서로를 격려하며 기쁨을 나누었다. 김익달과 최덕교는 상기된 기분을 가라앉히며 떨리는 손으로『대백과사전』제1권을 귀한 보물을 만지듯 조심스럽게 살펴보았다.

흑백으로 된 본문 960면에 별쇄로 된 원색 도판 16면, 흑백으로 된 사진 도면 26면, 다색 오프셋 판 세계 국기 2면, 9색도 지도 8면, 합계 52면이니 총 합계 1천12면이다. 별쇄로 된 원색 도판들은 신문로 편집실에서 하지 않고 손양삼 상무가 삼화인쇄(주)와 면밀히 연락하면서 진행하였다. 손양삼은 일찍이 미술 교과서를 편집한 경험도 있어 다색도 인쇄를 진행하는데 적임자였을 뿐만 아니라 아연판 제작, 표지, 제책 등 다방면에 대한 안목이 깊어 제작 총책을 맡아 이를 훌륭하게 해 냈던 것이다.

원색 도판은 당시 최신 시설을 갖춘 삼화인쇄(주)에서 맡았다. 요즘 같은 스캐너 방법이 아닌 동판 4개에 4원색을 각각 부식시켜 총천연색이 나오게 하는 인쇄술인데 50년도 더 지난 지금 보아도 시각적으로 별로 손색이 없는 작품이다. 그 제판 기술자는 전차훈이었는데, 그는 일제 강점기 도쿄에서 발행되던 사진 전문잡지《아사히 카메라》에 근무하며 기술을 익혔는데 당시 우리 인쇄계에서는 최고의 제판 기술자였다.

또 다색도 지도를 그린 이상만 역시 당시로서는 우리나라 최고의 지도 제작자였다. 그는 일제 강점기 때에 관동군의 군속으로 근무하며 작전 지도를 그렸다고 하는데, 특이한 축도법으로 지도를 그렸다. 그가 그린 9색도 지도는 서울옵세트인쇄소(사장 신현정)에서 맡았는데, 그때까지의 우리나라 지도 작품 중에서 일품이라는 평을 받았다.

이뿐만 아니라 표지에 쓴 포클로스[34]는 그때까지 국내에서는 생산이 어려웠는데 조양사(사장 최동렬)가 이를 맡아 성공적으로 뽑아냈다. 검정색 가죽 문양으로 된 그 원판은 한 철공소에서 특수 강판에 새겨 만들었고 그 원단은 질긴 광목이었다. 이 클로스(cloth)는 학원사 『대백과사전』이외에는 팔지 않기로 약속할 만큼 자신 있는 제품이었고 지금 두고 보아도 광택이 나거니와 내구성이 가죽 이상이고 소위 때깔도 참 좋은 편이다.

『대백과사전』 첫머리에 김익달이 직접 쓴 「대백과사전 발간사」는 감동적이며 의미심장하기까지 하다.

*

우리는 근 반세기 동안 사상 그 유례를 볼 수 없으리만큼 지독한 일본 제국주의의 탄압 속에서 신음하던 민족이었습니다. 그러기에 신라·고구려·백제·고려·조선에 걸친 우리 민족의 찬란한 문화를 보존은커녕 그 명맥마저도 끊어지는 비운에 이르른 바 있었습니다.

뿐만 아니라 그들은 우리의 언어, 우리의 문자, 우리의 양속, 우리의 정신까지도 남김없이 말살하려 하였으니 참으로 민족 최대의 손실이 아닐 수 없었습니다.

그러나 2차 대전 후 세계사의 민주주의적인 진전과 더불어 우리 민족은 소생하였고, 우리 국가는 독립하였으며, 또 우리들은 출판의 자유까

---

34 포클로스(布cloth)는 책의 표지를 꾸미는 가공한 천을 말한다.

지도 획득하게 되었으니 생각하면 이 시기야말로 형극의 시련기였으며 환희의 전환기였던 것입니다. 여기에서 우리 출판인들은 후진된 민족을 계몽하고 파괴된 문화를 건설하는 데에 하나의 초석이 되고자 주저 없이 나섰던 바입니다. 이리하여 10여년이 지난 오늘날 민족의 문화를 집성하고 민족의 사상을 조명하여 대백과사전을 편찬하게 되었으니 이는 한 개인의 기쁨이 아니요 전 민족의 감격인 줄 믿어 마지않습니다.

회고하면 이를 계획 착수한 것은 3년 전의 일이었습니다. 처음에는 가능·불가능이라는 문제 앞에 회의도 해보았으나 그것보다는 '해야 되겠다'는 의욕과 '할 수 있다'는 신념이 더 강한 바 있었다 함은 이 사람의 솔직한 소회입니다.

그 후 1,000여 일 동안 400여 명의 쟁쟁한 권위자의 집필과 50여 명의 능숙한 편집원의 정근으로 10만 장의 원고와 1만 5천 장의 사전 도판을 완성하였으니 이것만으로도 이 사전의 윤곽과 그 경로는 능히 짐작하리라 믿는 바입니다.

그러니만큼, 이 사전은 각계각층의 협력과 학원사의 전력을 총화하여 이루어졌다고 할 것이니 이 사전의 사회적인 평가와 문화적인 의의는 결코 적지 않으리라 감히 자부하는 바입니다.

그리고 편찬에 있어서는 무엇보다도 항목의 정선, 내용의 충실, 해석의 정확, 편집의 세련, 인쇄의 정밀이라는 5대 방침을 확고히 하고, 민족적인 주관과 세계적인 시야에서 진행되었습니다.

항목은 사물의 비중에 따라 대·중·소로 분류하고 과거의 사상보다는 현재의 문제에 치중하였으며 그중에서도 중요한 사항을 대항목으로 선정하였습니다. 내용은 인문·사회·자연 등 과학 전반을 수록하고 국내 사항은 대폭적으로 취재하였으며, 세계적인 사항은 선진국에 중점을 두되, 후진국도 경시하지 않았습니다.

해설은 객관적인 서술에 의하여 소·중 항목은 간결하고 명료하게, 대항목에 있어서는 상당한 범위에 걸쳐 전문적인 문제에 이르기까지 상세히 기술하였습니다. 편집은 현대적인 감각으로 사진·삽화·도표 등을 다채롭게 배치하였음은 물론, 원색·단색의 화판과 세밀한 다색판의 지도를 따로 인쇄하여 삽입하였습니다. 인쇄는 십분 정밀을 기하였으며 활자까지도 최신체로 혁신하였습니다.

이상과 같은 몇 가지 특색은 이 사전의 생명일 것이며, 우리 출판문화의 일보 전진을 의미할 줄 생각합니다.

끝으로 이 사전이 세상에 나오기까지 깊은 이해와 협조를 아끼지 않으신 강호 제현과 귀중한 옥고를 집필해 주신 필자 제위께 심심한 사의를 표하며 이 사전이 지닌 미비와 미숙은 전체 사회의 기탄없는 편달에 따라 후일, 다시 보완하기를 기약합니다.

1958년 9월 9일, 학원사 사장 김익달.

＊

흥분을 가라앉히고 『대백과사전』 제1권을 꼼꼼히 살펴본 김익달은 최덕교에게 전체 사원이 모이는 자축연을 준비하라고 했다. 그 자리에서 그동안 백과사전 편찬원들이 담고 있던 불만과 문제들을 다 풀어주자고 했다.

9월 중순을 넘어 날씨는 연일 쾌청했다. 높고 푸른 한국의 가을 하늘, 바로 그것이었다. 아침 회의에서 손양삼 상무는 초판 10,000부가 회사 창고에 들어올 사이도 없이 제본소에서 바로 전국 서점으로 발송되고 있다고 보고했다. 회사는 그야말로 축제 분위기였다.

1958년 9월 25일 저녁 서울 시청 앞 광장을 끼고 있는 중국집 '대려도'에서 외빈 없이 전 사원이 모인 자축연이 벌어졌다. 요즈음 같으면 신문사·방송사에도 알리고 다수 집필자도 모시는 잔치를 벌여야 했지만 당시는 그럴 형편이 되지 못했다. 전6권 중 제1권의 자축연이었으니 더 벌이지는 않았던 것이다.

김익달은 이 자리에서 눈시울을 적시면서 그동안 수고한 편찬원들을 일일이 위로하고 격려하면서 최덕교가 건의한 처우 개선 문제를 건의한 내용 그대로 모두 받아들일 것을 약속하였다. 환호와 박수갈채가 서울 한가운데 크게 울려 퍼졌다. 그야말로 백과사전 편찬은 모두에게 감격이었다.

영업부에서는 연달아 들어오는 주문에 연일 환성이 터지고 신나는 일이 많았지만 최덕교는 마냥 기뻐하고만 있을 수는 없었다. 『대백과사전』 편집부는 아직도 다섯 권을 더 내야만 큰일을 마무리할 수 있기 때문이었다. 지금까지는 경쟁사를 의식하고 하루라도 더 빨리 내려고 무리도 했고 조바심도 쳤지만 이제부터는 한 호흡 늦추고 차분하게 진행하기로 했다. 들리는 말로는 단권으로 나올 경쟁사의 책은 아직도 중반을 가고 있다는 것이었다.

최덕교는 한편으로 또 다른 감회에 젖기도 했다. 만약 이번에 경쟁사가 없었더라면 일이 과연 이런 속도로 진행될 수 있었을까. 또 과연 편집부 모든 직원들이 그토록 일치단결하여 백과사전 편찬에 모든 것을 걸고 달려올 수 있었을까.

『대백과사전』 제2권은 1958년 10월 30일, 제3권은 12월 15일, 제4권은 1959년 2월 10일, 제5권은 4월 10일, 제6권은 5월 30일에 발간되었다. 1개월 15일에 1권씩이 나온 셈이다. 『대백과사전』 판권을 보면 1958년 9월 25일 초판, 10월 10일 재판, 11월 10일 3판, 12월 15일 4판이라고 되어 있다. 1판을 찍을 때마다 1만 부씩 찍었으니 도대체 그 큰 책이 이렇게도 잘 나갈 수 있단 말인가. 새로운 지식을 갈구하는 국민들의 욕망, 그것은 바로 블랙홀이었다.

『대백과사전』한 권의 정가는 7천 환(圜)이었지만 특가 5천 환으로 해서 월부로 공급했다. 우리나라에서 책을 월부로 판매한 것은 이 백과사전이 처음이라고 했다. 아무튼 1959년 5월 30일 제6권이 나오고 그 다음 해인 1960년 4·19 혁명이 일어나기까지 모두 30만 부가 넘게 나갔다. 전6권을 연속하여 중판, 제작하였던 것이다.

말이 30만 부지, 실로 그것은 어마어마한 양이었다. 1권이 960면이면 전지 32장을 접어서 나온 면수이다. 1만 부를 찍으려면 용지가 정미 640연이 든다. 30만 부라면 모두 1만 9천200연이 필요하다는 것인데 30만 부라니까 최소한 2만 연이 훨씬 넘는 고급 백상지가 소요되었다는 뜻이다.

일찍이 우리 출판계에서 한 종목의 책으로 이처럼 거대한 제작은 없었다고 한다. 김익달의 백과사전에 대한 집념, 그 결실은 그야말로 대박이었다. 이처럼 『대백과사전』은 대성공이었고 1959년 5월 30일에 전6권이 완간됨으로써 큰일은 마무리되었으나 김익달은 여기서 멈추지 않았다.

김익달은 국내적으로는 4·19 혁명이라는 대과업의 성취, 국제적으로는 아시아·아프리카 제국의 중립 세력 대두, 미소 양국의 경이적인 우주 정복 경쟁 등 시각을 초월하여 변모하는 시대와 호흡을 맞추고 새로운 세대에 즉응할 수 있게 하기 위하여 각계각층의 전문가 140여 명을 총동원하여 1960년 11월 1일 『대백과사전』증보판 제7권을 발간하였다. 그리고 2년 후 다시 증보판 제8권을 발간함으로써 제1차 『대백과사전』사업을 완성하였다.

그 후 학원사는 1966년에 수정증보판 『대백과사전』전12권을 새로이 발간하였고 1970년에는 전15권으로 증보 발행하였다. 그러고는 1975년 5월 마침내 사진 식자 도판으로 신판 『원색대백과사전』전20권을 완간하였던 것이다.

당시 세계적으로 어떤 백과사전이 있었는지 살펴보면 영국의『브리태
니커 백과사전(Encyclopedia Britannica)』, 프랑스의『라루스 대백과사
전(Grand Larousse Encylopedique)』, 독일의『브로크하우스 대백과사전
(Der grosse Brockhaus)』,『마이어 백과사전(Meyers Lexikon)』, 이탈리
아의『이탈리아 백과사전(Enciclopedia Italiana)』, 미국의『아메리카 백
과사전(Encyclopedia Americana)』,『신국제 백과사전(New International
Encyclopedia)』, 소비에트의『소비에트 대백과사전(Bolshaya Sovietskaya
Entsiklopediya)』, 일본의 헤이본사『세계대백과사전』등이 있다.

이제 학원사의『대백과사전』도 이들 백과사전 옆에 어깨를 나란히 하
게 되었다. 세계에서 아홉 번째로 백과사전을 보유한 나라가 된 것이다.

"일은 해 놓고 보아야 한다."는 김익달의 평소 신념, 최덕교는 막상 일
을 마치고 보니 그것은 참 명언이었다는 생각이 든다. 후일 창조사를 설
립한 최덕교는 "일생을 돌아보아도 그때처럼 지칠 줄 모르고 신나게 일
한 적이 없다."고 회고하기도 하였다.[35]

기획 출판의 귀재

『대백과사전』발간 성공을 계기로 김익달은 '잡지계의 대부'에 더하여 '기
획 출판의 귀재'라는 명성을 얻게 되었다.

사실 명성이야 어떻든 김익달은『대백과사전』을 성공적으로 발행함으
로써 출판인으로서는 무엇보다 값진 자산을 얻게 되었다. 바로 최고 수
준의 전문 편집 인력을 확보하게 된 것이다. 학원사의 젊고 패기만만한

---

35 최덕교,「대백과사전이 나오기까지」,『학원세대와 김익달』, 학원김익달전기간행위원회, 1990.
271면.

편집 사원들은 3년여에 걸친 『대백과사전』 편찬을 준비하는 동안 때로는 관련 자료를 연구하고 때로는 서로 언성을 높이기까지 하는 토론을 통해 교정, 조사, 미술, 사진, 레이아웃 등 각 분야의 전문 편집자로 진화하는 데 성공했던 것이다.

당시 학원사 직원들의 보수 수준은 출판계에서는 단연 으뜸이었다. 심지어 학원사의 편집국장 월급은 신문사의 편집국장보다 많다는 얘기가 공공연하게 나올 정도였다고 한다. 하지만 학원사 직원들이 다른 출판사보다 보수가 높아서 자신들이 출판하는 책들에 대한 편집뿐만 아니라 인쇄까지 열정적이었던 것은 아니었다. 출판 사업은 다른 사업과는 다르다. 김익달이 늘 강조한 것처럼 출판이란 "사람들의 귀가 열리고 눈을 뜨게 하는 일"인 것이다.

그래서 일제 강점기에는 출판을 한다는 것 자체가 애국 운동이고 민족 계몽운동이었던 것이다. 일제 암흑기와 한국전쟁 그리고 지독한 가난 등을 온몸으로 겪어 온 김익달에게 출판이란 나라 사랑을 실천하는 길이었다.

따라서 김익달의 출판 이념은 하드웨어보다는 소프트웨어, 즉 보다 근본적인 문화 요소를 만들어 내는 일이었다. 그 구체적인 실천이 바로 아동과 청소년들에게는 꿈과 희망을 주고 과학적 사고를 형성하게 하는 출판이었다. 여성들의 문화 의식 향상을 통한 건강하고 건전한 사회 건설을 위한 출판이었다. 농촌 근대화를 통해 다함께 잘사는 복지국가를 건설하는 것이었고 백과사전 등 양서 출판을 통한 문화국가의 건설이었던 것이다.

또한 김익달은 출판으로 수익이 생기면 이를 쌓아두거나 기업을 확장하는 것이 아니라 사회에 환원하는 원칙을 일생 동안 지켜왔다. 그 대표적인 것이 장학 사업이지만 그것 말고도 김익달은 함께 고생하고 함께 성장한 직원들에게 자신이 창간한 많은 매체와 인기 있는 출판물의 지형을 떼어 출판사로 독립하여 스스로 살아갈 수 있는 기틀을 잡아주었다. 뿐만 아니라 학원사의 역대 편집부장들에게는 아무 조건 없이 생활의 안정을 기하도록 집 한 채를 사 주고 주부생활사의 주식을 사환에게까지 전 주식의 3분의 2를 나누어 주었다.

용장 밑에 약졸은 없는 법이다. 출판계 최고의 대우를 받으며 자유롭고 민주적인 분위기에서 창의성을 발휘할 수 있으니 학원사 직원들의 출판에 대한 열정은 어쩌면 당연한 일이었다. 더구나 국가와 민족을 위해 꼭 필요한 책, 좋은 책을 만드는 일이라면 두말할 필요가 없는 것이다.

삼화인쇄의 유기정은 학원사 직원들의 일에 대한 열정에 대해 다음과 같이 말했다.

"자연 학원사 일은 삼화인쇄 사원들에게 있어서 큰 기쁨이었다. 인쇄와 출판이 서로 불가분의 관계에 있음은 애써 설명할 필요가 없다. 출판이 인쇄 없이 이루어지지 못하는 것처럼 인쇄 역시 출판 없이 이룰 수 없는 것이다. 출판사의 큰 기획물이나 시기물이 진행될 때면 으레 출판사측 사원들이 인쇄소를 드나들기 마련이고 더러는 야근에다 철야까지도 해야 할 때가 있다. 그리하여 인쇄소측 사원들과 출판사측 사원들 간에는 언쟁도 있을 수 있고 친분도 두터워지곤 하는 것인데 학원사 사원들과는 보다 친숙하였던 것으로 기억한다. 인쇄에 대한 식견도 높았고 근무 태도 역시 항상 모범적이어서 언제나 일이 쉽게 풀렸다. 비록 우리측으로서는 괴로운 일일지라도 그들의 열성에 늘 밀리고 있었다. 그것은 어디까지나 김익달 선생의 통솔력과 덕망에 의한 것임은 설명할 필요가 없다."[36]

---

36 유기정, 「항상 새로운 인쇄 기술을 가장 먼저 출판에 받아들이셨던 분」, 『학원세대와 김익달』, 학원김익달전기간행위원회, 1990. 167-168면

김익달은 이러한 우수한 편집 인력을 바탕으로 1960년 3월 한국을 세계에 알리는 영문판『Korea, Its Land, People and Culture of all ages』를 발행했다. 또 1961년 12월에는 한글세대의 한자 문화 이해를 돕기 위한 『고사성어사전』(국판, 1천240쪽)을 발간했다. 또 1962년 5월에는 우리 문화를 국내외에 소개하는 관광 안내서인『이조문화와 서울』(최순우, 국립박물관 미술과장 저),『백제문화와 부여』(홍사준, 국립박물관 부여분관장 저),『신라문화와 경주』(민홍섭, 국립박물관 경주분관장 저)를 발간했다.

『농업대사전』 발간

빈농의 아들로 태어난 김익달에게 있어 가난에서 헤어나지 못하는 농촌의 현실은 언제나 무거운 짐이었다.

김익달은 채병석 등 농업과 임업 등 각계의 권위자 100여 명에게 항목별로 집필을 의뢰하여 1년여의 준비 끝에 1962년 7월 1일 우리나라 최초의『농업대사전』을 발간했다.『농업대사전』은 합리적 농업의 경영과 현대적 생산 기술의 습득을 위한 지도서로써 농업편, 축산편, 임업편, 농업 경영 및 부록으로 구성되어 있는 1천5백 면의 농업 분야 백과사전인 셈이다.

『농업대사전』은 농업교육담당자, 농학도, 농사행정담당자 뿐만 아니라 일반 농가를 독자층으로 하여 편집되어 농업도 이제는 과학화되고 합리적 경영의 대상이 되어야 함을 강조했다.

우리나라 최초의 화문집 『화방여적畵房餘滴』 발행

문화 입국을 향한 김익달의 염원은 백범 김구의 그것과 다르지 않았다.[37]

문화국가 건설을 열망하는 김익달이기에 그가 만나는 시인, 소설가, 화가 등 이른바 문인들에 대하여는 나이의 많고 적음을 떠나 언제나 각별한 존경심을 가졌다. 60년대 중반 한때 학원사에서 근무한 바 있는 소설가 구혜영은 김익달에 대해 "30대 중반에 좌절 인생을 재정비한다고 겁먹은 몸짓으로 쭈뼛쭈뼛 걸어 나간 나에게 소외감을 흩날려 무산시키고 한국문단의 어엿한 문인임을 재확인시켜 용기와 생기를 불어 넣어 주신 분이다. 그분은 처음부터 학원사에 입사해 온 중년의 재취직자로서가 아니라 당신이 유난히 존중하시는 문인의 한 사람으로서 깍듯한 예우를 갖추어 정중하고도 흔쾌히 영입해 주신 것이다."라며 김익달을 도저히 잊을 수 없는 영원한 스승님이라고 했다.[38]

학생잡지 《학원》에서 학원문학상 선자로 활동한 바 있는 소설가 최정희도 "그분은 약속도 없이 지나가는 길에 잠시 들여다보듯 훌쩍 와서는 소설을 쓰던 지원이와 채원이를 데리고 이것저것 얘기하다 가곤 했는데, 다음에 올 때는 애들에게 필요한 것들을 마련해 오는 세심함을 늘 지니고 있었다. 또 채원이가 발표한 소설이 평단에서 좋은 반응을 받았을 때에는 마치 자기 일처럼 기뻐했다."고 회고했다.[39]

---

37 김구는 그의 자서전 『백범일지』에서 "나는 우리나라가 세계에서 가장 아름다운 나라가 되기를 원하며 가장 부강한 나라가 되기를 원하는 것은 아니다. … 오직 한없이 가지고 싶은 것은 높은 문화의 힘이다. 문화의 힘은 우리 자신을 행복하게 하고 나아가 남에게 행복을 주기 때문이다."라며 문화국가를 소망했다. 『백범일지』, 아이템북스, 2007. 259-260면.

38 구혜영, 「잊을 수 없는 나의 영원한 스승」, 『학원세대와 김익달』, 학원김익달전기간행위원회, 1990. 118-120면.

39 최정희, 「아이같이 천진한 마음속에 세심한 배려가 담겨」, 『학원세대와 김익달』, 학원김익달

최정희의 두 딸, 김지원과 김채원은 함께 1977년『먼 집 먼 바다』라는 자매소설집을 펴냈고, 동생 김채원은 1989년 단편「겨울의 환」으로 '이상 문학상'을 받았고 언니인 김지원도 1997년 단편「사랑의 예감」으로 '이상 문학상'을 수상했다. 이로써 부친인 파인(巴人) 김동환과 더불어 문인일 가를 이루었다고 당시 언론은 보도하기도 했다.

김익달이 1962년 10월 발간한 우리나라 최초의 화문집『화방여적(畫房 餘滴)』역시 문인에 대한 그의 생각을 잘 보여준다. 1959년 가을의 어느 날 소설가 정비석이 학원사 사장실로 찾아와 같이 온 한 사람을 김익달 에게 소개했다.

"이 친구가 운보요."

이 말을 들은 김익달은 놀라 일어서며 손을 내밀어 악수를 청했다. 김 익달과 운보 김기창의 첫 만남이었다. 사실 김기창은 오래전부터《학원》 의 인기 연재소설인「협도 임꺽정전」의 삽화를 그리고 있었으므로 김익달 도 익히 잘 알고 있었으나 좀처럼 직접 만날 기회가 없었던 것이다. 김익 달은『대백과사전』발간이 마무리되어 한숨 돌리자 정비석에게 부탁하여 김기창을 소개받은 것이다.

김익달은 필담으로[40] 신문에 나오는 김기창의 글을 무척 재미있게 보 고 있다고 했다.

정비석 역시 그 글은 침묵 속에서 나오는 글들이라 특성이 있어 관심 있게 보고 있다고 했다. 이런저런 얘기가 오고 간 끝에 김익달은 김기창 의 화문집을 간행하고 싶다는 생각을 밝혔다. 굳이 새로운 글을 쓸 것 없 이 과거 신문, 잡지에 기고한 글들을 모으고 글에 넣을 그림만 따로 그리 면 된다는 것이었다. 정비석도 김익달의 제안에 적극 찬성하여 우리나라

전기간행위원회, 1990. 274-275면.
40 김기창은 7세 때 장티푸스를 앓아 청각을 잃었다.

최초로 화문집 간행이 결정되었던 것이다.

하지만 화문집 간행은 다른 책들과 달리 그리 쉽게 일이 진행되지 못했다. 김익달은 김기창의 화문집을 최고 호화판으로 내기로 결정했기 때문이다. 화문집은 일반적인 책이나 사전류와는 달리 매 페이지에다 그림 작품이 들어가므로 작업의 어려움은 그만두고서라도 고급 종이며 컬러 인쇄 등 소요되는 제작비가 만만치 않았던 것이다.

학원사의 몇몇 간부들도 이번 화문집 발행에 대한 김익달의 결정에는 반대의 뜻을 나타냈다. 그도 그럴 것이 『대백과사전』 발간을 위해 사채까지 끌어 쓰고도 종이를 구하지 못해 부도 직전까지 몰렸던 상황을 생각하면 막대한 경비가 드는 화문집 발간은 회사에 부담만 되기 때문이었다.[41]

결국 김익달은 간부들의 반대 의견을 물리치고 화문집 간행을 결정했다. 그것도 최고 호화판으로 말이다. 표지 장정은 우향 박래현,[42] 표지 글자 형과 표지 안은 아들 김완이 했고 책 속에 간간이 끼는 컷 그림에도 김기창의 자녀들의 그림을 넣어 온 가족이 만든 한국 최초의 호화로운

---

41 사실 간부들이 화문집 발간을 반대하는 이유 중에는 김기창이 그의 스승인 이당 김은호와 함께 대표적인 친일 화가로 알려져 있었기 때문이기도 했다. 1947년 3월 15일에 창립된 조선출판문화협회는 1948년 4월 20일 개최된 제1차 정기총회에서 친일파의 저서 출판을 자제키로 하는 결의문을 채택한 사실이 있다.(『대한출판문화협회 50년사』, 대한출판문화협회, 1998. 79~80면) 김기창은 1944년 완전군장을 한 병사가 쉬고 있는 모습을 그린 「총후병사」와 매일신보에 실린 「님의 부르심을 받고」 등으로 친일의 도마에 올랐지만 이정도 작품으로 친일로 매도하는 것은 부당하다는 반론도 적지 않았다. 하지만 그의 사후인 2004년 「적진육박」이 세상에 알려지면서 그의 친일 행적이 서서히 드러나기 시작했다. 법학자 한상범이 "예술로 우리 정서에 독약을 뿌리고 마취시킨 이들은 총칼을 든 친일파보다 더하면 더했지 못하지 않다."고 한탄했던 것처럼 문화의 힘을 너무나 잘 알고 있던 김익달이 운보 김기창의 친일 행적을 알았더라면 간부들의 만류에도 초호화판 화문집 발간을 강행했을지는 의문이다. 김기창은 1993년 7월 아들 김완을 통해 "일제 말기 친일을 한 사실이 있으며 민족과 역사 앞에 부끄럽게 생각한다."고 회개의 뜻을 밝힌 바 있다.
42 우향 박래현은 일본 동경여자미술전문학교를 졸업한 동양화가로 3년간의 필담연애 끝에 운보 김기창과 결혼했다. 1976년 간암으로 생을 마감한 뒤 운보는 1978년 박래현의 글과 그림을 모아 『사랑과 빛의 메아리』라는 우향 박래현 화문집을 냈다.

화문집이 되었다.

책 제목은 『화방여적(畵房餘滴)』[43]이라고 지었다.

김기창은 김익달의 초호화판 화문집 발간 계획에 대해 처음에는 지나친 것 같아 부담감이 컸으나 김익달의 정성 어린 마음을 받아들이기로 했다. 그리고 『화방여적』 서문에서 "이 책을 냄으로써 불우한 역경에서 방황하는 그들의 침묵의 세계를 노크하여 그들에게 조그마한 깨달음과 희망의 힘을 줄 수 있다면 그런대로 이 책이 나온 본분이 서는 것으로 자위하며 부끄러움을 무릅쓰고 내놓기로 한 것이다."라고 책을 내기로 결심한 동기를 밝혔다. 김익달이 화문집 강행을 고집한 바로 그 이유와도 다르지 않았던 것이다.

46배판, 340쪽을 가로로 우철한 하드커버 양장본으로 케이스까지 만든 당시로서는 정말 초호화판 고급 제본이다. 인쇄는 역시 원색 동판 인쇄에서 최고의 기술을 자랑하는 삼화인쇄에서 맡았다.

50년도 더 지난 지금 보아도 인쇄나 컬러, 종이의 질이 조금도 손색없는 우리나라 최초의 화문집은 이렇게 세상에 나왔다.

『문예대사전』 발간

『대백과사전』을 간행함으로써 동서고금의 문학과 사상 등에 관한 기본적인 내용은 수록되었으나 그 깊이와 전문적인 내용에 있어서는 미흡할 수밖에 없었다.

---

43 여적(餘滴)은 '붓 끝에 남은 먹물'이란 뜻으로 '못다 한 이야기', '남은 이야기'라는 의미이다. 과거 《동아일보》에서는 주필이나 논설위원이 쓰면서 이름을 밝히지 않는 칼럼이 '여적'이라는 이름으로 10여 년간 계속된 적이 있었다.

김익달은 문화 입국을 위해서는 문예에 관한 보다 전문적인 사전이 있어야겠다는 생각에서 백과사전 완간 후『문예대사전』팀을 만들어 세계 각국의 서적과 자료를 조사, 수집하도록 했다. 이렇게 최정예의 학원사 편집 인력이 1년여의 준비 끝에 1962년 11월 5일자로『문예대사전』을 발간하게 된다.

이『문예대사전』은 동서고금의 작가, 시인, 평론가, 사상가 및 세계문학사와 문예상의 용어까지 총망라한 문예에 관한 대사전이다. 국판 1천 260면에 걸쳐 7천500항목에 관하여 정확하고도 치밀한 해설을 달았다. 또 그 항목의 선택에 있어서도 오랜 시일을 두고 전문가들의 의견을 참작하였으며 그 집필도 59명의 각 분야의 석학과 전문가에게 의뢰하되 이른바 네임벨류에 따라 집필을 의뢰한 것이 아니고 실제로 가장 적임자라고 자타가 인정하는 권위자에게 집필을 의뢰하였다.

특히 이『문예대사전』의 특징은 국문학 사전으로도 활용할 수 있다는 점이다. 이 사전의 59명 집필자 가운데 20여 명이 국어국문학을 전공한 사람이 포함되어 있고 전체 항목 7천500여 개 중 국문학 부문은 1천600 항목 이상을 차지하고 있기 때문이다.

또 이 사전 말미에 수록한 세계문학연표(서양, 동양, 한국)는 문학도뿐만 아니라 일반인도 언제나 쉽게 찾아볼 수 있는 유용한 참고 자료가 되고 있다.

서울특별시 문화상 수상

서울특별시는 1948년부터 문학, 예술, 언론, 출판, 인문과학 등 대한민국 문화 발전에 공헌이 현저하다고 인정된 개인이나 단체를 선정하여 매년 서울특별시 문화상을 시상하고 있다.

김익달은 1962년 12월 3일 제11회 서울특별시 문화상 출판상을 받았다.[44]

『철학대사전』 발간

'철학'의 사전적 의미는 "인간과 세계에 대한 근본 원리와 삶의 본질 따위를 연구하는 학문"이다. 인간과 세계, 그리고 우주의 근원을 탐구하는 학문이니 학문의 폭이 무한하고 그 대상은 밤하늘의 별처럼 많고 그 방법 또한 사람의 수만큼 다양하다고 할 수 있다.

원래 철학이라는 용어는 그리스어로 필로소피아(philosophia)를 뜻한다. 필로소피아는 필로스(philos, 사랑함)와 소피아(sophia, 지혜)라는 두 말을 합성한 것이다. 그러니까 필로소피아라는 말은 그대로 번역하면 "지혜에 대한 사랑" 또는 "애지(愛智)"를 뜻한다.

이처럼 필로소피아라는 용어가 원래 어떠한 의미를 지니고 있는지 안다고 해도 철학이란 무엇인가에 대해 답하는 것은 쉽지 않은 일이다. 다만 각 시대마다 각각의 철학자들이 자기 자신과 세계를 전체적이고도 근원적으로 파악함으로써 철학의 방법과 대상을 새롭게 규정하여 그 시대가 제기한 근원적 과제에 답하는 것이라고 할 수 있다. 이러한 철학에 대해 『대백과사전』의 일부 내용만으로는 충분하지 않음은 당연한 일이다.

김익달은 『대백과사전』 완간 후 곧바로 『철학대사전』 편집팀을 가동하기 시작했고 한국의 석학 150여 명을 총동원하여 집필을 의뢰했다. 학문

---

44 출판부문상은 1961년도에 신설된 것으로 그해에는 을유문화사의 정진숙이 수상했다.

의 폭이 넓고 그 대상과 방법 또한 다양한 만큼 편찬 준비에 더 많은 시일이 소요된 것도 당연한 일이었다.

2년여의 준비 끝에 1963년 7월 5일 학원사는 46배판, 1천400여 면의 『철학대사전』을 세상에 내놓았다.

이 『철학대사전』은 단지 동서양의 철학에 관한 사항뿐만 아니라 심리학, 정신병학, 미학, 사회학, 인류학, 신화학, 종교학, 교육학, 언어학, 법률학, 정치학, 경제학, 수학, 물리학, 화학, 천문학, 생리학 등 인문·사회·자연과학 전반에 걸쳐 철학과 관계가 깊은 것을 모두 수록하여 이를 평이하고 간결하게 소개하였다. 또한 책의 말미에는 동서양 철학 연표와 철학사 지도가 첨부되어 있어 사용하기 편리하다.

또한 당연한 일이겠지만 한국 사상에 관하여는 별도의 대항목 '한국사상사'를 배치하여 상세하게 소개하고 있어 철학을 전공하는 사람뿐만 아니라 일반인들도 쉽게 활용할 수 있도록 했다.

『자동차백과』 발간

이 시기 학원사가 출판한 책 중 『자동차백과』는 시대를 앞서가는 김익달의 일면을 보여주는 책이다. 1962년 12월 20일 발간된 『자동차백과』는 46배판에 640여 쪽, 화보 24쪽, 컷 400여 개가 삽입된 자동차에 관한 모든 것을 담고 있다.

소위 '마이카 시대'란 말이 나오기 20여 년 전에 김익달은 "자동차의 시대 드디어 꽃을 피우다."라는 문구로 『자동차백과』를 광고하기도 했다.

이 책은 단순히 운전사나 조수, 정비사, 자동차 학도뿐만 아니라 도로행정관이나 학교 교사, 수송 담당관, 자동차 부속상 등도 활용할 수 있도록 자동차에 관한 구조, 정비, 운전, 면허 시험문제, 법규, 부속품 등 자동차와 관련된 모든 사항을 망라하여 쉽게 해설한 것이 특징이다.

당시 자동차에 대하여는 아무도 관심을 갖지 않던 그런 시절이었다. 그 시절에 김익달은 '자동차의 시대'를 운운하며『자동차백과』를 출판했다.

이처럼『자동차백과』는 왜 그를 현대 출판의 개척자요, 선구자라고 하는지 알 수 있는 하나의 작은 예인 셈이다.[45]

새 세대의 진로 발간

1963년 12월 5일, 김익달의 출판 사상을 단적으로 보여주는 책 한 권이 발행되었다.

자유당의 독재 정권을 무너뜨린 4·19 혁명과 곧 이은 5·16 쿠데타로 인해 우리 사회는 여전히 혼돈의 연속이었고 우리 경제 또한 여전히 피폐한 상태에서 세계 최빈국의 하나라는 불명예를 벗어나지 못하고 있던 때였다.

김익달은 현재 우리나라가 처한 상황이 아무리 어렵고 힘들어도 내일의 역사의 주인공이 될 청소년들에게 올바른 인생관과 국가관, 세계관을 갖도록 하여 바르고 굳센 진취의 기풍을 일으킬 수 있도록 각계각층에서 존경받는 학자, 시인, 작가, 의사, 논설위원 및 전문가들 70여 명에게 분야별로 집필을 의뢰한 것이다.

국판 412쪽의 새 세대의 진로는『Ⅰ 젊은 날의 기상』『Ⅱ 젊은 날의 번

---

45 김성재는 김익달에 대해 "출판의 새로운 분야를 선구적으로 개척하여 하나의 시대를 리드해 간 사람"이라고 했다. 김성재,「하나의 시대를 만들어 리드해 간 빼어난 출판인」,『학원세대와 김익달』, 학원김익달전기간행위원회, 1990, 141면.

뇌』『Ⅲ 젊은 날의 캠퍼스』『Ⅳ 젊은 날의 교양』『Ⅴ 젊은 날의 사상』『Ⅵ 새 인간·새 생활』 등 여섯 편으로 구성되어 있는데, 모두 국가와 민족이 갈망하는 새 시대의 청소년상을 담고 있다.

김익달은 당시 일간 신문에 게재한 「새 세대의 진로」에 대한 광고에서 "젊은이여! 지금 시대와 사회와 국가와 민족은 당신에게 무엇을 요구하는지 아십니까?"라며 다소 비장하기까지 한 문구를 사용하고 있다.[46]

국가와 민족의 성쇠가 오직 청소년들에게 달려 있다는 절박한 광고 문구와 함께 책의 목차를 상세히 소개하고 있는데, 이는 책을 판매하겠다는 것이 아니라 청소년들에게 꼭 필요한 내용이니 한 사람이라도 더 이 책을 꼭 읽도록 하겠다는 자식을 향한 부모의 간절한 심정이 느껴진다.

대입 준비서 '세미나 시리즈' 발행

학원사는 『대백과사전』 발행에 총력을 기울이느라 학습지 등에는 한동안 눈을 돌릴 여유가 없었다. 60년대에 들어 상급학교 진학률, 특히 대학 진학 희망자가 폭발적으로 증가하여 60년대 중반부터 이른바 대입 재수생 문제가 사회 문제로 대두되기 시작한다.

학원사는 이러한 추세에 맞추어 1962년 10월 대입 준비서인 '세미나 시리즈' 19권을 발행하였다.

『국어문제 세미나』『영어문제 세미나』『국사문제 세미나』『세계사문제 세미나』『일반사회문제 세미나』『수학Ⅰ 및 수학Ⅱ문제 세미나』(2권)『물리문제 세미나』『화학문제 세미나』『생물문제 세미나』『농업문제 세미나』

---

46 《동아일보》 1963년 12월 6일 1면, 《경향신문》 1963년 12월 4일 1면.

『음악문제 세미나』『미술문제 세미나』등 13권을 발행한데 이어『인문지리문제 세미나』『공업문제 세미나』『상업문제 세미나』『가정문제 세미나』『체육문제 세미나』『독어문제 세미나』등 6권을 추가하여 전19권으로 발행하였다.

이와 같은 '세미나 시리즈'에 이어, 대학 입시문제집 12권도 발행하였다.

『국어편』『영어편』『국사편』『세계사편』『지리편』『일반사회편』『수학Ⅰ편』『수학Ⅱ편』『생물편』『화학편』『물리편』『대학진학안내』등 12권이 그것이다.

한편 중학생들을 위해서는 요점과 테스트 중심의 '홈스쿨 시리즈'를 발행하였다.

『국어문제 홈스쿨』『영어문제 홈스쿨』『수학문제 홈스쿨』『과학문제 홈스쿨』『역사문제 홈스쿨』『지리문제 홈스쿨』『공민문제 홈스쿨』등 7권인데, 각 권마다 해답 별책부록이 붙어 있어 학생 스스로 공부할 수 있게 했다.

그 외에도 1963년 2월에는 세계탐험모험전집 전8권, 『알프스의 푸른 깃발』『스탠리의 아프리카 탐험』『고릴라의 나라 탐험』『중앙아시아 대탐험』『마르코폴로와 소년』『콜럼버스와 소년』『마제란과 소년』『사해와 보물』을 발간하였다.

또 1963년 10월 26일에는 『학원연합 중고등학교 강의록』을 발행하여 학교에 다니지 못하는 청소년들이 독학으로 공부할 수 있는 교재를 내놓았다.

11월에는 조흔파가 쓴 『소설 국사』(1) (2)권과 중학용 『빅토리아 영어』를 발행하였고, 1964년 3월에는 『20세기 과학의 오늘과 내일』을 발행하여 과학 기술의 진보에 대한 관심과 중요성을 강조하였다.

제7부 | 세계를 보다

도쿄 국제도서전시회

도쿄에서 부려 본 호기

오스트리아 빈 국제출판협회(International Publishers Association) 총회 참가

태평로 사옥 신축과 로고 제정

KOREA, Its Land, People And Culture of All Ages 발행

4 · 19 혁명

한국출판연감 제작

한국잡지발행인협회 초대 회장으로

재단법인 학원장학회 설립

밀알회

도쿄 국제도서전시회

『대백과사전』 편찬 구상과 준비에 바쁜 김익달에게 세계 출판계의 흐름과 인쇄 기술의 발전상을 직접 확인할 수 있는 좋은 기회가 찾아왔다.

1958년 1월 14일부터 일본 도쿄에서 '국제도서전시회'가 개최될 예정인데 이를 주최하는 A.P. 웰즈라는 영국회사와 일본출판무역회사로부터 1957년 7월 대한출판문화협회[1]로 초청장이 온 것이다.

출판문화협회에서는 이사회를 열어 지난번 시카고 전시회에는 참가하지 못하였으나 이번 도쿄 전시회에는 참가할 것을 결의하고 전시회에 참가할 대표단을 이사진에서 5명을 선출하였는데, 비용은 모두 자비로 부담하도록 했다.

김익달로서는 출판계의 흐름을 직접 확인할 수 있는 좋은 기회라고 판단하여 참가하기로 했는데, 대표단은 김익달을 비롯해 을유문화사 대표 정진숙, 동국문화사 대표 신재영, 신태양사 대표 황준성, 일조각 대표 한만년 등이었다.

당시는 한국과 일본의 국교 정상화가 이루어지기 전이고 국제도서전시회 참가는 처음이라 외무부 측에서는 전시회 참가는 정부가 알아서 할 것이니 출판문화협회에서는 출품할 책만 내놓으라고 호통을 치는 등 지금 생각해 보면 웃지 못할 해프닝도 있었다.

결국 비자 발급이 늦어져 전시회 개막 하루 전인 1958년 1월 13일 오후 3시가 되어서야 김포공항에서 중화항공 4발 프로펠러기를 타고 출발할 수 있었다. 떠나는 날은 눈보라가 휘몰아치는 등 일기가 몹시 불순하여 기체의 요동이 심해 일행 중의 한 분은 비행기 안에서 합장하고 부처님께

---

1 대한출판문화협회는 1947년 3월 15일 출판인들과 출판사의 발기로 창립했고, 1957년 4월 국제출판협회(International Publishers Association)에 가입하였다.

기도하고 있었다고 한다.

일행 중 한 명이었던 한만년은 기내식을 맛있게 먹고 후식으로는 당시 국내에서는 구경도 못했던 바나나가 나왔었다고 회고했다. 또 수염을 깎으려고 스튜어디스에게 부탁하니 화장실로 데리고 가서 수류탄 같은 쇳덩어리를 내밀어서 어리둥절해 하고 있었더니 스튜어디스가 시범을 보여주어 처음으로 전기면도기를 사용해 보았다고 한다.[2]

국제도서전시회가 열리는 장소는 도쿄의 중심가인 '니혼바시(日本橋)'의 미스코시(三越) 백화점 5층의 홀이었다. 도서전시회에 참가한 국가는 미국·영국·중국·스위스 등 18개국이었고 출품된 서적 종류는 약 6천여 종이었는데, 역시 미국과 영국의 출품 도서가 압도적으로 많았다.

한국은 문교부에서 선정한 2백여 종 6백 권의 책을 출품하였는데, 『한글사전』, 『고려대장경』, 『문헌비고』, 『왕조실록』 등은 많은 사람들의 관심을 끌었다.

김익달은 시간 나는 대로 일행과 함께 일본의 출판사와 인쇄소 그리고 도쿄의 서점 등을 들러 보았는데, 그 규모와 설비에 놀라지 않을 수 없었다. 도쿄의 서점들은 항상 많은 사람들로 붐비고 있어 일본 발전의 원동력이 무엇인지를 알 수 있었다.

김익달은 전시회 기간 중 전시회를 찾은 재일교포들과 만난 자리에서 그들이 이구동성으로 한국의 출판물을 도쿄 같은 도시에서 쉽게 구할 수 있었으면 하는 이야기를 듣고 하루빨리 학원사의 일본지사 설립을 결심하게 된다.[3]

한국이 출품한 서적 2백여 종 6백 부는 전시회가 끝나고 재일교포들을

---

2 한만년, 「기발한 착상, 무서운 추진력」, 『학원세대와 김익달』, 학원김익달전기간행위원회, 1990, 276–277면.
3 실제로 김익달은 1960. 7. 출판사상 처음으로 해외지사를 도쿄에 설립하고 손양삼을 대표로 파견하게 된다.

위한 공공용으로 사용할 수 있도록 주일 한국대표부에 기증하였다.[4]

도쿄에서 부려 본 호기

전시회가 끝나고 비자를 한차례 연기하여 일행은 각자 취향에 따라 여정을 짜게 되었는데, 김익달은 한만년과 동행하여 한국인이 운영하는 서점과 인쇄소 등을 둘러보게 되었다.

어느 날, 김익달은 한만년과 함께 저녁을 끝낸 후 술을 한잔하기 위해 숙소인 시바 파크호텔 근처의 눈에 띄는 지하 바로 들어갔다. 김익달은 몇 잔 술을 마신 후 소년 시절 밀항선을 타고 도쿄로 와 인쇄소 직공, 서점 직원으로 일하며 고학했던 일들을 자연스럽게 화제에 올렸다. 한만년은 김익달보다 9년 연하이고 당시 일본이 초행이었던 것이다. 하루 16시간 이상을 일하고 좁은 다다미방에 8명이 합숙하던 때를 회상할 때에는 김익달의 눈시울이 붉어지기도 했다. 김익달은 평소에는 말이 별로 없는 편이지만 격의 없는 사람과 한 잔 술을 나눌 때에는 말이 술술 나오는 타입이었다. 몇 차례 술잔에 오고 간 뒤 이야기를 잠시 멈추고 김익달은 옆에서 술시중을 드는 호스티스에게 "당신네의 하루 매상이 얼만가?"라며 뜬금없는 질문을 했다. "대략 얼마입니다."라고 호스티스가 대답했다.

김익달은 "그럼 내가 그 매상을 담당할 테니, 문을 닫아 버리지 그래."라며 호기를 부렸다. 그러자 눈이 둥그레진 호스티스가 잠시 주인에게 물어보겠다며 저쪽 구석으로 갔다. 그곳에 손님들과 같이 있던 여주인이 호스티스의 말을 듣고 김익달 쪽으로 와서 살피고 난 뒤 점잖은 손님들

---

[4] 당시 대한출판문화협회 부회장이던 신재영은 1958년 2월 11일자 《경향신문》에 '국제서적전시회 참관기'를 게재한 바 있다.

임을 확인하고 나서 OK사인을 했다. 여주인으로부터 사정 얘기를 들었는지 다른 손님들은 모두 나가 버렸다.

이렇게 해서 김익달은 한만년과 함께 그 술집과 호스티스를 전세 내서 폐점 시간까지 통음하는 호기를 부렸다. 26년 전에 밀항선을 타고 왔을 때에는 속된 말로 불알 두 쪽밖에 없는 상거지나 다름없었지만 지금은 다르다. 명색이 한국을 대표하는 출판사 사장으로 세계의 내로라하는 출판업계 명사들과 어깨를 나란히 하여 국제도서전시회에 참가한 것이다.

어린아이 같은 치기에 불과한 줄 알면서도 김익달은 식민지 소년으로 혈혈단신 밀항선을 타고와 겁먹고 억눌렸던 때를 날려버리기라도 하듯이 30대 초반의 한만년과 함께 술집을 통째로 전세 내어 마음껏 대취했던 것이다. 그런데 그로부터 2일 후인가 한만년이 저녁을 먹고 일찍 들어와 방에서 쉬고 있는데, 호텔 프런트에서 내려와 달라는 연락을 받았다. 일행 중의 한 분이 술에 대취했는데, 어느 여성의 도움으로 호텔까지 왔지만 호텔 규정상 외래 여성은 객실에 손님과 함께 갈 수 없다는 것이었다. 한만년이 내려가 보니 그때 그 전세 바의 호스티스가 그 바에서 술을 마셔 취한 김익달을 부축해서 호텔까지 모시고 온 것이었다. 한만년은 당시 술을 마시지 않았으므로 호텔 직원에게 사정을 설명하고 둘이서 김익달을 호텔방으로 부축하고 갔다. 김익달은 그 술집 전세 사건 후 다시 한 번 갔다가 과음을 하게 되었는데 그 호스티스는 객지 손님을 혼자 보낼 수가 없어서 모시고 왔다고 했다. 얘기를 들어보니 그 호스티스는 현재 대학교에서 법률을 공부하는 고학생으로 아르바이트로 술집에 나와 있었다고 했다. 다정다감한 김익달은 스스로 벌어야만 공부를 계속할 수 있는 그 호스티스의 얘기를 들으며 한 잔 두 잔하다보니 그만 대취하게 된 것이었다. 한만년의 회고에 따르면 그 호스티스는 용모는 호스티스로

서 낙제였지만 마음씨는 아주 착했다고 했다.[5]

결국 이 사건이 인연이 되어서 그 여성은 김익달이 서울에서 연락하면 도쿄에서 책과 다른 심부름 등을 열심히 해주었다. 도쿄에서 부린 김익달의 치기 어린 호기, 그것도 단순한 호기로만 그친 것은 아니었던 셈이다.

오스트리아 빈 국제출판협회International Publishers Association 총회 참가

국제출판협회(IPA)는 1896년 파리에서 창설된 세계 출판업체를 대표하는 비정부단체로 스위스의 제네바에 본부를 두고 있다. IPA는 세계 출판인들의 권리 보호, 출판 표현의 자유 및 사업 활동의 자유, 저작권 보호 등에 관한 활동을 하고 있고 회원은 각 국가를 대표하는 출판협회 및 유력 국제출판 관련 단체를 회원으로 두고 있다.

1957년 4월 덴마크의 코펜하겐에서 개최된 국제출판협회 연차 대회에 당시 대한출판문화협회 회장인 김창집이 옵서버로 참석하였는데, 우리나라의 회원 가입 안건이 상정되어 만장일치로 통과됨으로써 세계에서 스물세 번째, 그리고 아시아에서는 첫 번째로 정식회원이 되었다.

1959년 5월 오스트리아 빈에서 국제출판협회 제15차 정기총회가 개최되었는데 우리나라는 정식 회원국으로서 처음으로 정기총회에 참석하게 되었다. 대한출판문화협회는 정기총회에 파견할 대표단으로 변우경, 김익달, 정진숙, 변호성, 서복환, 이계화 등 6명의 이사를 선발하였다.[6]

---

5 한만년, 「기발한 착상, 무서운 추진력」, 『학원세대와 김익달』, 학원김익달전기간행위원회, 1990. 278면.
6 『대한출판문화협회 50년사』, 대한출판문화협회, 1998. 119면.

2년 전, 도쿄 국제도서전시회 때와 마찬가지로 한국 대표로 국제회의에 참석한다는 것은 쉬운 일이 아니었다. 여권과 비자 문제뿐만 아니라 비행기 편을 구하는 것도 간단치가 않았을 뿐만 아니라 당시로서는 적지 않은 여행 경비도 만만치 않았던 것이다. 물론 한국대표로 나간다고 하여 정부로부터 보조를 바랄 형편은 더더욱 아니었던 것이다.

김익달은 비롯한 일행은 대표단의 일원인 을유문화사의 정진숙 사장 덕분에 그래도 이번에는 조금 수월하게 모든 절차를 마치고 출국할 수 있었다.[7]

오스트리아 빈에서의 총회는 공식적인 일정 외에 특히 인도대표의 "동양에서의 출판과 판매"라는 제목의 강연이 인상적이었다.

한국대표단 일행은 빈에서의 국제출판협회의 제15차 정기총회에 참석한 뒤 서독, 프랑스, 영국 등 유럽 선진국을 시찰하기로 했다.

프랑스와 서독, 영국 등 유럽 선진국들은 어디를 가나 환경이 깨끗하고 아름다웠을 뿐만 아니라 오랜 역사와 전통이 살아 있는 듯하고 문화 유적들도 잘 보존되어 있어 일행들은 과연 선진국이구나 하고 저절로 고개를 끄덕이게 되었다.

김익달은 그중에서도 독일 라인 강변의 감자 농사짓는 모습에 큰 감명을 받았다. 경사진 언덕에 계단식 밭을 만들고 감자 농사를 지어 농민들이 많은 수입을 올리고 있는 모습은 우리나라 농촌과 너무나 대조적이었던 것이다. 라인 강변까지 뻗어 내려온 산기슭, 30~40도를 넘을 듯한 물매[8]의 산기슭에 석축을 쌓고 감자를 심는 것이 아닌가!

---

7 당시 을유문화사의 정진숙은 록펠러재단의 도움으로 『큰사전』과 『한국사』를 발행한 인연으로 미국 국무부의 초청을 받아 미국 방문이 예정되어 있었다.
8 경사의 정도. 지붕의 경사를 나타낼 때 사용하는 건축 용어다. 각도로 나타낸다든지 10을 분모로 했을 때 분수(높이/저변)로 나타낸다. 예를 들어 저변이 10이고 높이가 3이면 3/10 물매라고 한다.

더구나 독일의 국토는 빙하의 침식을 많이 받은 땅이어서 모래와 자갈이 많고 기름지지도 못하고 기후와 날씨도 그다지 좋지 못하다는 것이 아닌가.

이때 김익달의 가슴 속에서 솟구쳐 오르는 것은 독일 사람들이 라인 강변에 석축을 쌓고 감자를 심는 정성으로 우리가 우리 국토를 일구어 가꾼다면 얼마나 좋을까 하는 생각이었다.

우리나라는 75%가 산지여서 농토가 좁다. 그렇지만 우리나라 산맥은 노년기 산맥이어서 골짜기가 깊지도 험하지도 않다. 여기에 독일처럼 석축을 쌓고 감자를 심는 정성을 들인다면 산 중턱까지 보리나 밀, 감자를 심을 수 있는 야산은 얼마든지 있다. 또 벼농사에는 절대적으로 물이 필요하지만 보리나 감자는 물이 필요한 것은 아니며 비교적 토박한 곳에서도 잘 된다고 하지 않는가! 우리가 만일 야산 기슭이나 하천가를 일구어 보리나 감자를 심는다면 얼마나 많은 식량을 거둘 수 있을까![9]

그리고 덴마크만 하더라도 농업이 발달한 유럽의 조그만 나라라고 생각했던 김익달의 선입견을 완전히 바꾸어 놓았다. 모든 시설과 건물들이 현대적으로 잘 정비되어 있을 뿐만 아니라 거리의 오가는 사람들의 표정은 밝고 평화롭고 친절했으며, 한결같이 깨끗하고 건강한 모습이었다. 김익달은 지상낙원이란 바로 이런 것이구나 하는 생각에 한없이 부러웠고 가난에 찌든 우리 농촌을 생각하면 가슴이 저려왔다.

김익달은 선진국의 이상적인 농촌부흥상을 보면서 귀국하는 대로 이번 여행에서 얻은 경험을 살려 농촌을 잘살게 하는 운동을 해 봐야겠다고 다짐했다.

한국대표단 일행은 유럽 순방을 마치고 1959년 7월 중순 귀국했다. 김

---

9 당시 한국의 식량 자급률은 78% 정도로 그 부족분은 미국이 원조하는 쌀, 밀가루, 옥수수에 의존하고 있었다.

익달은 귀국하는 내내 어떻게 하면 우리 농촌을 유럽의 농촌처럼 잘살 수 있게 할 수 있을까. 어떻게 해야 하나 하는 생각에 빠져 들었다.

태평로 사옥 신축과 로고 제정

학원사는 1958년 9월 『대백과사전』 제1권을 발간하고 그 후 평균 1개월 반 만에 계속하여 제2권, 제3권을 발행하여 1959년 5월 30일 제6권까지 발행함으로써 『대백과사전』 발간을 마무리 지었다. 그러나 『대백과사전』 발간은 후속 증보판을 계속 발간할 예정이었으므로 지금까지와 같이 김익달의 개인 주택에 『대백과사전』 편집부를 별도로 두는 것은 적절하지가 않았다. 사세 확장에 따라 좀 더 넓고 직원들이 좀 더 여유를 가지고 『대백과사전』과 잡지 등을 만들 수 있는 사무실이 절실히 필요했다.

이에 김익달은 1959년 초 서울시청 바로 뒤인 서울 중구 태평로1가 31 번지의 300여 평의 대지를 구입하여 사옥을 신축하기로 했다.

4층짜리 현대식 건물을 신축하기로 한 것이다. 출판사가 서울의 중심가에 4층짜리 현대식 건물을 사옥으로 신축한 것은 학원사가 처음이었다. 1959년 3월, 정초식에는 차장급 이상 전 간부들뿐만 아니라 김익달의 부인 하성련 여사도 한복을 곱게 차려 입고 참석했다.

김익달은 당시 편집부 차장이던 채희상이 가져온 『대백과사전』 제1권과 《학원》 잡지 한 권을 주춧돌 밑에 묻었다.

김익달과 하성련, 학원사 간부들은 정초식에서 차례로 금일봉을 놓고 건축업자들의 노고를 치하하며 회사의 무궁한 발전을 빌었다.[10]

---

10 당시 회사에서는 간부들에게 정초식에 쓸 금일봉이 든 봉투를 하나씩 나누어 주었는데, 그 금일봉이 상당한 액수여서 간부 중 두 사람이 무엇 하러 이렇게 많이 내느냐며 그 금액의 10분의 1

태평로 사옥 신축 준공식은 1959년 8월 15일에 있었다. 지상 4층짜리 철근콘크리트조의 현대식 건물이다. 전등은 모두 형광등이었고 수세식 화장실에 중앙 냉난방식이어서 철따라 천장에서 찬 공기, 더운 공기가 나오게 되어 있었다. 당시 4층짜리 현대식 건물은 서울에서도 드물었다. 주위에는 온통 납작한 한옥들과 옆에 있는 서울신문사 담벼락에 바싹 붙어 있는 판잣집들뿐이었던 것이다. 옥상에 올라서면 남산이 이마에 닿을 듯하고 시청 앞 광장이 내려다 보였다.

김익달은 최덕교 주간과 백동주 편집부장 등과 함께 준공 테이프를 끊으며 새로운 도약을 다짐하고 학원사를 상징하는 새로운 로고를 제정하기로 했다.

1947년 대구에서 대양출판사를 설립할 때의 로고는 대양을 향해 나아가는 배의 길을 밝혀주는 등대가 대양출판사를 상징하는 로고였다. 그러다가 주식회사 학원사를 설립하면서 《학원》의 표지화를 그리기도 했던 강하구 화백에게 새로운 로고 제작을 의뢰하여 책 모양을 'ㅎ'자로 도안한 것을 1959년까지 사용해 왔던 것이다.

강하구는 세화에 능한 화가로 학(hak), 원(won)사의 머리글자 'h'와 'w'를 혼성하여 로댕의 생각하는 사람을 연상시키는 '책 읽는 사람'의 형상을 새로운 로고로 제작했다. 로고는 기업의 문화적 정체성과 이미지를 상징적으로 나타내 준다. 학원사의 새로운 로고로 '책 읽는 사람'의 형상을 제작한 것은 좋은 책을 많이 만들어 널리 읽히도록 하겠다는 문화 입국을 향한 김익달의 출판이념을 보여주는 것이다.

서울 중심부에 새로운 사옥의 신축, '책 읽는 사람의 형상'인 새로운 로

만을 봉투에 넣고 10분의 9는 자기 주머니에 넣는 해프닝이 벌어져 나중에 말들이 많았는데, 최덕교 주간이 호사다마라며 이를 무마하고 일소에 부쳤다는 후일담이 있다. 채희상, 「위급할 때 그 사람을 안다」, 『학원세대와 김익달』, 학원김익달전기간행위원회, 1990. 261면.

고의 제정, 그리고 인재 양성을 위한 장학 사업을 좀 더 체계적으로 추진하기 위한 장학재단 설립 추진, 김익달의 진정한 출판 보국과 인재 양성은 이제부터였다.

KOREA, Its Land, People And Culture of All Ages 발행

김익달이 국제도서전시회와 국제출판협회의 총회 참석과 선진 각국을 여행하면서 느낀 것 중 가장 마음이 아팠던 것은 세계 속의 대한민국은 그 존재가 너무나 미미하다는 것이었다.

물론 대한민국이 2차 대전 후 일제의 식민지에서 벗어난 신생 독립국이고 세계에서 가장 가난한 나라 중의 하나이지만 그래도 5천 년의 역사와 찬란한 문화를 간직해 온 문화 민족이 아닌가. 그런데 어째서 이토록 세계 속의 대한민국은 그 존재가 보이지 않는 것일까.[11]

미국이나 서구 선진국의 학자나 정부 기관의 관료들조차 대한민국을 2차 대전 후 남북이 분단되고 동족 간에 전쟁이 일어나 수많은 사람이 죽고 전국토가 황폐화되다시피 한 아시아 변방의 미개한 나라 정도로 알고 있는 것이 고작이었다. 오죽했으면 영국의 《더 타임즈》는 1951년 10월 1일자 사설에서 "한국에서 민주주의를 기대하는 것은 쓰레기통에서 장미꽃이 피기를 바라는 것처럼 어렵다."고 했겠는가.[12]

---

11 헌법학자 유진오는 《동아일보》 1960년 5월 29일자 칼럼에서 "어렸을 때에는 어른들로부터 동양 3국이란 말을 많이 들었으나 몇 해 전 세계를 일주해 보고 동양은 2국으로 축소되어 있음을 한탄하였다. 세계 어느 곳을 가나 동양에 중국과 일본이 있음을 아는 사람뿐이지 한국이 있다는 것을 아는 사람은 거의 없기 때문이다. 반세기에 걸친 일본의 악선전이 한국을 세계인의 기억에서 말살하다시피 하였던 것이다."라며 통탄했다.

12 영국의 《The Times》 1951년 10월 1일자 사설 "War and Peace in Korea"에 나오는 내용으로 원문은 "It would be more reasonable to expect to find roses growing on a garbage heap than a

심지어 1955년 한국의 복구를 돕기 위해 파견된 유엔한국재건위원회 (UNKRA) 특별조사단장인 인도의 '매논'도 "한국에서 경제 재건을 기대한다는 것은 마치 쓰레기통에서 장미꽃이 피기를 바라는 것과 같다."고 하지 않았는가.

김익달은 국제 사회에서의 너무나 초라한 한국의 위상, 외국인의 무지는 그 누구의 탓도 아닌 바로 우리 자신의 무지와 게으름, 불성실의 소치라고 생각했다.

현재 한국이 신생 독립국으로서 민주주의 역사도 일천하여 정치적으로도 안정되지 못하였고 경제적으로는 세계에서 가장 가난한 나라에 속하기는 하지만 그렇다고 이대로 가만있을 수는 없었다.

김익달은 세계를 향해 대한민국과 한국인을 제대로 알릴 수 있는 책을 발행하기로 하였다. 물론 국제사회에 내놓을 책이니 영문으로 말이다.

김익달은 한국의 역사와 전통, 찬란한 문화와 자랑스러운 우리의 문자 한글, 한국의 영토, 지리 그리고 한국인에 대하여 각계각층의 석학과 전문가에게 원고 집필을 의뢰했다. 또한 학원사 편집부는 편집부대로 원고 내용에 맞는 도판과 도표, 사진, 삽화 등을 준비하느라 또 한 번의 전쟁을 치러야 했다.

3년여에 걸친 『대백과사전』 편찬이라는 대사업을 완성한 학원사 편집부의 최정예 편집위원들이 있었기에 가능한 일이었다.

드디어 1960년 3월 『KOREA, ITS LAND, PEOPLE AND CULTURE OF ALL AGES』를 발간하였다.

위 『KOREA』 책의 특징은 B5판에 가로짜기 2단으로 된 본문이 718면 인데, 별쇄된 원색 컬러 사진 및 단색 사진판이 모두 484면으로 본문과

---

healthy democracy rising out of the ruins of Korea"이다.

거의 대등한 분량으로 제작되었다는 점이었다.

김익달은 한국의 역사, 문화, 전통 등을 외국에 소개할 때에는 말보다는 원색 사진 등 눈으로 직접 확인할 수 있는 사진 등이 훨씬 효과적이라고 생각했던 것이다. 따라서 한국의 역사와 문화를 소개하는 코너 중의 신라의 금관, 고려자기, 이조백자, 한국의 탈 등은 모두 원색 컬러판을 사용했다.

『KOREA』는 한국의 역사와 문화뿐만 아니라 지리, 법률, 국제관계, 국방, 산업, 교통과 통신, 종교, 교육, 사회과학과 자연과학, 문학과 예술, 춤과 음악, 드라마와 영화, 관습, 스포츠, 관광 등 한국에 관한 모든 분야를 소개함으로써 외국인들에게는 한국에 관한 백과사전 역할을 할 수 있도록 했다.

김익달은 『KOREA』를 발간한 후 월터 P. 매카나기[13] 미국 대사를 예방하고 『KOREA』 책을 기증한 뒤 미국을 비롯한 세계에 널리 선양하여 한국과 한국인에 대한 올바른 이해를 당부했다.

미국공보원(USIS)에 의해 모스크바 국제도서전시회에 출품된 『KOREA』 책은 전 세계가 한국을 새로이 인식하는데 크게 기여했다. 특히 한국전쟁으로 인해 잘못 알고 있었던 한국의 현실과 오천 년에 이르는 역사와 문화가 올바르게 소개됨으로써 한국에 대한 선입견을 불식시켰고 책 자체의 편집까지 우수하여 우리나라의 출판문화를 세계에 과시하는 계기가 되기도 했다.

학원사의 영문판 한국문화대감 『KOREA』의 발간에 대해 헌법을 기초한 헌법학자 유진오는 반세기에 걸친 일본의 악선전으로 세계인의 기억

---

13 매카나기는 1956년 12월부터 1961년 4월까지 주한 미국 대사를 역임했는데, 4·19 혁명 때 이승만의 하야에 결정적인 역할을 한 인물로 그가 마지막으로 이승만을 예방하고 경무대를 나왔을 때 시위 군중들은 '미국만세', '매카나기만세'를 외치며 그의 차를 따라 미국 대사관까지 행진하기도 했다.

에서 거의 말살 되다시피 한 한국이 비로소 동양 3국의 일원으로 되살아 났다며 "이 책을 펴보고 비로소 세계인들은 이번 한국에서 일어난 4월 민주 혁명이 결단코 '쓰레기통에서 핀 장미꽃'이 아니라 우리 민족 발전 과정에 있어서 당연히 일어났어야 할 일, 필연적으로 일어나지 않을 수 없던 일임을 이해하게 될 것이다."라며 그 가치를 높이 평가했다.[14]

또한 아동문학가 마해송도 "이 책이야말로 여하한 구두 선전보다도 여하한 외교적 활동보다도 우리 한국의 진가를 전 세계에 알리는데 더 큰 효과를 거두게 할 것이다."라며 평했다. 또 "이러한 대작(大作)을 일개 출판사가 단독으로 과감히 계획하였고 완성하였다는 사실에 대하여 진실로 감탄한 것이다."라며 『KOREA』 출판에 대해 경의를 표하면서 정부 관계 부처에 대해 이 책의 수출을 위한 적절한 조치를 취할 것을 촉구하기도 하였다.[15]

이 책은 전 세계 유명서점에 위탁 판매 형식으로 보내졌고 학원사의 이종린 편집부장은 그 수금과 세계 서점과의 교류, 『대백과사전』 증보 출판을 위한 자료 수집 등을 위해 세계를 일주하기도 했다. 이는 한국 출판계에서는 처음 있는 일이고 1960년 7월 학원사의 도쿄지사를 설립하는 계기가 되었다.

이 책 『KOREA』는 1960년 10월 한국일보가 제정한 제1회 한국출판문화상을 수상했다. 또한 1961년 5·16 군사혁명 후 공보처는 이 책을 다량 구입하여 선진국뿐만 아니라 아프리카를 비롯한 후진국에게도 보내져 한국을 알리는데 크게 기여했다.

그리고 영문판 『KOREA』는 그 후 전통과 문화면을 더욱 보완하여 1974년 프랑크푸르트 국제도서전시회에 출품하였다.

---

14 《동아일보》 1960년 5월 29일자 기사.
15 《경향신문》 1960년 5월 16일자 기사.

김익달은 영문판 『KOREA』를 발간한 뒤 한국을 강점하여 식민 지배를 한 일본인들조차 한국에 대해 잘못 알고 있거나 모르는 것이 많은 것을 보고 『KOREA』의 내용을 발췌하여 1966년 8월 일본어판 『한국, 그 민족과 문화(韓國,その民族と文化)』를 발간하였다.

『한국, 그 민족과 문화』의 서문에서 일한친화회회장(日韓親和會會長) 스즈키 하지메(鈴木一)[16]는 "가장 가깝고도 가장 먼 나라라고 하는 양국의 거리가 이 책으로 조금 가까워질 것이다."라며 한반도의 문화는 일본 고대 문화의 스승이고 모체였다고 강조했다. 또한 양국의 우호 관계 실현을 위해 애쓰는 학원사의 김익달에 대하여 진심어린 존경을 표했다.

4 · 19 혁명

김익달이 세계에 대한민국과 한국인을 제대로 알리기 위한 영문판 『KOREA』를 출간했을 무렵, 한국의 정치적 · 사회적 혼란은 정점을 치닫고 있었다. 결국 집권 자유당의 3 · 15 부정선거를 규탄하는 학생 데모는 마산, 대구, 부산, 광주, 전주, 서울 등에서 요원의 불길처럼 일어났고 마

---

16 스즈키 하지메(鈴木一)는 2차 대전 종전 당시 총리대신이었던 스즈키 칸타로(鈴木貫太郎)의 아들로 일본 출입국관리청 장관으로 재직 중이던 1952년 6월 자비로 도쿄의 한국 YMCA의 방 하나를 빌려 일한친화회(日韓親和會)를 설립하여 1977년 11월 해산할 때까지 정치성을 배제한 순수한 양국의 민간교류에 크게 이바지한 인물이다. 그는 특히 한국을 방문하는 일본인들에게 다음과 같은 방한사칙(訪韓四則)이 인쇄된 명함이나 연하장을 나누어 주어 두 나라 국민감정을 배려하고 이해하는데 힘썼다. 〈①한국은 외국이다. 잠옷차림 같은 가벼운 마음으로 가서는 안 된다. ②한국은 지금 준 전쟁 중이다. 때에 따라서는 경비상의 제약도 받는다. ③한국은 문화적으로 일본의 선진국이다. 아스카조, 나라조의 고대 문화의 원류를 빠짐없이 보고 오라. ④한국의 근대사는 일본에 대한 악인상의 연속이다. 역사적 진실을 모르고는 한 자리에 앉아 함부로 말하지 말라.〉 1971년 2월 26일 우리 정부는 양국 문화교류에 기여한 공로로 스즈키 하지메에게 주일대사를 통해 수교훈장을 수여했다.(동아일보 1971년 2월 27일 1면 기사)

침내 '민주주의를 사수하자'는 4·19 혁명으로 이어졌다.

학원사 직원들도 일부는 사무실을 비우고 거리로 나갔고 일부는 옥상으로 올라가 거리를 가득 메운 학생들의 행렬이 중앙청으로, 경무대로 향해가는 모습을 불안한 마음으로 지켜보고 있었다.

당시 학원사와 이웃해 있는 서울신문사는 정부의 기관지로 국민들의 미움을 받는 대표적인 기관이었다. 성난 시위대에 겁을 먹은 서울신문사 직원들은 모두 자리를 떠 서울신문사 사무실은 텅 비어 있었다. 그때 머리에 띠를 두르고 솜방망이에 불을 붙여 든 젊은이들이 신문사 안으로 들어가 이리저리 뛰어 다니더니 이내 서울신문사가 불타올랐다. 서울신문사 건물이 맹렬한 기세로 불타오르자 바로 이웃에 있는 학원사는 그야말로 초비상사태였다.

김익달도 그때 자리를 지키고 있었는데 직원들을 독려하여 불길이 번지지 않도록 대비하고 있었다. 당시는 소화기란 말을 들어 본 적도 없었던 때라 직원들은 수돗물을 있는 대로 틀어놓고 비장한 각오로 가정용 고무 호스를 들고 만약의 사태에 대비했다. 다행히 학원사 사옥은 철근과 콘크리트로 지은 현대식 건물이므로 쉽게 불이 옮겨 붙을 것 같지는 않았지만 문제는 다른 곳에 있었다. 바로 서울신문사 뒤뜰에 잔뜩 쌓여 있는 드럼통이었다. 만약 기름이 든 드럼통에 불이 붙는다면 그야말로 대형 폭발이 일어날 것이 아닌가. 사무실이 걱정되어 나와 있던 김익달의 부인 하성련도 또다시 전쟁이라도 일어난 것처럼 겁에 질려 울고만 있을 뿐 누구도 달리 어떻게 손을 써 볼 수가 없었다.

그런데 또 다른 긴급사태가 벌어졌다. 그것은 골목 안 서울신문사 건물 담벼락에 바싹 붙어서 판잣집을 짓고 살던 사람들이 학원사로 몰려온 것이다. 그들은 그때 도로를 무단 점거하고 있는 상태라 학원사 직원들이 뒷길을 드나들려면 걸음을 가로로 걸어야할 만큼 좁은 공간만을 남겨

놓고 무허가 판잣집을 짓고 살던 사람들이었다. 그러니 학원사로서는 평소에도 뒷길로는 책의 입고, 출고는 엄두도 낼 수 없는 상황이었다.

직원들은 이런 불편 때문에 수차례 판잣집을 정리해 달라는 진정서를 당국에 내려고 했으나 김익달은 직원들을 만류했다. 그들은 이미 학원사가 새 건물을 지어서 이사 오기 전부터 살고 있던 사람들이라는 것이 그 이유였다고 했다. 직원들은 조금 뚱뚱한 편인 김익달이 이 골목에서 게 걸음을 걷는 것을 보고 몰래 웃곤 하였다. 그런데 서울신문사가 불타고 있으니 그 담벼락에 붙은 판잣집들은 어떻게 되겠는가.

그들은 서둘러 보따리를 싸가지고 판잣집을 나왔지만 갈 곳도 받아줄 데도 없었던 것이다. 그들의 눈에 보인 곳이 비어있는 학원사의 뒤뜰, 바로 책을 내리고 싣고 하는 마당이었다. 학원사의 뒷마당 문은 항상 열려 있었다. 판잣집을 탈출하다시피 나온 사람들은 보따리를 들고 학원사 뒷마당으로 몰려왔다. 그러자 학원사의 뒷마당을 관리하는 젊은 직원이 재빨리 쇠문을 닫아걸었다. 시국이 시국이니만큼 회사를 보호하려는 불가피한 조치였을 것이다.

바로 그때 김익달이 나타났다. 김익달은 문을 잠근 그 직원에게 문을 열어 주라고 지시했다.[17] 그러고는 그들을 4층으로 올려 보내서 난을 피하도록 해주었다. 보따리를 든 어린 소녀, 어린아이를 업은 여인, 병약한 노인들을 이끌고 온 사람들은 흐느낌을 삼키면서 조용히 학원사로 몰려들었다.

서울신문사의 불은 다행히 뒤뜰의 드럼통으로 옮겨붙지는 않았다. 판잣집 사람들이 모두 안전하게 대피한 것을 확인한 김익달은 경리 직원을

---

17 채희상, 「위급할 때 그 사람을 안다」, 『학원세대와 김익달』, 학원김익달전기간행위원회, 1990, 263면. ―당시 학원사 편집부 차장이었던 채희상은 김익달이 책임자에게 문을 열어주라고 지시하는 것을 직접 들었다고 회고했다.

불러 은행에 예치되어 있는 예금을 전부 찾아오게 했다. 김익달은 전 직원들을 불러 찾아온 돈을 고르게 나누어 주면서 이렇게 말했다.

"내가 6·25를 겪어보니 혼란할 때에는 역시 현금을 가지고 있어야 기동을 할 수가 있어요. 여러분도 이것을 가지고 가족들의 안전을 도모하시오."

김익달은 학생들의 데모가 전국적인 규모로 확대되고 이를 진압하기 위해 정부가 군대까지 끌어들였으니 전쟁을 방불케하는 최악의 사태가 올 수도 있다고 생각되어 비상조치를 취한 것이다.

정부는 계엄령을 선포하였고 광화문 네거리에서는 총소리가 울리기도 했다. 광화문거리 일대는 아예 통행이 금지되어 학원사 직원들은 신세계 백화점으로 하여 서울역, 염천교 등지로 돌아서 다녀야 했다.

천만다행으로 이 같은 최악의 상황은 일어나지 않았다. 데모로 인한 혼란 사태는 1960년 4월 26일 이승만 대통령의 하야성명으로 매듭지어져 더 이상의 혼란은 없었던 것이다. 학원사도 곧바로 정상을 되찾았다. 물론 직원들에게 나누어 준 돈은 가불로 처리되어 다음 달 월급에서 공제 처리되었다.

사태가 수습되고 서울신문사 담벼락에 붙은 판잣집들도 예전과 다름없이 학원사 뒷길을 점거하고 있었다. 그런데 예전과 달라진 모습이 하나 있었다. 판잣집 사람들은 학원사의 김익달이 거리에 나타나면 쫓아와서 아무런 말없이 그저 꾸벅하고 절을 하곤 했다. 그들은 학원사의 김익달 사장을 안다는 것이 흐뭇했고 남들이야 자신들을 어떻게 보든 그런 험한 상황에서도 자신들을 지켜주는 이런 분이 가까이 있다는 것을 자랑스러워했다.

한국출판연감 제작

1959년 오스트리아 빈에서의 제15차 국제출판협회 정기총회 참석을 마치고 독일, 프랑스 등 유럽 선진국을 돌아보고 귀국한 김익달이 제일 먼저 서둘러 발행한 책이 영문판『KOREA, Its Land, People And Culture of All Ages』였다. 국제 사회에 한국과 한국의 역사와 문화를 제대로 소개할 만한 책이 절실히 필요함을 통감했기 때문이었다.

이 책은 외국인들에게 한국과 한국인에 대한 백과사전이라고 할 만큼 큰 역할을 하였으나 그것만으로는 충분치 못함은 당연한 일이었다.

우선 한국에 대해 더 많이 알고 싶고 더 연구하고 싶은 외국인들은 한국에서 출판되는 책이나 잡지 등을 구해보고 싶은데, 도대체 한국에서는 어떤 책들이 출판되고 있는지 알 방법이 없었던 것이다.

제15차 국제출판협회에 한국대표단의 일원으로 참석하였다가 유럽을 둘러보고 미국 국무성 초청으로 미국을 방문하고 돌아온 을유문화사 대표 정진숙의 보고는 참으로 충격적이었다. 정진숙이 미국 컬럼비아대학을 방문했을 때 그곳 도서관장으로부터 컬럼비아대학에는 대한민국 책은 단 한 권도 없다는 말을 들었다는 것이다. 그런데 놀랍게도 북한 책은 많은 양이 다양하게 구비되어 있었다는 것이다. 그래서 그 까닭을 물었더니 홍콩에서 서적상을 하는 사람이 정기적으로 팸플릿을 보내와서 그것을 보고 책을 주문하여 들여온다는 것이었다. 그런데 그 동양학부 도서관장의 그 다음 말에 정진숙은 쥐구멍에도 들어가고 싶을 정도로 참담한 심정이었다고 한다.

"당신네 국가와 우리 국가는 동맹 관계 아닙니까? 그런데 한국에 대한 도서는 전혀 없습니다. 출판사는 있는지, 한국어로 출판은 하고 있는지 조차 모른단 말입니다. 정 사장님, 우리 도서관에는 정보가 없어서 한국

책을 구입하지 못하고 있습니다. 저희에게 출간 도서목록을 좀 보내 주십시오."

정진숙이 예일대학 도서관을 방문했을 때에도 사정은 마찬가지였고 하버드대학 도서관은 그나마 몇 권의 한국어 도서를 갖고 있었다고 한다. 그런데 시카고대학 도서관에서는 더 충격적이었다고 한다.

그곳 도서관장은 "중국 책은 대략 45만 부 가량 있는데, 한국 책은 단 한 권도 없습니다."라고 하는 것이 아닌가.

이것이 반만년의 역사와 찬란한 문화를 자랑한다는 대한민국의 1950년대 후반의 모습이었다.[18]

정진숙은 귀국한 후 서둘러 도서목록, 즉 출판연감을 만들고 이를 다시 간추려 영문으로 세계 유수의 대학도서관과 공공도서관으로 보낼 계획을 세웠다. 하지만 대한출판문화협회가 아닌 을유문화사 단독으로 출판연감을 제작하는 것은 쉬운 일이 아니었다. 그런데 당시의 출판문화협회는 자체적으로 출판연감을 제작할 재정적 여력이 없었다.

정진숙은 문교부와 국립도서관을 찾아다니며 우리나라를 세계에 알리기 위한 출판연감 제작의 필요성을 역설했다. 하지만 문교부에도 국립도서관에도 그럴 만한 예산이 없었다. 심지어 당시 박민규 국립도서관장은 사서(司書) 월급도 제때 못 주고 있는 형편이라고 했다.

결국 우리나라를 세계에 알리는 번듯한 출판연감을 만들고 싶다는 정진숙의 소망은 그가 1962년 12월 대한출판문화협회 회장에 취임하고 김익달을 출판담당이사로 영입함으로써 이루어졌다.

당시 김익달은 『대백과사전』을 기획 출판한 경험이 있을 뿐만 아니라 출판계에서는 이미 자타가 공인하는 뛰어난 출판 감각을 가진 출판인으

---

18 정진숙, 『출판인 정진숙』, 을유문화사, 2007, 211~213면.

로 정평이 나 있었던 것이다. 정진숙은 출판연감 발행 계획을 이사회 안건으로 상정하였으나 당시 출판문화협회는 사무실 집세마저 5개월이나 밀려 있을 정도로 열악하여 이 계획은 부결되고 말았다.

그때 출판문화협회는 화신상가 옆 종로빌딩 5층에 세들어 있었는데, 사무실은 20여 평 정도 되었지만 직원이라고는 사무국장과 사무원, 그리고 사무보조원 1명 모두 3명이 있을 뿐이었다. 출판문화협회의 예산은 회원사로부터 걷는 200원에서 2천 원까지의 회비가 전부였으나 이마저도 잘 걷히지 않아 직원 월급은 물론이고 사무실 임대료조차 제대로 못내는 형편이었던 것이다.

하지만 김익달은 누구보다도 이 사업의 중요성을 잘 알고 있었다. 정진숙과 김익달은 이 '출판연감' 사업으로 결손이 생긴다면 두 사람이 함께 책임을 지자는데 흔쾌히 동의했다.

김익달은 출판담당이사의 권한으로 임시 편집원 세 사람을 채용하여 출판부를 보강하고 직접 편집과 제작 업무를 지휘했다. 도서목록의 정리와 영문으로의 번역, 출판협회의 역사와 출판 및 관련 업계의 개황 등의 정리, 김익달의 이 사업에 대한 열정은 『대백과사전』 때와 다르지 않았다.

결국 사업에 착수한지 5개월여 만인 1963년 9월 마침내 '한국출판연감'이 그 모습을 드러냈다. B5판 1천46쪽의 양장본으로 우리나라 최초의 '출판연감'이 탄생한 것이다.

이 1963년판 '한국출판연감'은 8 · 15 해방 이후 출판되어 그때까지 절판되지 않은 모든 책의 목록을 망라했다. 당시에는 아직 통일된 도서분류법이 없던 시기여서 '듀이십진분류법'에 의해 책을 분류 · 정리했다.

이 출판연감 제작에 들어간 종이는 전량 미국대사관으로부터 지원을 받았다. 주한 미국대사관 헨더슨 문정관의 도움으로 출판연감 5천 부를 찍을 수 있는 용지를 현물로 지원받았던 것이다.

'한국출판연감'의 발간으로 비로소 한국출판협회와 출판인들은 대내외적으로 체면을 차릴 수 있게 되었다. 한국출판연감 5천 부는 한국검인정교과서(주) 산하 전국 유명서점의 도움으로 주로 학교로 공급됨으로써 어렵지 않게 대부분 소화되었다. 이로써 출판문화협회는 당시 돈으로 2천만 원 정도의 순이익을 얻을 수 있었다.

한편 김익달은 '출판연감' 편찬 사업을 시작하면서 출판계의 오랜 숙원 중의 하나였던 출판회관 건립도 추진하였다.

즉 출판분과위원장 김익달의 제안 형식으로 출판문화회관 건립안을 상무이사회의 의결을 거쳐 1963년 2월 13일 정기이사회에 상정한 것이다. 비록 바로 결론은 내리지 못했으나 2월 22일 개최된 제6차 이사회에서 참가자 전원의 찬성으로 '회관건립추진위원회'를 구성하기에 이르렀다.

결국 출판문화회관은 '한국출판연감'의 판매 수익금을 모태로 하여 출판인들의 기금과 국고보조금으로 1975년 6월 27일 종로구 사간동 105의 2 대지 180평 위에 지하1층, 지상4층, 총 건평 517평으로 세워지게 된다.

한국잡지발행인협회 초대 회장으로

김익달이 한국전쟁 중 불행한 이 나라의 청소년들을 위해 1952년 11월 《학원》을 창간한 것처럼 부산에서는 김종완이 1951년 5월 대중잡지 《희망》을 창간했고, 대구에서는 황준성이 1952년 8월 교양종합지 《신태양》을 창간하여 국민의 정서 고갈을 메우는 중요한 매스 미디어로 등장했다. 한편 조병옥(趙炳玉)도 1952년 12월 피란지 부산에서 《자유세계》를 창간하여 자유당의 독재를 규탄하는 목소리를 담았다.

이처럼 전란의 소용돌이 속에서도 잡지는 중요한 매스 미디어로서 판매가 증진되자 서적 판매상들은 판매 수수료로 정가의 4할을 요구하게 되었고 만약 이를 들어주지 않으면 잡지 판매를 거부하겠다는 태세로 나왔다. 이러한 급박한 상황이 벌어지자 잡지인들은 단결의 필요성을 느끼게 되었고 이는 결국 한국잡지협회 창립으로 이어졌다.

1952년 9월 15일 부산시 부평동의 희망사 사무실에서 김익달, 황준성, 김종완 등이 모여 논의한 결과 우선 부산, 대구를 중심으로 10여 명이 주축이 되어 한국잡지협회를 창립하기로 한 것이다. 1952년 10월 20일 희망사 회의실에 한국잡지협회 창립총회가 열렸고 회장에 김종완, 부회장에 황준성, 상임이사에 김익달이 선출되었다.[19]

한국잡회협회의 당면 과제는 바로 서적상과의 수수료 문제였는데, 끈질긴 협의·조정 끝에 서적상들의 4할 위탁제를 무너뜨리고 마진율을 종전대로 유지하는데 성공함으로써 큰 성과를 올리기도 했다.

한국전쟁 종전 후 정부가 환도함에 따라 잡지협회도 서울로 올라와 희망사가 있는 종로구 견지동에 사무실을 두게 되었다. 그런데 환도 후 어수선한 분위기 속에서 서적상들의 4할 위탁제 요구가 재연되어 한국잡지협회와 서적상연합회 간에 알력이 생기게 되었다. 이에 김익달은 직원들을 동원하여 《학원》을 시내 곳곳에 쌓아놓고 가두판매하는데 성공함으로써 잡지협회와 서적상연합회 간의 타협이 이루어지게 된 것이다.

1960년 4·19 혁명이 일어나자 자유당에 짓눌렸던 언론의 자유가 한꺼번에 터져 나와 너도나도 잡지사, 신문사를 차리고 지사·지국을 모집했고 기자가 되면 무임승차에 경찰도 제지하지 못한다는 달콤한 말에 기자의 수도 폭발적으로 늘어났다. 당시 우스갯소리로 남산에서 돌을 던지면 기자머리에 맞는다는 말이 나올 정도였던 것이다. 결국 여기저기서 기자

---

19 『한국잡지협회 60년사』, 한국잡지협회, 2012, 81면.

들 등쌀에 못살겠다는 시민들의 소리가 사회의 각계각층으로 번져나가게 되었다.

1961년 5·16 쿠데타로 집권한 군사정부는 무질서와 부정부패를 일소한다는 명분으로 당시 900여 종의 잡지 중 220종만 남기고 모두 폐간시켰다. 아울러 기존의 사회단체에 해산 명령을 내림에 따라 한국잡지협회도 그 활동을 중단하게 된다. 또 군사정부는 1962년부터 관세법을 개정하여 일간, 주간신문 그리고 통신업에 한하여 면세 조치하고 잡지에 대하여는 영업세를 부과하도록 법률을 개정하였다.

이에 1962년 9월 5일 잡지 발행인들은 학원사에 모여 잡지에 대한 영업세가 면제되지 않고는 잡지를 발행할 수 없다는데 의견을 같이 했다. 그래서 1950년대의 한국잡지협회를 부활시켜 정부 당국에 강력히 건의하기로 하여 사단법인체인 한국잡지발행인협회를 결성하기로 하였다.

김익달 등은 다음과 같은 그 취지문을 만들어 각 잡지사 발행인에게 발송하였다.

"민주국가에 있어서 잡지가 그 사회에 미치는 중요성은 재론을 요하지 않거니와 오늘날 한국 잡지계의 실정이 선진 제국의 발전 양상에 비하여 너무나 현격한 차이가 있음은 문화민족의 긍지에 비추어 비통한 일이 아닐 수 없다. 더구나 혁명 정부가 바야흐로 국가재건을 위하여 총 진군하는 이때에 특히 민족정신, 인간 개조론이 강조되고 있어 무엇보다도 긴급 선결 문제가 독서 인구의 거족적 양성으로 국민 전반에 긍하여 양식층의 향상이 제일 요체라고 생각되지 않을 수 없는 일이며, 그렇다고 보면 실로 잡지계가 점하고 있는 위치야말로 중차대한 것이기에 잡지 발행인은 이때를 기하여 서로가 일치단결하여 민족문화 발전에 이바지하고 나아가서는 언론계의 일원으로서 매스 미디어의 일익을 담당하여 보람 있는 일을 하고자 피폐 위축일로에 있는 잡지계에 활기를 띄우고 건전한 활로를 개척하고 상부상조하여 잡지계의 참신한 발전과 민족문화의 향상에 기여함을 취지로 한다."[20]

이어 김익달 등은 1962년 10월 16일 공보부에 사단법인 한국잡지발행인협회의 설립 허가 신청서를 제출하고[21] 1962년 10월 26일 소공동 중앙공보관에서 고시계사의 김창엽, 삼중당의 서재수, 현대문학사의 김광수 등 17명이 참석한 가운데 창립총회를 개최하였다.

김익달은 초대 회장으로 추대되었고 부회장은 서재수, 상임이사로는 여원사의 김명엽 등이 선출되었다. 김익달은 1962년 11월 16일 이사회를 열어 '잡지영업세 문제, 용지배정 문제, 융자알선 문제' 등을 논의하고 '잡지계의 긴급을 요하는 제반 요망사항'을 정리하여 공보부 장관에게 이를 제출했다.

영업세 면세에 관해 신문과 잡지에 대한 차별적 조치는 문화 발전에 크게 역행하는 것이며 또 1개월간 잡지사에 소요되는 갱지가 월 300톤인데 신문에만 용지를 배정하지 말고 잡지에도 동일하게 처리해 달라는 것이었다. 그리고 1962년 11월 20일 김익달은 이사들과 함께 공보부 장관을 예방하고 잡지계의 '건의사항'에 대해 진지하게 논의한 결과 용지배정 문제에 대하여는 약속을 받았으나 융자 문제와 영업세 문제에 대하여는 소관이 아니라는 이유로 관계 부처와 협의해 보겠다는 말만 들었다.

1962년 12월 28일 재무부 장관으로부터 "잡지는 신문, 통신과 동일 취급할 수 없으며 또 잡지에 대하여 면세 조치를 하게 되면 유사 업종과의 균형이 맞지 않는다."는 회신이 왔다. 이에 김익달은 긴급 이사회를 열어 정부 요로에 다시 건의서를 보내기로 하고, 국가재건최고회의 의장인 박정희에게도 "잡지는 개인의 기업이라기보다는 민중의 공기이다. 과거 일

---

20 『한국잡지협회 60년사』, 한국잡지협회, 2012. 85면.
21 공보부로부터의 정식 설립 허가는 1963년 1월 28일 받았다.

제 강점기에는 민족 수난의 대변지로서, 해방 후는 신문이나 통신과 같이 시사 여론을 전달하는 보도의 사명을 다하면서 갖은 고난과 형극의 길을 걸어온 것이 한국 잡지의 기구한 운명이었다. 잡지도 신문과 같이 보호 육성하여야 하므로 영업세 면세 조치가 되도록 해달라."는 요지의 건의문을 보냈다.

그리고 재무부 장관과 국회의장, 국회 재정경제위원회에도 잡지가 매스 미디어로 민중의 진정한 공기가 될 수 있도록 영업세를 면세 조치해 줄 것을 건의했다. 이에 1963년 7월 1일 당시 국회재경위 소속이던 김대중(金大中) 의원은 여·야 의원 14명의 서명을 받아 국회 재경위원회에 잡지가 면세 조치되어야 마땅하다는 제안서를 제출했다. 김대중 의원은 제안 설명에서 "잡지는 비록 일간은 아니라 하더라도 신문·통신과 다름없이 시사성을 가진 보도의 사명은 같고 정신적인 면에서 국민을 계몽하는 위치에 있으면서도 한국적인 특수성에 의하여 기업으로 성장하지 못하고 부진 상태에 있는 현실이므로 그 육성책을 강구하는 의미에서 정기간행물인 잡지도 신문·통신과 동일하게 면세 조치해야 한다."고 밝혔다.

결국 이 제안은 1964년 7월 31일 국회 재경위원회를 통과하고 9월 8일 국회 본회의에서 통과됨으로써 법률 제1658호 영업세법 중 개정 법률로 공표되었다.

한편 계엄령하인 1964년 7월 30일 당시 여당이었던 공화당이 정부에 비판적인 언론을 통제할 목적으로 '언론윤리위원회법'을 단독으로 발의하였는데 8월 2일 계엄 해제를 조건으로 한 야당의 방관 아래 이 법이 국회를 통과하게 되었다. 이른바 '언론파동사건'이 터진 것이다.

이에 한국잡지발행인협회는 신문발행인협회, 신문편집인협회, 통신협회, 신문윤리위원회, 방송협회 등과 함께 '언론규제법철폐투쟁위원회'를 결성하고 8월 10일에 열린 '전국언론인대회'에 참가하여 다음과 같은 결의문을 채택했다.

"한국의 신문·통신·방송·잡지 등에 종사하는 전체 언론인을 대표하는 우리 언론인대회는 이른바 '언론윤리위원회법'이 위헌적이고 비민주적인 악법임을 지적하고 이 법 시행에 대하여 일체의 협력을 거부키로 한 지난 8월 3일자 한국신문인협회의 성명을 전폭적으로 지지·확인하며 이 법 철폐를 위해 투쟁을 전개하기로 한 8월 5일자 윤리위원회법 철폐투쟁위원회의 성명을 전 언론인의 이름으로 재확인하면서 이 악법의 철폐를 요구하며 그 목적의 관철 시까지 어떠한 장애를 무릅쓰고라도 굳은 결속으로 이 나라의 민주주의적 언론 자유의 수호를 위해 전국적 규모로 끝까지 싸울 것을 다짐하는 바이다."

결국 지방 언론사는 물론 잡지발행인협회까지 참여한 범언론계의 강력한 반발에 부딪친 박정희 대통령은 9월 8일 투쟁위원회 대표들을 만난 자리에서 언론사의 자율 규제를 조건으로 언론윤리위원회법 시행의 전면 보류를 약속함으로써 1964년 여름을 떠들썩하게 했던 '언론파동'은 막을 내리게 된다.[22]

한편 한국잡지발행인협회는 청소년 유해 잡지 문제와 관련하여 잡지의 품격을 높이고 질적 향상을 도모하기 위해 자율적인 조정 및 제재 기구의 필요성을 느껴 잡지윤리위원회를 구성하기로 결의하였다.

이에 따라 발행인, 편집인 및 비잡지인들로 구성된 잡지윤리위원회는 1965년 7월 7일 잡지윤리실천강령 및 회칙의 초안을 채택하고 잡지협회의 인준을 받았으며, 초대 위원장에는 서울대학교 법과대학장 김기두 교

---

22 『한국잡지협회60년사』, 한국잡지협회, 2012. 87~88면. ─이때 제정된 언론윤리위원회법은 폐지되지 않은 채 언제든지 대통령이 공표하면 효력을 발생할 수 있는 형태로 살아 있다가 1980년 언론기본법이 제정되면서 정식으로 폐기되었다.

수를 선출했다.

또 1966년 4월 15일에는 학원사 회의실에서 한국잡지기자협회가 발기인 대회를 가졌으며, 4월 30일 창립총회를 갖고 초대 회장에 박대수, 부회장에 이문환 등을 선출하고 그해 5월 21일 사회단체로 등록했다.

한국잡지발행인협회는 발행인들의 노력만으로는 잡지계의 원만한 발전을 기하기 어렵다고 판단하고 잡지계에 종사하는 모든 잡지인이 참여할 수 있게 하자는 뜻에서 1966년 10월 19일 제5차 정기총회에서 한국잡지발행인협회를 "한국잡지협회"로 개칭하여 오늘에 이르고 있다.

김익달은 한국잡지발행인협회의 제1대 및 제2대 회장을 역임하고 여원사의 김명엽이 이어서 제3대 및 제4대 회장을 하게 됐다. 제5대부터 제7대 회장을 역임한 최원식은 김익달에 대해 "초창기의 협회라 모든 것이 부족한 상태에서 협회의 사무실은 물론 사무국장을 비롯한 직원의 봉급도 선생께서 혼자 부담해 왔음은 지금도 알만한 분들은 다 알고 있다. 회장으로 재임하는 동안 잡지에 대한 영업세 면세 문제 등의 처리에서 보여 온 선생의 업무 추진력은 상상을 초월한 것으로 그 정성이 지금의 우리 잡지계를 이만큼이라도 키워온 밑거름이 아니었던가 생각한다. 나는 선생이 우리 잡지계에 직접적으로 끼친 공로와 그분이 키워 배출한 숱한 잡지인들이 우리 잡지계의 발전을 위해 공헌하고 있는 간접적인 공로를 높이 평가한다. 또한 경영과 편집 부문에 많은 인재를 배출하여 우리 잡지계의 기반을 튼튼히 한 점도 빼놓을 수 없는 선생의 공적이다."라고 회고했다.[23]

---

23 최원식, 「후세 잡지인의 귀감」, 『학원세대와 김익달』, 학원김익달전기간행위원회, 1990. 272–273면.

재단법인 학원장학회 설립

김익달은 한국전쟁이 한창 진행 중이던 1952년 11월 피란지 대구에서 《학원》을 창간하면서 학업 성적인 우수하나 가정이 극빈하여 학업을 계속하기 어려운 학생들을 위해 학원장학금제도를 창설했다.

사실 다들 제 한 몸, 제 식구 건사하기도 쉽지 않은 전쟁 통에 읽을거리조차 변변한 것이 없는 청소년들을 위해 《학원》을 창간한 것도 큰 모험인데 장학금을 주겠다는 것은 무언가에 단단히 미치지 않으면 할 수 없는 일이었다.

김익달은 빈농의 아들로 물려받은 유산이 있는 것도 아니고 당시 사업을 통해 많은 돈을 번 사업가도 아니었다. 해방 후 사람들의 귀가 열리고 눈을 뜨게 하는 일을 하고자 출판업에 뛰어들었는데, 한국전쟁이 터지는 통에 대구로 내려온 피란민 중의 한 사람일 뿐이었던 것이다.

사실 김익달이 《학원》 창간사에서 썼던 것처럼 "… 아직 시작이라 무어라 앞일을 말하기 어려우나"라고 했던 것처럼 당시는 앞날을 장담할 수 없는 전쟁 중이었다. 그래서 창간호에 공고한 '장학생모집'의 '장학금 지불 방법 및 기한'을 보면 "단기 4286년 3월부터 다음 해 2월분까지 만 1년간 지불"이라고 되어 있었다. 중학교 2학년을 대상으로 선발하여 중학교 3학년 1년 동안만 1인당 매월 20만원씩을 지급하여 중학교를 졸업할 수 있도록 하겠다는 것이었다.

1953년 2월 22일 실시된 제1기 학원장학생 선발 시험에서 원래 예정했던 모집 인원 10명보다 2명 많은 12명을 선발했다. 김익달은 이들 장학생에게 매달 장학금만을 송금한 것이 아니라 한국전쟁이 끝난 직후인 1953년 8월 1일 전국에 흩어져 있던 장학생들을 교통비까지 주어 대구로 불러 모아 4박 5일간 대구, 경주, 포항 등지를 여행하며 이른바 하계수양회를 실시했다. 대구에서의 첫날은 부인 하성련과 장남 김영수도 함께 했고 경주, 포항 등지로의 고적답사 여행에는 대양출판사의 박상련, 손양삼, 최덕교도 동행했다. 장학생들의 하계수양회에 학원사 주요 간부들을 참여시킨 것은 학생들 통솔에 필요하기도 했지만 그것보다는 장학 사업이야말로 앞으로 학원사, 아니 김익달의 필생의 사업이 될 것임을 예고하는 것이기도 했다.

이른바 '휴가'라는 말조차 생소한 전쟁 직후 김익달은 가족은 물론 직원들도 함께 장학생들과 4박 5일간의 휴가 겸 하계수양회를 가진 것이다.

김익달은 "장학생 여러분들은 바로 밀알 같은 존재입니다. 알찬 밀알일수록 바람직한 열매를 맺는 것입니다. 여기서 제군들에게 한 가지 의무가 주어지는데 제군을 길러낸 이 풍토에 한 줌의 기름진 흙을 보태라는 것입니다. 우리들 주변에는 도움이 필요한 새싹들이 얼마든지 있습니다. 제군의 손으로 그들에게 한 줌 흙이라도 북돋아 준다면 그것이 결코 헛되이 되지는 않을 것입니다. 힘이 다하는 한도에서 정성을 다하여 제군이 받은 밑거름을 한층 더 보람 있게 주기 바랍니다."라며 밀알 정신을 강조했다. 그러면서 혹시나 어린 학생들이 부담감을 가질까봐, "이 자리를 빌려 여러분에게 꼭 한 가지하고 싶은 말이 있는데, 그것은 여러분들은 절대로 부담감이나 부끄러운 느낌을 가질 필요가 없다는 것입니다. 여러분들은 우리 회사나 나 개인 아무에게도 거리낌이 없고 다만 형편이 되면 여러분들이 받은 만큼씩 세 명의 학생에게 학자금을 주었으면 좋겠다는 것입니다. 이렇게 해서 여러분들처럼 공부할 수 있는 학생들이 많이 생기는 것이 이 사람의 소망이며 보람입니다."라고 했다.

김익달은 1954년 2월 28일에 제2기 학원장학생 12명을 선발했다. 그리고 그해 8월 9일 제1기와 제2기 장학생들을 모두 서울로 불러 모아 2박 3

일간 하계수양회를 가졌다. 이렇게 전국에서 모인 학원장학생들은 한 가족처럼 지내면서 친목과 우의를 다졌고 이 제도는 오늘날까지도 계속되고 있는데 학원장학생들이 학교를 졸업한 뒤에도 뿔뿔이 흩어지지 않고 '밀알회'란 이름으로 왕성하게 활동하는 시발점이 되었다.

하지만 어려운 상황일수록 국가와 민족의 미래를 짊어질 인재 양성이 우선이라는 의욕이 앞서 서둘러 시작한 장학금 제도라 여러 가지 미비한 점이 많았다.

우선 장학금 지급 기한을 만 1년간으로 정한 것이 문제였다.

장학생으로 선발되어 1년간 장학금을 지급받아 중학교 공부를 마치면 다시 상급학교로 진학해야할 텐데 장학금이 없다면 그때부터의 학업은 어떻게 되는가?

김익달은 1954년 2월 학원장학생 2기생 12명을 선발하고 제1기 장학생들의 장학금 지불 기한을 1년간 연장하였다. 그리고 1955년 2월 제3기 장학생 12명을 선발한 후 다시 제1기, 제2기 장학생들의 장학금 지불 기한을 1년간 연장하였다. 어떻게 하든 장학생들이 학비가 없어 학업을 중단하는 일이 있어서는 안 되었기 때문이다.

1956년에는 학원사의 재정 형편도 어려워진데다가 장학생들의 수가 36명으로 늘어나자 신규 장학생 선발을 할 수가 없었다. 대신 제1기, 제2기, 제3기 장학생 전원에게 장학금 지급을 1년간 연장하고 매월 2천 환의 장학금을 3천 환으로 인상해 지급했다.

김익달은 여유가 있어서 장학금을 지급하는 것이 아니었다. 출판사의 수익이란 예나 지금이나 그리 넉넉한 형편이 아니었다. 지금까지는 '간추린 시리즈' 등의 학습 교재 덕분에 그런대로 버티어 왔지만 이제 학습 교재 시장도 경쟁이 치열해져 앞날을 장담할 수 없게 된 것이다. 만에 하나 학원사가 어려움에 처해진다면 인재 양성을 위한 장학 사업 또한 중도에

꺾이고 말지도 모를 일이었다. 실제로 학원사가 사운을 걸고 『대백과사전』 편찬에 총력을 기울일 때에는 재정 형편이 부도 직전까지 몰리는 등 최악의 상황이라 사채를 얻어 장학금을 지급한 일도 있었다.[24]

그러자 학원사가 어렵다는 소문을 들은 장학생들은 김익달을 찾아와 학원사의 형편이 좋아진 다음에 장학금을 받겠다고 말하는 사태까지 발생했다. 그러나 김익달은 장학생들에게 "어린 소견으로 무엇을 알겠느냐."고 하면서 오히려 찾아온 장학생들에게 모인 김에 저녁 식사들이나 하고 가라며 돈을 쥐어 주었다.

학원사가 『대백과사전』 발간 성공으로 재정적인 위기에서 벗어나자 김익달은 1년씩 연장해오던 장학금 지불 방법을 근본적으로 바꾸었다. 즉 1959년 3월부터 장학금 지불 규정을 다음과 같이 변경한 것이다.

대학생: 매월 5천 환 지불 제도 폐지.
　　　　금년도 신학기부터는 등록금 전액을 학원사에서 부담.
중고생: 매월 3천 환 지불액을 5천 환으로 인상 변경.
　　　　(단 고교생은 졸업 후 서울대 각 단과대학에 입학된 학생에게만 소정의 장학금을 지불함)

김익달은 국가와 사회의 동량이 될 인재를 양성하려면 장학금을 1년이나 2년 지급하는 것만으로는 턱없이 부족하다고 생각했다. 그래서 생각

24　소설가 정비석은 "사업을 하다보면 경제 사정이 곤란할 때가 누구든지 있게 마련인 법이다. 학원사도 그런 경우가 한두 번만이 아니었었다. 그런 경우에는 수많은 장학생들의 장학금을 일시에 지불하기가 여간 곤란한 일이 아니었다. 그러나 김 선생은 막대한 장학금을 단 하루도 기일을 늦추지 않기 위해 시중에서 높은 이자 돈을 얻어 대는 것을 나는 여러 차례 목격하였다."고 회고하였다. 『학원세대와 김익달』 중에서 「공과 사가 분명했던 영생의 출판인」, 학원김익달전기간행위원회, 1990. 238면.

한 것이 고등학교 때부터 대학졸업 때까지 학비를 전액 지불하는 방식으로 장학금 지불 규정을 변경한 것이다. 마치 부모가 자기 자식들을 공부시키는 것과 다름없었다. 그러기에 방학 때에는 장학생 전원을 학원사로 불러 올려 하계수양회라는 이름으로 단체 생활까지 훈련시킨 것이다.

다만 당시 국립대와 사립대의 등록금 차이가 4, 5배나 되어 사립대는 부담이 너무 크므로 서울대에 진학할 경우에만 등록금 전액을 지급하겠다는 것이었다.

하지만 김익달은 위 규정을 결국 지키지 못했다. 장학생들이 모두 서울대만 들어간 것이 아니었기 때문이다. 장학생 스스로 연세대와 고려대 등 사립대를 택한 경우도 있었고 서울대에 떨어져 사립대나 지방대로 진학한 학생들도 있었다. 장학급 지급 규정은 서울대에 진학한 경우에만 장학금을 지급하도록 했지만, 김익달은 사립대나 지방대로 진학한 장학생들을 그냥 모른 체 할 수가 없었던 것이다. 결국 학원장학생이 서울대를 가든 사립대를 가든 학업을 스스로 포기하지 않는 한 모두에게 장학금을 지급했다.

한편 1960년 4월 1일 학원장학생 제1기 및 제2기생들이 주축이 되어 장학생들 상호 간의 유대와 친목을 강화할 목적으로 장학생회를 결성하였다. 이날 저녁 김익달은 장학생들과 저녁을 함께 하는 자리에서 장학생회의 발전을 위해 매월 2만 환씩의 회비를 보조하겠다고 약속했다. 또 앞으로 수년 후 장학생들이 사회에 진출하면 재단을 설립하고 장학회관을 건립하여 적극적인 장학 사업을 추진하겠다는 뜻을 밝혔다.

김익달은 장학생들에게 재단 설립과 장학회관 건립 시기를 수년 후라고 하였으나『대백과사전』발간 성공으로 재정적으로 여유가 있는 지금이야말로 장학재단을 설립하기에 적기라고 판단했다. 마침 1958년 2월 22일 법률 제471호로 공표된 대한민국의 새로운 민법이 1960년 1월 1일부터 시행되어 재단 설립에 관한 법 규정도 갖추어져 있었다.

김익달은 서둘러 장학 사업을 위한 '재단법인'을 설립하기로 하고 구비 서류와 요건 등을 검토해 보았다. 다른 요건과 구비 서류는 아무 문제가 없는데, 재단법인은 일정한 목적을 위해 출연한 재산이 그 실체를 이루는 것이므로 재단을 이루는 기본 재산이 문제였다. 현재 김익달이 가지고 있는 재산이라고는 학원사의 주식과 학원사가 발행한 책들에 대한 판권, 그리고 가족과 함께 살고 있는 주택이 전부였다.

학원사는 비록 김익달이 창립하긴 했으나 직원들과 함께 일구어 온 모든 직원들의 삶의 터전이니 김익달 개인의 소유라고 생각해 본 적은 없었다. 또 지금 형편은 괜찮은 편이지만 앞으로도 승승장구하리란 보장은 없다. 만약 또다시 어려운 상황이 오면 학원사 주식은 휴지 조각이 될 수도 있을 것이다.

그렇다면 남은 것은 학원사가 발행한 책의 판권과 살고 있는 주택인데 판권만으로 재단의 기본 재산을 구성하는 것은 무리였다. 만약 앞으로 책들이 제대로 팔리지 않는다면 판권이 무슨 소용이 있겠는가? 역시 아무래도 재단법인에 출연할만한 재산으로는 부동산이 가장 확실한데 현재 부동산이라고는 살고 있는 주택, 즉 대지와 건물이 전부였다.

김익달은 고민하지 않을 수 없었다. 하루 빨리 '재단법인'을 만들어야 어려운 상황이 오더라도 장학 사업을 계속할 수 있을 텐데, 지금이 아니면 언제 재단을 설립할 수 있을 것인가?

김익달은 가족들과 함께 살고 있는 주택을 재단에 출연하기로 결심하고 부인인 하성련에게 사실대로 말하고 동의를 구했다. 하성련은 학원사의 수익금으로 장학금을 주는 것은 뜻깊은 일이고 또 하나님의 사랑을 실천하는 것이므로 이해할 수 있으나 살고 있는 주택을 장학재단에 출연하는 것은 지나친 일이라며 완곡하게 부정의 뜻을 밝혔다.

김익달은 부인 하성련이 깊은 신앙심으로 자신이 하는 일을 이해하고 적극 도와주는 것을 늘 감사해 오던 터라 말문이 막힐 수밖에 없었다. 잠시 침묵이 흐른 뒤 김익달은 다시 입을 열었다.

"여보, 내가 지금 살던 집을 장학재단에 넣더라도 우리가 그대로 살 수 있고 또 나중에 더 좋은 집을 사서 이사할 수도 있어요. 어떠한 일이 있어도 당신이나 아이들을 고생시키는 일은 없을 테니 나를 믿고 내 뜻에 따라주면 좋겠소."

진지하게 얘기하는 김익달의 말을 들은 하성련은 마음이 착잡했다. 백과사전 발간 성공으로 이제 겨우 가정 살림이 안정되었고 아이들도 한창 커가고 있었다. 큰 애는 벌써 중학생이고 그 밑으로 동생들이 다섯이나 있다. 출판 사업으로 얻는 수입 중 대부분은 장학금이라며 남의 아이들 학비로 주는 것도 모자라 이제 살고 있는 집까지 내놓겠다니 참 기가 막힐 노릇이 아닌가? 그렇다고 남편 말대로 지금까지 가족들에게 소홀히 한 것은 아니니 남편을 믿지 못하는 것은 아니었다. 한 집안의 가장으로 아무리 어려운 일이 닥쳐도 가족들을 나 몰라라 할 사람이 아니란 걸 잘 알고 있었다.

하성련은 장학 사업에 대한 김익달의 의지를 너무나 잘 알고 있었다. 여기서 재단 설립을 반대한다고 해도 결국은 해내고야 말 것임을 잘 알고 있었다. 하성련도 결심했다. "집을 재단에 내놓자는 당신 뜻에 따를 테니 당신도 내 소원을 하나 들어주세요." "그게 뭐지?" 김익달은 그게 뭔지 뻔히 알면서 되물었다.

"뭐긴요. 당신도 저와 같이 교회에 다닌다고 약속해줘요."

하성련은 어렸을 때부터 교회에 다녔고 신심이 깊었다. 결혼 후 김익달에게도 같이 교회에 다니자고 여러 번 전도를 시도했으나 김익달이 듣지 않았던 것이다. 사실 김익달은 특별히 교회를 싫어하는 것이 아니라 지금까지 하루 24시간이 부족할 만큼 바쁘게 살아온 터라 교회에 나가 기도 하는 것이 왠지 사치스럽게 여겨졌을 뿐이다.

"교회는 지금 당장은 어렵고 나중에 한가해지면 당신과 같이 다니기로 하지. 꼭 교회를 다녀야만 하나님의 사랑을 실천하는 건 아니잖소?"

하성련은 평소와 같은 김익달의 태도에 다시 한 번 물러설 수밖에 없었다. 신앙은 무리하게 잡아끈다고 되는 일은 아니었다.

"좋아요. 그러면 이 부탁만은 꼭 들어주세요. 지금 새문안교회에서 성경 공부를 주관하시는 신심이 깊은 철학 교수 한 분이 계세요. 제가 그분하고 자리를 한 번 마련할 테니 저와 같이 그분하고 같이 식사하면서 그분의 말씀을 한번만 들어주세요."

하성련도 간곡하게 청했다.

"그러지 뭐, 그리고 내 뜻을 이해해 주어 정말 고맙소."

김익달도 아내에게 무한한 감사의 마음으로 선선히 승낙했다.

이렇게 김익달은 하성련과 함께 1960년 늦가을 어느 일요일 오후 신문로 골목의 한 중국식당에서 중년의 한 신사와 만나게 된다. 바로 연세대학교 철학과 교수이던 김형석이었다.

김형석은 당시 김익달 부부에 대한 인상을 "두 분이 다 깨끗하고 욕심이 없으며 단아한 모습이었다."고 회고했다.[25]

김익달과 김형석은 그때가 초면이었으므로 그 자리에서 기독교 신앙에 관한 깊이 있는 얘기나 또는 부인과 같이 신앙에 참여할 것을 권하는 말은 없었던 것으로 보인다.

하지만 이것이 인연이 되어 김익달은 1963년 『철학대사전』을 편찬할 때 김형석에게 종교 항목 뿐만 아니라 주요 항목에 대한 집필을 의뢰하게

---

25 김형석, 「그에게는 작은 꿈이 있었다」, 『학원세대와 김익달』, 학원김익달전기간행위원회, 1990. 157면.

되고 또 김형석으로부터 각 항목에 적당한 교수들을 추천받기도 했다.

그 후에도 김형석은 학원사 직원들의 신앙 문제를 중심으로 하는 예배 시간의 책임을 맡기도 하고 학원장학회의 장학생들에게 좋은 이야기를 들려 달라는 김익달의 부탁으로 장학생들과의 만남도 가지게 된다.

비록 김익달이 정식으로 기독교에 귀의한 것은 운명하기 한 달 전이었지만, 김형석은 김익달에 대해, 작은 꿈을 실현하려고 기도하는 마음의 소유자라고 하면서 "좀처럼 사회라든지 봉사라는 거창한 말은 쓰지 않는 분이다. 그저 힘이 미치는 동안 가난하고 버림받은 사람들을 조용히 위하겠다는 소망을 가지고 일한 분이었다. 어떤 때는 출판 사업에 지장이 있더라도 사회적 봉사만 할 수 있다면 고맙게 생각할 정도로 사심 없는 노력을 기울이곤 했었다. 그렇다고 나는 이런 일을 한다고 말하는 것도 아니며 그러니까 도와 달라고 부탁하는 일도 없었다. 최선을 다해 일하고 그 결과가 조용한 봉사로 이어진다면 그것으로 족한 인생을 살았다. 그에게서 명예나 권세욕 같은 것은 엿볼 수 없었다."라고 회고한 바 있다.[26]

이렇게 하여 김익달은 그와 가족이 살고 있는 주택과 세계위인 및 명작문고 등 106종의 판권을 기본 재산으로 하여 문교부에 재단 설립 허가 신청서를 제출할 수 있었다. 드디어 1960년 12월 13일 '재단법인 학원장학회'의 설립이 인가되었고 1961년 1월 10일 '재단법인 학원장학회'의 설립 등기를 마쳤다.

재단법인 학원장학회의 설립 당시 기본 재산은 서울 종로구 신문로2가 1-188 및 1-123 대지 94.5평,[27] 건물 73.74평, 시가 2천447만 9천900환,

---

26 김형석, 「그에게는 작은 꿈이 있었다」, 『학원세대와 김익달』, 학원김익달전기간행위원회, 1990. 159면.
27 서울 한복판의 주택으로 2015년 5월의 공시지가는 평당 1천447만 원이다.

지형 106종, 시가 4천714만 6천600환, 합계 7천162만 6천500환이었다.

김익달은 임기 3년의 재단법인의 이사장을 맡았고 이사로는 마상규,[28] 김은우, 최덕교, 손양삼, 김상균, 이상생이며 감사는 제1기 학원장학생 도진영이 맡았다.

김익달이 한국전쟁 중에 설립한 학원장학회를 재단법인으로 만들었다는 것은 단순한 명칭 변경이 아니었다.

재단법인이 아닌 장학회는 출판 사업이 어려워지는 등의 사정 변경이 발생하거나 또는 김익달의 생각이 바뀌면 언제든지 중도에 그만둘 수도 있다. 하지만 문교부로부터 인가받은 재단법인은 엄연한 법인격을 가진 법적 단체이고 재단법인의 기본 재산으로 등록한 재산은 더 이상 김익달 개인 재산이 아니었다. 따라서 재단법인의 기본 재산인 주택에 살고 있는 김익달과 그 가족은 당연히 시세에 준하는 임대료를 내야 할 의무가 있는 것이다. 서울 한복판 신문로의 2층 양옥집에 살던 김익달과 그 가족은 하루아침에 월세를 내고 살아야 하는 처지가 된 것이다.

재단법인 학원장학회를 설립하고 자신과 가족이 살고 있는 주택 및 학원사가 발행한 책의 지형을 기본 재산으로 등록했다는 것은 인재 양성에 모든 것을 걸겠다는 의지의 표현이었다. 그는 일생 동안 그 뜻을 흔들림 없이 지켜 나갔다. 인재 양성을 위한 김익달의 꿈은 이렇게 한 발 한 발 그 실현을 위해 나아가고 있었다.

우리나라 최초의 민간 장학회, 재단법인 학원장학회는 이렇게 탄생했다.

---

28 마상규(馬湘圭)는 아동문학가인 마해송(馬海松)의 본명으로 1929년 일본 문예춘추의 초대 편집장을 거쳐 1930년 '모던 닛폰'을 창간했다. 해송(海松)은 그의 아호(雅號)이다. 방사선과 의사이며 시인 겸 소설가로 학원문학상을 수상한 마종기가 그의 아들이다.

밀알회

1957년 3월 학원장학생 제1기생이 드디어 대학을 들어가게 되었다.

1957년 2월에 제4기 학원장학생으로 선발한 13명까지 합쳐 이제 장학생 수가 49명에 이르렀다. 이에 장학생들은 회원 수가 증가함에 따라 회원 상호 간의 연락과 친목을 강화할 필요성을 느껴 장학생회지를 발간하기로 했다. 제1기생 도진영, 유재천, 이경자 등이 주축이 되어 1957년 10월 학원장학생들의 회지인 《이삭》 창간호를 발간하였다.

회지의 제호(題號)를 《이삭》으로 한 것은 "가을의 보람인 이삭과 홍시와 밤, 대추, 가을의 마음인 낙엽이 흩날리던 10월에 간행되었기에 그렇게 제호를 붙였으며, 이 계절에 《이삭》을 내는 뜻은 저 하늘같이 맑아지라는 뜻이요 열매같이 보람 있으라는 뜻이다."라고 하였다.

《이삭》 창간호 서문은 "… 50인의 사람이 모인 단체가 있다면 그들의 힘이 모여서 안 되는 일이 무엇이겠으며 무서울 것이 무엇이 있겠습니까? 반드시 강한 힘이 될 수 있으리라고 믿습니다. 이것을 중추신경으로 삼아 좀 더 명랑하고 힘차게 앞으로 앞으로 한 발짝 한 발짝 역사를 창조해 나가지 않으시렵니까?"라며 힘을 모아 사회와 국가에 봉사·헌신·희생하겠다는 젊은이다운 패기를 보여 주었다.

《이삭》 창간호는 비록 손으로 쓰고 등사기로 프린트한 10여 쪽에 불과한 회보지만 학원장학생들 간의 친목을 도모하고 서로의 생각과 뜻을 나누는 소통의 장이 되었다.

하지만 《이삭》은 창간호 이후 한동안은 이어지지 못했다. 1950년대 후반 한국 사회의 정치적·사회적 혼란과 『대백과사전』 편찬에 따른 학원사의 재정적 위기 등으로 장학생들의 모임도 활성화되지 않았던 까닭이다.

학원장학생들의 회보가 속간된 것은 4·19 혁명 후 우리 사회가 안정을 되찾기 시작한, 그리고 학원사도 『대백과사전』 발간 성공으로 위기를 극복하고 중흥의 발판을 마련한 1960년 5월이 되어서였다.

회보의 제호는 《이삭》에서 《밀알》로 변경하였다. 계절의 감각도 다른 이때 그대로 이삭의 제호를 쓰기가 어색하고 또 원고의 불착 등으로 연간 회지를 만들 수가 없으므로 부득이 수시로 연락과 통신이 가능한 월간으로 내는 것이 더 낫겠다는 편집위원들의 의견이 일치되어 제호를 밀알로 개제하였다 한다.

제1기 학원장학생 도진영은 속간사에서 "우리 서로서로가 하나의 이삭에 속한 밀알들로서 현재와 같은 우의 속에서 사회와 국가에 봉사·헌신·희생할 수 있는 밀알들이 되자는 것이다."라고 밝혀 학원장학생들이 친목과 우의를 다지는 목적이 사회와 국가에 대한 봉사·헌신·희생에 있음을 명백히 했다.

1960년 3월 제1기 학원장학생인 김해도가 서울대학교 정치학과를 졸업함으로써 학원장학생 중 최초로 대학 졸업생이 탄생했다.

이렇게 학원장학생들이 대학을 졸업한 후 사회에 진출하는 사람의 수가 하나 둘 늘어가게 되자 이들은 《밀알》지에 밝혔던 것처럼 서로의 우의를 다지고 밀알 정신을 계승하여 사회에 봉사할 수 있는 모임을 만들게 된다. '밀알회'는 이렇게 탄생했다.

2016년 현재 회원수가 800여 명이 넘는 단체로 성장했다. '밀알회'가 현재 하는 일 중 가장 중요한 일이 바로 김익달이 필생의 사업으로 생각했던 인재 양성을 위한 장학 사업을 이어 받아 '학원밀알장학재단'으로 확대하여 실천하고 있는 일이다.

제8부 | 또 하나의 사랑,
농촌

이상촌 건설을 위해
공회당 건립과 모서고등공민학교 설립
송아지 입식 자금 지원과 감나무 재배
도박 근절 운동

이상촌 건설을 위해

1962년 1월 1일, 모든 신문, 방송 등 언론 매체에서 일제히 단기 대신 서력기원(西曆紀元)을 쓰기 시작한 새해 첫 날,[1] 김익달은 학원사 직원 한 사람과 함께 당시 고등학생이던 큰아들 영수를 데리고 서울역에서 경부선 기차를 탔다.

자신의 고향이기도 한 경상북도 상주군 모서면 정산리 백화산 기슭에 '모범축산마을'이라는 이상촌 건설의 꿈을 실현시키기 위해 찾아가는 길이었다.

영하 12, 13도를 오르내리고 매서운 칼바람이 몰아치는 정월 초하룻날 큰아들 영수를 데리고 나선 것은 농촌의 현실을 직접 보게 하고 앞으로 농촌을 위해 일하는 사람으로 키우고 싶다는 바람 때문이었다.

학원사 직원은 그 고장 출신이라 마을 사람들과의 연락과 소통 등 앞으로 일을 해나가는데 있어서 꼭 필요하다고 생각되었기 때문이다.

황간역에 내리니 눈발은 더 거세지고 어느새 발목이 빠질 정도로 눈이 쌓여 어디가 길이고 어디가 들인지 구분도 잘 안될 정도였다. 마을 사람들에게 선물로 줄 비누와 수건 등 생필품과 책이 몇 보따리나 되어 도저히 걸어갈 형편이 못 되었다. 정초인데다가 눈 덮인 산길이라 위험하여 갈 수 없다는 트럭 운전사에게 운임을 두 배 주겠다고 간신히 달래어 겨우 트럭을 얻어 탈 수가 있었다. 결국 눈 덮인 산길 20여 리를 기어가다시피 하여 세 시간 넘게 걸려 이미 어둠이 짙게 깔린 저녁 일곱 시가 넘어서야 목적지인 정산리 산마을에 도착했다. 점심도 굶고 추위에 몇 시간

---

1 박정희 군사정부는 1961. 12. 2. 법률 제775호로 '연호에 관한 법률'을 제정·공포하였는데, 그 내용은 '대한민국 공용 연호는 서력기원으로 한다.'이고, 이 법은 1962년 1월 1일부터 시행한다고 되어 있었다. 또 1962년은 제1차 경제개발5개년계획이 시작되는 첫 해이기도 하다.

이나 떨었던 김익달 일행은 우선 눈에 띄는 첫 번째 집 대문을 두들겼다. 당시는 전기도 안 들어오던 때라[2] 칠흑같이 캄캄한 밤에 밤도깨비처럼 낯선 남자가 세 사람이나 들이닥쳤으니 문을 열고 나온 집주인과 그 가족들의 놀라움이 오죽했겠는가.

김익달은 너무 추워서 그러니 우선 눈보라라도 피하도록 해 달라고 사정했다. 하지만 집주인은 어둠 속에 비치는 김익달 일행을 수상하게 생각했는지 땔감이 없어서 안 된다고 하였다. 그러자 김익달은 "돈이 있으니 못 쓰는 농짝이라도 패서 방을 데워 주시오."라면서 거듭 사정했다. 집주인은 김익달 옆에서 떨고 있는 영수를 보고 조금 안됐다고 생각했는지 그러면 추위를 피할 수 있는 집으로 안내해 주겠다고 했다.

김익달 일행이 안내된 곳은 근처의 작은 초당의 방이었는데, 다행히 방이 따뜻하여 몸을 녹이며 쉴 수가 있었다.

고향이나 다름없었지만 김익달을 아는 마을 사람은 몇 안 되었다. 김익달은 몸을 조금 추스른 뒤 그 초당의 방으로 마을 사람들을 불러 모으게 했다. 영문도 모르고 불려나온 마을 사람들은 외지의 낯선 사람을 경계하는 눈치였고 국회의원이라도 출마하려고 온 사람으로 생각하는 듯했다. 김익달은 간단하게 자기소개를 하고 학원사와 이 마을이 자매결연을 하고 잘살 수 있도록 돕겠다는 뜻을 밝혔다.

마을 사람들의 반응은 예상했던 것보다도 훨씬 더 냉담하고 시큰둥했다. 일제 강점기와 해방 그리고 동족끼리의 참혹한 전쟁을 겪었고 거기다가 자유당 정권의 독재와 부정부패, 4·19 혁명과 5·16 쿠데타 등 그야말로 격변과 고난의 세월을 살아 온 사람들은 관청에 대한 불신이 깊을

---

2 농촌과 어촌에 전기가 공급되기 시작한 것은 전기가 공급되지 않는 농어촌의 전화(電化)를 촉진하기 위해 1965년 12월 30일 법률 제7058호로 '농어촌전화촉진법'을 제정하면서부터인데 당시 농·어촌의 전기 보급률은 13.1%에 불과했다. 대부분의 농어촌에 전기가 완전히 공급된 것은 1979년경에 이르러서였다.

뿐 아니라 마을을 잘살게 해 주겠다는 외지인의 말을 쉽게 믿으려 하지 않았다. 이것저것 돕겠다니까 장·노년층은 일단 받아놓고 보자는 식이었고 젊은이들은 경계하며 쉽게 마음을 열지 않았던 것이다.

김익달은 이 마을은 자신의 고향이나 다름없고 자신은 서울에서 학원사라는 출판 사업을 하고 있는데, 고향 마을을 전국에서 제일가는 모범적인 축산마을을 만들기 위해 기술과 자금을 지원하겠다는 구체적인 계획도 밝혔다. 하지만 마을 사람들의 의견은 좀처럼 모아지지가 않았다.

사실 이상촌을 건설하겠다는 운동은 이미 다양한 사회 세력에 의해 1930년대부터 여러 차례 있었다. 그 대표적인 것이 기독교 사회운동단체들이 주도한 '예수촌건설운동', 천도교의 '자주촌건설운동', 대동농촌사에 의한 '집단농촌건설운동' 등이 있었다.

대동농촌사는 진보적 민족주의자인 이종만·허헌 등이 설립한 것으로 이종만은 농업·광업·어업·임업 등 여러 사업에 실패하여 낙담하던 중 방응모의 성공 신화[3]를 거울삼아 다시 금광업에 도전하여 그의 스물아홉 번째 사업인 영평금광에서 성공하여 일약 조선의 금광왕으로 혜성같이 나타난 사람이었다.

이종만은 자신에게 성공을 안겨 준 영평금광을 155만 원에 동조선광업주식회사에 매각한 뒤 그중 50만 원(현재 가치로 500억 원 정도)을 출연해 재단법인 대동농촌사를 설립해 조선에 중앙과 동서남북 다섯 지역에 집단 농장을 건설했다. 또한 집단 농장 안에 농업 교육 시설을 설치해 농촌의 중추가 될 청년을 양성하기도 하였다.

한편 도산 안창호는 1925년경부터 나라를 잃고 유랑하는 재외 한인의

---

3 1923년 평북 정주에서 시골 유지 생활을 하던 방응모가 평북 삭주군 다릿골(橋洞)에서 삼지 금맥(손가락 세 마디짜리 노다지 금맥)을 발견하여 금광업으로 큰돈을 번 뒤 1931년 교동금광을 매도한 돈 100만 원(현재 가치로는 1,000억 원 정도)으로 경영난에 허덕이던 조선일보를 인수한 것을 말한다.

정신적·문화적 구심과 독립운동의 기지로서의 역할과 근대적 농업 경영의 근거지로 삼기 위해 길림성 밀산부 일대에 이상촌 건설을 꾸준히 추진하였으나 여의치 않았다.

안창호는 1932년 4월 29일 상해 홍구공원에서 윤봉길 의거가 일어난 날 일제에 의해 체포되어 국내로 압송된 뒤 3년간 복역하고 출소하여 다시 이상촌 건설을 추진했다. 안창호는 1935년 평양에서 13km 떨어진 강서군 대보면에 이상적인 농촌 주택의 모범으로서 송태산장을 건립하고 평남선 강선역 북쪽에 있는 달마산 기슭을 이상촌 후보지로 골랐다. 하지만 안창호의 이상촌 건설 운동은 1937년 동우회사건[4]으로 체포, 수감됨으로써 중단되었고 1938년 3월 10일 60세를 일기로 눈을 감음으로써 그 뜻을 실현하지 못했다.

사실 해방 후에도 농촌 계몽운동은 다양한 형태로 꾸준히 전개되었다. 무엇보다 학생들로 조직된 학도호국단[5]의 농촌 계몽활동은 상당히 활발하게 전개되었다. 학도호국단은 여름 및 겨울방학을 이용하여 대학생들과 고등학생 연합으로 향토 계몽활동을 전개했는데, 그 주요 사업은 부락에 국문강습반의 설치를 통한 문맹퇴치, 국내외의 정세의 정확한 파악과 교육열의 고취, 민주주의 좌담회를 통한 정신 계몽사업 등이었다.

그 외 기독교 계열의 농촌 계몽이 활발했는데, 그 대표적인 인물이 배

---

4 1937년부터 1938년 3월에 걸쳐 일제가 수양동우회에 관련된 181명의 조선 지식인을 체포하고 이 중 42명을 재판에 회부한 사건이다. 수양동우회는 1926년 1월 이광수, 김원경 등이 조직한 수양동맹회와 평양의 김동원이 조직한 동우구락부를 통합하여 결성한 것으로 1929년 11월 국외에 있던 흥사단과 수양동우회가 다시 통합하여 동우회로 개칭하였다. 이광수는 이 동우회사건으로 수감되어 재판받던 중 자신의 스승이자 정신적 지주였던 도산 안창호의 병사 소식을 접하고 충격에 빠져 결국 전향을 선언하고 그때부터 본격적인 친일행보에 나서게 된다.

5 학도호국단은 이승만 정권의 관제 반공학생동원조직으로 평가되지만 호국단의 활동은 학생들로 하여금 농촌의 현실을 체험할 기회를 제공했고 농촌 근대화 운동의 실천가들을 배출시켰다.

민수 목사와 김용기 장로이다. 배민수[6]는 1951년 한국전쟁 중에 미국으로부터 귀국하여 대전에 기독교연합봉사대, 1956년 대전에 기독교농민학원, 1962년 대전기독교여자농민학원, 1968년 고양군 일산에 삼애농업기술학원 등을 설립하여 농촌 운동을 활발히 전개했다. 또 김용기 장로는 1955년 경기도 광주군 동부면 풍산리에 가나안농장을 설립하였고, 1962년 가나안농군학교[7]를 설립하여 많은 농촌 일꾼을 길러냈다.

그 밖에도 자그마한 협업 농장을 실험적으로 운영하는 청년들이 있었는데, 그 대표적인 것이 백운산 협업 농장과 화남 협업 농장이었다. 이들은 이스라엘의 모샤브나 키부츠 같은 것을 어떻게 우리나라에 적용할 것인가 하는 고민 속에 소규모의 실험을 진행하였는데, 결국 실패로 끝남으로써 크게 확산되지는 못했다.

공회당 건립과 모서고등공민학교 설립

김익달이 모범 축산마을을 건설하기 위해 모서면 정산리에 내려온 것은 다른 사람들이 볼 때에는 참 돈키호테 같다고 생각할 수도 있었다. 해방된 지 이미 십수 년이 지났고 한국전쟁을 겪으면서 1930년대에 활발하게 전개되던 브나로드운동[8]은 이미 지난 일처럼 생각하던 시기였다.

---

6 배민수는 3·1 만세운동에 연루되어 함흥감옥에서 복역한 후 출소하였다. 1933년 미국 시카고의 매코믹신학교를 수료한 후 귀국하여 목사 안수를 받았고 이후 3년간 남한 일대는 물론 평양 만주에 이르는 지역까지 1주일 단위의 농촌 계몽 강연을 3년간 200회를 개최하면서 독립운동의 기틀을 마련하려고 하였으나 일본 경찰에 쫓겨 1938년 미국으로 피신한 것이다.
7 가나안농군학교의 농군 정신은 '일하기 싫거든 먹지도 말라'로 대변되는데 구체적으로는 나라와 가정, 사람에 대한 사랑, 땀 흘려 일하는 정신, 절약 정신, 효 윤리 등으로 요약할 수 있다. 후일 박정희 대통령도 가나안농군학교를 방문하였고 새마을운동을 시작할 때 이와 같은 가나안농군학교의 정신을 모델로 삼았다고 한다.
8 브나로드(Vnarod)란 원래 '민중 속으로'를 뜻하는 러시아 말로 지식 계층이 민중 계몽을 위

김익달은 1959년 오스트리아 빈에서 열린 국제출판문화협회 총회에 참석하고 유럽 여러 나라를 돌아보고 귀국한 다음부터 농촌을 잘살게 하기 위한 뭔가를 해야겠다고 생각했다. 그래서 틈나는 대로 덴마크 낙농업과 독일의 라인 강변의 농업, 그리고 이스라엘의 농업을 연구하여 어떻게 하면 우리나라 농촌에 접목시킬 수 있는지를 생각했다. 또 1947년 5월에 발간된『도산 안창호』[9] 평전을 통해 도산이 건설하고자 했던 이상촌은 어떤 모습이었는지도 연구했다.

김익달은 우리나라 야산이 비교적 경사가 완만하고 토질이 유럽과 이스라엘과는 비교가 안 될 정도로 비옥하다는데, 착안하여 우선 모범적인 축산마을을 조성하는 일부터 시작하자고 결심한 것이다.

결국 정산리 120호의 마을 사람들에게 김익달이 찾아온 참뜻을 전달하는데 이틀이 걸렸다. 김익달의 뜻을 이해한 마을 젊은이들은 하나둘씩 자발적으로 협조하기 시작했고 김익달은 그들과 함께 가장 먼저 마을 한가운데에 열여덟 평짜리 공회당을 지었다.

잘사는 마을을 만들려면 우선 무엇보다 마을 사람들 스스로 잘사는

해 농촌으로 파고들었을 때에 내세운 슬로건이다. 동아일보사는 일제의 식민 통치에 저항하기 위해 1931년부터 1934년까지 4회에 걸쳐 전국 규모의 문맹퇴치운동을 전개하였는데 제3회까지 이 운동을 '브나로드'로 부르다가 민중이 이해하기 어렵다고 하여 제4회부터 '계몽운동'으로 바꾸었다 그러나 조선총독부의 금지 조치로 계속되지 못하였다. 한편 당시《동아일보》편집국장이던 이광수는 김성수, 송진우 등과 함께 농촌 계몽운동인 브나로드운동을 주도하였고 1932년 4월부터 1933년 7월까지《동아일보》에 장편소설「흙」을 연재했다. 이광수는 고등고시를 패스하고 변호사로서의 영달을 버리고 농촌 계몽운동에 나선「흙」의 주인공 허숭의 입을 통해 지식인들의 참여를 호소하기도 했다. "농민 속으로 가자. 돈이 없으면 없는 대로 가자. 가서 가장 가난한 농민이 먹는 것을 먹고 가장 가난한 농민이 입는 것을 입고 그러면서 글을 가르쳐주고 소비 조합도 만들어주고 뒷간, 부엌 소제도 해주고 이렇게 내 일생을 마치자." 또 이광수는 편집국장으로서 농촌 계몽을 주제로 한 장·단편소설과 시를 모집하였는데, 그중 대표작이 1934년《동아일보》에 연재된 심훈의「상록수」다.

9 1947년 1월 도산 안창호 기념 사업회는 이광수에게 도산 안창호의 평전 집필을 의뢰하여 그해 5월『도산 안창호』를 출간하였는데, 당시 친일파에 대한 비판 여론 때문에 이광수의 이름을 쓸 수 없어 도산 안창호 기념 사업회 이름으로 발행했다.

마을을 만들겠다는 의지가 있어야 하고 그러기 위해서는 서로 간의 소통과 협동이 중요하기 때문이었다. 흔히 시골 마을에 가면 어느 집에는 밥숟가락이 몇 개 있는지도 잘 알정도로 이웃 간에 담이 없다고 하지만 정작 농사 정보라든지 새로운 농법, 마을 발전을 위한 의견 등에 대해서는 거의 대화가 없었다. 아니 모두들 예전부터 해오던 대로 농사를 지을 뿐이므로 그런 식의 대화 자체가 필요 없었는지도 모른다. 빈농의 아들로 태어난 김익달은 농촌 사람들이 오며가며 마주칠 때 하는 대화가 어떻다는 것을 너무 잘 알았다.

"아재, 아직 잠 샀니껴? 오늘은, 일찍 나가시네예."

"어, 날 덥기 전에 물꼬나 한번 손질 해 놔야제, 참 저 너머 밭때기는 하매 다 갈았대, 뭐 좀 심궜나?"

"예, 비도 안 오고해서 콩 좀 심거 놨심더, 그럼 댕기 가이소."

농촌 사람들은 같이 모내기를 한다든지 하는 특별한 경우 외에는 서로의 농사일에 대해 관여하려 하지 않았다. 누가 누구의 밭을 부치든, 어느 밭에는 무엇을 심든 서로 상관하지 않았다. 관혼상제 등 이른바 인륜대사에는 니 집 내 집이 없을 정도로 깊이 관여하지만 그 외의 일은 알아도 모른 척 했다. 이러한 관습은 농한기인 겨울철에 으레 그렇듯이 누구네 사랑방에서 화투판이 벌어져도 나서서 제지하는 사람이 없었다.

물론 텔레비전은 고사하고 라디오조차 귀할 때이니 가을 추수 끝내고 몇몇이 모여 앉아 묵내기, 두부내기 정도의 화투판은 생활에 활력을 주는 오락이니 나쁘다고만 할 수는 없었다. 하지만 화투판은 속성상 하루 이틀이 아니라 겨울철 내내 지속되다 보면 점점 규모가 커지기 마련이다.

그저 마을 사람끼리 묵내기, 두부내기나 하다가 어쩌다 누군가의 선동이나 외지인이 끼어들어 판이 커지게 되면 한 해 동안 뙤약볕에서 허리가 휘도록 애써 지어 거둬들인 쌀섬을 날리는 사람이 생기게 마련이었다. 그

렿게 되면 가뜩이나 부족한 양식이 일찍 떨어져 보릿고개[10] 전에 절량농가[11]로 전락할 수밖에 없다.

이렇게 되면 정부의 구호양곡만으로는 어림없으니 어쩔 수 없이 장리쌀[12]이나 고리채에 의존할 수밖에 없어 빈곤의 악순환에서 벗어날 수가 없었던 것이다.

사실 식량 사정은 도시라고 해서 농촌보다 더 나을 것이 없었다. 오죽했으면 서울역 앞 광장에 '수구레'[13]와 '꿀꿀이죽'[14]까지 등장했겠는가.

당시 '수구레'와 '꿀꿀이죽'은 서울역 앞의 노숙인이나 지게꾼뿐만 아니라 배고픈 고학생들의 허기를 달래주는 데도 톡톡히 한 몫을 했다.

김익달은 이러한 농촌의 실정을 누구보다 잘 알고 있었으므로 농한기인 이때에 마을 한가운데에 공회당을 짓고 마을 사람들을 불러 모아 잘 사는 마을을 만들기 위한 구체적인 방법을 의논했다. 하지만 마을 사람은 김익달의 거듭된 설명과 설득에 그 뜻은 공감하고 이해는 하면서도 당장 먹을 것도 없는데 무엇을 어떻게 하자는 것이냐며 시큰둥한 반응을 보일뿐이었다.

마을 사람들은 김익달이 가져온 비누와 수건, 치약 등을 나누어 주었을 때는 무척 고마워하면서도 그건 그때뿐이었다.

---

10 한자로는 맥령(麥嶺)이라고 하는데, 춘궁기라고도 한다. 농민이 지난 가을에 수확한 양식은 바닥나고 보리는 미처 여물지 않은 5~6월 식량 사정이 매우 어려운 고비를 말한다.

11 '설량(絕糧)농가'란 말 그대로 양식이 떨어진 농가를 말한다. 당시 언론에서는 '절량농가'라는 말이 자주 등장하는데, 1961년 1월 28일자 《경향신문》은 절량농가가 1월 말경에 이미 30만 호에 달했으며 농촌 경제가 가장 어려워지는 5, 6월의 맥령기에는 절량농가가 무려 1백만 호를 헤아리게 될 것이라고 보도하고 있다. 이는 당시 농가 호수의 거의 절반에 육박하는 수치다.

12 춘궁기 등에 양식이 떨어져 추수하면 장리(長利)로 갚기로 하며 빌리는 쌀, 장리란 연 5할의 이자를 말한다.

13 수구레는 원래 소의 가죽 껍질과 소고기 사이의 아교질을 지칭하는 말이다. 하지만 여기서 말하는 '수구레'는 미군이 신다버린 군화를 모아 화공 약품에 담가 다시 쇠가죽으로 돌아가게 한 다음 이것을 물로 잘 씻고 잘게 썰어 양념해서 볶은 것을 말한다.

14 미군 부대에서 나온 잔반을 모아 연탄불에 푹푹 끓인 것을 말한다.

김익달은 마을 청년들과 함께 지은 공회당에서 여러 차례 마을 사람들을 만나 어느 정도 낯이 익어 앞으로의 구체적인 계획을 설명했다.

김익달이 우선적으로 밝힌 기본 계획은 다섯 가지였다.

첫째, 공회당에 고등공민학교를 설립하여 문맹을 퇴치하고 마을을 이끌어 갈 청년 지도자를 양성한다.

둘째, 명실상부한 4-H구락부를 조직하여 활성화함으로써 모범적인 축산마을을 조성하는 구심점 역할을 하도록 한다.

셋째, 김익달은 모범 축산마을을 조성하기 위해 우선적으로 정산리 모든 농가가 소를 키우는데 동참할 수 있도록 송아지 구입 자금을 지원한다.

넷째, 상주는 예로부터 감 재배에 적합한 토질을 갖고 있어 곶감이 유명한 곳이니 농가 부업으로 감나무 재배를 활성화하여 농가 수익을 증대시킨다.

다섯째, 농한기 때마다 되풀이되는 도박 근절 운동을 벌인다.

김익달은 이 다섯 가지 기본 계획을 마을 사람들이 충분히 이해하고 적극적인 동참을 이끌어 내기 위해 많은 시간과 공을 들였다.

김익달이 가장 먼저 공민학교 건립을 추진하게 된 것은 무엇보다 무지에서 벗어나는 것이 최우선이라고 보았기 때문이었다. 해방 후 헌법과 교육법 제정에 따라 국민학교[15] 6년은 의무교육[16]을 실시함으로써 문맹률은 현저히 낮아졌으나 중학교 진학률은 아직도 절반 정도에 불과한 실정

---

15 대한제국 말인 1895년 7월 19일 '소학교령'이 공포되어 서당 대신 근대적인 초등 교육기관으로 '소학교'가 설립되었고, 1906년 8월 통감부의 '보통학교령'이 공포되어 소학교가 '보통학교'로 개칭되었다. 1941년 일제칙령 148호 '국민학교령'에 의해 '국민학교'로 명칭이 변경되어 50년 넘게 사용되었다. 국민학교가 초등학교로 바뀐 것은 1995년 교육법 개정에 따라 1996년 3월 1일부터이다.
16 우리나라의 의무교육은 헌법과 교육법에 따라 1950년 6월부터 시작되었으나 한국전쟁으로 그 실행이 중단되었고 1953년 7월 의무교육 완성 6개년계획(1954~1959년)을 수립함으로써 본격적으로 실시되었다. 그 결과 취학률을 96% 이상 끌어올리는데 성공하였다.

이었다. 실제로 정산리는 벽촌이어서 그런지 마을 사람 중 완전 문맹도 20%나 되었다.

이제는 농사를 그 전부터 해오던 대로만 해서는 잘사는 농촌은 고사하고 가난에서 벗어날 수가 없었다. 새로운 영농 기술과 정보, 우량 품종의 도입과 농가 실정에 맞는 부업 겸업 등 시대의 변화에 맞는 농업을 할 필요가 있었다. 그러기 위해서는 국민학교를 졸업하여 까막눈을 면하는 것만으로는 부족했다. 그렇다고 경제적 여건도 안 되는데 당장 상급학교 진학을 독려할 수도 없는 노릇이었다. 따라서 적기에 취학을 못하였거나 경제적 이유 등으로 상급학교 진학을 못한 사람들을 위해 공민학교를 설립하는 것은 당시로서는 최선이자 필수라고 할 수 있었다.

김익달은 고등공민학교를 통해 마을을 이끌어 갈 청년 지도자를 양성하는 것만이 모범 마을을 성공시킬 수 있는 유일한 길이라고 생각했다. 김익달이 무엇보다 최우선적으로 공민학교 설립에 전력을 기울인 결과 1963년 3월 모서고등공민학교 설립을 인가받아 1963년 4월 1일 김익달이 세운 공회당에서 모서고등공민학교[17]를 개교할 수 있었다.

김익달은 또 당시 농촌 지역에서 정부 주도의 농촌 근대화 운동의 일환으로 벌어지고 있던 4-H구락부[18]를 정산리에도 조직하여 모범 축산 마을 조성에 구심점 역할을 하도록 했다.

---

17 공민학교노 교육법에 근거하여 교육위원회의 승인을 받아야 설립할 수 있다. 고등공민학교는 국민학교 또는 공민학교를 졸업한 자를 입학 대상으로 한다. 그러니까 국민학교를 졸업한 후 경제적 여건 또는 기타 사정으로 중학교에 진학하지 못한 사람을 대상으로 하는 것이다. 한편 1998년 3월 1일부터 새로운 '교육기본법'이 시행됨으로써 교육법은 폐지되었다.
18 4-H운동은 1947년 미군정 시기 미국으로부터 들여온 청소년 사회교육운동으로 특히 농촌·청소년을 대상으로 한 운동이었다. 5·16 쿠데타로 정권을 잡은 박정희 최고회의 의장은 1962년 3월 21일 농촌진흥법을 공포하고 중앙에 농촌진흥청과 각 도에 농촌진흥원을, 각 시·군에 농촌지도소 및 지소를 설치하여 농민을 대상으로 지도 사업을 펼쳤다. 따라서 4-H운동은 농촌진흥청에서 관장하게 되었고 '새마을운동'이 본격화된 1972년부터 4-H운동은 '새마을4-H구락부운동'으로 통합된다.

정산리 마을은 상주에서도 오지에 속해 농토가 좁고 곶감 외에는 딱히 특산물이라고 할 만한 것도 없어 가난하기 짝이 없는 마을이었다. 그래도 가난에서 벗어나고 생활 개선을 꿈꾸는 젊은이들이 있어 김익달은 충분히 희망이 있다고 생각했다.

그들은 당장 가진 것이 없고 무엇을 어떻게 해야 할지 몰라 마음은 있으나 방향을 잡지 못해 적극적으로 나서지 못할 뿐이었다. 김익달은 그들을 중심으로 4-H구락부를 조직하고 모범 축산마을을 조성하기 위한 구체적인 계획을 실행하기 시작했다.

송아지 입식 자금 지원과 감나무 재배

김익달은 정산리 마을 한가운데에 공회당을 짓고 뜻있는 젊은이들을 중심으로 4-H구락부를 조직한 뒤 마을 사람들이 모범 축산마을 조성에 적극적으로 동참할 수 있도록 가시적인 지원을 해주기로 했다.

바로 송아지 입식 자금을 지원해 주는 것이었다. 사실 김익달이 정산리에 내려올 때 가져온 여러 보따리 중 하나는 돈 보따리였다. 지금처럼 금융 시스템이 발달하지 않았던 당시 산골 마을에 가서 돈을 쓰려면 현금을 가지고 가는 방법 밖에 없었던 것이다. 김익달은 우선 농가 호당 송아지 1마리씩 구입할 수 있는 자금을 무상으로 지원하기로 했다. 사실 마을 사람들에게는 송아지 한 마리씩을 거저 나누어 준다니 눈이 휘둥그레질 만한 대사건이었던 셈이다.

김익달은 면사무소에 가서 정산리에 120여 호가 있다고 하지만 실제로 몇 호가 있는지 정확하게 파악할 필요가 있었다. 김익달이 면사무소 직원의 협조로 정산리 두 마을에 있는 농가 호수를 확인한 결과 모두 104

가구가 살고 있었다. 또 그들의 구체적인 소득 수준을 확인하기 위해 가축 사육 현황도 파악해 보았다. 면사무소 직원 역시 그 마을 사람이라 그런지 대개 어느 집은 가족이 몇 명이고 형편이 어떠했는지 비교적 상세히 알고 있어 마을 형편을 파악하는데, 실질적인 도움이 되었다. 정산리 마을 전체에 소가 35마리, 돼지 40마리, 닭이 125마리였다. 104호나 되는 마을의 전체 가축 규모가 이 정도에 불과하니 80% 이상이 영세농 또는 빈농이라는 얘기였다.

교육이나 문화 환경은 더 말할 것이 없었다. 신문 한 장, 잡지 한 권을 보는 집이 없었고 전체 마을에 라디오 한 대도 없었던 것이다. 마을 사람들의 유일한 오락이라면 사랑방에 벌이는 화투판, 그리고 술 마시는 것이었다.

처음 마을 사람들이 잘사는 마을을 만드는 것을 돕겠다며 찾아 온 김익달을 보고 정치나 하려는 사람으로 오해한 것도 무리는 아니었다. 그동안 대여섯 차례 치러진 국회의원 선거에서 입후보자들은 마을 사람들에게 돈도 주고 술도 사주며 찍어 달라고 했으니 마을 사람들은 정치나 선거란 으레 그런 것이라는 인식이 박혀 있었던 것이다.

사실 농촌에서 소를 가지고 있는 농가는 비록 소농이지만 그래도 형편이 나은 편이라고 할 수 있었다. 소는 농가의 재산 목록 1호였다. 잘 키워서 팔면 목돈도 마련할 수 있지만 농사일에 소만큼 쓸모 있는 것도 없었다. 논밭을 갈고 농가의 중요 운반 수단인 달구지도 끌어야 하니 소가 할 일은 많았던 것이다. 그뿐인가. 소똥은 거름으로 쓸 수 있으니 소는 가히 농가의 보배였던 것이다.

김익달은 현재 소를 키우고 있는지에 관계없이 정산리 104가구 전부에 대해 한 가구당 송아지 한 마리를 구입할 수 있는 자금을 지원하기로 했다. 우선 가시적으로 마을 사람들에게 실질적인 도움을 주어야만 그 뜻을 하나로 모아 일을 추진할 수 있다고 생각했기 때문이었다. 하지만 선거 때마다 되풀이된 돈 선거, 술 선거로 인해 인습과 타성에 젖어 있는 마을 사람들에게 물질적인 도움은 자칫하면 오히려 의타심만 조장하는 독이 될 수도 있었다.

결국 농촌 근대화니 농촌 부흥은 말로 해서 되는 것이 아니라 실질적인 문맹 퇴치와 계몽이 선행되어야 했다. 김익달은 이를 위한 현실적인 방법은 마을 사람들의 유일한 취미요, 오락인 도박과 음주를 대치할 수 있는 뭔가를 마련해 주는 길밖에 없다고 생각했다.

그것은 바로 그들에게 라디오를 듣게 하고 신문과 잡지, 그리고 다양한 책들을 볼 수 있게 하는 것이었다. 우선 김익달은 공회당 한쪽의 5평 정도의 방을 도서실로 만들고 그곳에 라디오 1대와 4, 5종의 신문과 7, 8종의 잡지 그리고 300여 권의 책을 비치하여 마을 사람들이 자유롭게 볼 수 있도록 했다.[19]

결국 김익달은 송아지 구입 자금을 지원했다. 사실 마음 같아선 상주 읍내 우시장에 가서 튼실한 송아지를 사다가 주고 싶었지만 좋은 송아지를 구입하는 일 자체가 전문적인 안목이 필요하고 한꺼번에 104마리나 되는 송아지를 구입할 수도 없는 일이라 구입 자금을 지원할 수밖에 없었다. 하지만 김익달은 후에 송아지를 직접 사주지 않고 돈으로 지원한

---

19 김익달은 농촌 부흥을 위해서는 농촌 사람들이 자각할 수 있는 계기를 만들고 최소한의 문화의 혜택이 돌아가도록 하는 국가적인 조치가 절실히 필요하다고 생각했다. 김익달은 자신의 이러한 생각을 1962년 3월 12일자 《경향신문》에 「부락마다 문화센터를」이라는 제목으로 칼럼을 실었다. 김익달은 이 칼럼에서 전국 각 마을에 15평 정도의 동사(洞舍)를 짓고 10평은 청년회 회의실, 5평은 도서실로 만드는데 자재비는 50만 환이면 되고 서적 구입비 30~40만 환, 신문·잡지 1년분 10~20만 환이면 충분하다고 주장했다. 따라서 전국 2만 4천여 개의 마을에 이 같은 문화센터를 건립하는데 240억 환이면 되는데, 이는 당시 국가 예산의 4% 정도라며 구체적인 수치를 제시하면서 부락마다 문화센터 건립을 촉구했다. 당시 김익달의 주장은 시기상조여서 그런지 크게 호응을 받지는 못했으나 그로부터 10여 년 후 새마을운동이 시작되면서 마을마다 마을회관이 건립되기 시작되었음은 주지의 사실이다.

일을 뼈저리게 후회하게 된다.

김익달은 송아지 구입 자금을 지원했을 뿐만 아니라 틈나는 대로 마을 사람들을 공회당으로 불러 모아 과학적인 소의 사육과 관리에 대해서 설명했다. 특히 소는 농가의 중요한 재산이므로 사료 조달과 질병의 예방과 치료에는 좀 더 전문적인 지식이 필요했다.

김익달은 공회당 한쪽에 마련된 작은 도서실에 새로운 영농 서적과 교양서적, 특히 학원사가 발행한 생활총서 중 실용축산전서를 여러 권 비치하여 누구나 쉽게 찾아볼 수 있게 하였다. 또 공회당에서는 밤에 남폿불[20]을 켜놓고 수시로 젊은이들과 어울려 축산 기술에 대해 의논하곤 했는데 한 번은 한 청년과 사료에 대해 의견 차이를 보이기도 했다.

"선생님, 우리 마을을 모범 축산마을로 맹글라면 좀 더 과학적인 방법을 써야 안 되겠어예?"

청년은 마을 사람들이 그러하듯이 김익달을 선생님으로 불렀다.

"과학적인 방법이라. 어떤 방법 말이오?"

"소 키운다고 맨날 소죽 끓이는 건 힘만 들고 비과학적이다 아입니꺼. 우리도 그런 원시적인 방법 대신에 '사일로(silo)'를 맹글고 '엔실리지(ensilage)'를 멕인다면 소도 훨씬 잘 클 깁니더."

청년은 학교에서 배웠는지 아니면 어디서 들었는지 '사일로'와 '엔실리지'를 알고 있었다.

"맞소. 사일로를 만들고 거기다 볏짚이나 각종 건초를 넣어 발효시켜서 만든 엔실리지를 사료로 쓰면 소죽을 쑤지 않고도 소를 키울 수 있지요. 하지만 사일로를 만들려면 비용이 많이 들고 엔실리지를 생산하기

---

[20] 남포는 석유를 넣어 불을 켜는 등으로 영어의 'Lamp'에서 유래된 말로 조선 후기 청(淸)이나 그 밖의 다른 나라에서 램프가 수입되어 궁중이나 귀족 사회에 보급되면서 사용되기 시작하였다고 한다.

위한 발효 약품이 필요해 대규모 축산업이라면 모를까 우리처럼 한두 마리씩 소를 키우는 데에는 적합하지 않소."

김익달은 덴마크 등 서구 선진 국가의 낙농업을 연구했으므로 엔실리지에 대해 알고 있었던 것이다. 그 청년은 김익달의 설명에 쉽게 동의하지 않는 듯 했다.

"맨날 똥지게로 똥이나 퍼다 붓고 소죽이나 쑤면서 언제 모범 축산마을로 맹글고 선진국을 따라 가겠니껴? 이 맨치로 비과학적이고 원시적 방법으로는 택도 없을 낍니더."

그 청년은 농촌의 현실과 장래에 대해 상당히 비관적인 듯 했다. 김익달은 내심 적잖이 걱정되어 조심스레 물어봤다.

"사일로와 엔실리지 만드는 방법은 학교에서 배웠소?"

"어데예? 돈이 없어 중학교도 못 갔다 아입니꺼? 그래도 이장 집에 배달되는 농촌잡지는 꼬박꼬박 보고 배웁니더."

"농촌잡지요? 그래요? 이장이 잡지를 봅니까? 그게 어떤 잡지요?"

잡지라는 말에 김익달은 눈이 번쩍 뜨였다.

"《새힘》[21]이라고 미국 공보원이라 카는 데서 발행하는데 매달 꼬박꼬박 이장 집에 배달 된다 아입니꺼. 거기 보면 영농 기술이나 과학적인 축산 기술에 대해서 자세히 나와 있어예."

---

21 《새힘》은 1958년 3월부터 1964년 4월까지 미국 공보원이 발행한 월간지로 정식 명칭은 농촌 사람들을 위한 잡지-《새힘》이다. 이 잡지는 주한 미국 공보원의 출판 활동 중에서 가장 많은 역량을 투입한 사업으로 발간 당시 35만 부를 제작하여 전국의 2만 6천여 명의 이장들에게 5부씩 배포하였고 나머지는 농업고등학교, 농촌 지도 조직 등에 배포했다. 당시 농촌의 신문과 잡지 보급률이 20%에도 미치지 못했던 상황을 감안한다면 상당한 배포량이며 무엇보다 무료로 나누어 주었고 총 16쪽의 적은 분량이지만 고급 용지를 사용하여 해상도가 높은 사진과 삽화를 많이 실어 높은 가독성을 확보하였다. 주한 미국 공보원은 미국 선전과 계몽을 목적으로 《새힘》 외에도 한국 지식인을 대상으로 《논단》이라는 계간지를, 군복무 중인 사병의 반공의식 고취를 위해 월간 《자유의 벗》을, 대학생들을 대상으로는 《호라이즌스》를 발행했고 「미국의 소리」라는 라디오 방송을 통해 미국의 강대함과 문화적 정당성을 강조하는 활동을 펼쳤다.

김익달도 《새힘》이라는 잡지를 잘 알고 있었다. 하지만 《새힘》은 발행 기관이 미국 공보원이니 만큼 단순한 농촌잡지라기보다는 미국을 홍보할 목적으로 발행하는 반공 이데올로기 잡지였다. 김익달은 언론 매체에 대한 접근이 어려운 이 산골 마을에도 《새힘》이 배달되어 농촌 사람들의 사고에 영향을 미치고 있다는 사실에 놀랐다. 그 청년이 한국의 농업이 비과학적이고 원시적이라고 말한 것은 바로 《새힘》이 반복적으로 게재하는 내용이었던 것이다.[22]

김익달이 송아지 구입 자금 지원과 더불어 추진한 일은 감나무 재배였다. 예로부터 상주는 쌀과 누에, 곶감이 유명하여 삼백(三白)의 고장이라 불렸는데, 그중에서도 가장 유명한 것이 곶감이었다.

감나무는 우리나라 중부이남 지방에는 어디서나 잘 자라지만 상주는 기후와 토질이 감나무 재배에 적합했다. 감나무의 종류는 200여 종이 넘지만 상주에서는 예로부터 상주둥시[23]가 유명했다.

김익달은 상주둥시 감나무 묘목을 구입하여 가구당 5~6주씩 나누어 주어 각 농가의 마당이나 빈터에 심게 했고 공회당 앞의 국유지는 따로 임차하여 마을 사람들이 공동으로 500여 그루의 상주둥시 감나무를 심

---

22 인분을 농사에 쓰는 것은 당시 한국을 다녀간 미국인들이 흔히 우스갯거리로 삼는 소재였다. 하지만 1909년 미국 농림부 토양관리국장 '프랭클린 히람 킹(Frnaklin Hiram King)'은 중국, 한국, 일본을 여행하면서 동양 3국의 유기농법을 눈으로 직접 보고 『4천 년의 농부(Farmers of Forty Centuries: Organic Farming in China, Korea and Japan)』라는 답사보고서를 썼다. '킹'은 이 책에서 화학 비료의 한계를 지적하고 인간의 똥을 비롯한 동물의 배설물과 연료로 쓰고 남은 재 등을 신성시하여 땅에 뿌려온 배설물 활용법을 극찬하며 문명화된 인류가 가장 주목해야 할 기술이라고 평가했다. ─『유기농업의 원류─중국·한국·일본 4천 년의 농부』, F. H. 킹, 곽민영 옮김, 도서출판 들녘, 2006, 179-199면. ─최근(2015년 10월) 개봉된 리들리 스콧 감독의 「마션(The Martion)」이라는 할리우드 영화에서 화성에 홀로 남겨진 식물학자 마크 트와니(맷 데이먼 분)가 인분을 이용해 감자를 재배하는 장면은 흥미롭다.
23 감의 이름에는 감의 특징이나 옛이야기가 담겨있는데, 상주둥시는 감이 둥글다하여 '둥시'라는 이름이 붙은 것이다. 청도반시의 '반시'는 납작하게 반을 잘라 놓은 것 같다하여 반시라고 부르는 것이며, '먹시'는 감의 겉면에 먹을 묻힌 것 같이 검은 반점이 있는 것, 고종시는 조선의 고종 임금이 좋아한 감을 말하고, '고동시'는 고동처럼 길쭉한 것, '수시'는 물이 많은 감을 말한다.

었다.

감나무는 대개 4~5년이면 감이 열리기 시작하는데, 특히 상주둥시 감나무는 감나무 중 나무가 큰 편이므로 잘 가꾸면 한 그루에 1천 개 내지 2천 개는 열릴 것이다. 곶감 한 접은 감 100개를 말하니까 한 그루당 곶감 10접 내지 20접은 생산할 수 있다는 얘기다.

김익달은 감이 생산되기 시작하면 마을 사람들과 다 같이 모여서 감을 깎고 또 공동으로 건조시키기로 했다. 감을 깎고 건조시켜서 곶감으로 만들기까지 두세 달은 잡아야 하므로 그러면 농한기에 할 일이 없어 화투짝을 잡는 일도 사라질 것이라고 기대했던 것이다.

"그런데 선생님, 우리가 아무리 애를 써서 맛난 곶감을 맹글어도 팔 데가 없으면 헛일 아인교?"

"맞다. 아무도 안 산다고 우리가 맨날 곶감만 먹고 살 수는 없잖남?"

마을 사람들은 아무리 좋은 곶감을 생산해도 사 주는 사람이 없으면 어떻게 하느냐며 걱정했다.

"걱정 마소. 곶감을 사는 사람이 없으면 내가 서울로 가져가서 다 팔아 줄팅게 걱정 마소."

마을 사람은 그제야 얼굴에 화색이 돈다. 농가마다 송아지 구입 자금을 나누어 준 사람이다. 그까짓 곶감쯤 팔아치우는 것은 문제도 안 될 것이라며 김익달의 말을 믿었다.

도박 근절 운동

김익달은 모서고등공민학교 설립을 추진하는 한편 공민학교 설립 전에도 젊은이들을 모아 새로운 영농 기술과 과학 영농, 종자 개량과 유축농업[24]에 대해 토론하고 또 같이 공부하기도 했다.

한편 정산리에 내려온 후부터 늘 신경이 쓰이는 것은 아직도 김익달이 하는 일에 냉소적으로 대하는 마을 사람들이 있다는 것이었다. 그들은 여전히 예전처럼 수시로 만나 화투판을 벌이고 때로는 서로 시비를 벌여 마을 사람의 눈살을 찌푸리게 만들었다. 최근에는 마을 사람들의 눈치 때문에 다른 마을로 원정 가서 화투판을 벌이는 일도 종종 있다고 한다.

김일달은 마을에서 화투판이 벌어졌다는 얘기를 들으면 마을 청년들 몇 명과 함께 가서 좋은 말로 설득하기도 하고 때로는 어른으로써 큰 소리로 꾸짖기도 여러 차례 했다. 그러면 대개는 얼굴을 붉히며 화투를 그만두거나 그냥 심심풀이 오락으로 하는 것이니 걱정하지 말라며 곧 치울 것이라고 변명하곤 했다. 하지만 간혹 제법 큰 판이 벌어진 경우에는 당신이 뭔데 왜 남의 일에 참견이냐며 돌아가라고 문전박대하는 경우도 있었다. 그럴 때마다 김익달은 혹시라도 송아지 구입 자금을 현금으로 나누어 준 것이 화근이 된 것이 아닌가 하여 수없이 후회하기도 했다.

사실 정산리에 가가호호마다 송아지 구입 자금을 나누어 주었다는 소문을 듣고 외지로부터 이른바 '타짜'들이 들어왔다는 얘기가 들리기도 했다. 하지만 '타짜'들이 낀 화투판은 워낙 은밀하게 벌어지기 때문에 김익달이나 동네 청년들도 어찌해 볼 도리가 없었다. '타짜'가 낀 도박판은 그들이 훑고 간 다음에야 누구누구가 다 털렸다는 얘기가 소문으로 나돌 뿐이었다. 그래도 김익달이 정산리에 온 다음부터는 마을 사람 중에는 드러내 놓고 화투판을 벌리는 일은 사라진 셈이었다.

한편 김익달이 정산리에 내려왔다고 하여 서울 학원사의 일을 아예 팽

---

24 경종농업, 즉 씨를 뿌려 작물을 재배하는 농업과 적당한 규모의 가축을 결합한 농업을 말한다. 즉 경종(耕種)에 가축을 결합함으로써 가축의 배설물을 거름으로 사용하고, 농산물의 부산물 또는 폐기물을 사료로 이용하여 비료값, 사료값의 절약을 도모하는 농업이다.

개친 것은 아니었다. 그동안 함께 어려움을 헤쳐 나오면서 전문 편집인으로 성장한 직원들이 있어 언제나 든든하게 생각했다. 김익달은 주말에는 언제나 정산리에 머물렀지만 주중에 한두 차례씩은 서울을 왔다 갔다 하며 일을 보고 있었다. 그런데 1962년 10월 한국잡지발행인협회가 창립되고 초대 회장으로 추대되면서 김익달은 정산리 모범 축산마을 조성에만 전력할 수가 없게 되었다.

잡지 발행에 필요한 용지 배정 문제, 잡지에 대한 면세조치 관철 등 잡지발행인협회의 초대 회장으로서 해야 할 일은 많은데 아직 협회가 초창기라 모든 것을 협회장이 나서지 않으면 안 될 형편이었다.

그런데 엎친 데 덮친 격으로 1962년 12월 을유문화사의 정진숙이 대한출판문화협회 회장으로 취임하면서 김익달에게 출판담당이사를 맡아 줄 것을 간곡히 청했다. 출판문화협회 역시 아직 모든 것이 정비가 되지 않아 일을 제대로 할 여건이 안 되었지만 정진숙은 우리나라의 출판문화를 세계에 알릴 『출판연감』의 제작을 위해서는 김익달이 꼭 있어야 한다며 재삼재사 부탁하니 김익달로서는 이를 거절할 도리가 없었다. 김익달 역시 『출판연감』 제작은 반드시 필요하다는 것을 절감하고 있었기 때문이다.

이렇게 잡지협회와 출판문화협회 일에 매달리다시피 하게 되자 정산리에 내려오는 횟수가 점점 뜸하게 되고 말았다. 김익달은 그동안 수시로 함께 토론하고 일해 온 마을 청년들이 정산리 마을의 구심점이 되어 그동안 계획했던 일을 꾸준히 추진해 줄 것을 기대할 수밖에 없었다.

한 가지 다행스러운 것은 김익달이 그동안 추진해 오던 고등공민학교 설립이 인가되어 마침내 1963년 4월 1일 공회당에서 모서고등공민학교를 개교하게 된 것이었다. 모서고등공민학교가 개교함으로써 그곳 교사와 학생들 그리고 마을 청년들을 중심으로 모범 축산마을 조성 사업과 감나무 재배 등을 지속적으로 해나갈 수 있을 것으로 생각했다.

하지만 김익달이 잡지에 대한 면세조치에 관한 입법 조치와 『출판연감』 발행을 마무리하고 다시 정산리에 내려왔을 때 김익달은 크게 실망하지 않을 수 없었다.

우선 작년에 가구당 송아지 한 마리 값을 지원한 농가 중에서 제대로 소를 키우고 있는 농가는 10%도 채 안 되었다. 대부분의 농가가 춘궁기에 아직 채 자라지 못한 소를 팔수밖에 없었고 어떤 농가는 아예 송아지를 산다고만 했지 결국 송아지를 사지 않고 그대로 쌀 구입 등 생활비에 써버린 농가도 많았다.

심지어 어떤 집은 그 돈을 화투판에서 날린 집마저 있다고 했다. 결국 장유유서라는 유교적 질서가 뿌리 깊은 마을에서 김익달이 믿었던 청년들이 마을 지도자로서의 역할을 제대로 못했던 탓이었다. 그나마 모서고등공민학교는 그런대로 경제적 이유로 상급학교에 진학하지 못한 마을 청소년들을 대상으로 열심히 가르치고 있는 것이 큰 위안이 되었다.

공회당 앞 빈터에 심어놓은 상주둥시 감나무는 아직 손목 굵기도 채 안 되어 탐스러운 둥시가 열리려면 몇 년을 더 기다려야 했다.

김익달은 공회당에서 바람에 이리저리 휘청거리며 위태롭게 서 있는 둥시 감나무를 바라보며 모범 축산마을을 만들어 보고자했던 자신의 생각을 다시 한 번 돌아보지 않을 수 없었다. 벌써 잎이 다 떨어져 더 앙상하고 가느다랗게 보이는 가지들은 바람이 조금만 세게 불어도 금세 꺾어질 것처럼 위태위태해 보였다. 어쩌면 우리 농촌의 모습과 너무 닮지 않았나. 저 여린 가지들이 앞으로 닥칠 모진 추위와 비바람을 견뎌내고 탐스러운 둥시가 주렁주렁 열리는 튼튼한 거목이 될 수 있을까. 결국 농촌을 잘살게 하려면 물질적인 지원을 하기 전에 먼저 그들의 정신을 깨우쳐야 하지 않을까.

일제의 식민지와 해방, 그리고 참혹한 전쟁을 겪으면서 우리 농민들은 농자천하지대본이라는 자긍심마저 잃어버리고 이젠 미국에서 원조해 주는 옥수수와 밀가루 등으로 힘겹게 살아가고 있는 형편이다. 한국의 농업은 비과학적이고 원시적이라는 전통의 부정과 자기 비하의 마취에서 깨어나지 않으면 농촌의 미래는 더욱 암담해 질뿐이라는 생각에 김익달은 새로운 방법을 찾아야 했다. 결국 김익달은 2년 만에 정산리에서 철수하고 농촌을 위한 새로운 사업을 준비하게 된다.

제9부

전 국민의 종합교양지
농원(農園) 창간

《농원》 발간 계획

《농원(農園)》 창간 Ⅰ

《농원》 창간 Ⅱ

《농원》의 구성과 내용

《농원》의 '정신 농사' – 잊을 수 없는 사람들

　창간기념 신인소설 현상 공모

연평(演坪)중학 돕기 운동 본부장 김익달

'농원(農園)의 집' 설치

'미스농원' 선발 대회

새마을운동의 토대를 마련

《농원》 발간 계획

김익달은 비록 상주군 모서면 정산리에서의 모범 축산마을 조성 사업을 성공하지는 못했지만 농촌 현장이 아니면 얻을 수 없는 귀중한 경험과 교훈을 얻었다. 농촌의 현실은 김익달이 생각했던 것보다 훨씬 더 어렵고 심각한 상태였던 것이다. 그가 일제 식민지 때 경험했던 가난하고 무지한 농촌과 별반 달라진 것이 없었다. 아니 어쩌면 동족상잔의 참혹했던 한국전쟁을 겪으면서 더 황폐해지고 인심마저 더 각박해진 것 같았다. 한마디로 농촌은 무기력과 미신, 그리고 도박이라는 병폐로 거의 빈사 상태나 다름없었다. 농촌을 이대로 두어서는 국가 발전은 고사하고 기본적인 민생고의 해결도 요원하게 될 터였다.

5·16 쿠데타로 정권을 잡은 박정희 정부가 농촌 근대화를 최우선적으로 내세우기에 기대를 걸어 봤으나 1962년부터 시작된 제1차 경제개발 5개년계획의 초점은 공업화에 있었고 농촌이나 농업은 아예 관심 밖이나 다름없었다. 한정된 자원과 부족한 예산으로 어쩔 수 없는 선택이었다 하더라도 농본국인 우리나라에서 농촌을 더 이상 방치한다는 것은 있을 수 없는 일이었다. 아직도 국민의 대다수가 농업에 종사하고 있는데[1] 어찌 보릿고개에는 초근목피로 연명할 수밖에 없는 농촌을 그대로 둘 수 있단 말인가.

김익달은 무엇보다 농민들 스스로가 가난에서 벗어나고자 하는 의지가 있어야 하고 또 노력하면 잘살 수 있다는 자신감을 갖도록 하는 것이 필요하다고 생각했다. 결국 물질적 지원보다는 정신 계몽, 정신 무장이 우선이었던 것이다. 김익달은 도산 안창호의 이상촌 건설 계획과 이광수

---

1 1963년 현재 우리나라 농업 인구는 전 국민의 63%에 달했다.

의 민족개조론,[2] 그리고 덴마크의 부흥사를 그린 유달영[3]의 '새 역사를 위하여'를 통하여 어떻게 하면 농촌을 깨울 수 있을까를 연구했다.

김익달은 한 마을이 아니라 전체 농민들을 계몽하고 민족정기를 바로 세우기 위한 농촌잡지를 발행하기로 하였다. 김익달은 먼저 존경하는 출판동지이며 당시 출판문화협회장을 맡고 있던 정진숙에게 농촌잡지 《농원》 발간 계획을 밝히고 자문을 구했다. 정진숙은 김익달에게 우리나라 농촌은 아직 잡지를 구독할 수준이 아니어서 시기상조라며 극구 반대했다.[4] 이에 김익달은 그렇기 때문에 더더욱 농민들을 계몽하기 위한 농촌잡지의 필요성을 역설하며 고집을 꺾지 않았다.

김익달은 서울대학교 농대 교수이며 5·16 후 재건국민운동본부[5]의장을 역임한 유달영을 대학연구실로 찾아갔다.

당시 김익달은 유달영과 개인적인 친분 관계가 있는 것은 아니었으나 그가 농촌 계몽운동가로서 항상 농촌 문제에 큰 관심을 가지고 있음을 잘 알고 있었던 것이다. 김익달로부터 농촌잡지 《농원》에 대한 발간 계획을 상세히 듣고 유달영은 그 엄청난 계획에 이것이 꿈인가 하였다고 했

---

2 이광수는 1922년 잡지 《개벽》 5월호에 민족개조론을 발표하며 나태하고 게으르며 무기력한 이 민족의 성격을 개조해야 한다고 주장했다. 이 민족개조론에 대하여는 조선총독부의 사주에 의한 것이라는 설과 그의 정신적 대부인 도산 안창호의 '점진적 개혁' 사상에 뿌리를 두고 있다는 반론이 있다. 이처럼 '민족개조론'은 당시 민족 진영 인사들의 감정을 자극하여 많은 논란을 일으켰고 반론과 공격이 계속되었다.

3 유달영은 원예학을 전공한 농학자로 무궁화 개량과 보급에 앞장서 '무궁화 박사'로 유명하다. 농촌 계몽운동가이기도 한 그는 1939년 심훈의 소설 「상록수」 속의 주인공인 채영신의 실제 모델인 '최용신'의 전기 『농촌 계몽의 선구여성 – 최용신 소전(崔容信 小伝)』을 발표하기도 하였다.

4 정진숙은 "김익달이 칠전팔기의 기업인으로 출판 기획자로서 정밀성은 탁월하나 외부의 시대 변화와 영리 추구에는 등한히 하였다. 그가 《농원》을 내겠다고 했을 때 동업자의 우정으로 《농원》 출판을 반대하였으나 그의 고집을 꺾지 못했다."고 회고했다. 「우리 현대 출판의 개척자」, 『학원세대와 김익달』, 학원김익달전기간행위원회, 1990. 243~244면.

5 재건국민운동본부는 1961년 6월 11일 공포된 '재건국민운동에 관한 법률'에 따라 설립된 범국민 중앙행정기관으로 이 운동의 실천 요강은 '용공중립사상의 배격', '내핍생활실천', '근로정신 고취', '생산 및 건설의식증진', '국민도의 앙양', '정서순화', '국민체위향상' 등 7가지다.

다. 당시 얄팍한 농업 관계 잡지들이 몇 군데에서 나오고 있기는 했으나 모두 경영난으로 폐간 직전이었던 것이다. 유달영은 그런 잡지나마 농촌을 위한 원고 청탁이 오면 한 번도 마다 않고 글을 쓰곤 했으나 농촌을 위한 잡지하나 제대로 발행되지 못하는 현실이 더 없이 서글펐던 시절이었다. 이런 때에 전혀 예상치 못했던 김익달의 방문과 《농원》 발간 계획을 들었으니 유달영으로서는 더 없는 희소식이었을 것이다.

더구나 김익달은 출판 경험도 많고 출판 시설도 우리나라 최고 수준이며 또 무엇보다 농촌에 대한 사랑과 정열은 거의 신앙에 가까운 사람이 아닌가. 하지만 유달영은 김익달의 계획을 듣고 한 가닥 불안감을 감출 수가 없었다. 김익달은 자신도 농촌 출신이고 또 정산리에서 모범 축산 마을을 건설하기 위해 직접 농촌에 들어가 일해 본 경험도 있다면서 잡지 발행에 대한 경제성이나 수익성은 전혀 안중에도 없다는 듯이 말하고 있지 않은가. 그 의욕과 농촌을 향한 정열은 존경할 만하지만 사업에 문외한인 유달영이 봐도 무리한 점이 한두 가지가 아니었던 것이다. 유달영은 김익달의 《농원》 발간 계획에 적극 찬성하면서도 조심스럽게 몇 가지 제안을 하였다.

첫째, 잡지의 볼륨이 너무 크다. 규모를 4분의 1 정도로 줄여야한다.

둘째, 농민이 구독자의 전부일 텐데 그들에게서 대금을 회수하기가 극히 곤란하다. 출판 부수를 줄이고 경과를 보아 가면서 늘려야 한다.

셋째, 창간을 여름철에 하는 것은 농가의 경제 상태로 보아 적당치 않다. 추수가 끝날 무렵에 시작하라. 농촌에는 여름철엔 돈이 말라 붙어 있다.

유달영의 이러한 충언은 김익달의 구체적인 계획을 듣고 난 후에 한 것으로 김익달의 구체적인 계획이란 이런 것이었다. 우선 《농원》은 농어민들을 위한 잡지인 만큼 유익할 뿐만 아니라 재미있어야 한다. 따라서 농사 정보나 영농 기술뿐만 아니라 국내외 뉴스, 정서 함양에 도움이 되는 문학작품 등 다양한 읽을거리를 실어야 하므로 최소한 300페이지 이상의 볼륨이 있어야 한다는 것이다.

또 우리나라 농촌 구석구석까지 배달해야 하므로 최소한 발행부수가 10만 부는 되어야 하고 잡지 대금은 나중에 받아도 좋으니 농사일이 시작되는 봄에 창간해야 더 의미가 있다는 것이었다. 결국 김익달은 유달영이 제안한 것 중 하나도 받아들이지 않았다. 유달영은 김익달이 농촌의 실정을 깊이 파악하지 못하고 있다고 걱정하였으나 김익달은 생각이 달랐다. 김익달은 빈농의 아들로 태어나 그 자신이 가난이 무엇인지, 농촌의 현실이 어떤지 누구보다도 잘 알고 있어 유달영의 충언이나 정진숙의 우려를 모르지 않았다. 하지만 김익달에게 있어 농촌은 사랑의 대상이지 한 번도 사업의 대상이라고 생각해 본 적이 없었다. 학원사 내에서도 《농원》의 발행에 대해서는 모두 한결같이 시기상조이며 농촌의 실정을 무시한 도박이라며 반대의 목소리가 높았다. 또 어떤 이는 출판의 귀재라는 김익달이 이번에는 판단을 잘못했다느니, 이렇게 무리하면 학원사 전체가 어려워 질 수 있다며 수군거리기도 했다.

하지만 김익달이 정산리에서 모범 축산마을 조성 사업을 하면서 느낀 것은 더 이상 우리의 삶의 터전인 농촌을 이대로 방치할 수는 없다는 것이었다. 정부는 말로만 중농정책을 떠들고 실제로는 공업화에 모든 역량을 투입하여 농촌을 외면하고 정치인들 역시 선거 때만 농촌을 살리겠다는 구호를 외칠 뿐이었다. 더 이상 농민들이 정체성을 잃어버리고 자기비하와 전통의 부정이라는 피식민지인의 마취 상태에서 깨어나지 못하도록 내버려 둘 수가 없었던 것이다. 농촌은 김익달에게 있어 언제나 사랑의 대상이지 결코 사업의 대상이 아니었다. 김익달은 그것이 농촌을 잘살게 하는 길이라면 그가 이룩한 모든 것을 다 잃어도 결코 후회하지 않을 작정이었다. 김익달은 전쟁 통에 전시 교본 말고는 제대로 읽을거리 하나 없는 불행한 학생들을 위해 《학원》을 창간할 때처럼 《농원》 창간 준비에 박차를 가했다. 이처럼 김익달에게 있어 《농원》 창간은 《학원》 창간 때와 마찬가지로 과연 성공할 수 있는지 또는 할 수 있는지가 아니라 반드시 지금 하여야 하는지가 그 판단 기준이었다.

《농원農園》 창간 Ⅰ

《농원》 창간을 준비하는 김익달의 마음은 《학원(學園)》이나 《여원(女苑)》 등 다른 잡지를 창간할 때와는 사뭇 달랐다. 《학원》이나 《여원》을 창간할 때에는 시설이나 종이 등 모든 것이 부족하고 열악한 환경이었지만 그래도 새로운 지식과 정보에 대한 수요가 컸던 만큼 사업성 자체가 아주 없었던 것은 아니었다.

이제 해방된 지 십수 년이 흘렀고 한국전쟁이 끝난 지도 10여 년이 흘렀다. 그 짧은 기간에 자유당 정권의 독재와 4·19 의거, 그리고 5·16 쿠데타까지 겪는 동안 우리 사회는 한때 900여 종의 잡지가 발행되었고 수많은 사이비 언론이 나타나기도 했다.

하지만 전 국민의 절대다수를 점하고 있는 농촌을 위한 잡지는 별로 없었다. 그 이유는 간단하고도 명백했다. 당시 농촌은 빈곤과 무지에서 벗어나지 못한 상태였으므로 사업성 자체가 없었던 것이다. 그러기에 김익달이 농촌을 위한 잡지 《농원》 창간 계획을 밝혔을 때 정진숙, 유달영 뿐만 아니라 주위 사람들이 시기상조라며 극구 반대하거나 처음 시작 규모를 줄이라고 조언했던 것이다.

당시에도 농촌을 대상으로 하는 잡지나 신문 등이 아주 없었던 것은 아니었다. 무엇보다 주한 미국 공보원[6]에서 발행하는 '농촌 사람들을 위한 잡지-《새힘》'이 있었다.

《새힘》은 1958년 3월부터 미국 공보원에서 농촌 사람들을 대상으로 발행한 잡지인데 총 16면으로 구성된 작은 잡지이지만 고급 용지를 사용하고 해상도가 높은 사진과 삽화를 많이 실어 그 만큼 가독성이 높았다. 그리고 무엇보다 초창기(35만 부) 때부터 폐간될 때(15만 부)까지[7] 대량으로 인쇄하여 전국 농촌 마을 곳곳에 무상으로 배포되어 농민들에게 많은 영향을 미치고 있었다.

하지만 《새힘》은 기본적으로 미국 공보원에서 미국 원조와 반공이데올로기를 선전하는 공보지인만큼 잡지를 통해 제공하는 새로운 영농 정보나 기술, 즉 미국식의 농업 근대화가 반드시 우리 농촌에 적합하지 않을수도 있다는 것이 문제였다.[8]

한편 5·16 쿠데타로 정권을 잡은 군사정부는 초기 핵심 정책으로 농촌 근대화를 내세웠는데 가장 먼저 처리한 정책 가운데 하나가 구농협과 농업은행의 통합을 통한 새로운 농협의 발족이었다. 이렇게 만들어진 농업협동조합중앙회는 1961년 10월 '농협 이념을 뿌리내리고 선진 영농 기

---

6 미국 공보원은 미군정 초기인 1945년 12월 22일 군정 홍보 및 농촌 계몽을 목적으로 2면 짜리 주간신문 《농민주보》를 발행하였는데, 이 《농민주보》는 미군정 철폐 시까지 발행되었다.

7 《새힘》은 1964년 4월까지 발행되었다. 잡지의 제호인 《새힘》은 영문으로 'New Power'가 아닌 'New Strength'으로 적고 있는데, 이는 기독교 성경 '이사야서 40장 31절'(But those who are waiting to the Lord will have new strength … 오직 여호와를 앙망하는 자는 '새힘'을 얻으리니)에서 따온 것이라고 한다. 기독교에서 '새힘'은 부여 받음의 의미이며 그 힘을 주는 주체는 해방자, 또는 구원자이다. 따라서 《새힘》이라는 제호는 당시 한국과 미국의 관계를 상징적으로 나타낸 것이라고 볼 수 있다.

8 농촌 사람들을 위한 잡지-《새힘》을 분석하여 「1960년대 미국의 한국 '농촌 만들기' 담론 전략」이라는 논문으로 석사학위를 받은 정은정은 "… 1960년대 미국이 한국 농촌에 행했던 근대성 성취 전략들이 결국엔 제도적·물질적 차원에서 한국 농업 구조의 예속성을 동반하고 문화적·심리적 차원에서 한국 농민들의 인식까지도 예속화한 과정이었다."고 했다. -「1960년대 미국의 한국 농촌 만들기 담론 전략」, 2006년 12월 경북대학교 대학원 사회학과 석사학위 논문 2쪽.

술을 농민들에게 보급하기 위해' 농촌 가정잡지로 월간지인 《새농민》을 창간하고 이어 1962년 3월 15일부터 주간으로 《농협소식》을 발행했다. 따라서 《새농민》과 《농협소식》은 기관지로서 정치 권력의 절대적 지원하에 발행되어 강력한 영향력을 지닌 것은 분명하나 바로 그 이유 때문에 잡지의 편집과 내용에 한계가 있을 수밖에 없었다.[9]

그 외 중앙종묘주식회사에서 1960년 1월부터 발행하는 월간 《새농사》, 홍농종묘주식회사에서 1963년 10월부터 발행하는 월간 《최신원예》, 대한잠사회에서 1964년 1월부터 발행하는 월간 《잠사》 등의 잡지가 있지만 그 규모가 작고 전문지적인 성격을 띠고 있어 농촌 일반에 대한 영향력은 그리 크지 않았다.

김익달은 당시 농촌을 대상으로 한 이러한 잡지나 주간지 등이 우리의 농촌을 근대화하는데 별다른 효과를 내지 못하는 이유를 분석하고 새로 창간할 잡지 《농원》의 기본 편집계획을 세웠다.

첫째, 무엇보다 농어촌에 실질적인 도움이 되는 내용이어야 한다.

둘째, 책이란 우선 독자들이 읽어야 하므로 재미있게 만들어야 한다.

셋째, 농어촌의 어려운 현실을 감안하여 책값을 싸게 하고 손쉽게 구입할 수 있어야 한다.

넷째, 정부가 올바른 농어촌 정책을 펼 수 있도록 편달하고 농어민을 비롯한 국민 대중을 계몽하는 잡지여야 한다.

---

9 예를 들어, 당시의 농촌 근대화의 이념과 담론의 성격, 본질 그리고 그것이 농민 대중들에게 전달된 방식을 이해하기 위해서는 《새농민》 등 관제 매체에 실린 다양한 문학작품들, 특히 소설들을 면밀히 분석하는 작업이 필수적이다. 그러나 이 방면에 대한 연구는 거의 전무하다시피 한데 그 이유에 대해 정홍섭 서울대 교수는 "《새농민》 등에 실린 소설 작품들이 아마도 본격 소설로서의 수준을 갖추지 못했다는 이유로 애초부터 관심의 대상에도 들지 못했다고 여겨진다."고 했다. 결국 관제 잡지에 실린 작품들은 대체로 잡지의 전체적인 논조, 즉 '새농민상'의 세 가지 요소인 '자립', '과학', '협동'이라는 미덕을 교과서적으로 갖추고 '열등한 대중을 이끄는 지도자로서의 영웅'을 주인공으로 제시한다는 점에서 문제적이라는 것이다. ―정홍섭, 「1960년대 농촌 근대화 담론과 농촌/도시소설」, 민족문화사연구사, 제40호(2009. 8), 137면, 149면.

《농원》 창간 II

김익달은 이렇게 1년여에 걸친 창간 준비를 마치고 1964년 2월초 농촌 대중교양지 《농원》 발간 계획을 공표했다.

《동아일보》는 1964년 2월 3일자 5면 기사에서 "학원사에서는 농촌 대중 교양잡지 《농원》을 발간할 계획을 추진 중인데, 창간호는 4월 16일경 간행할 예정으로 있다. 책값은 한 부에 60원으로 이 책은 점두(店頭) 판매 방식을 취하지 않고 전국에 설치될 151개 농원보급소를 통하여 판매한다."라고 보도했다.

또한 《경향신문》은 1964년 2월 6일자 5면에서 "학원사는 농촌 대중 교양잡지 《농원》을 오는 4월부터 발간한다. 46배판, 300페이지로 엮어지는 이 월간지는 농촌 건설을 위한 교양물들을 내용으로 할 것이라고 한다. 이 잡지는 점두 판매 방식이 아닌 보급 사원의 PR에 의해 농촌에 파고드는 판매방식을 근거하고 있는 것이 이채롭다. 학원사는 그 보급을 위해 5백 명의 사원을 모집한다고 한다."

신문 기사에서 보듯이 김익달은 《농원》 잡지는 《학원》이나 《여원》 등과는 달리 국판이 아니라 46배판의 대형판으로 하기로 했다. 농촌잡지인 만큼 화보나 삽화 등을 많이 실어 쉽게 읽을 수 있도록 하기 위해서였다. 또 김익달은 잡지의 판매 방식을 기존의 서점 판매 방식이 아니라 농촌의 마을 구석구석을 찾아다니며 배달해 주는 보급소의 판매 방식을 시도하기로 한 것이다.

김익달은 군(郡) 단위로 보급소를 조직하고 그곳에 상주할 보급 사원 600명을 뽑았다. 지금도 그렇지만 1964년 초의 한국은 경제 개발 초기단계라 취직하기가 하늘의 별따기인 시절이었다. 그런데 일개 출판사에서 한꺼번에 전국에 걸쳐 600명의 사원을 채용한 것이다. 당시로서는 대기업이라 하더라도 엄두도 못 낼 일이었던 것이다.

김익달은 《농원》 창간을 기념하여 또 하나의 이벤트를 준비했다. 바로 《농원》 창간기념 '신인소설 현상공모'를 실시한 것이다.

김익달은 전 국민의 과반수가 농업에 종사하는 것을 감안하여 《농원》을 농어촌을 중심으로 하되 단순한 농촌잡지가 아닌 전 국민의 종합교양지로 발간할 예정이었다. 따라서 신인소설 현상공모도 그 대상을 농촌지역만으로 국한하지 않았다.

김익달은 600명의 보급 사원에게 녹색의 유니폼을 입히고 《농원》 로고가 찍힌 녹색의 자전거를 지급했다. 농촌 구석구석까지 농원잡지를 배달하려면 자전거만한 교통수단이 없기 때문이다.

드디어 《농원》 창간호에 실릴 원고 교정이 모두 끝나 인쇄에 들어가던 1964년 4월 20일 김익달은 학원사의 거래처, 광고주 및 출판사 사람들과 지인들을 《농원》 창간호를 인쇄하는 평화당인쇄(주)로 초청하였다. 창간호 초판 10만 부를 인쇄하는 광경은 믿기 어려울 정도로 대단한 광경이었다. 이처럼 김익달은 시기상조라며 누구나 말리는 《농원》 창간에 소명 의식을 갖고 온몸을 던지고 있었다. 마침내 1964년 5월 1일 농촌 종합교양지 《농원》 창간호가 탄생했다. 46배판, 332페이지 분량이었다.

김익달은 「농어촌의 근대화만이 구국의 첩경이다」라는 비장한 제목의 창간사에서 《농원》 창간의 취지를 밝혔다.

"국가와 민족의 가슴 아픈 현실을 절감하며 오늘도 생활 전선에서 생로(生路)를 개척하는 국민 대중에게 정신적 안식처와 삶의 방편에 크게 도움이 되도록 여기 전 국민의 종합교양지 《농원》을 내놓는 바입니다."

김익달은 창간사에서 말로는 중농 정책을 내세우는 정부가 실제로는 농어촌과 중소기업을 외면하는 정책을 쓰고 있다고 비판하고 농업이나 공업 정책이 농본국이라는 바탕에 입각하여 계획 추진되어야만 국민의 평균 생활이 유지되고 국가의 부를 약속할 수가 있다고 강조하였다. 또 김익달은 2차 대전 후 일본과 덴마크의 예를 들면서 국민들에게 근면과 노력을 강조하였다.

"국민은 우선 근면과 노력으로 스스로 생활 향상을 꾀하여야 하겠습니다. 남을 의존하거나 구원의 손길만을 바라는 태만은 그대로 기아만을 남겨준다는 사실을 명심해야 하겠습니다.

어찌 우리는 조상이 물려준 가난을 그대로 또 자손에게 넘겨줄 수 있겠습니까. '하늘은 스스로 돕는 자를 돕는다'고 하였으니 이제 우리는 머리띠를 질끈 동여매고 팔소매를 걷어 올릴 때를 맞은 것입니다.

이와 같은 현실을 직감한 본사에서는 내외 사정이 극히 어려움에도 불구하고 정부를 편달하고 농어민을 비롯한 국민 대중을 계몽하는데 다소나마 밑거름이 되고자 감히 《농원》을 세상에 내놓는 것입니다."

《농원》의 구성과 내용

《농원》은 단순한 농촌잡지가 아니었다. 전 인구의 60% 이상이 농업에 종사하던 당시에는 도시에 거주하는 사람들도 대부분 농촌 출신이거나 농촌에 연고가 있었다. 따라서 김익달의 말처럼 《농원》은 전 국민의 종합교양지였다.

《농원》 창간호의 구성은 크게 나누어 시사와 교양, 화제 기사, 8대 연재소설과 단편소설, 농사 정보와 부업, 가사와 만화 등 다양하게 구성되어 있다.

시사와 교양에는 '오늘의 국내외 동향'은 물론 신앙 문제와 농촌의 민주화에 대한 전문가의 칼럼 등 다양한 내용을 실었다. 특히 농민의 낙원 덴마크에 대하여는 화보와 함께 황무지에서 덴마크 국민들이 역경과 고난을 이겨내고 낙원을 이룩한 과정을 상세히 서술한 농촌 계몽운동가인 유달영의 글을 실었다.[10]

《농원》 창간호의 화제 기사 중에는 학원사의 기자들이 직접 탐방하여 작성한 것 중에서도 상당한 지면을 할애하여 상세히 소개한 것은 바로 '백운산 개척농장'이었다.

백운산 농장은 농민 운동가인 김동혁[11]이 1961년 8월 평생 동지였던 황한용, 한창수, 고광선, 김종태, 조현취, 허재현 등 7명과 함께 전남 광양군 옥룡면 동곡리 산 55번지에 건립한 협업 농장이다. 백운산 농장은 1963년 정부로부터 농림부 시범 협업개척농장으로 선정되기도 했다. 기사는 협업 농장에서 일하는 20여 명의 장정들이 '땡땡땡'하고 울리는 종소리에 맞추어 생활하는 하루 일과를 소개하고 있다.

아침 6시 기상, 식전의 간단한 작업과 쌀과 보리의 비율이 1대 3인 아침 식사, 그리고 각자에게 분담된 개간, 가축 돌보기, 목초 운반, 김매기, 씨뿌리기, 수확, 가옥 손보기 등의 작업을 눈코 뜰 새 없이 바쁘게 그리고 즐겁게 하는 과정을 사진과 함께 보여주고 있다. 또한 그들은 3천여 권의 농업기술 서적을 보유하면서 끊임없이 연구하고 실천하는 과학 영농의 모습도 보여준다.

백운산 농장 개척자들은 '우리는 산으로 눈을 돌려야 합니다. 산의 개척에 우리의 사생이 달려 있습니다'라고 강조하고 있다. 어쩌면 그것은

---

10 서울대학교 농과대학 교수인 유달영은 1955년 덴마크의 교육과 협동조합이라는 부제가 붙은 『새 역사를 위하여』를 출간했다. 그는 이 책에서 "농업 한국은 농민의 참 각성과 발전이 없이는 엄정한 의미에서 일보도 전진하지 못한다."며 구국의 길은 교육에 있음을 강조했다. 『새 역사를 위하여』, 1955년, 청문각, 265-276쪽

11 서정 김동혁은 한국산악농업의 선구자로 평가받는다. 그는 백운산 협업농장이 사업부진으로 융자금을 갚지 못해 해체된 뒤 1987년 '소 파동백서'를 출간하여 전국 축산농가와 정부로부터 큰 반향을 불러 일으켰고 농정비판은 물론 농촌을 대변해 농촌의 실상을 알리는데 앞장섰다.

김익달이 상주군 모서면 백화산 기슭에서 시도했던 바로 그 모습이었을 것이다.

《농원》은 창간호부터 8대 연재소설을 게재했다. 읽을거리가 많지 않았던 당시 신문이나 잡지에 게재되는 연재소설은 단연 인기라는 것을 김익달은 잘 알고 있었던 것이다. 창간호부터 소설을 연재한 작가는 정비석, 최요안, 조흔파, 장덕조, 안수길, 최인욱, 곽학송, 정한숙 등 당대 일류 작가들을 포진시켰다. 소설 장르도 다양하여 고대 장편소설부터 현대 명랑소설, 의협소설, 역사소설, 추리소설, 사진소설 등이 골고루 실려 있다. 《농원》 2호부터 마련된 '독자의 메아리'란을 보면 연재소설에 대한 독자들이 인기가 대단했다는 것을 확인할 수 있다.

한편 《농원》 창간호는 그 제호가 농원(農園)임에도 불구하고 직접적으로 농사에 관계되는 꼭지는 4꼭지뿐이다. 벼농사 3기작을 시도한 '벼농사의 호우프 전대하 씨', '계단식 농토의 확장과 식량 증산', '맛있는 과실 재배와 비결', '5월의 작업 메모' 등이 그것인데, 그 분량도 모두 합해 10여 쪽에 불과하다. '부업'으로 소개한 '수익에 자신 있는 앙고라토끼'를 농사 항목으로 모함시킨다 하더라도 20여 쪽이 채 안 된다.

《농원》의 이러한 편집 방향은 김익달이 내세운 농촌뿐만 아니라 전 국민에게 유익하고 또 재미있게 읽을 수 있는 종합교양지를 만들겠다는 의지가 반영된 것이다. 이러한 편집 방향에 대해 독자들 중에는 《농원》이니까 농업 기사가 많아야 하지 않겠느냐는 의견을 보낸 사람들이 많았다고 한다. 이에 대해 편집장 오영식은 《농원》 제2호인 1964년 6월호 편집후기에서 이렇게 답변하고 있다.

"농원이니까 농업 기사가 많아야 하지 않겠느냐는 많은 의견에 찬의를 표합니다. 하지만 농사 기술은 한꺼번에 많이 습득하려면 오히려 깊이를 상실할 염려가 있습니다. 그러므로 하나하나 차분히 연구할 수 있도록 편집부에서는 빈틈없는 계획을 세웠습니다. 앞으로《농원》에서는 전반적인 농업기술과 새로운 영농법이 많이 취급됩니다.”

또 오영식은 같은 호 편집후기 끝부분에 “농원은 농업기술의 증면은 물론 정신적인 농사에도 중점을 두고 동시에 부드러운 읽을거리로 여러분의 고된 피로를 풀어드리겠습니다.”라고 하여《농원》이 단순한 농업기술과 영농 정보를 소개하고 전달하는 잡지가 아니라 농민, 아니 전 국민의 의식을 개혁하고 계몽하고자 하는 목적으로 창간되었음을 분명히 하고 있다. 이러한 농원의 성격을 나타내는 대표적인 꼭지가 바로「잊을 수 없는 사람들」로《농원》잡지에서 상당한 분량을 차지하고 있다.

하지만 농원이 직접적으로 농사에 관계된 꼭지가 적다고 하더라도 농촌을 근대화하겠다는 기본 방향이 달라진 것은 아니다. 학원사 기자들이 직접 현장 취재하여 엮은 화제 기사에 ‘경기도 부천군 덕적면 소야도’의 풍광과 굴 양식장, 합천군 묘산면 중촌의 ‘묘산도서관’을 건립하고 운영하는 상록수 장석상을 소개한 것은 모두 농어촌에 관한 내용이라고 할 수 있다.

그뿐만이 아니다.《농원》이「가사」항목으로 분류하여 마련한 ‘요리’, ‘복장’, ‘위생’, ‘육아’도 그 내용을 보면 모두 농어촌에 필요하고도 유익한 내용이다.「요리」는 ‘손쉽게 만들 수 있는 5월의 음식’이라는 제목으로 ‘된장찌개’, ‘풋고추조림’, ‘상추쌈’, ‘볼품 있는 어채’ 등 주로 농어촌에서 간편하게 만들 수 있는 요리를 소개하고 있고,「복장」‘실용적인 농촌 의복’이라는 제목으로 간편한 여자 작업복과 유아복 제작 방법을 소개하고 있다. 또「위생」에는 ‘농번기에 많은 병과 치료’라는 제목으로 ‘급성위장염’, ‘파라치온 중독’, ‘독충에 물렸을 때’ 등에 관한 치료법을 소개하고 있고,「육아」에는 ‘어린이를 위한 어머니의 노트’라는 제목으로 서울의대 교수의 올바른 육아법을 소개하고 있어 이 역시 농어민에게 도움이 되는 내용인 것이다.

또 유익할 뿐만 아니라 재미있는 잡지를 만들기 위해《농원》이 기획한 만화와 만평 역시 그 내용은 농촌이나 도시의 서민 생활을 소재로 한 것이다. 이미 여러 잡지에서 이름을 날린 당대 최고의 인기 만화가라고 할 수 있는 김경언과 정운경이 「역설 김선달」과 「팔푼 며느리」를 각 4페이지에 걸쳐 연재만화를 그리고 있고, 안의섭과 김성환은 만평을 게재하였는데, 그 제목 역시 「우리는 서민」과 「농원 만평」이다.

이처럼《농원》은 농촌잡지이면서도 그 내용이 농사 위주로만 편집된 것이 아니라 국내외 시사와 교양, 문학과 예술 등을 아우르는 종합교양지로서 풍부한 내용을 담고 있었다.

창간 시 김익달에게 규모를 줄이도록 조언했던 유달영은《농원》창간호를 보고 "어느 나라에도 이처럼 볼륨이 크고 내용이 충실한 농민 상대의 잡지는 나로서는 아직껏 본 일이 없다."고 극찬할 정도였다.[12]

《농원》의 '정신 농사' – 잊을 수 없는 사람들

김익달이 창간사에서 밝힌 바와 같이《농원》은 농어촌 사람들만이 아닌 전 국민의 종합교양지였다. 그만큼《농원》의 내용은 국내외의 시사, 교양, 문학과 시론, 오락과 취미 등 다양하고 풍부했다. 또한 김익달은 창간사에서 창간의 목적이 '농어민을 비롯한 국민 대중을 계몽하는데' 있음을 명백히 했다. 이는 편집장 오영식이《농원》제2호(1964년 6월호) 편집후기에서 "정신적인 농사에도 중점을 두겠다."고 한 것에서도 확인된다.

---

12 유달영, 「학원과 역사의 오솔길에서」, 『학원세대와 김익달』, 학원김익달전기간행위원회, 1990. 174쪽.

김익달은 2년 간 정산리에서의 모범 축산마을 조성 사업을 통해 대다수의 농촌 사람들이 아직도 일본 제국주의가 뿌린 식민성의 마취에서 깨어나지 못하고 있음을 절실히 느꼈다. 서구 제국주의를 모방한 일제는 우리 민족의 역사와 전통을 부정하고 우리 민족이 열등하고 게으르고 미개하기 때문에 일본의 지배를 받는 것은 당연하다는 인식을 오랜 시간에 걸쳐 심어 놓았던 것이다. 언론 매체의 접근이 어려웠던 농촌은 식민 지배하에서 겪었던 열등감의 잔재가 트라우마처럼 남아 있어 좀처럼 '식민화된 삶'의 타성에서 벗어나지 못하고 있었던 것이다.

　"엽전이 별 수 있나.", "국산이 그렇지 뭐.", "한국 사람은 당파 싸움 때문에 안 돼."라는 말을 들을 때마다 식민 지배의 후유증이 얼마나 심각하게 우리 생활 곳곳에 깊이 배여 있는지 절감하지 않을 수 없었다. 이 식민 지배의 후유증[13]을 하루빨리 극복하지 않는 한 모두가 행복한 나라, 살기 좋은 농촌을 건설한다는 건 요원한 꿈일 수밖에 없었다.

　더구나 해방 후 미군정의 시작과 세계사에 유례가 없을 정도로 참혹했던 동족간의 전쟁, 그리고 구원자, 보호자로서의 미국의 등장은 식민지적 사고와 의식을 더욱 고착화시키는 결과를 낳고 말았다.

　미국은 공식적으로 한국을 식민지로 삼지는 않았지만 잉여 농산물 원조를 통해 배고픔을 해결해 주고 농촌 사람들을 위한 잡지-《새힘》등을 통해 기계화되고 근대화된 미국의 농촌과 환상적인 도시를 반복해서 보여주며 신생 대한민국의 보호자 역할을 맡았다. 《새힘》을 본 한국의 농

13　식민 지배는 끝났지만 식민 시대 이후에도 지속되고 있는 식민주의적 사고와 의식을 규명하고 이에 대항하고 또 그것을 극복하고자 하는 이론이 이른바 포스트 식민주의(post-colonialism)다. 포스트 식민주의 이론가의 대표적인 에드워드 사이드는 1978년 발간한 『오리엔탈리즘(Orientalism)』이란 저서에서 "오리엔탈리즘이란 서양인의 시선으로 동양을 재구성하여 동양을 지배하고 동양에 대한 권위를 행사하기 위한 서양의 스타일"이라고 규정하여 세계적인 지적 논쟁을 불러일으킨 바 있다. 이로써 에드워드 사이드는 포스트 식민주의 이론이 비교문학 분야 범위를 넘어서 광범위하고 다양한 학문 분야에서 연구되는 계기를 만들었다고 평가되고 있다.

민들은 미국에 대한 강력한 열등감과 미국에 대한 동경, 미국화에 대한 열망을 가질 수밖에 없었는데, 이는 피식민지인의 전형적인 심리 변화 과정과 닮아 있기 때문이다.

김익달은 농촌을 잘살게 하기 위해서는 먼저 독립 국가 국민으로서의 정체성을 확립하고 자랑스러운 문화 민족으로서의 자긍심을 높이기 위한 국민 스스로의 자각, 즉 이른바 '정신 농사'가 선행되어야 한다고 생각했다. 이렇게 하여 마련된 것이 바로 창간호부터 실린 「잊을 수 없는 사람들」이다.

창간호에는 「평생을 조국에 바친 선구자들」이라는 제목으로 10페이지에 걸쳐 민족 지도자 편을 실었다.

'순결과 신앙과 용기의 사람－월남 이상재', '민중 계몽의 선봉－서재필 박사', '부귀와 영화를 초개같이 여기고 민족정기를 보존－성재 이시영', '이름만 들어도 일본 아이들이 울음 그쳐－백범 김구', '흥사단 조직하고 정신적 혁신 운동－도산 안창호', '한국의 간디－고당 조만식', '교육·언론·독립운동에 헌신한 용기의 투사－고하 송진우', '민족 실력 배양에 헌신－인촌 김성수', '항일 투사에서 민권 옹호 투사로 바친 일생－해공 신익희', '반독재 호헌 운동에 목숨을 걸고－유석 조병옥', '생명을 무릅쓰고 소신을 주장한 정의의 투사－설산 장덕수' 등에 관한 약사를 실었다.

제2호에는 창간호에서 예고했던 대로 「일제와의 대결에 젊음을 불사르고 …」라는 제목으로 열사(烈士)·의사(義士) 편을 실었다.

'헤이그에서 분사, 국권 만회할 길 없어－일성(一醒) 이준', '세계를 뒤흔든 세 발의 총소리, 이등박문은 쓰러지고－안중근 의사', '이완용의 심장을 향해 찌른 종현[14]의 일도(一刀)－이재명 의사', '울분을 터뜨릴 기회

---

14 서울 중구 명동2가 1-8번지 명동성당 앞 고갯길을 말한다. 정유왜란 때 명나라 장수 양호(楊鎬)가 이곳에 진을 치고 남대문에 있던 종을 갖다가 달았으므로 북달재라 하고 이를 한자명으

없어 타는 마음 달래며 보낸 생애-계원(桂園) 노백린', '65세의 노인이 던진 폭탄, 전국에 민족정기를 북돋아-강우규 의사', '일본군과의 결정적인 대결을 못보고 사라진 불우한 장군-백야(白冶) 김좌진', '종로서에 던진 한 발의 폭탄, 왜경의 간담을 서늘하게 만들어-김상옥 열사', '동척과 식은에 폭탄 던지고 권총으로 일거 7명을 저격-나석주 열사', '일본 천황을 저격하고 한민족의 실력을 과시-이봉창 의사', '홍구공원에 던진 수류탄이 일본의 중국 침략의 기세를 꺾다-윤봉길 의사' 등에 관한 약사를 역시 10여 페이지에 걸쳐 실었다.

제3호(1964년 7월호)의 '잊을 수 없는 사람들'에는 「청사(靑史)에 빛날 그윽한 향기」라는 제목으로 열녀(烈女)·의기(義妓) 편을 실었다. 독립운동가인 권오돈(權五惇)이 집필한 열녀·의기 편에서는 사료가 충분치 않아 우선 7인을 선택하여 소개하고 있다. 신사임당과 곽낙원 여사는 훌륭한 어머니로서, 계월향과 논개, 유관순은 국가를 위해 목숨을 바친 사람, 그리고 시인으로 허난설헌과 황진이를 꼽은 것이다.

'재덕(才德)을 겸한 정숙한 인격의 여인-율곡 선생의 어머니 신사임당', '장한 어머니에 장한 그 아들-백범 김구 선생의 어머니 곽낙원(郭樂園) 여사', '계화(桂花)의 향기를 남긴 채 겨레를 위해 사라진 여인-평양 기생 계월향', '왜장(倭將)을 안고 남강에 몸을 던진 순국의 여인-진주 기생 논개', '조국 독립에 목숨 바친 한국의 잔 다르크-유관순', '26세로 아깝게 요절한 재주와 미모의 규수 시인-허난설헌', '참다운 남성 그리며 애태운 구원의 여류 시인-황진이'가 그들이다.

필자가 소개한 인물 중 백범 김구 선생의 어머니인 곽낙원 여사는 일반에게 잘 알려져 있지 않은 인물인데, 상해 임시정부 시절에도 김구 선

로 표기한데서 유래된 이름이다.

생이 잘못하는 일이 있으면 엄하게 꾸짖었을 정도로 자식 교육에 엄격했다고 한다. 당시 상해의 독립운동 지사들은 곽낙원 여사에게 '여사자'라는 존칭을 바칠 정도였다고 한다.

제4호의 '잊을 수 없는 사람들'에는 「이 나라 방위를 위해 바친 생애」라는 제목의 장군 편이다. 사실 이 나라를 지키기 위해 목숨 바친 장군은 장군 편 집필자의 말을 빌리지 않더라도 밤하늘의 별처럼 많다. 필자는 우선 나라를 지킨 아홉 명의 장군의 생애를 실었다.

'세계사에 빛나는 살수대첩-을지문덕 장군', '당태조의 요동 공략에 단독으로 맞선 지모의 장군-양만춘 장군', '삼국통일을 이룩한 신라의 명장-김유신 장군', '거란족을 무찌른 고려의 명장-강감찬 장군', '간신의 모략으로 28세로 마친 생애-남이 장군', '임진왜란과 더불어 떠오르는 명장-이순신 장군', '용맹을 떨친 게릴라전의 영웅-정기룡 장군', '백전무패의 용기와 지모의 장군-곽재우 장군', '불우한 생애를 마친 민족적 대장부-임경업 장군' 등이 그들이다.

1964년 9월호로 발간된 제5호의 '잊을 수 없는 사람들' 편은 「높으신 그 은덕」이라는 제목으로 농민을 위해 애쓰신 분들을 소개했다.

'몰래 목화씨를 들여온-문익점 선생',[15] '죽는 날까지 백성을 걱정한 조선의 3대 임금인-태종대왕',[16] '백성을 위해 세계에서 가장 훌륭한 문자인 한글을 만드신-세종대왕', '민생고는 나의 잘못이라며 가뭄 때문에 분

---

15 고려 공민왕 때 중국 원(元) 나라에 사신으로 갔다가 덕흥군 사건과 관련 있다고 하여 남쪽에 있는 안남국으로 귀양 가 3년을 살았는데 그곳에서 목화재배를 처음 보게 된다. 귀양이 풀려 귀국할 때 붓대통에 목화씨를 숨겨 들어와 장인 정천익에게 부탁하여 재배한 것이 목화재배의 효시다. 당시까지만 해도 옷감으로는 마포와 양잠을 통해 얻는 명주가 있을 뿐이었다.

16 태종은 임종 시 가뭄이 워낙 심하여 백성들의 고통이 심하자 세종을 비롯한 신하들을 모아 놓고 "황천으로 가 옥황상제를 만나 내 목숨대신에 백성이 바라는 비를 내려 달라고 탄원하겠다." 라는 말을 남기고 운명했다. 그 후 얼마 되지 않아 비가 오기 시작하였으니 이를 태종우(太宗雨)라고 하였다.

신을 각오한 경남감사-유척기', '매사에 솔선수범하고 백성위한 지극정성을 다한 위대한 학자-정조대왕', '가는 곳마다 치산치수와 나무심기 등 농민 위해 일생을 바친-이계(耳溪) 홍양호(洪良浩)[17] 등 백성들의 살림살이에 직접적으로 도움을 준 인물들을 소개한 것이다.

1964년 10월호는 언론인 편과 문학인 편을 실었다. 언론인 편은 「총도 꺾지 못한 불멸의 붓대」란 제목으로 다섯 분을 소개하고 있다. 사실 일제 강점기 등 나라가 어려웠을 때 뛰어난 활동을 한 지도적 인물들은 거의가 언론계에 몸을 던진 분들이라 잊을 수 없는 인물들을 들자면 끝이 없다고 한다. 예컨대 서재필, 주시경, 윤치호, 장지연, 박은식, 양기탁, 송진우 등 얼마든지 있다는 것이다. 그래서 필자는 언론인 중에서도 비교적 많이 소개되어 있지 않다고 생각되는 다섯 분을 골랐다면서 '2대 황성신문 사장-남궁억(南宮檍) 선생', '초대 황성신문 주필-유근(柳根) 선생', '제국신문[18] 사장-이종일(李鍾一) 선생', '4대 동아일보 사장-이승훈(李昇薰) 선생', '한국 신문계의 기재(奇才)-이상협(李相協)[19]을 소개한 것이다.

그리고 「어둠속에 타오르는 문명의 횃불」이라는 제목으로 소개된 문학인 편에는 '신문학의 개척자 국초(菊初)-이인직', '독립선언문의 기초자 육당-최남선', '현대 소설의 모체 춘원-이광수', '순수 문학의 선구자 금동(琴童)-김동인', '천재적 민중의 시인-김소월' 등을 소개하고 있다. 특

---

17 호를 '이계'라고 한 것은 우이동 계곡에 산다는 뜻으로 지은 것이다. 영조 때 일본으로 통신사로 갔을 때 그곳 벚꽃나무 묘목 수백본을 주문해서 가져와 우이동 일대에 심어 우이동이 벚꽃 명승지가 되었다. 홍양호가 우이동 일대에 벚꽃나무를 심은 것은 단순히 벚꽃을 즐기려는 것뿐만 아니라 우리나라에서 만드는 활(弓)재료를 얻고자 함이었다고 한다.

18 1898년 8월 10일 창간된 순 한글 신문으로 국민 계몽에 앞장섰던 신문이다. 《황성신문》이 소수 한자층을 대상으로 한 특수층의 신문이라면 《제국신문》은 한글만을 사용했던 대중 신문이었고 민족 언어의 발전에도 크게 기여한 것으로 평가된다.

19 이상협은 3·1 운동 때 총독부 기관지인 《매일신보》의 편집부장으로서 3·1 독립운동을 소요 사건이라고 표현할 수밖에 없는 고충을 뼈저리게 느끼고 사표를 냈다. 그 후 《동아일보》 창간 운동을 일으켜 초대 편집국장이며 발행인이 되었고, 후일 《중외일보》를 창간하였다.

히 이광수에 대해서는 일제 말기의 친일 행적 등 일시적인 민족적 과오에도 불구하고 「무정」, 「흙」, 「사랑」 등 현대 소설을 개척한 그는 한국 사람들에게는 잊을 수 없는 큰 별 중의 하나라고 소개하고 있다.

1964년 11월호의 '잊을 수 없는 사람들'은 「몸은 갔으나 충성은 남아」라는 제목의 충신 편이다. '3세기 말 고구려 봉상왕 때의 재상−창조리(倉租利)', '신라 진평왕 때의 병부령(兵符令)−김후직(金后稷)', '백제의 명장−계백', '님 향한 일편단심−정몽주', '만고의 충성 사육신(死六臣)' 등을 소개하고 있다.

1964년 12월호 '잊을 수 없는 사람들' 시리즈의 마지막 편으로 「불멸의 이름들」이란 제목으로 한국을 위한 외국인 공로자들을 소개한다. 그들은 '4H클럽의 아버지인−앤더슨 대령', '일본인으로 한국을 사랑하고 29년간 한국 고아들을 돌본−소우다 가이찌 선생', '1907년 한국 최초의 숭실대학을 설립한−윤산온(尹山溫) 박사(본명은 George Shannon McCune)', '한국교회의 창설자이며 1897년 숭실중학교를 설립한−마포삼열(麻布三悅) 박사(본명은 Samuel Austin Moffet)', '6·25의 위기를 구한−맥아더 장군' 등이다.

《농원》의 '잊을 수 없는 사람들' 시리즈는 이렇게 64년 5월 창간호부터 그해 12월호까지 매회 민족과 나라를 빛낸 애국지사와 지도자, 장군, 열사, 의사, 열녀, 시인, 문학가와 언론인 등 다양한 계층의 위인을 소개하였고 마지막에는 한국을 사랑하고 한국인을 위해 헌신한 외국인들 특히 일본인까지 소개함으로써 끝을 맺었다.

한 고장에서 훌륭한 인물이 나면 그 고장 사람들은 어디를 가든 누구를 만나든 당당할 수 있다. 자랑스러운 인물을 배출한 고장이기 때문이다. 국가도 마찬가지이다. 반만년의 역사와 찬란한 문화를 간직한 우리나라에도 수많은 위인들이 있었다. 세계에 자랑할 만한 그토록 훌륭한 인물들을 수없이 배출한 우리 민족이 비록 제국주의 광풍에 휩쓸려 나라를 잃는 일시적인 고난을 겪기는 했지만 결코 게으르고 무능하고 못난 민족이 아니라는 것이다. 김익달은 농민들 아니 전 국민을 향해 어려운 이론과 내용으로 역사교육과 계몽운동을 하는 것이 아니었다. 오랜 역사와 찬란한 문화를 가진 우리 민족은 진정으로 나라와 백성을 위한 지도자와 위인들이 밤하늘의 별처럼 많다는 것을 일깨워주고 민족적 자부심을 갖자는 것이었다. 이것이 바로 김익달이 《농원》에서 밝힌 '정신 농사'이었던 것이다.

창간기념 신인소설 현상 공모

김익달은 《농원》 창간을 기념하여 신인소설(新人小說)을 현상 공모하여 창간호에 당선작을 발표하였다. 현상 공모에 응모한 작품은 모두 60편이었고 심사위원은 김동리와 최정희 두 사람이었다. 응모 작품이 60편으로 비교적 적었던 것은 창간호에 발표할 예정이었으므로 작품을 준비할 수 있는 기간이 두 달도 채 안되었기 때문이라고 심사 경위에서 밝히고 있다. 응모작 60편 중 편집부에서 먼저 예선을 맡아 12편을 추려 본선에 넘겼고 심사위원은 그중에서 3편을 골랐다.

당선작은 경남 진양에서 응모한 소설가 김수옥의 「토끼도둑」이 뽑혔고, 가작 1석과 2석은 각 서울 사는 가정주부 서순영의 「가맛골 경사」와 교사인 김봉학의 「풍년가」가 선정되었다.

심사위원인 김동리는 예선에서 올라온 12편의 전체적인 수준이 결코 낮은 것이 아니었다며 우리나라 문학 지망자들의 전체적인 수준이 높아진 증거라고 '선 후기'에서 밝혔다. 또 다른 심사위원인 최정희도 당선작인 「토끼도둑」이 문장은 마음에 들지 않았으나 이야기를 전개하는 대목에선 칭찬을 아끼고 싶지 않았다고 하였다. 가작인 「가맛골의 경사」에 대하여는 "이야기를 재미있게 이끌어 갔고", 「풍년가」에 대하여는 "농사꾼의 생활 감정을 어지간히 드러내 주었다."고 평하였다.

당선작인 「토끼도둑」은 창간호에 게재되었고, 가작 「가맛골의 경사」와 「풍년가」는 제2호에 각 실렸다.

《농원》은 창간기념으로 신인소설을 공모했을 뿐만 아니라 의욕적이고 참신한 농촌의 기틀을 진작시키기 위해 '농촌소설', '체험수기', '우리클럽 자랑', '독자의 소리', '독자질의상담' 원고를 수시 모집한다는 사고(社告)를 실었다. 특히 농촌소설과 체험수기 당선작은 《농원》에 게재하고 소정의 고료도 지급한다고 밝혔다.

이로써 《농원》은 제2호부터 독자들이 쓴 '수기(手記)'란과 '독자상담', '독자의 메아리'란이 신설되어 독자들 스스로가 꾸미는 꼭지가 점점 늘어나게 되었다. 이처럼 《농원》은 김익달, 그리고 학원사가 혼자 만드는 잡지가 아니었다. 김익달은 보다 밝고 힘찬 국민 생활을 이룩하는데 도움이 되고자 또 하나의 이벤트를 기획했다.

그것은 바로 건전하고 명랑한 '농원의 노래' 가사 현상 모집이었다. 물론 응모 자격은 농어민뿐만 아니라 전 국민을 대상으로 했다. 다만 그 내용이 "전 국민의 실제 생활과 밀접한 관계가 있는 것으로 생활에 힘찬 의욕과 용기를 불러일으킬 수 있는 것"이어야 한다는 조건을 달았다.

예로부터 우리나라엔 농촌이나 도시를 막론하고 구슬픈 곡조로 한탄이나 체념을 노래하는 곡이 많은데 이제는 과거의 구슬픈 곡조를 멀리하고 좀 더 힘차고 명랑한 가사와 곡으로 된 노래를 불러 일할 때뿐만 아니라 놀 때에도 불러 일의 성과를 더욱 올리고 더욱 즐거운 분위기를 만들자는 취지였다.

1970년대 시작된 '새마을 운동'하면 제일 먼저 "새벽종이 울렸네. 새 아침이 밝았네. …" 하는 새마을 노래가 떠오르는 것을 생각하면 즐겨 부르는 노래가 사람들의 사고와 생활에 어떠한 영향을 미치는지 능히 짐작할 수 있다. 이런 의미에서 김익달의 '농원의 노래' 가사 현상 모집은 모두가 즐겁고 행복하게 살 수 있는 세상을 만들기 위한 또 하나의 작은 실천이었던 것이다.

김익달은 현상금으로 당선작 1편에 1만 원, 가작 1편에 3천 원의 상금을 걸었다. 당시 《농원》 1권의 값이 60원이었으니 결코 적은 금액이 아니었다.[20]

발간 초창기의 편집후기를 보면 《농원》의 분량이 300여 페이지가 넘는데도 불구하고 많은 독자들이 값을 올리더라도 《농원》의 분량을 늘려달라고 아우성이라는 얘기가 자주 나온다. 60년대 중반 대중 매체에 대한 접근이 거의 전무하다시피 한 농촌 마을 구석구석까지 배달된 《농원》은 그들에게 국내외 동향을 알 수 있는 정보 전달 수단이었고 상식과 교양, 문화를 접할 수 있는 거의 유일한 매체였던 것이다. 뿐만 아니라 《농원》은 농어민 스스로의 목소리를 낼 수 있고 전국 방방곡곡에 흩어져 있어 낯모르는 사람들과 서로 의견을 주고받을 수 있는 소통의 장이기도 했던 것이다.

연평演坪중학 돕기 운동 본부장 김익달

'연평'하면 많은 사람들은 2002년 6월 29일, 월드컵 4강 진출로 온 나라

---

20 《농원》 잡지 1964년 8월호 153면에는 '농원의 노래' 가사 현상 모집에 대한 자세한 사고(社告)가 실려 있다.

가 들떠 있을 때 일어났던 '연평해전'이나 2010년 11월 23일에 북한군이 기습적으로 포격을 가했던 연평도 포격 사건을 떠올리겠지만 1964년의 연평은 인천 서북쪽 83km에 위치한 그 연평(延坪)이 아니다.

1964년 5월 초, 김익달은 '연평중학돕기운동본부'를 만들고 스스로 그 본부장 자리를 맡았다. 《농원》은 제2호인 1964년 6월호에 「전설에서 살아나는 탐라」라는 제목으로 제주도 탐방 기사를 실었다. 제주도를 직접 취재하고 기사를 쓴 편집장 오영식은 제주의 풍속과 관광 명소, 그리고 특산물을 소개하는 한편 한라산 중턱에 건설된 성 이시돌 목장[21]의 건설과 돼지 사육 상황에 대하여도 상세하게 소개하고 있다.

김익달은 제주도를 취재하고 돌아온 편집장 오영식으로부터 제주도의 동쪽에 있는 우도(牛島)[22]의 연평중학교에 관한 얘기를 듣는다.

당시까지만 해도 우도는 절해고도라 문명과는 거리가 멀어 1천500여 명의 주민이 자동차를 한 번도 본 적이 없을 정도였다. 주민들의 생업은 반농(半農), 반어업(半漁業)이라고 하지만 쌀은 한 톨도 생산되지 않고 일부 보리를 재배하기는 하지만 태풍이 몰아치면 바닷물의 해를 입어 전멸하는 형편이라 요행을 바라고 씨를 뿌리는 정도였다. 섬 근처에 고기는 많지만 어선은 한 척도 없어 일본 어선이 코앞에서 다 잡아가는 것을 보고 있을 수밖에 없다고 한다. 결국 섬 주민의 생계는 여자들이 책임지는데 섬의 여자는 모두 해녀인 셈이다.

---

21 성 이시돌 목장은 1954년 4월 선교 목적으로 제주도에 온 아일랜드 출신의 패트릭 제임스 맥그린치(P. J. Mcglinch) 신부가 한라산 중턱의 황무지를 목초지로 개간하여 1961년 11월 성 이시돌의 이름을 따서 건립된 것이다. 맥그린치 신부는 1973년 제주명예 도민증을 받아 '임피제'라는 이름의 한국인이 되었다.
22 우도는 제주 성산항에서 동쪽으로 3.5km 떨어져 있는 제주도 부속 섬 중 가장 큰 섬이다. 우도란 이름은 섬의 모습이 소가 누워 있는 것 같다고 하여 붙여진 것이다. 원래의 행정구역은 북제주군 구좌읍 연평리였는데, 1986년 연평리가 우도면으로 승격되어 현재는 제주특별자치도 제주시 우도면이다.

그럼에도 불구하도 섬에는 문교부가 정식으로 인가한 '연평중학교'가 설립되어 있는데 이는 교육에 대한 주민들의 열망을 반영하였기 때문이라고 한다. 하지만 교육 시설이라고 해봐야 금이 간 칠판과 철봉 2대가 전부였다. 전교생은 90명, 교직원은 5명인데 학교장을 중심으로 교사들은 희생을 감수하며 교직을 천직으로 알고 학생들 교육에 열정을 바치고 있다는 것이었다.

연평중학교의 현황을 파악한 김익달은 개인이나 학원사 단독으로 돕기보다는 농어촌의 열악한 교육 환경을 정부와 국민들에게 알리고 다함께 힘을 모아 지원하는 것이 더 의미 있다고 생각하여 연평중학교 돕기 운동을 펼치기로 하고 스스로 '연평중학돕기운동본부' 본부장을 맡은 것이다.

김익달은 우선 학생잡지 《학원》 1964년 6월호에 '연평중학돕기운동'에 관한 사고(社告)를 싣고 문교부와 언론에도 알렸다. 이에 《동아일보》는 1964년 5월 20일자 기사에서 "제주도의 '연평중학돕기운동'이 학원사와 《학원》 독자 중 뜻있는 사람들의 손으로 벌어지고 있는데 이 운동을 위해 학원사 김익달 사장은 일금 1만 원과 책 242권, 《학원》 잡지 1만 부를 내놓았다."라고 보도하였고, 그 후에도 1964년 5월 23일자, 6월 16일자, 6월 20일자 등 여러 차례 각계각층이 이 운동에 참여하는 상황을 보도해 주는 등 여러 매체가 20여 회나 이 운동을 홍보하고 그 의의를 높이 평가해 주었다.

김익달은 《학원》 잡지 1964년 7월호에 연평중학 돕기 운동 중간발표를 하는 외에 《농원》 1964년 7월호에 "전 국민의 협조를 호소합니다."라는 제목으로 다시 한 번 《농원》 독자들과 전 국민에게 이 운동에 동참해 줄 것을 호소했다.[23]

---

23 《농원》, 1964년 7월호, 216~217면.

《농원》 1964년 8월호에는 그동안 연평중학 돕기 운동에 참여한 사람들의 명단과 성금 내역을 중간발표를 했는데, 1964년 6월 30일까지 모아진 성금 내역은 현금 5만 5천436원, 도서 1천27권, 기타 물품 9천804점 등이었다.

아울러 학원사는 6월 30일까지 성금 접수를 마감한다고 했는데 7월에 참여한 사람이 전달보다 두 배나 많아 연평중학 돕기 운동 성금 접수를 한 달간 연장한다고 공고하였다.[24]

1960년대 세계의 최빈국 중의 하나인 대한민국 국민들은 농어촌은 물론이고 도시 역시 모두가 어려운 삶을 이어가고 있을 때였다. 그럼에도 불구하고 김익달이 단기간에 일으킨 연평중학 돕기 운동에 언론계를 비롯한 각계각층이 뜨거운 호응을 보인 것은 우리 사회가 다함께 힘을 모아 행복한 사회를 건설하자는 열망, 교육에 대한 열정이 대단했음을 보여주는 증거라고 하겠다. 이는 바로 우리 사회가 식민주의를 극복하고 모두가 행복하게 살 수 있는 문화국가를 건설할 수 있는 가능성을 보여준 것이기도 했다.

김익달이 창간사에서도 밝힌 것처럼 기후와 풍토가 어느 나라에도 뒤지지 않는 자연의 입지적 조건을 가지고 있으니 국민이 자각하기만 하면 세계 어느 나라에 못지않은 부강한 문화국가를 건설할 수 있다는 것, 그것이 바로 그의 신념이었던 것이다.

'농원農園의 집' 설치

《농원》은 창간 때에 예고했던 대로 판매 방식을 일반 서점에서 판매하는

---

24 《농원》, 1964년 8월호, 248~249면.

것이 아니라 보급소와 그곳에 소속되어 있는 보급 사원이 직접 직장이나 가정 그리고 전국 방방곡곡의 마을을 직접 방문하여 배달하는 판매 방식을 채택했다.

김익달은 《농원》 보급을 위해 600여 명의 보급 사원을 채용하였으나 이는 전국 각 시·군에 설치된 300여 개의 농원보급소에 한 명 또는 두 명 정도가 배치될 뿐이었다. 따라서 한두 명의 보급 사원이 한 개의 시 또는 군을 책임지고 보급한다는 것은 사실상 불가능한 일이었다. 아무리 부지런한 보급 사원이라도 험한 산길, 자갈길, 진흙길 그리고 내를 건너 열심히 자전거를 페달을 밟아도 하루에 두세 마을을 방문하면 해가 넘어가기 마련이었다. 그렇다고 농사일에 바쁜 농촌 사람들에게 읍내로 나와 보급소에서 잡지를 사가라고 할 수도 없는 일이었다. 이러한 《농원》 보급의 어려움을 해소하기 위해 고안한 것이 각 자연부락마다 '농원의 집'을 설치하는 것이었다.

당시 《농원》이 파악한 전국의 자연부락은 작은 어촌과 산골 마을까지 포함하여 약 5만여 개였다. 김익달은 《농원》을 제때에 보급하는 방법으로 전국 5만여 개의 자연부락마다 보급 사원의 추천을 받아 '농원의 집'을 설치하기로 한 것이다.

이에 따라 1964년 7월호 및 8월호[25]에 '농원의 집' 설치에 관한 공고를 냈다. "'농원의 집'이 될 수 있는 자격을 《농원》에 대하여 충분한 이해를 가지고 있는 사람으로서 교양과 신망이 있는 사람이어야 한다."고 했다.

자연부락에 설치된 '농원의 집'에는 간판을 달아주고 학원사에서 발행하는 출판 통신과 연말에 미술 캘린더 등을 우선적으로 배부해 주고 따로 보수는 없었다. 이렇게 설치된 '농원의 집'은 보급 사원과 긴밀한 연락

---

25 《농원》 1964년 7월호 및 8월호 300면과 301면에는 '농원의 집' 자격 요건과 전국 보급소 현황을 상세하게 싣고 있다.

을 유지하면서 보급 사원의 손이 미치지 못하는 곳을 관장하여 《농원》을 보급 전달하도록 한 것이다. 이와 같은 판매 방식은 당시로서는 획기적인 방식이었다. 가히 유통 방식의 혁명이라 할만 했다.

요즈음이야 우스갯소리로 '배달민족' 운운하면서 한강 고수부지에서 짜장면 한 그릇을 시켜도 득달같이 배달된다고 하지만 당시로서는 전국 방방곡곡까지 '잡지' 한 권을 배달하겠다니 참으로 김익달 다운 발상이 아닐 수 없었다. 당시 《농원》 잡지는 46배판으로 보통 국판인 다른 잡지보다 컸고 분량은 330여 페이지에 달하지만 가격은 60원으로 다른 잡지보다 싼 편이었다. 그럼에도 불구하고 험하고 깊은 산골 마을까지 《농원》을 원하는 독자가 있다면 단 한 권이라도 학원사가 모든 경비를 부담하여 배달하고야 말겠다는 것이다. 그것도 책값을 제때에 받는 것이 아니라 가을 추수 때 받기로 하는 이른바 무보증 신용거래였다. 휴전선 부근의 비무장지대인 자유의 마을엔 아예 김익달이 직접 《농원》 수십 부를 들고 가서 농민들에게 기증했다.

이쯤 되면 이미 출판 사업을 하겠다는 것이 아니다. 김익달에게 《농원》은 창간할 때부터 사업성은 아예 무시하고 시작한 일이었다. 속된 말로 김익달은 미친 것이다. 농촌에 미치고, 《농원》에 미친 것이다. 불광불급(不狂不及)이라고 했다. 미친 사람 취급을 받더라도 김익달에게는 꼭 이루고야 말겠다는 신념과 간절한 소망이 있었던 것이다.

'미스농원' 선발 대회

김익달은 창간 1주년을 기념하여 또 하나의 이벤트를 기획했다. 우리나라 고유의 향토적인 여성미를 발굴함으로써 사라져가는 순수한 한국적미를 되찾기 위함에 그 의의가 있다면서 '미스농원' 선발 대회를 개최하 겠다고 발표한 것이다. 1964년 10월호 및 11월호에 미스농원 선발 대회 에 관한 사고(社告)를 실었다.

참가 자격은 대한민국 여성으로서 농어촌 생활 3년 이상 경력이 있는 만 17세 이상 만 25세까지의 미혼 여성으로 제한했다. 심사 기준은 한국 고유의 향토적인 여성미를 겨루는 것이므로 신청서에 한복 차림의 상반 신 사진과 역시 한복 차림의 전신사진을 첨부토록 했다. 응모자 중 먼저 농원사에서 150명 정도를 1차 예선에서 뽑아 《농원》 1965년 신년호 및 2 월호 3월호에 각각 나누어 사진과 약력 등을 발표했다. 이어 《농원》 독자 들로 하여금 각 도별로 1명씩 투표하게 하여 각 도 대표를 선발하는 방 식을 택했다. 이렇게 독자들이 선발한 도 대표들을 서울에서 심사위원들 앞에서 한복 차림으로 본선을 치러 미스농원을 선발한다는 것이다.

1965년 5월 20일 서울 시민회관 대강당에서 개최된 제1회 미스농원 선 발 대회는 각계의 후원 아래 성대하게 거행되었다. 1965년 5월 17일자 《동아일보》 및 《경향신문》은 "농원 잡지 창간 1주년을 기념하여 미스농 원 선발 대회가 오는 20일 서울시민회관에서 개최된다."고 보도했고, 5월 21일자 《경향신문》은 "각 도 예선을 거쳐 본선까지 진출한 18명의 미녀 중 '미스농원'에는 경남의 김명숙 양, 준 '미스농원'에는 서울의 윤은주, 조창애 양이 차지했다."고 사진과 함께 크게 보도했다.

미스농원에게는 상금 10만 원과 금반지, 준 미스농원에게는 상금 5만 원과 부상 등이 수여되었고, 비행기 국내 관광이라는 특전도 부여되었 다. 그 만큼 미스농원 선발 대회는 농촌 사람뿐만 아니라 도시민들의 관 심과 호응도 뜨거웠던 것이다. 사실 인간이 만든 축제 중 미인대회만큼 많은 사람들의 관심을 불러일으키고 또 그 역사가 오래된 것도 드물 것

이다.[26]

오죽하면 한국전쟁 중이던 1953년에도 미인 선발 대회를 개최했겠는가.[27]

김익달은 이러한 미스농원 선발 대회를 통해서라도 침체된 농촌 생활에 활기를 불어넣고 농촌에 대한 관심을 불러일으키고자 했다. 하지만 미인 선발 대회에는 으레 '외모지상주의', '성의 상품화'라는 비난이 있기 마련이다. 또한 그렇지 않아도 이농현상이 급속도로 진행되고 있는 현실에서 농촌 여성들에게 괜한 헛바람을 넣는다는 부정적 의견도 있었다. 결국 미스농원 선발 대회는 그 후 계속 이어지지 못했다. 그 후 1980년대 들어와서 자기 고장과 특산물을 홍보하는 축제가 전국 곳곳에서 벌어지는데 그중에서 단연 인기 있는 것은 '농산물아가씨' 선발 대회, 바로 자기 고장을 대표하는 '미인 선발 대회'다. 제주 '감귤아가씨', 금산 '인삼아가씨'를 비롯하여 음성 '고추아가씨', 영동 '감아가씨', 영양 '고추아가씨', 상주 '삼백미인', 승주 '단감아가씨', 소사 '복사아가씨' 등 지역 축제 때마다 미인 선발 대회는 가장 인기 있는 이벤트가 되었다.

그런 의미에서 미스농원 선발 대회는 비록 1회에 그쳤지만 80년대 들어 각 고장의 특산물 홍보와 판촉 활동을 촉진하기 위해 마련된 '농산물아가씨' 선발 대회의 효시였던 셈이다.

---

26 미인 대회의 기원은 그리스 신화에서 찾는 것이 보통이다. 트로이의 왕자 파리스는 아름다움을 겨루는 세 여신인 헤라, 아테나, 아프로디테 중 최고의 미인과 결혼하게 해 주겠다고 약속한 아프로디테에게 '가장 아름다운 여인에게'라는 글이 적힌 황금 사과를 주는데, 이것이 결국 트로이 전쟁의 원인이 된다.

27 1953년 5월 피란지 부산에서 언론인 이북(以北)이 창간한 《중앙일보》(현재의 중앙일보와는 다름)는 전쟁으로 암울던 사회 분위기를 일신시켜 보려는 뜻에서 제1회 여성경염대회를 개최했다. 부산 시민들과 피란민들의 반응은 가히 폭발적이었고 어딜 가나 '경염대회'는 화제였다고 했다. 결국 숙명여대에 재학 중이던 강귀희가 1등으로 당선되었는데 그녀는 후일 프랑스 파리에서 한식 레스토랑을 경영하였고 우리나라가 프랑스 고속철 떼제배(TGV)를 도입할 때에는 공식 로비스트로 활약하기도 했다.

새마을운동의 토대를 마련

《농원》은 김익달이 창간 시부터 계획했던 대로 작은 어촌이나 산골 마을까지 보급 사원을 통해 배달되어 농어민들의 사고와 행동에 변화를 가져오기 시작했다. 《농원》 잡지의 끝부분에 실린 「독자의 메아리」에 전국 각지에서 보내온 독자들의 편지를 살펴보면 '농정에 대한 의견', '공중도덕에 관한 의견', '결혼식·장례식 등 의식의 간소화에 관한 주장', '지면 증면 요청', '농원을 먼저 읽으려는 가족 간의 소동' 등 농사에 관한 의견 외에도 다양한 의견들이 수백 통씩 접수되고 있었던 것이다.

이는 분명 《농원》을 읽는 독자들을 중심으로 좀 더 나은 사회, 살기 좋은 농촌을 만들고 싶다는 인식이 확산되고 있음을 보여주는 증거라고 하겠다. 전국 각지에서 보내오는 독자의 편지에 김익달은 행복했고 《농원》 발행에 대한 의지를 더욱 더 다져 나갔다.

1964년 8월호 편집후기에서도 밝힌 바와 같이 환율 인상으로 용지 값이 3할 이상 인상되었음에도 불구하고 《농원》은 책값 60원을 동결했다. 처음부터 적자 운영을 각오한 것이다. 하지만 많은 사람들이 우려했던 대로 가을 추수 때 받기로 한 책값 수금 실적은 예상했던 것보다 저조하다 못해 최악이라 할만 했다. 김익달은 올해(64년)는 가뭄이 심해 농사가 흉작이니 농가의 경제 사정이 더 어려워졌을 것이라며 책값 독촉을 삼가라고 보급 사원들에게 지시했다.

책값을 받지 못해도 김익달은 《농원》을 원하는 독자들에게는 변함없이 제때에 배달하도록 했다. 다음 해 추수 때의 책값 수금 역시 어렵기는 마찬가지였다. 책값을 모두 받아도 적자 운영을 면치 못할 텐데 책값 태반을 받지 못하니 적자는 눈덩이처럼 쌓여만 갔다. 그래도 학원사가 발행한 '참고서 시리즈'와 『대백과사전』, 그리고 65년도에 창간한 《주부생활》잡지가 꾸준히 나가 버틸 수 있었다. 김익달은 학원사의 모든 것을 걸더라도《농원》발행을 계속할 작정이었던 것이다.

적자 운영을 계속하던 김익달은 결국 1967년 12월호를 끝으로《농원》의 판권을 넘겨야 했다. 학원사가 자랑하던 태평로 사옥을 팔아도 적자를 메우기 힘들었기 때문이었다. 인수한 업체도 역시 몇 달 더《농원》을 발행하다가 중단할 수밖에 없었다.

결국 김익달은《농원》으로 인해 '태평로 사옥'을 처분해야 했는데 그보다 더 큰 타격은 매월 적자를 메꾸느라 은행 대출과 사채 끌어 쓰기 등 자금 조달에 허덕이느라고 건강을 잃은 것이다. 의학적으로 '스트레스 호르몬'이라 불리는 부신피질호르몬 '코티솔'의 증가로 '스트레스성 당뇨병'에 걸린 것이다. 하지만 당뇨병도 김익달의 의지를 꺾지는 못했다. 김익달은 태평로 사옥을 처분한 뒤에 규칙적인 생활과 식사로 더욱 건강관리에 힘쓰며《농원》재창간을 준비해 나갔다.

김익달은《월간 조선》1983년 12월호에 실린 인터뷰 기사에서《농원》잡지 발간에 대해 이렇게 말했다.

"비록 그 잡지가 오래 가진 못했어도 나로선 지금도 자랑할 수 있는 잡지예요, 내용도 충실했고 농촌 문화, 농촌 경제의 확충을 위한 사회사업의 뜻으로 만든 것이었기 때문입니다. 결국 태평로 서울신문사 뒤에 있던 4층 빌딩을 없앨 정도로 빚을 졌지요. 그 무렵부터 얻은 당뇨병이 지금도 낫지 않고 있어요. 그러나《농원》만큼은 다시 복간하고 싶은 의욕을 잠재우지 않을 만큼 뜻 깊은 일이었다고 자부해요."

한국에서 '농촌 근대화'하면 대부분의 사람들은 '새마을운동'을 떠올리고 농촌 문제를 다룬 연구서나 논문들 역시 대부분이 '새마을운동'과 그 이후에 대해 포커스가 맞추어져 있다. 하지만 농촌 '새마을운동'은 박정희 정권에서 갑작스럽게 발명한 근대화 프로그램이 아니다. '새마을운동'

시작 전에도 수많은 농촌 운동가[28] 들이 있었고 김익달이 온 힘을 다해 발행한 농촌잡지 《농원》이 있었다.

《농원》은 미국 공보원이 진보와 근대화를 앞세워 미국 선전을 목적으로 발행한 농촌잡지 《새힘》과 다르고 농협중앙회에서 발행한 관제잡지 《새농민》과도 달랐다. 《농원》은 전 국민의 과반수를 차지했던 농어민을 계몽하여 근면과 노력으로 가난을 물리치고 우리 사회의 주체 세력으로 키우고자 했던 명실상부한 종합교양지였다.

수많은 상록수들의 농촌 운동과 김익달이 4년여 동안 발행해 온 《농원》 잡지 등을 통해 60년대의 한국의 농촌은 '잘살아보자', '노력하면 잘 살 수 있다'는 성장 지향적인 농민들이 상당히 성장되어 있었던 것이다. 이는 70년대에 시작된 '새마을운동'이 성공할 수 있었던 토대가 되었다.

---

28 그 대표적 인물 중의 한 사람이 장호원 지역에서 활동한 이재영이다. 그는 지역 농협이 진정한 농민들의 기관이 될 수 있도록 영세한 리·동 조합을 통합하여 장호원합병조합을 만들었고 상인들의 횡포로부터 농민들을 보호하고 생활비 절약을 위해 장호원 구판장을 설립했다. 그 후 이재영은 1972년 3월 새마을운동을 추진하던 박정희 대통령 앞에서 '농협운동을 해 온 내력과 성공사례'를 발표하면서 새마을운동의 기수로 홍보되기도 했다. 이재영 같은 준비된 새마을지도자의 경험은 새마을운동을 추진하던 박정희 정부의 중요한 자산이 되었다.

제10부 | 주부생활 창간

『세계문화사』 발간

《진학(進學)》 창간

《주부생활(主婦生活)》 창간

항상 깨어있는 여성, 그러나 영원한 모성을 간직한 어머니

모범주부상

가계부 쓰기 운동을 선도

식생활 개선을 위한 세미나 개최

식생활 개선 범국민운동 제창

독자초대 딸기 잔치와 레크리에이션 야유회

독서 캠페인

주식회사 주부생활사 설립과 사원들에게 주식 분배

'오늘의 여성상' 제정

소파상 수상

국민훈장 동백장 수상

『세계문화사』 발간

인류의 모든 지식과 사상, 역사와 문화를 집대성하여『대백과사전』을 편찬한 김익달은 이에 만족하지 않고 곧 새로운 팀을 꾸렸다.

바로 선사(先史) 시대부터 현대에 이르기까지 인류의 문화사를 총정리하여 발간할『세계문화사』편집팀을 만든 것이다. 김익달은 보다 풍부하고 정확한 자료와 문헌을 수집하기 위해 편집 사원을 세계 각지로 보내는 등 백과사전 편찬 때 못지않은 열정을 보였다. 결국 6년여에 걸친 각고의 노력 끝에 1964년 9월 10일『세계문화사(世界文化史)』(전5권)를 발간했다. 46배판에 각 권 700쪽에 달하는 대작으로 별쇄로 된 원색 도판과 각 면마다 서너 컷의 흑백으로 된 사진 도면이 포함되어 있다. 종이는 고급 아트지를 사용하고 표지는 짙은 쑥색의 포크로스를 사용한 호화판이다.

『대백과사전』편찬으로 양성된 학원사 편집 인력들의 실력이 유감없이 발휘되었고 인쇄와 원색판, 사진 제작 등은 역시 당시 최고의 기술을 보유한 평화당인쇄(주)가 맡았다. 김익달은 발간사에서 세계사의 흐름이 정치 체제와 이념의 차이에 의한 동서의 문제에서 선진국과 후진국의 경제적 차이를 어떻게 좁힐 것인가 하는 새로운 남북문제로 옮아가고 있다면서, "우리는 격동하는 이 시점에 서서 지난 세계사의 흐름과 역사적 사실을 옳게 이해하고 앞으로의 방향을 정확하게 파악할 줄 알아야 한다는 것이 얼마나 중요한 일인가를 알 수 있을 것이다. 그러기 위해서는 이 모든 것을 충족시켜 줄만한 방대하고도 요령 있는 서적이 필요하다."며 발간 취지를 밝혔다.

『세계문화사』제1권은「선사 시대와 문명의 발생」, 제2권은「고대 사회와 고전 문명의 형성」, 제3권은「유럽 중세와 아시아의 발전」, 제4권은

「유럽 문화와 아시아 전제 국가」, 제5권은 「근대 이후의 세계」로 구성되어 있는데, 모두 각계 전문가가 집필하고 또 감수를 거치고 다양한 사진 도면과 지도 등을 실었다.

　김익달이 우리나라 최초의 『세계문화사』를 발간하면서 백과사전을 편찬할 때보다 더 많은 인력을 투입하고 더 오랜 준비 기간을 거친 것은 문화 입국을 향한 그의 신념을 보여주는 것이기도 하다.

《진학進學》 창간

'대학 입시!'

　한국 사람치고 이 문제에 대해 한번쯤 고민해 보지 않은 사람은 없다고 해도 과언이 아닐 것이다. 그만큼 누구나 하고 싶은 말도 많을 것이다. 대학 입시철이 되면 수험생과 학부모뿐만 아니라 온 나라가 온통 대학 입시에 매달릴 정도로 한국의 교육열은 대단하다 못해 유별나고 세계적이다. 어쩌면 너무나 당연한 일인지도 모른다.

　봉건제 신분 사회가 무너지고 이젠 누구나 능력만 있으면 출세도 하고 신분 상승도 꿈꿀 수 있는 길이 열렸는데 대학은 바로 그 꿈을 이룰 수 있는 최고의 지름길이기 때문이다. 따라서 신분제 사회 속에서 살았던 당시 부모 세대들은 자식의 출세를 통해 자신들의 한을 풀고자 했고 자식 교육을 위해서는 어떠한 희생도 감수할 각오가 되어 있었다.

　1964년 12월에 일어난 '무즙사건'[1]도 따지고 보면 자식을 일류중학교에

1　1964년 12월 7일에 치른 서울 지역 전기 중학교 입시 자연 과목 문제에서 발단된 사건이다. 문제는 "밥으로 엿을 만들려고 하는데 '엿기름'이 없다면 대신 무엇을 넣으면 될까?"였고, ①디아스타제 ②무즙 ③꿀 ④녹말 중에서 답을 고르라는 것이었다. 정답은 ①디아스타제였다. 그런데 사실 무즙에도 아밀라제 성분이 풍부하게 함유되어 있고 당시 초등학교 자연 교과서에도 "침이나 무

보내고 말겠다는 엄마들의 치맛바람으로 인해 폭발한 것이 아닌가. 왜냐하면 일류대에 가려면 먼저 일류중-일류고의 코스를 밟아야 하기 때문이다.

한편 5·16 쿠데타로 집권한 군사정부는 대학 교육의 정상화와 질적 향상을 기하려면 대학의 정비와 자질이 우수한 학생을 입학시키는 것이 필수 요건이라고 생각하여 대학 입시 문제에 문교부가 직접 관여하였다. 즉 1962년에는 대학 입학 자격고사와 대학별로 시행한 체능 검사 점수를 합산하여 진행하도록 하였고, 1963년에는 대학 입학 자격고사에 합격한 자만이 4년제의 주간 대학에 지원할 수 있도록 하였다.

하지만 이것은 교육의 기회 균등에 위배된다는 여론이 높아서 1963년 4월 "대학 입학에 관한 임시조치법"을 폐지하고 고등학교 졸업 또는 동등 이상의 자격을 가진 자라면 대학에 응시할 수 있도록 하였다. 결국 1964년부터 국가고시를 폐지하고 대학별로 실시하는 자체 선발고사로 돌아간 것이다. 따라서 신입생 전형은 각 대학의 총학장이 법령과 문교부에서 시달한 전형 지침에 따라 입학자 모집 요강을 정하여 실시하게 되었다.

대부분의 대학들은 필답고사, 신체검사 및 면접을 실시하였는데 결국 학교 시험으로 합격 여부가 결정되는 것이었다. 그런데 대학에 따라서는 입시 과목이 해마다 바뀌는 경우가 있어 수험생들과 학부모뿐만 아니라 일선 학교 교사들을 당황하게 하는 경우가 종종 있었다. 21세기인 지

즙에도 디아스타제 성분이 들어있다."라는 내용이 있어 논란이 일어났다. 당시 '1점차로 일류중학교에 합격하느냐 불합격하느냐'하는 판이니 학부모들은 대거 서울시교육청으로 몰려들었고 일부 학부모들은 기어코 무즙으로 엿을 만들어 내어 "이 엿을 먹어보라"며 항의했다. 이렇게 하여 "엿 먹어라"라는 말은 당대 유행어가 되기도 했다. 결국 이 사건은 법적 공방으로 이어졌고 1965년 3월 30일 서울고등법원 특별부가 무즙도 정답으로 봐야 한다며 학부모들의 손을 들어주어 아깝게 떨어진 38명의 학생이 구제되었다.

금도 대입 전형 방법은 수백 가지가 넘어 수험생과 학부모들을 혼란하게 하지만 그때도 마찬가지였던 모양이다. 대입 수험 정보를 제대로 전달해 줄 전문 기관도 전무하다시피하고 각종 언론 매체에 대한 접근도 쉽지 않았던 농어촌 수험생들에게는 대학 입시의 벽이 특히 더 높을 수밖에 없었다.

당시 전국의 수험생은 8만여 명이었고 대학 입학 평균 경쟁률은 5대 1이었다. 1965년 1월 25일자 《동아일보》는 전기 대학 입시와 관련하여 "중앙대는 1천50명 모집에 9천130명이 지원하여 경쟁률이 8.7대 1, 약학과가 가장 높아 17.5대 1을 기록했고, 연세대는 1천350명 모집에 9천987명이 지원하여 평균 7.4대 1, 최고 경쟁률은 기계공학과가 16.2대 1을 기록했다."고 보도했다. 고등교육에 대한 기회가 누구에게나 열려 있다고 하지만 당시에는 여전히 소수의 사람들만이 대학에 갈 수 있었던 것이다.

김익달은 학생들을 위한 종합교양지로서 《학원》을 발행하고 있지만 당장 고등학생들에게는 대학 입시라는 인생의 중요한 관문이 있는 만큼 정확한 정보와 진로를 지도할 잡지가 필요하다고 생각했다. 대입 수험잡지 《진학(進學)》은 이렇게 해서 탄생했다.

1965년 3월 1일이다. 김익달은 창간사에서 "우리의 목적이 무엇이냐고 묻는다면 나는 곧 승리라는 한마디로 대답할 것입니다. 승리 없는 생존을 누릴 수 없기 때문입니다. 이 말은 2차 대전 당시 고 처칠경이 정부의 조각을 끝마치고 베푼 연설의 한 구절입니다. 그러나 이 말은 곧 우리 모두에게 부합되는 철리요 금언이기도 합니다. 왜냐하면 인생이란 모두가 다 승부의 연속이기 때문이다. 학업에서의 경쟁, 사회생활에서의 승부, 여러분은 지금 배움의 최종 관문인 대학 입시의 문턱에 다다라 있습니다. 이 최종 관문을 어떻게 택하고, 어떻게 뚫고 나가느냐에 달려서 여러분이 일생을 두고 겪어야 할 사회생활에서의 승부도 좌우되는 것입니다."라면서 요령 있는 학습과 계획성 있는 노력을 강조하였다.

김익달이 대입 수험잡지《진학》의 창간사에서 군이 2차 대전 때의 처칠의 연설을 언급한 것은 단순히 배움의 최종 관문인 대학 입시를 돌파하라는 것이 아니다. 당시 한국 사회에서 대학을 들어가는 사람들은 선택받은 소수이고 그들은 장차 이 나라를 이끌어 나갈 엘리트들이기에 그들의 분발을 촉구한 것이다. 사회생활에서의 승부를 강조한 것은 그들이 대학을 졸업하고 사회로 나올 때면 그들의 무대는 한국만이 아니라 바로 전 세계이기 때문이다.

대입 수험잡지《진학》은 그 제호가 갖는 의미 그대로 거의 전 꼭지가 대학 진학과 관련된 내용으로 구성되었다. 대학의 특색학과를 소개하고 서울대 출제 원칙 분석 등 대학 입시문제의 총정리, 수험생들을 위한 명사들의 칼럼, 대학 교수들의 지상 강의와 채점평, 일선 교사들의 학습 지도 등 대입 수험생들은 비싼 돈 내고 과외나 학원을 다니지 않더라도 정확한 정보와 수준 높은 강의 내용을 습득할 수 있었다. 대학 진학률이 폭발적으로 늘어나던 시기에 발행된《진학》은 수험생들에게 단비 같은 존재였다.

김익달은《진학》에 대한 수험생들의 호응도가 점점 높아지자 별도의 '진학사'를 설립하고 편집장을 맡고 있던 조우제가 맡아서 하도록 독립시켰다. 여성교양지《여원》때처럼 아무 조건 없이 따로 살림을 차려준 것이다. 그 후 진학사의 조우제는《진학》잡지 발간뿐만 아니라 잡지협회 회장과 한국잡지금고 초대 이사장을 맡아 한국 잡지 발전에 큰 역할을 하게 된다.

《주부생활主婦生活》 창간

'무즙사건'은 자녀 교육에 대한 학부모들의 열의가 얼마나 대단한지를 단적으로 보여주는 사건이었다. 학부모들은 서울시교육청으로 쳐들어갔고 멋모르고 학부모 농성 현장을 찾은 문교부 관리를 감금하기도 하고 실제로 무즙으로 엿을 만들어 교육청 앞에 내던지기도 했다. '무즙사건'은 앞으로 한국 사회에서 수없이 되풀이되고 회자되는 이른바 '치맛바람'의 강력한 예고편이기도 했다.

봉건적 신분제가 철저했던 조선 시대에도 집안의 곳간 열쇠는 안주인인 여성이 가지고 있었다. 그만큼 집안 살림과 자녀 교육에 대한 여성, 특히 어머니의 영향력은 컸던 것이다. 해방 후 전통적 가부장제가 무너진 시점에서도 일반적인 여성의 지위와는 달리 가정 내에서의 주부, 어머니의 역할은 점점 확대되어 갔고 자녀 교육에 대한 영향력은 거의 절대적이라고 할 수 있었다. 가정의 경제권은 여전히 이른바 집사람이라고 하는 주부에게 있었고 직장 일에 바쁜 남편, 아버지 대신 자녀 교육은 온전히 어머니 몫이었던 것이다.

사람이 사람다워지는 것은 오직 좋은 교육을 통해서라고 할 것인데 학교 교육과 사회 교육도 중요하지만 가장 기본적인 것은 가정교육이라고 할 것이다. 그 가정교육의 1차적 담당자인 어머니의 중요성은 아무리 강조해도 지나침이 없을 것이다. 김익달은 미혼 여성들을 대상으로 한 여성 교양지 《여원》을 발간한지 꼭 10년째가 되는 1965년에 이르러 어머니들을 위한 종합교양지 발간 계획을 밝혔다.[2] 김익달은 한 나라의 앞날은 여성, 즉 어머니에 의하여 결정되며 그 민족의 역사 또한 어머니적인 것

---

2 1965년 1월 25일자 《경향신문》 및 1965년 1월 26일자 《동아일보》는 '학원사에서 주부들의 생활을 중심으로 한 월간지 《주부생활》을 곧 창간할 예정'이라고 보도하였다.

에 의해서만 발전할 수 있다는 신념을 가지고 학원사의 전 편집 인력과 함께 창간 준비에 박차를 가했다. 드디어 1964년 3월 17일 김익달은 "항상 깨어 있는 여성, 그러나 영원한 모성을 간직한 어머니"라는 모토를 걸고 《주부생활(主婦生活)》을 창간했다.

창간 당시 잡지의 제호에 대해 편집회의에서는 '여성생활'로 의견이 모아졌는데 당시 발행되고 있던 《여원》, 《여상(女像)》³의 독자층을 피하기 위해 김익달의 제안으로 '주부생활'이라는 제호로 발간되었다.

《주부생활》은 대형 46배판의 잡지로 480면 안팎의 분량이었는데, 출판물은 문화의 척도라는 김익달의 평소 신념대로 당시 최고의 인쇄 기술을 총동원했다. 특히 창간호인 1964년 4월호의 표지와 큼직한 원색 화보는 우리나라 잡지로서는 최초이며 당시까지 나왔던 한국의 잡지 중에서 최고의 호화본으로 뽑혀 다른 잡지들로부터 '지나치다', '현실에 맞지 않는다'라는 말까지 들을 정도였다.

잡지의 구성은 새 시대의 감각과 시대 흐름에 맞는 유행, 요리, 육아, 취미, 건강, 오락, 집안 꾸미기 등의 생활 기사가 주를 이루었다. 그 외에 여성지로서의 한계를 극복하기 위하여 경제, 사회, 교육, 여성 문제 등에도 많은 지면을 할애하였다. 특히 창간호에는 창간시로 시인 박목월이 「난(蘭)」을, 시인 김남조가 「새봄 맨 먼저」를 실었다.

또한 장경학 교수는 「현대 생활에서의 주부의 사명」이란 칼럼을 통해 '주부는 가정과 사회를 학교로 알아 힘써 배우고 그 배운 것을 바탕으로 가정을 다스려야 하며 나아가서는 건전한 사회 참여의 길을 개척해야 한다'고 했다. 이는 바로 《주부생활》의 '항상 깨어 있는 여성, 그러나 영원한 모성을 간직한 어머니'라는 창간 취지를 대변하는 것이었다.

---

3 《여상》은 신태양사의 황준성이 1962년 11월 창간한 여성교양지로 7년 동안 발행되었다.

항상 깨어있는 여성, 그러나 영원한 모성을 간직한 어머니

김익달은 《학원》, 《여원》, 《농원》 등을 창간할 때와는 달리 《주부생활》을 창간할 때에는 따로 '창간사'를 쓰지 않았다. 그 대신 '항상 깨어있는 여성, 그러나 영원한 모성을 간직한 어머니'를 모토로 내세웠다. 한 나라의 앞날은 여성, 즉 어머니에 의하여 결정된다고 생각했기 때문이었다.

1960년대의 한국은 조국 근대화라는 기치 아래 산업화, 공업화가 급속도로 진행되기 시작한 시기였다. 아버지와 남편, 즉 남성들뿐만 아니라 젊은 여성들도 대거 산업 역군으로서 경제개발 5개년계획에 동원된 만큼 가정을 지키는 가정주부, 어머니의 역할은 더 커질 수밖에 없었다.

당시까지만 해도 시부모를 모시고 사는 가구가 많았던 것을 감안하면[4] 여성은 며느리, 아내, 어머니로서의 역할을 충실히 할 것을 요구받았던 것이다.

하지만 60년대의 어머니는 전통적, 유교적 가치관에 따른 어머니의 역할만으로는 충분하지 않았다. 즉 시부모를 잘 모시는 것과 출산과 육아를 전담해야 했으며 자녀 교육과 합리적인 소비 지출을 통해 가정 경제를 잘 관리해야 할 책임까지 부담해야 했다. 그뿐만이 아니었다. 어머니는 가정의 책임자로서 가족원들의 건강을 돌보는 것은 물론 남편의 휴식과 정서적 재생산을 위한 이른바 '스위트홈'을 가꾸어야 할 책임이 있었다. 특히 육아와 자녀 교육에 있어서는 과학적 지식을 활용함으로써 현명한 어머니가 되어야 했던 것이다.

요컨대 60년대의 어머니는 전통 사회에서의 모성적, 순종적, 감성적 어

---

4 한국통계연감에 따르면 1970년대 초반까지 우리나라의 가구당 평균 가구원 수는 5명을 넘었으며, 1980년 통계청의 조사에서 가구원 수가 7인 이상인 가구 수가 120만 가구를 넘는 것으로 나타난 것을 볼 때 할아버지, 할머니와 함께 사는 가구 수가 상당히 많았음을 알 수 있다.

머니상 외에 과학적, 합리적 사고방식으로 육아와 자녀 교육 및 가정 관리를 담당하는 제2의 산업 역군이 되어야 했던 것이다.

김익달이 《주부생활》의 창간 슬로건으로 '영원한 모성을 간직한 어머니' 앞에 '항상 깨어있는 여성'이라는 수식어를 붙인 것은 바로 이러한 시대적, 사회적 요구를 반영한 것이다.

이러한 시대적, 사회적 요구에 따라 창간된 《주부생활》은 그 형식과 내용에 있어 일대 혁신을 단행했다.

우선 형식에 있어서 한국 잡지로는 최초로 원색 화보를 오프셋 인쇄함으로써 인쇄의 고급화를 이루어 호화판으로 제작했고 판형도 기존의 국판 잡지와는 달리 46배판으로 판형을 대형화했던 것이다.

이는 세계적으로도 1960년에 일어난 인쇄의 혁명과 관련이 깊다. 인쇄술의 발달, 그래픽디자인의 도입, 원색 사용, 그리고 아트디렉터와 전문 사진가에 의한 표지 사용 등은 가히 잡지의 혁명이라고 불릴 정도의 변화를 가져왔던 것이다.

《주부생활》은 바로 이러한 신인쇄 기술의 도입과 판형의 대형화, 표지 사진의 경우 다양한 앵글의 사용 및 내용 변화, 주부와 아동 모델 사용 등으로 잡지 시장의 새로운 흐름을 촉발시켰다.

이처럼 《주부생활》은 한국 여성잡지가 '읽는 잡지'에서 '보는 잡지'로 변화하는데 선도적 역할을 했던 것이다. 이에 따라 1967년 10월 창간된 《여성동아》, 1970년 1월 창간된 《여성중앙》도 《주부생활》과 같은 판형과 체제를 따르게 되어 《여원》과 함께 70년대 우리나라 여성지 시장의 4강 체제를 구축하게 되었다.

또 내용면에서도 당시까지의 막연한 계몽적 기사 대신 요리, 취미, 건강, 유행, 육아 등의 생활 기사에 중점을 두었을 뿐만 아니라 정치, 경제, 문화, 여성 문제 등에도 많은 지면을 할애하여 한국 잡지사의 새로운 지

평을 열었던 것이다.

잡지는 인쇄된 문자, 그림, 사진 등을 소재로 하여 그 시대의 지식과 정보를 독자들에게 전달하는 매체라는 점에서 신문이나 방송과 같은 매스커뮤니케이션 미디어라고 할 수 있다. 따라서 잡지는 기능면에서는 신문, 방송과 같이 보도 기능, 지도 기능, 오락 기능, 광고 기능을 가지고 있다. 비록 신문, 방송에 비해 시의성, 속보성은 떨어지지만 잡지는 시간적 여유를 두고 사건을 분석, 검토하는 시각을 제공한다는 점에서 탁월한 장점이 있다. 또 잡지는 일련의 문제를 일정 기간 계속해서 다양한 각도로 다룰 수 있는 장점을 지니고 있어서 어떤 문제에 대한 누적적인 영향을 줄 수도 있다. 요컨대 잡지는 책보다는 덜 영구적이지만 신문이나 방송처럼 일시적이거나 곧 사라져 버리는 것이 아니다. 신문이 기껏 하루의 생명을 갖는다면 주간 잡지는 2 내지 3주, 월간지는 수개월, 계간지는 수년의 수명을 가진다고 한다. 바로 이 같은 잡지의 특성으로 인해 잡지는 발행 초기부터 문화 매체로서 중요한 구실을 담당해 왔던 것이다.[5]

김익달은 누구보다도 이러한 잡지의 기능과 장점을 잘 알고 있었다. 따라서 창간호부터 매호에 걸쳐 잡지의 적시성과 심층성의 특징을 살려 특집으로 '주부의 가정 설계, 의생활, 식생활, 주생활, 가정교육'(1965년 4월 창간호), '신입생 학부형, 특히 그 어머니에게 드리는 글, 사랑의 공동 광장으로(유치원), 가정에 명랑한 분위기를(국민학교), 올바른 인간관계 인식부터(중학교), 가치관의 형성에 힘써야(고등학교), 지도층이 될 웅대한 이상을(대학교)'(1966년 4월호), '여권(女權)의 새로운 발견, 사회생활에서의 여권, 가정생활에서의 여권, 직장생활에서의 여권'(1967년 5월호), '부부애의 재발견—성서 상에 나타난 부부애, 유교 상에 나타난 부부

---

5 유재천, 「대중 잡지의 올바른 위상」, 한국도서잡지주간신문윤리위원회, '89잡지윤리세미나, 1989년 6월 7일.

애, 부부애와 현실, 부부애의 가교'(1969년 10월호), '아들은 꼭 있어야 하나'(1969년 10월호) 등을 게재하여 새로운 시대를 이끌어 갈 바람직한 여성상, 신현모양처상을 제시하고자 하였다.

모범주부상

《주부생활》은 창간 1주년을 기념하여 2가지 이벤트를 기획했다. 하나는 이른바 '모범주부'를 선발하여 표창하는 것이고 다른 하나는 독자들의 참여와 소통의 장을 마련하기 위해 10만 원의 현상금을 걸고 독자 수기를 모집하는 것이었다.

1966년 4월호에 실린 '모범주부 선발 요령'에서 "한 가정의 행복과 불행을 좌우하는 것은 그 가정의 주부입니다. 주부는 그 가정의 심장이요. 숨결입니다. '장한 어머니', '착한 어린이' 등의 상은 있어도 훌륭한 주부를 위한 표창이 없는 이 나라의 실정에 비추어 다음 요강으로 모범주부를 선발코자 하오니 이웃에서 이런 주부를 발굴하여 추천해 주시기 바랍니다."라며 그 취지를 밝혔다.

'모범주부 선발 요령'에 따르면 모범주부는 4가지 부분에 걸쳐 추천을 받아 선발하는데, '내조의 공'(특히 가난과 병고에 빠진 가운(家運)을 극복한 주부), '육아의 공'(자녀 교육에 힘을 기울여 특출하게 훌륭한 자녀를 길러낸 주부)', '성가(成家)의 공(자기 스스로의 힘으로 가정을 이룩하고 또 가정의 생계를 확립한 주부)', '봉사의 공(사회적으로 훌륭한 일을 수행한 주부)'이 그것이었다.

추천 요령은 누구나 추천할 수 있으며 왜 그 주부를 후보자로 추천하는지 200자 원고지 5장 이내로 적어《주부생활》편집부로 제출하도록 했다. 한국의 60년대는 그야말로 격동의 시대였다. 산업화, 공업화가 급속도로 진행되던 시기이며 농촌의 이농현상이 가속화되던 시기였다. 격변하는 사회 속에 사회의 최소 단위인 가정 역시 전통적인 유교적 가치관과 근대적 가치관의 혼재 속에 핵가족으로의 분화가 시작되는 등 혼란을 겪을 수밖에 없었다. 김익달은 바로 이러한 시기에 "한 가정의 행복과 불행을 좌우하는 것은 그 가정의 주부입니다. 주부는 그 가정의 심장이요. 숨결이다."라면서 모범주부상 제도를 만든 것이다.

《주부생활》의 '모범주부상' 제도에 보조를 맞춘 것인지 아니면 이심전심(以心傳心)인지 김익달이 창간하여 살림을 내보낸 《여원(女苑)》도 1966년 12월 '주부상(主婦賞)'을 창설한다고 발표했다.

1966년 12월 26일자 《경향신문》은 "여원사(女苑社)는 1백만 원 상금을 내건 '살림 잘하는 주부상'을 창설, 많은 주부들의 가계부 응모를 바라고 있다. 여원사는 어려운 생활난을 주부 스스로가 해결하기 위한 가계부 적기 운동을 벌이는 한편 이 상(賞)을 마련, 계획성 있는 가계(家戒)를 해나간 주부에게 상을 주기로 했다."라고 보도했다.

잡지는 시대와 사회를 비추는 거울이다. 또 잡지는 그 시대의 담론을 선도하는 매스 커뮤니케이션 미디어의 하나인 것이다. 김익달은 잡지가 바로 그 미디어의 사명을 수행해야 할 의무가 있다고 생각했다. 김익달의 이러한 생각은 《주부생활》의 표지 사진에서도 그대로 드러났다. 《주부생활》의 표지 사진은 창간 이래 특별한 경우를 제외하고는 어머니와 아이가 함께 등장하는 구도로 일관되어 왔다. 독자가 주부인 만큼 표지에는 주부와 어린이가 함께 등장하여야 한다는 김익달의 신념이 반영된 것이다. 이에 편집진들은 불만이 많을 수밖에 없었다. 잡지 표지는 잡지의 얼굴이요, 포장인데 그러한 천편일률적인 표지로는 독자의 구독욕구를 자극할 수 없다는 것이었다. 더구나 표지에 두 인물이 등장하면 인물을 클로즈업시킬 수도 없어 구도가 제한되어 표지에 변화를 줄 수도 없었다. 그래서 편집국장 이하 편집진들은 여러 차례 표지의 구성을 바꿀 것을 건의, 아니 간청하다시피 했으나 아무소용이 없었다.[6] '어머니와 아이'가 함께 등장하는 《주부생활》의 표지는 김익달의 잡지에 대한 철학의 일면을 보여주는 것이기도 하다. 결국 《주부생활》의 표지 사진은 김익달이 잡지 일선에 물러난 후에야 바뀌게 된다.

《주부생활》 창간 1주년을 기념하는 '10만 원고료 독자 원고 모집' 요령도 1966년 4월호에 실렸다. 《주부생활》이 독자를 위한, 독자에 의한, 독자 여러분의 생활 잡지임을 표방하면서 독자들의 적극적인 참여를 유도하기 위한 원고 모집은 다섯 부문이었다.

애정 수기(초연기;初戀記, 실연기, 재혼기, 파혼극복수기 등), 직장 여성의 수기(자기 직장이나 직업을 통해 경험한 실화 수기), 가정 수기(합리적인 가정운영기, 계모로서의 고뇌, 대가족 제도 속에서 느끼는 불합리성, 남편이나 자녀의 탈선을 무사히 처리하여 가정을 지킨 수기), 육아기(자녀를 기르면서 체험한 모성애 가득한 수기), 투병기(인간으로서 피할 수 없는 각종 질병을 극복하고 건강을 회복한 수기) 등 다섯 종목이다. 각 종목별로 당선작 1편과 가작 3편을 선정하는데 길이는 200자 원고지 30장 이상 70장 이내로 했다. 이처럼 《주부생활》은 창간 1주년을 기념하여 독자들의 원고를 현상 모집함으로써 주부들로부터 대단한 호응을 받았다. 독자들이 참여할 수 있는 것은 이 뿐만이 아니었다. 독자 수기 모집은 그 후에도 꾸준히 이어졌고 특히 문학에 관심이 있는 주부들을 위해서는 '주부생활 시단'과 '주부생활 산문'란을 만들어 독자들이 보낸 시와 산문을 선별하여 실었다. 독자들이 보낸 시와 산문은 시인 김현승, 서

---

6 고정기, 「철학과 고집을 함께 지냈던 편집자」, 『학원세대와 김익달』, 학원김익달전기간행위원회, 1990, 115–116면.

정주, 소설가 강신재, 손소희 등 당대 일류 문인들이 선정하고 일일이 선평(選評)을 달아 주는 등 문학 수업도 겸하고 있었다. 그밖에도 《주부생활》은 부부 낚시대회, 독자사진콘테스트를 개최하여 주부들의 건전한 취미 생활을 위한 이벤트를 이어갔다. 사진콘테스트에서 뽑힌 사진들에 대해서는 사진작가 정도선 등이 상세한 선평(選評)을 달아 《주부생활》에 실었다(1968년 2월호 등).

가계부 쓰기 운동을 선도

1960년대 주부는 며느리, 아내, 어머니 외에 가정 경제의 관리자 역할을 수행해야 했다. '조국 근대화'라는 구호 아래 국가의 모든 역량을 공업화, 산업화에 올인하는 상황에서 가정 경제도 경제개발계획에 편입될 수밖에 없었고 따라서 집안 살림을 맡은 주부는 제2의 산업 역군으로 불리게 된 것이다. 산업화를 추진함에 있어서 가장 필요한 것은 뭐니 뭐니 해도 재원, 즉 돈이었다. 당시 1인당 국민소득이 100달러도 안 되었고, 부존 자원도 전무하다시피 했으니 외국으로부터 차관을 들여오는 것도 여의치 않은 때었다. 오죽했으면 독일에 광부와 간호사를 보내고 그 대가로 상업 차관을 들여왔겠는가.[7]

결국 가장 중요한 재원 조달 방법은 국민들의 저축이었고 저축을 늘리려면 절약과 내핍 생활은 최고의 미덕이 될 수밖에 없었다. 사실 부족한 물자에 물가는 하루가 다르게 치솟던 시절이라 정부나 사회단체가 강조

---

[7] 파독광부는 63년부터 78년까지 총 7천936명이었고, 파독간호사는 66년부터 76년까지 총 1만 1천57명이었는데, 파독광부와 간호사들이 송금하는 돈이 연간 5천만 달러로 한때 GNP의 2%에 달할 정도였다.

하지 않아도 누구나 절약하며 살 수밖에 없는 시절이었다. 그래도 정부나 여성단체 등에서는 절약을 강조하며 저축을 늘리기 위한 다양한 국민운동을 전개했는데 그중의 하나가 바로 '가계부적기운동'이었다. 대한 어머니회는 1966년부터 '가계부적기운동'을 활발하게 펼쳤으나 별다른 성과를 보지 못했다. 그도 그럴 것이 지난 1년 동안에 가계 소비의 대부분을 차지하는 식료품비, 피복비, 잡화와 서비스 요금 등이 15%에서 20% 가까이 올라 많은 주부들이 가계부를 적을 엄두가 나지 않거나[8] 큰 결심을 하고 가계부를 적어 나가다가도 적자 가계부에 짜증이 나서 팽개쳐 버리기 일쑤이기 때문이었다.

그러나 역설적이게도 적자 가계부일수록 가계부 적기는 필수라고 할 수 있다. 가계부는 단순한 수입, 지출의 기록에 그치는 것이 아니라 기록에 의해 끊임없는 반성이 따르고 계획 생활이 가능하기 때문이다. 가계부를 몇 달 또는 몇 년간 계속 기록함으로써 어느 달에 무슨 지출이 많았고 어느 달의 지출은 절약이 가능했는지도 알 수 있게 된다. 또 어디에 낭비의 구멍이 있고 어떻게 하면 낭비를 막을 수 있는지, 어느 달에 필수품의 가격이 많이 오르고 언제 물건을 사면 싸게 구입할 수 있는지도 알게 된다. 따라서 적자 가계부라 짜증이 나도 또 다소의 시행착오를 거치더라도 장기간에 걸쳐 꾸준히 가계부를 적다보면 계획 생활이 가능하고 이에 따른 생활의 향상도 가능하기 때문이다. 대한어머니회는 1967년부터는 여성소비자조합 등 여성단체와 함께 대대적으로 '가계부적기운동'을 벌이고 이를 위한 강좌와 주부 교실 등을 운영할 계획이었던 것이다.

이러한 사회적, 시대적 요구에 따라 《주부생활》은 1967년 1월 신년호

---

8 1967년 1월 9일자 《경향신문》 보도에 의하면 1965년 11월과 1966년 11월 사이의 물가변동을 보면 소비 생활의 반을 차지하는 식료품비가 15%, 잡화 및 서비스 요금이 19%, 피복비가 16%가 올랐다고 보도했다.

의 별책부록으로 '가계부'를 발행했다.[9] 《주부생활》 가계부는 단순한 수입·지출만을 기재하는 장부가 아니라 '주부일기'를 겸해서 사용할 수 있도록 했다. 또 처음 가계부를 접하는 주부들을 위한 가계부 기입방법, 비목분류법, 기타 가계 운영에 필요한 메모들을 많이 실어 실질적인 도움이 되도록 했다. 이뿐만이 아니다. 매일매일 식단을 짜기에 고민하는 주부들을 위해 간편하게 할 수 있는 향토 요리와 금주의 요리 등을 소개하고 있고 멋과 실용을 겸한 외출복·홈웨어 만들기도 소개하고 있다.

《주부생활》은 1967년 이후, 매년 신년호에 '주부일기 가계부'를 발행하게 되었고, 해를 거듭할수록 그 내용도 다양하고 풍부해졌다. 예컨대 1980년대에 들어서는 가계부에 식단 짜기 뿐만 아니라 증권 투자 상식과 생활 예절 등을 기재하기도 하였다.

《주부생활》에 이어 1967년 11월 창간한 《여성동아》, 1970년 1월 창간한 《여성중앙》도 매년 신년호에 가계부를 별책부록으로 발행하여 '가계부적기운동'은 점차 확산되어 갔고 1970년대 말에는 주부 10명 중 7명이 가계부를 쓰게 되었다.[10]

한편 '가계부적기운동'을 장려하기 위해 여성저축생활추진중앙회에서는 1967년 9월부터 '1주부 1통장운동'을 전개하는 한편 가계부를 적어가며 규모 있게 살림하는 모범주부를 뽑아 시상하는 '알뜰한 주부상' 제도를 마련하기도 했다. 그 자격 요건을 보면 '생활 정도의 상하(上下)나 수입의 다소(多少)를 막론하고 1년 이상 계속 가계부를 기입하고 있는 주부로서 현재 흑자 가계를 운영하며, 주부나 자녀 이름으로 예금·저축·보

---

9 여성지 부록으로 가계부를 처음으로 발생한 것은 1960년 1월 '여원'이었는데 그때에는 가계부를 적어야 한다는 사회분위기가 형성되기 전이어서 실효를 거두지 못했다.

10 1979년 9월 19일자 《경향신문》은 저축추진중앙위원회가 조사·분석한 바에 따르면 조사 대상자의 72.6%가 가계부를 적고 있으며 지방보다는 서울, 부산 등 대도시가, 농어민이나 사업직영자보다는 봉급생활자의 가정에서 더 가계부를 착실하게 적고 있다고 보도하고 있다.

험 등을 하고 있는 주부'를 대상으로 한다.

이처럼 1960년대의 한국은 산업화를 추진하기 위해 국민들의 저축을 통한 내자(內資) 동원이 절실했고 《주부생활》 등 여성지들이 발행한 '가계부'는 절약과 내핍 생활을 위한 필수품이었던 것이다.

식생활 개선을 위한 세미나 개최

60년대의 한국 언론에는 유난히 '쌀파동', '쌀값파동', '안남미파동', '이중곡가제' 등 쌀과 관련된 기사들이 많았다.

국민들 대다수가 먹고 살기 어려웠던 시절에 쌀은 우리 국민들의 주식이었던 만큼 그 어떤 재화보다도 국민들의 관심이 지대했기 때문이다.

우리나라 60년대의 식량자급도는 80% 정도였고 그중에서 쌀의 자급률은 보리쌀 다음으로 90%를 넘었다. 하지만 쌀을 주식으로 선호하는 식생활로 인해 1인당 쌀 소비량은 일본 등 다른 나라에 비해 현저히 많아 쌀은 늘 부족한 상태였다. 이에 따라 정부에서는 매년 쌀을 비롯한 밀, 옥수수 등을 수입할 수밖에 없었다.

1967년 호남지방에 극심한 가뭄으로 흉작이어서 전국의 쌀 생산량은 2천500만 섬이었다. 당시 1년에 소비되는 쌀은 2천788만 섬이었다고 한다. 쌀이 턱없이 부족했다. 그런데 엎친 데 덮친 격으로 68년에도 가뭄이 계속되어 쌀 생산량은 전년보다 11%나 줄어든 2천215만 섬에 머물고 말았다. 쌀을 주식으로 하는 나라에서 이쯤 되면 보통 심각한 상황이 아니었다. 정부는 미국산 쌀 40만 톤 외에 부랴부랴 일본산 쌀 30만 톤까지 도입하기로 하는 등 긴급 대책을 내놓을 수밖에 없었다.

그러나 미국산과 일본산 쌀 70만 톤, 즉 490만 섬을 합해도 50여만 섬 이상이 모자라는 실정이었다. 물론 정부는 상당량 잡곡도 들여올 예정이므로 전체적인 식량의 절대량은 부족하지 않을 것이라고 했지만 농본국이라는 우리나라로서는 참으로 심각한 일이 아닐 수 없었다. 앞으로 기상 이변으로 세계적인 식량 부족 사태가 발생한다면 어찌될 것인가.

정부는 쌀 소비를 억제하기 위해 식품영양학자를 동원해 쌀밥만 먹으면 영양소를 골고루 섭취할 수 없어 건강에 좋지 않다는 등의 글을 발표하게 하기도 하고, 농림부 장관 명의의 훈시조의 담화문을 음식점마다 붙이게 하는 등 나름대로의 대책을 시행하고 있었다. 하지만 그렇다고 쌀밥을 선호하는 국민들의 식성이나 식습관이 하루아침에 바뀔 리가 없었다.

김익달은 식량 자급은 국가와 국민들의 생존이 달려있음을 너무나 잘 알고 있었다. 일제 강점기에 대부분의 쌀을 일본에 빼앗기고 만주에서 들여온 콩 등으로 겨우 연명한 기억이 아직도 생생했다. 그런데 해방된 조국에서 쌀이 부족해서 거꾸로 일본으로부터 돈을 주고 사와야 한다니 얼마나 기가 막힌 일인가. 만약 일본이나 미국 아니 전 세계가 흉작으로 돈을 주고도 쌀 등을 사올 수가 없게 된다면 그땐 어떻게 되는가. 쌀을 포기할 순 없지만 그렇다고 물이 많이 필요한 쌀농사만을 고집할 수는 없지 않은가.

김익달은 1959년 국제출판문화협회 총회 참석차 오스트리아 빈에 갔을 때 독일 사람들이 라인 강변의 경사진 언덕에서 감자 재배하는 것을 보고 깊은 감명을 받은 사실이 떠올랐다. 그들의 주식은 쌀이 아니고 감자가 아니었던가. 감자나 고구마를 재배할 수 있는 땅은 우리에게도 얼마든지 있다. 실제로 감자와 고구마는 수입이 필요 없을 정도로 자급이 되고 있었다. 영양학적으로도 쌀과 보리, 밀 등 잡곡, 감자, 고구마 등을 골고루 섭취하는 것이 좋다는 것은 과학적으로도 증명된 것이 아닌가.

김익달은《주부생활》창간 4주년을 기념하여 식생활 개선을 위한 대대적인 운동을 벌이기로 했다. 그것은 쌀과 함께 보리·감자 등을 주식으로 하자는 운동이었다. 김익달이 이러한 주장을 하는 데에는 두 가지 이유가 있었다.

첫째는 쌀농사뿐만 아니라 밭농사도 활성화함으로써 농촌의 생산물을 다양하게 하여 농촌 경제를 부흥시키자는 것이고, 둘째는 쌀과 함께 건강에 좋은 보리와 감자를 주식으로 함으로써 좀 더 건강한 국민을 만들자는 것이었다.

김익달은 자신부터 혼식을 실천하면서 기회 있을 때마다 혼식을 하는 식생활 개선을 주장했다. 이미 세계 곳곳에서 나타나고 있는 기상 이변으로 흉작을 거듭하고 있는 지역이 속출하고 있어 앞으로 머지않은 장래에 식량 위기가 닥칠 가능성이 컸다. 이러한 때에 식량 자급은 국가와 국민들의 생존권이 달린 문제였다. 김익달의 식생활 개선 운동은 예고 없이 닥칠 수도 있는 식량 위기에 대처해야 한다는 메시지를 담고 있었던 것이다.

식성과 식생활은 오랜 기간에 걸쳐 문화적, 역사적으로 형성된 것이므로 쉽게 바뀌지 않는다. 따라서 바뀌어야 한다는 당위성만으로는 부족했다. 실제로 뭔가 이롭고 좋은 점이 있어야 주부들의 마음이 움직일 것이다.

김익달은 한국식생활개발연구회 회장 왕준련을 비롯한 요리 전문가들을 동원하여 전국 주요 도시에서 식생활 개선을 위한 세미나를 개최하기로 했다. 또 현장에서 맛있고 영양 많은 간편한 분식 요리 등을 시연해 보이기로 했다.

식생활 개선을 위한 세미나 및 분식 무료 강습회는 1969년 3월 24일 대전 소년회관에서 개최된 것을 시작으로 3월 25일에는 광주 광주여고에서, 3월 26일에는 전주 시민문화회관에서, 3월 27일에는 목포 정명여고에서, 3월 29일에는 진주 진주여중에서, 3월 30일에는 마산 마산여중에서, 3월 31일에는 부산 동주여상에서, 4월 1일에는 대구 영남대학에서, 4월 4일에는 춘천 춘천여고에서, 4월 5일에는 인천 시공보관에서 각각 식생활 개선 세미나와 무료 분식 강습회를 실시하였다.

그 후에도 김익달은 매월 《주부생활》의 '요리'란과 가계부 및 별책부록에 가정에서 손쉽게 만들 수 있는 다양한 요리를 꾸준히 소개함으로써 식생활 개선 운동을 이어갔다.

한편 김익달은 1969년 5월 한일 양국의 음식 문화 교류를 위해 '한국 요리' 일본어판을 출판했다. 이는 김익달이 1967년 12월 요리 전문가 30여 명에게 의뢰하여 한국 요리, 서양 요리, 일본 요리, 중국 요리를 망라한 1천80쪽에 달하는 『요리전서』를 출판한 사실이 있었는데, 그중 한국 요리편을 증보하여 발행한 것이다.

즉, 새나라요리학원장 왕준련을 비롯하여 윤서석(중앙대 교수), 황해성(한양대 교수), 류계완(연세대 교수), 서복경(명지대 교수) 등을 집필자로 하여 46배판 252면의 포클로스 하드커버 양장본으로 출간하여 일본에 한국의 전통 요리를 소개한 것이다.

식생활 개선 범국민운동 제창

되풀이 되는 '쌀값파동'과 심각한 쌀 부족 현상을 해결하기 위해 정부도 적극적으로 나섰다. 이를 위한 정부의 정책은 두 가지였는데, 첫째는 쌀의 생산량을 늘리기 위한 신품종 개발이었고, 둘째는 행정력을 동원한 강력한 혼·분식 장려 정책이었다.

신품종 개발은 필리핀의 국제미작연구소(International Rice Research Institute, IRRI)[11]에 파견된 서울대 농대 허문회 교수와 농촌진흥청을 중심으로 진행되었다. 허문회 교수는 수없는 시행착오 끝에 드디어 수확량이 40%나 많은 IR667 개발에 성공했고 농촌진흥청의 시험 재배를 거쳐 일반 농가에 '통일벼'라는 이름으로 보급되었다. 당시 박정희 대통령은 IR667을 '진짜 기적의 볍씨'[12]라고 했고 전 행정력을 동원하여 통일벼 재배를 독려했다.

결국 통일벼 덕분에 1974년 쌀 생산량은 3천만 석을 돌파했고 3년 뒤인 1977년에는 4천만 석을 넘었다. 단위면적당 쌀 생산량은 세계 최고를 기록할 정도였다. 하지만 통일벼는 밥맛이 떨어지고 냉해와 각종 병충해에 약했다. 따라서 비료와 농약이 일반 벼보다 월등히 많이 들어 농가 부채 증가의 직접적인 원인이 되기도 했다. 한편 정부의 쌀 덜먹기 운동은 거국적으로 벌어졌는데, 혼·분식 장려 운동과 쥐잡기 운동으로 구체화되었다.

쥐잡기 운동이 벌어진 것은 병균을 옮긴다는 위생적인 이유도 있었지만 무엇보다 쥐가 갉아먹는 쌀의 감소를 막으려는 의도가 더 컸다. 실제로 60년대 후반 쌀 생산량의 5%가 넘는 150만 석이 쥐로 인해 사라지는 실정이었다. 이에 따라 정부는 대대적으로 쥐잡기 운동을 펼쳐 '전국쥐잡기대회'가 열리는가 하면 학생들에게는 '쥐꼬리 열 개 이상 가져오기' 같은 쥐잡기 숙제를 내 주기도 했다. 또한 정부의 각 부처는 '혼·분식으로

---

11 국제미작연구소는 1960년 필리핀 정부와 미국의 포드재단 및 록펠러재단이 아시아 국가들의 빈곤과 굶주림을 해결하여 삶의 희망을 주고자 설립된 기관이다. 한국 정부는 1964년 서울대 농대 허문회 교수를 파견하여 한국 기후에 맞고 다수확이 가능한 신품종을 개발하도록 했다.

12 1964년 당시 중앙정보부장 김형욱은 이집트에 일반 쌀보다 수확량이 30% 이상 많다는 기적의 쌀 나다(Nahda)가 있다는 소식을 듣고 중정요원들을 시켜 그 볍씨를 훔쳐오게 했는데 박정희 대통령은 이 볍씨에 자신의 이름 끝자를 딴 '희농1호'라 이름 짓고 '기적의 볍씨'라며 언론에 밝힌 바 있다. 하지만 '희농1호'는 우리나라 기후와 토양에는 맞지 않아 실패했던 것이다.

식생활 개선하자'라는 플래카드를 들고 가두 캠페인을 벌이는가 하면 전
국의 학교에 '꽁당보리밥'과 같은 동요를 보급하기도 하였다.

이에 더하여 정부는 1969년부터 매주 수·토요일은 쌀밥을 먹지 않는
무미일(無米日)로 고시하기도 했다. 심지어 모든 음식점에서도 최소한
10% 이상의 잡곡을 섞어서 밥을 하도록 해 일식집의 생선 초밥에도 잡곡
이 섞이게 되었다. 그러자 일본 관광객들이 잡곡이 섞인 생선 초밥에 기
겁을 하고 결국 관광협회 임직원들이 보리로 만든 생선 초밥을 들고 농
림부 장관을 찾아가 항의하는 웃지 못할 소동도 벌어지게 된다.

또한 학교에서는 교사들이 학생들의 도시락을 일일이 검사했는데, 정
부가 제시한 혼식률 30%를 지키지 않는 학생들에 대해서는 처벌하거나
도시락 압수 또는 도덕 성적에까지 반영하는 등 과잉 충성에 따른 부작
용도 만만치 않았다.

정부는 또 분식을 장려하기 위해 매주 수·토요일의 무미일 중에 매주
수요일은 '분식의 날'이라고 하여 빵이나 국수 같은 분식을 적극 장려했
다. 농림부 직원들에게는 점심시간에 도시락 대신 우유 한 병과 빵을 먹
게 하고 분식은 쌀에 부족한 영양소와 두뇌 활동을 촉진하는 비타민이
풍부하다는 등 언론을 동원한 대대적인 캠페인을 벌이기도 했다. 그러나
이러한 캠페인이나 정부의 시책보다 밀가루 소비를 획기적으로 촉진시킨
것은 뭐니 뭐니 해도 1963년에 처음 생산된 라면이었다. 라면은 독특한
맛과 저렴한 가격으로 가정은 물론 기업체와 군대 등에 밥을 대신할 식
품으로 빠르게 확산되어 갔던 것이다.

그러나 이러한 정부의 전 행정력을 동원한 통일벼 심기 등의 강제 농
정, 혼·분식 장려 운동 등은 유신 체제의 종식과 함께 모두 역사 속으로
사라졌다.

김익달은 식생활 개선을 통한 국민 건강 확보와 식량 자급은 국가와

후손들의 미래가 달린 중차대한 과제라고 생각했다. 따라서 김익달은 쌀과 함께 보리, 감자를 주식으로 하자는 식생활 개선 범국민운동을 지속적으로 펼쳐야 한다고 생각했다.

김익달은 그동안의 식생활 개선 운동 방법과 성과 등을 분석하고 혼식을 실천한 개인적인 경험과 전문가들의 의견을 종합하여 식생활 개선을 위한 구체적 방안을 정리했다.

김익달이 식생활 개선 운동을 제창하는 이유는 크게 세 가지였다.

첫째, 식량 자급이었다.

1974년과 1978년의 두 차례에 걸친 석유 값 폭등, 이른바 오일 쇼크로 세계 경제는 크게 휘청거렸다. 에너지 자원의 무기화라는 말이 공공연히 떠돌고 있는 실정이었다. 만약 세계인의 생명의 에너지원인 식량에 이런 사태가 일어난다면 어떻게 되겠는가. 식량을 자급할 수 있는 나라의 국민은 살아남을 수 있겠지만 그렇지 못한 나라의 국민들은 굶주리거나 아사할 도리밖에 없지 않은가.

지금 세계 인구는 40억 명이지만 서기 2천년에 가면 세계 인구가 60억 명을 넘을 것이라고 하는데,[13] 인구 밀도가 세계 3위인 우리나라의 현실을 직시할 때 식량의 자급자족은 초미의 급선무가 아닐 수 없다.

우리가 식량을 자급자족하지 못하는 가장 큰 이유가 쌀만을 주식으로 하는 데에 있다면 이는 재고, 삼고해야 한다. 우리는 옛날부터 보리를 단경기(端境期)의 중요한 식량으로 삼아 왔고, 감자는 구황(救荒) 식물이라 하여 많이 이용해 왔지 않은가. 벼 품종의 개량과 화학 비료의 풍족한 공급에 의해 한때 쌀 풍작을 이루었다고 해서 보리를 먹지 않거나 경작조차 기피하는 일이 있어서는 안 될 것이다.

---

13 2015년 세계 인구는 이미 70억 명을 넘었다.

둘째, 경제적 측면이었다.

우리나라는 매년 쌀 등 식량 수입으로 수십억 달러의 외화를 쓰고 있어 재정적자도 엄청난 실정이다. 만약 쌀과 함께 보리와 감자를 주식으로 삼았다면 식량 수입은 훨씬 줄일 수 있을 것이다. 보리와 감자는 벼농사처럼 기름진 땅에서만 자라는 것도 아니고, 생육 기간 동안 물에 잠겨 있어야 하는 것도 아니어서 경작 조건이 수월하다. 또 경사가 급하지 않은 야산을 많이 가진 우리나라에서 보리나 감자를 가꿀만한 경지를 찾는 것은 그리 어려운 일이 아니다.

셋째는 건강상의 이유다.

현재 쌀을 주식으로 하는 사람들은 동남아시아에 치우쳐 있고 그 밖의 나라들 중에는 밀과 감자를 주식으로 하는 사람들이 많다. 위 세 가지는 식품으로서 나무랄 데 없지만 인간의 건강과 관계가 있는 영양소를 보면 보리, 감자에는 함유되어 있지만 쌀에서는 찾아볼 수 없거나 그 양이 적은 것이 있다.

예컨대 지방, 탄수화물, 단백질 대사와 에너지 생성에 필요한 판토텐산(비타민 B_5)은 보리나 현미에 많이 함유되어 있고 감자도 판토텐산 섭취란 점에서 이상적인 식품이다. 뿐만 아니라 보리는 각기병이나 변비에도 좋은 식품이다.

김익달은 식생활 개선 운동을 제창하는 이유로 위와 같은 세 가지를 들고 그 구체적인 방법도 제시했다.

첫째는 교육을 통한 방법이다.

국민학교 실과나 자연 교과에 보리와 감자의 성분을 통한 건강상·경제상의 이점을 분석 제시하여 교육시킬 필요가 있다. 또한 사회 교과에도 식생활 개선의 필요성과 국민 생활에 미치는 보건·경제면의 영향 등을 자세히 다루어 어려서부터 쌀과 보리, 감자를 주식으로 함으로써 식량을 자급자족할 수 있고 또 국민의 건강이나 외화 절약면에서 필수 불가결한 조건임을 주입시켜야 한다.

둘째는 범국민운동 전개다.

종래에는 정부 주도의 혼·분식 장려, 학생들의 도시락 검열, 음식점에서의 혼식 검열 등을 실시했지만 이는 거부감도 만만치 않았다.

우리나라에서는 예로부터 보리밥은 가난한 생활의 상징으로 보는 듯한 그릇된 의식이 남아 있는데 이런 그릇된 관념은 일소해야 할 때가 되었다. 이를 위해 정부 차원에서 매스컴을 총동원하여 쌀·보리·감자를 주식으로 하자는 운동을 벌이되 단순한 구호에 그치지 말고 아침·저녁에는 쌀과 보리를 7:3으로 혼식하고, 하루 세 끼 중 한 끼는 감자를 먹는 것을 의무화하는 등 구체적 방법을 제시하여 국민들로부터 호응을 얻어야 한다. 이것은 작게는 개인의 건강과 직결되고 크게는 민족의 식량 자급, 국가의 부국 발전과 직결됨을 강조하여 온 국민이 호응하고 그 목적 달성을 위하여 총궐기하여야 한다.

셋째는 식생활 습관을 바꾸어야 한다는 것이다.

독일을 비롯한 유럽은 감자가 주식이나 다름없고 세계에서 감자를 가장 많이 먹는 폴란드는 성인병이 적다. 싫다는 보리밥과 감자를 우격다짐으로 강요할 수는 없지만 우리의 건강을 위해서나 국가적인 차원에서 보리밥과 감자를 꼭 먹어야 한다는 것을 인식시키고 국민 스스로가 의식적으로 노력하게 할 필요가 있다.

식생활 관습을 바꾸는 것은 2~3개월의 노력으로 충분히 바꿀 수 있음을 실제 체험으로 확인한 바 있다. 물론 수천 년 동안 이어져 내려온 식생활의 습관을 일조일석에 180도 전환하기란 쉬운 일이 아니겠지만 국가적인 차원에서 긴 안목으로 볼 때 하루 한 끼 감자 요리를 먹는다든지 보리를 많이 섞어 먹는 것은 식생활을 개선하자는 의지 여하에 달린 문제이

지 결코 안 될 것이 없다는 것을 감히 단언한다.[14]

김익달은 위와 같은 식생활 개선 방안에 관한 자신의 생각을 정리하여 1980년 6월 농수산부에 '식생활 개선 범국민운동 제창 건의"라는 제목으로 건의서를 제출하여 보리·감자 혼식 등을 국가 시책으로 펼쳐줄 것을 정부 당국자들에게 당부했다. 이에 대해 농수산부 장관은 1980년 7월 12일 김익달의 건의를 농정에 적극 반영하겠다는 회신과 함께 감사장을 보내오기도 하였다.

이처럼 김익달의 식생활 개선에 관한 신념은 미구에 닥칠지 모르는 식량 위기에 미리미리 대비하지 않으면 우리 모두가 큰 어려움에 처할 수 있다는 절박함에서 국민 모두에게 보내는 메시지였던 것이다.

독자초대 딸기 잔치와 레크리에이션 야유회

주부생활사는 1966년 6월 9일 《주부생활》과 관계가 깊은 최정희, 김남조, 천경자, 임옥인 등 여류 50인을 수원 '푸른지대' 농장에 초대하여 딸기 잔치 행사를 가졌다. 이 자리에는 수원시장 부인과 수원 출신 국회의원 부인도 초대하여 함께 서로 인사를 나누었고 김익달도 소설가 정비석과 함께 참석하였다.

김익달이 여류 50인을 초청하여 딸기 잔치를 한 것은 우리 농산물인 딸기를 홍보하는 것뿐만 아니라 주부들의 여가 선용과 건전한 오락 문화를 함께 생각해 보자는 뜻이 강했다. 사실 당시의 이상적인 여성상, 주부상은 '현모양처', '알뜰주부', '모범주부', '장한어머니', '효부' 등등 모두 여

---

14 김익달의 '식생활 개선 범국민운동을 제창한다'라는 글은 학원장학회 출신들의 모임인 밀알회가 발간하는 《밀알》 제15호(1982년)에 전문이 권두언으로 실려 있다.

성들에게 가정과 사회를 위해 끊임없이 봉사하고 헌신할 것을 요구하는 것이었다. 따라서 유한마담이나 '계마담'을 제외한 일반 주부들에게 여가니 오락이니 하는 것은 사치스럽게 생각하던 시절이었다.

김익달은 여류 50인과 함께 '뻐꾹새'와 '종달새'의 두 팀으로 나누어 다리 사이로 공굴리기 등 각종 운동 경기와 포크댄스를 즐기면서 아무리 어렵고 힘들어도 삶의 여유라는 것이 얼마나 소중한가를 절실히 깨달았다.

김익달은 이러한 경험을 바탕으로 1967년 5월 8일에는 우이동 그린파크에서 독자초대 '어머니날 잔치'를 하고, 이어서 6월 11일에는 독자 500여 명을 수원 푸른지대로 초대하는 대대적인 딸기 놀이 행사를 개최했다.

수백 명의 주부를 초대한 딸기 놀이 행사는 여러 가지 여흥과 장기 자랑 등 다채로운 프로그램도 준비했지만 왕준련 등 요리전문가 초대도 빠지지 않았다. 그것은 딸기 놀이 행사에 참여하는 주부들에게 각자 도시락을 싸오게 하여 요리전문가가 심사하는 도시락 콘테스트를 열었기 때문이다. 이러한 도시락 콘테스트는 주부들의 요리 솜씨를 보는 의미도 있지만 가족들의 건강을 위해 주부들로 하여금 자연스럽게 식생활 개선을 실천하게 하는 것이기도 했다.

김익달은 이와 같이 독자들을 초대하는 대규모 딸기 놀이 행사에는 《주부생활》 직원들뿐만 아니라 부인 하성련과 아들들도 참여하게 하고 모든 행사가 끝까지 차질 없이 진행되도록 직접 진두지휘를 했다. 당시에는 주부들의 외부 나들이도 거의 없을 때였고 지금처럼 비닐하우스도 없어 제철이 아니면 딸기를 볼 수도 없던 시절이라 《주부생활》이 개최하는 매년 6월의 딸기 놀이 행사에는 주부들의 호응이 대단했다.

그 후 매년 6월에 개최된 《주부생활》 딸기 놀이 행사에는 1천400~1천500명의 주부들이 참여하여 수십 대의 버스가 꼬리에 꼬리를 물고 국도를 달리는 모습은 장관이었다고 한다. 요리전문가 왕준련은 딸기 놀이 행사에 매번 초대되어 도시락 품평회에 참여하였는데, 한 번은 수원 푸른지대에 도착하여 행사를 시작하자마자 폭우가 쏟아져 많은 사람들이 우왕좌왕하며 당황한 적이 있었다고 했다. 하지만 김익달은 신속하게 그 많은 사람들을 버스에 분승시켜 수원 시민회관으로 장소를 옮겨 사람들이 별로 비에 젖지도 않았고 도시락 콘테스트 등 예정된 프로그램을 모두 진행할 수 있었다고 한다.[15]

또 김익달이《주부생활》창간 4주년을 기념하기 위해 주부를 위한 사업의 하나로 기획한 것이 '애독자 초대 레크리에이션 야유회'이었다.

《주부생활》1969년 4월에 게재한 그 취지문에서 "레크리에이션은 즐거운 휴식입니다. 이 휴식은 내일의 보다 알찬 활동을 위한 샘이 되는 것입니다."라면서 전국 주요 도시에서 애독자를 위한 레크리에이션 야유회를 개최하겠다고 밝혔다. 이에 따라 1969년 4월 17일 대구에서, 5월 27일 서울에서, 6월 19일 전주에서 독자들의 열띤 호응 속에 각 주부들을 위한 레크리에이션 야유회를 가졌다. 이 행사에서《주부생활》은 전문 강사를 초빙하여 즐거운 야유회를 가진 것은 물론 갖가지 레크리에이션 방법까지 지도함으로써 여가 선용의 방법을 보급했다.

지금이야 레크리에이션이 얼마나 중요한지, 삶에 어떤 의미가 있는지, 누구나가 알고 있지만 1960년 후반 당시에는 '레크리에이션'이란 말 자체가 생소할 때였다. 우리나라에서는 1980년대부터 각 대학에서 교양 과목의 하나로 레크리에이션 교육을 시작하였고 1990년에 대학에 레크리에이션학과, 레크리에이션이벤트학과 등이 처음으로 개설되었다. 또 한국

---

15 왕준련은 "김선생 내외분께서는 바쁘신 와중에도 수고가 많았다는 인사를 빠뜨리지 않으셨고 그 비 오는 날의 도시락콘테스트는 다른 때보다 훨씬 강한 기억으로 내 가슴속에 남아있다."고 회고했다. 「폭우를 만났던 딸기놀이의 추억」, 『학원세대와 김익달』, 학원김익달전기간행위원회, 1990, 202면.

레크리에이션협회, YMCA, 흥사단, 한국여가레크리에이션협회 등 10여 개의 단체에서 지도자를 양성하고 있고 국민체육진흥법 제16조 제2항은 "국가와 지방자치단체는 레크리에이션 보급과 프로경기의 건전한 육성을 위하여 노력하여야 한다."라고 법 규정까지 두고 있다. 그만큼 레크리에이션은 우리 삶의 일부이다. 김익달이 취지문에서 밝혔듯이 주부들은 갖가지 번거로운 살림살이에 쫓기다보니 이 레크리에이션을 잊고 있지만 레크리에이션은 내일의 보다 알찬 활동을 위한 샘인 것이다.

독서 캠페인

흔히들 60년대 70년대를 '조국 근대화', '산업화', '공업화' 이데올로기가 최고의 가치로서 사회 전체를 지배했다고 생각하고 또 그렇게 말하곤 한다. 하지만 이는 겉으로 나타난 현상만을 표현한 것이다.

개발 년대에 우리가 이룩한 가장 의미 있는 과실은 근대화, 산업화보다 바로 '인간개발' 즉, 새로운 한국인의 탄생이었다. 한국인은 더 이상 100여 년 전 강화도조약을 맺을 때처럼 어리숙하고 세상 물정에 어두운 조용한 아침의 나라의 농경민족이 아니었다. 또 30~40년 전 전쟁으로 온 나라가 초토화된 세계 최빈국의 국민으로 다른 나라의 도움 없이는 먹고 살기도 어려웠던 겁먹고 초라한 피란민도 아니었다. 그저 앞만 보고 달린 30~40년은 한국인에게 잠재되어 있던 포텐을 깨웠다. 수천 년 내려온 유목민의 피가 다시 뜨거워진 것이다.

한국인들은 '할 수 있다', '하면 된다'라는 집단 최면에 걸렸다. 이제 한국의 부모들은 가진 것 다 팔고 모든 것을 희생해서라도 자식을 대학 보내는 것에 목을 매고 있다. 조금 여유가 되는 사람들은 살던 집을 팔아서라도 자식들을 미국으로 유학을 보낸다. 한국인은 와이셔츠와 TV를 팔기 위해 세계를 누볐고 숨도 쉬기 어려운 열사의 땅에서도 도로와 항만을 건설하고 영하 20~30도의 동토의 땅에서도 가스를 개발하고 있다. 최근엔 중국이 떠오르는 해라니까 세계에서 제일 많은 유학생을 중국으로 보내는 나라가 되었다. 한국, 그리고 한국인이 달라진 것이다. 이른바 네오 노마드(Neo Nomad: 신 유목민)가 된 것이다.[16]

이와 같은 '인간개발'의 저변에는 "국민개독운동"이 있었다. 기독교를 믿자는 운동이 아니라 국민 모두가 독서인이 되자는 개독(皆讀) 즉 전국 규모의 책 읽기 운동이었다.

원래 민간에서 시작된 '마을문고운동', '자유교양운동' 등을 정부가 지원하면서 독서 운동에 학생들과 지역민들이 강제로 동원되기도 했다. 특히 1968년부터 1974년까지 이어진 '대통령기 쟁탈 전국자유교양대회'에는 전국 거의 대부분의 학교와 학생들이 참여할 정도의 대규모 행사였다.

물론 제목에서 보듯이 청룡기나 황금사자기 같은 스포츠 대회를 연상하게 하는 '대통령기 쟁탈 전국자유교양대회는 자유로운 고전 읽기'가 아니라 예상문제풀이, 독후감채점 등을 통한 점수 합산으로 금, 은, 동메달을 수여함으로서 독서 운동이라는 좋은 취지를 오염시키기도 했다. 하지만 학생들과 일반 대중들의 독서력과 독서 인구의 확대, 확장에 기여한 것은 사실이었다.

이외에도 국립중앙도서관에서는 모범이용자표창, 명사초청강연회, 좌담회, 독후감모집, 독서표어모집, 양서코너 및 독서 상담실을 운영하기도 했다. 한편 한국출판문화협회는 1954년부터 국립도서관과 공동으로

---

16 천정환은 "우리는 불과 20~30년의 짧은 기간에 말 그대로 세계 최고 수준에 버금가는 인적 자원과 교육 인프라, 문화적인 수준과 깊이를 단숨에 갖출 수 있게 된 것이다."라고 했다. ─「'1970 박정희부터 선데이서울까지' 유신의 교육과 대중 지성」, 《경향신문》 2013년 12월 27일자.

매년 가을 1주일간을 독서 주간으로 설정하고 도서전시회, 독서여론조사, 유공자표창 등 독서 인구 확대에 앞장서고 있었다.

김익달은 출판 보국이란 신념으로 출판 사업을 하고 있는 만큼 독서운동, 독서인구확대에 남다른 관심을 가지고 있었다.

《주부생활》의 창간 모토가 '항상 깨어있는 여성, 그러나 영원한 모성을 간직한 여성'이 아닌가. 매호마다 교양물과 연재소설 등의 비중이 상당히 높지만 이 정도로는 부족하다 보고 본격적인 독서 운동을 벌이기로 했다. 즉 《주부생활》 창간 이래 부록은 주로 생활과 가정에 도움이 되는 것을 다루어 왔으나 1971년부터는 부록을 혁신하여 세계의 고전을 단행본 형식으로 엮어 독자들에게 배포하기로 한 것이다.

《주부생활》 1971년 1월호는 이에 대해 "이러한 혁신적이고도 획기적인 기획은 작금 '국민독서운동'이 벌어지고 있어 국민 누구나 '책을 읽자'는 캠페인의 일환책으로 본지에서도 과감히 이를 단행하여 국판, 호화 표지에 400여 쪽에 이르는 한 권의 세계 명작을 선물하게 된 터입니다."라며 그 취지를 밝혔다. 이렇게 하여 71년 2월호 부록으로 러시아의 대문호 톨스토이의 「부활」을 발행했다.

이어서 《주부생활》은 별책부록으로 매월 주로 여성 취향의 세계 명작을 호화 양장본으로 발행하게 되는데, 모파상의 「여자의 일생」, 플로베르의 「보바리 부인」, 로런스의 「채털리 부인의 사랑」, 브론테의 「제인 에어」, 하디의 「테스」, 뒤마의 「춘희」, 헤밍웨이의 「누구를 위하여 종은 울리나」, 괴테의 「젊은 베르테르의 슬픔」, 펄 벅의 「어머니의 초상(肖像)」, 서머셋 모음의 「달과 6펜스」 등을 단행본으로 발행했다. 그 후에도 《주부생활》은 1974년 2월호부터 다시 별책부록으로 호화 양장의 단행본으로 「무기여 잘 있거라」, 「이방인」 등 세계문학전집 시리즈를 계속 발행하여 주부들을 대상으로 한 독서 운동을 펼쳐 나갔다.

주식회사 주부생활사 설립과 사원들에게 주식 분배

46배판 대형판에 혁신적인 체제와 내용으로 1965년 4월 창간한 《주부생활》은 본격적인 여성잡지 시대를 열었고 시장을 선도했다. 67년 신년호 별책부록으로 '가계부'를 발행할 때에는 《주부생활》을 사기 위해 서점에 줄을 서야 할 정도였다.

하지만 김익달의 고민은 점점 깊어갔다. 《농원》 발행의 후유증으로 학원사의 재정 상태는 악화 일로에 있었던 것이다. 어떻게 하든 《농원》 잡지를 계속 발행하여야 한다는 일념에서 은행 대출은 물론이고 사채까지 끌어다 쓴 것이 화근이었다. 《주부생활》이 잘나가고 있다고는 하나 이제 시작에 불과하다. 눈덩이처럼 불어나는 사채 이자를 감당하기에는 역부족이었던 것이다. 더구나 《주부생활》의 원활한 발행을 위해 용산구 갈월동에 인쇄 공장[17]을 따로 마련할 수밖에 없어 자금 사정은 더 어려워지고 있었다.

김익달은 결단을 내리지 않을 수 없었다. 일단 학원사가 자랑하는 태평로 사옥을 처분하여 급한 불을 끄기로 한 것이다. 태평로 사옥은 서울 한복판에 현대식으로 지은 4층짜리 건물로 학원사의 상징 같은 존재였다. 태평로 사옥은 학원사 전 직원들의 땀과 열정으로 함께 세운 것이니 김익달 개인의 소유라고 생각한 적은 한 번도 없었다. 하지만 태평로 사옥 처분만으로는 학원사의 모든 채무를 다 해결할 수 있는 것은 아니었다. 농촌을 위한 《농원》을 언제라도 다시 발행해야 한다는 신념에는 변함이 없지만 최고 경영자로서 학원사 직원들에게는 참으로 미안한 일이 아닐 수 없었다.

---

17 1968년 김익달은 서울 용산구 갈월동 93의 53에 최신 시설을 갖춘 인쇄 공장을 설립했다.

김익달은 태평로 사옥을 처분해도 부채가 남아 있는 학원사로부터 《주부생활》을 독립시키기로 했다. '주식회사 주부생활사'를 별도로 설립하여 독립시키자는 것이었다. 그 대신 새로 설립되는 '주식회사 주부생활사'의 주식 중 3분의 2를 학원사의 모든 직원에게 골고루 분배하기로 했다.

즉, 태평로 사옥을 처분한 대금 중 급한 부채를 먼저 해결하고 남은 돈으로 학원사 직원들의 퇴직금을 정산하되 이를 현금으로 주지 않고 '주식회사 주부생활사'의 주식을 배분한다는 것이었다. 그런데 퇴직금의 액수만큼 주식을 분배하는 것이 아니었다. 김익달은 직원들의 퇴직금의 액수 외에 직원들의 경력과 근무 연수에 따라 퇴직금의 30~50%를 가산한 금액만큼 주부생활사의 주식을 분배한 것이다. 사환까지도 포함한 학원사의 직원들은 모두 자신들의 퇴직금에 30~50%가 가산된 금액만큼의 주식을 소유한 주부생활사의 주주가 된 것이다.

이렇게 해서 '주식회사 주부생활사'는 주식회사 학원사와는 별도의 법인으로 설립되어 독립되었고 그 본사를 서울특별시 종로구 청진동 295에 두게 되었다.

직원들이 자기 회사 주식을 취득하는 이른바 종업원지주제도 또는 우리사주제도가 우리나라에 처음으로 도입된 것은 1968년 11월 22일 '자본 시장 육성에 관한 법률'이 제정되면서부터다. 이러한 우리사주제도는 근로자의 재산 형성, 기업 생산성 향상 및 협력적 노사 관계 등의 목적으로 미국·영국 등 선진 자본주의 국가에서 시행되던 것을 도입한 것이다.

그런데 '자본 시장 육성에 관한 법률'의 제정에 따라 도입된 우리사주제도는 주식 시장에 상장된 회사가 신주를 발행할 때 그 10%를 종업원에게 우선 배정하는 것이 골자이기 때문에 사실상 제대로 활용되지 못했

다.[18]

우리나라에서 우리사주제도가 활성화된 것은 1980년대 중반 이후 증권 시장의 활황과 1987년 9월 15일에 정부가 발표한 '종업원지주제도의 확충 방안'에 따라 자사주 우선 배정 비율을 20%로 확대하고 취득 자금에 대한 세액 공제를 대폭 확대한 때부터라고 할 수 있다.[19]

하지만 김익달이 전 사원에게 주부생활사의 주식 3분의 2를 분배한 것은 법이 규정하는 것과는 차원이 다른 것이었다. 그야말로 직원들에게 주부생활사는 자신들의 회사가 된 것이다. 이후 '주부생활'는 더욱 승승장구하여 우리나라 여성지 시장을 선도하며 1970년대에 들어 20만 부에 육박하는 발행부수를 유지했고 한때 23만 부라는 잡지 사상 최고의 발행부수를 자랑하기도 했다.

1980년대 이후 여성잡지는 연령별, 콘텐츠별로 전문화, 세분화가 이루어지기 시작했다. 종합 여성지뿐만 아니라 패션지, 리빙지, 전문인테리어지, 뷰티지, 육아지, 요리지, 웨딩지에 이어 고급 숍 잡지와 외국의 라이선스 잡지까지 등장하게 된다. 그럼에도 불구하고 《주부생활》은 흔들림 없이 그 위상을 지켰고 1980년대 이후 민주화 과정에서 사회 분야의 심층 기사를 다루면서 여성지의 영역을 확장시켰고 1998년에는 문화부로부터 우수 잡지로 선정되기도 했다. 또 '주부생활사'는 해외 동포 여성들에게 눈을 돌려 1978년에는 미국 로스앤젤레스 지사를, 1983년에는 뉴욕 지사를 설립했다.

---

18 우리나라 우리사주제도의 효시는 1958년 10월 ㈜유한양행이 종업원의 복지 향상과 노사 협조를 목적으로 종업원에게 자사주를 지급한 것이다. 당시 ㈜유한양행은 간부에게는 공로주를 주고 사원에게는 희망자에 한해 자사주를 매입하도록 하되, 그 대금은 상여금에서 공제하도록 하였다.
19 현재는 2001년 8월 14일 제정되어 2002년 1월부터 시행된 '근로자복지기본법'이 '우리사주제도'에 관한 기본법으로써 근로자의 사회·경제적 지위 향상, 자사주 취득 기회 확대, 노사 협력 증진 등에 관한 상세한 규정을 두고 있다.

'오늘의 여성상' 제정

김익달은 1984년 4월 여성 사회의 활력과 이상을 제시한 여성들에게 주는 '오늘의 여성상'을 제정했다.

제1회 '오늘의 여성상'은 전위무용가 홍신자, '여성의 전화' 원장인 김희선, 서울양동맹인유아원장 임혜숙 등 3인이 수상자로 선정되었다. 제2회 '오늘의 여성상' 수상자는 한국일보 문화부장인 장명수가 선정되었다.

오늘의 여성상은 그 후 김익달 사후에도 《주부생활》, 《여성자신》이 주관하여 1986년에는 제3회 수상자로 한국의 헬렌 켈러라는 여성맹인목사 양전신이, 1987년 제4회에는 전원일기 작가인 김정수가, 1988년 제5회에는 소아마비장애자로서 심신장애자들의 재활 사업을 펼친 정립회관 관장인 황연대가, 1989년 제6회에는 20여 년간 아프리카 케냐의 오지에서 의료 선교 사업을 펼친 유 루시아 수녀가 각 수상하는 등 오늘의 여성상은 그 후에도 면면히 이어져 내려오고 있다.

소파상 수상

김익달은 상을 받는 것이 왠지 어색하다. 당연히 해야 될 일을 한 것뿐인데, 특별히 상을 받을 만한 일을 한 것은 아니라는 생각에서다.

1969년 11월 1일 제4회 '잡지의 날'에 김익달은 대통령 표창을 받았다. '잡지의 날'은 1965년 10월 8일 잡지협회 이사회에서 '잡지의 의의를 기리고 잡지의 가치를 국민 모두와 함께 공감할 수 있는 계기를 마련하자'는 의미에서 제정한 것이다. 잡지협회 이사회에서는 어떤 날을 '잡지의 날'로 기념하는 것이 좋은가에 대해 사계의 의견을 수렴한 결과, 1908년 육당

최남선이 우리나라 최초의 근대 잡지인《소년》을 창간한 11월 1일이 좋겠다고 하여 11월 1일을 '잡지의 날'로 정했다고 한다.[20]

이렇게 하여 11월 1일 '잡지의 날'을 잡지협회 정기총회에서 정식으로 공표하고 공보부가 승인함으로써 국가의 기념일이 되었다. 김익달로서는 11월 1일이 1952년 한국전쟁 중 학생잡지《학원》을 창간한 날이기도 하여 더욱 뜻깊은 날이기도 했다.

이 해에 새싹회는 김익달을 제13회 소파상 수상자로 결정하였다. 새싹회는 "김익달이 6·25 전란 중 출판 사업을 시작,《학원》,《농원》,《주부생활》등을 발행, 우리나라 문화 발전에 기여했고 20여 년 동안 장학 사업을 벌여 불우 학생들의 앞길을 열러준 공"으로 김익달을 수상자로 결정하였다고 밝혔다. 하지만 문제가 생겼다. 막상 상을 받아야 할 김익달이 펄쩍 뛰며 수상을 사양하겠다고 한 것이다. 말이 사양이지 사실상 거절하겠다는 것이다.

김익달은 자기는 그런 상을 받을 만한 일을 하지 못하였다는 것이 그 이유였다. 당시 새싹회 회장을 맡고 있던 윤석중은 뜻하지 않은 걸림돌을 만난 것이다. 소파상이 어떤 상인가. 자라나는 새싹들을 위해 큰일을 하던 분, 앞장서서 또는 숨어서 하신 분들을 찾아내서 드리는 상이 아닌가. 따라서 누가 추천한다고 하여 드릴 수 있는 상이 아니었다. 윤석중은 김익달이야말로 새싹회의 소파상의 제정 취지에 딱 맞는 분이라고 하여 주저 없이 선정한 것인데 참으로 난감한 일이 아닐 수 없었다.

새싹회에서는 김익달이 수상을 거절하는 참뜻이 어떤 것인지 알아보았다. 김익달이 수상을 거절한 이유는 세 가지였다.

첫째는 그만한 일을 가지고 그런 큰 상을 받으면 되겠느냐는 것이고,

---

20 사단법인 한국잡지협회, 『한국잡지협회 60년사』, 2012, 89면.

둘째는 상을 받으면 세상이 떠들썩할 터인데 그런 인사받기가 번거롭다는 것이었다. 그리고 셋째는 생색을 내는 것 같아 장학금을 주는 본뜻이 흐려지기 쉽다는 것이었다. 하지만 새싹회도 물러서지 않았다. 오히려 이런 분이야말로 상을 드려야 한다는데 의견이 일치되었다.

새싹회는 결국 1969년 10월 초 김익달의 승낙 없이 먼저 언론에 제13회 소파상 수상자로 김익달을 선정했다고 발표했다.

1969년 10월 4일자 《동아일보》는 "새싹회가 제정한 제13회 소파상(小波賞) 수상자로 결정된 학원사 사장 김익달 씨는 한국 잡지계의 거물이자 가장 양식 있는 출판인의 한 사람이며 출판으로 번 돈을 사회 공익에 되돌려 쓰는 사업가, 전란 중인 52년에 《학원》을 비롯하여 《진학》, 《여원》, 《주부생활》, 《농원》을 창간했으며 세계대백과사전 12권을 비롯해 5백 종의 교양, 아동 도서를 발행했으며 200여 명의 고등 · 대학생에게 54년 이래 일천육백만원의 장학금을 지급했다. (중략) 김 씨는 《학원》, 《여원》 등 자신이 국내 일급지로 키워 온 4종의 잡지 판권을 퇴직 사원에서 양도하는 한편 10월 11일자로 《주부생활》 주식의 3분의 2를 사동(使童)에 이르기까지 골고루 무료 분배하여 기업 경영의 모범을 보였다. 장학금을 지급받아 이미 사회에 엘리트로 진출한 기성인을 비롯한 200여 명은 친선을 도모하며 《밀알》이란 기관지를 발행하고 있다."라며 김익달의 소파상 수상 소식을 상세히 보도했다.[21]

김익달도 더는 소파상 수상을 사양할 수가 없었다. 1969년 11월 8일 체육회관 대강당에서 개최된 시상식에서 새싹회 회장 윤석중은 "소파는 33세라는 젊디젊은 나이로 이승을 떠났지만 우리나라 어린이의 아버지로

---

21 1969년 10월 8일자 《경향신문》도 김익달의 소파상 수상 소식을 상세하게 보도했다. 위 신문 기사에서 《주부생활》 주식 3분의 2를 무료 분배했다는 것은 정확한 표현이 아니었고 퇴직금에 가산하여 분배한 것이니 일부 유상, 일부 무상이 정확한 표현이라 할 수 있다.

길이 기억될 것입니다. 김익달 선생은 어려운 여건 속에서 인재를 찾아 길러내고 계십니다. 사람이란 오래 살아야만 훌륭한 일을 할 수 있는 것이 아니며 부유한 사람이어야 장학 사업을 하는 것도 아닙니다."라며 김익달의 공적을 높이 치하했다. 하지만 김익달은 소파상 수상 소감을 묻는 인터뷰에서 이렇게 얘기했다.

"아무리 생각해도 난 적격자가 아닙니다. 그래서 윤석중 씨에게도 굉장히 항의를 했어요. 난 사업가일 뿐 아동을 위해서 일한 게 아무것도 없어요. 사양을 하려고 했는데 신문에 발표해 버린 바람에 그냥 타기로 했어요. 너무 사양하는 것도 실례가 될 것 같고 해서 …. 부끄러워요."

윤석중은 1957년 첫 번째인 제1회 소파상을 우리나라 첫 동요 「반달」 작곡가 윤극영 선생에게 망우리 소파 묘 앞에서 드린 이래 하나하나가 모두 감격적인 상이었지만 특히 김익달 선생에게 드린 제13회 상은 역경에서 대성하신 분이 역경을 뚫고 학업에 몰두하고 있는 젊은 학도들에게 고등학교와 대학을 졸업할 때까지 뒤를 대주어 젊은 시절에 맺힌 한을 장학 사업으로 풀고 계신 분을 찬양하는 것이어서 더욱 뜻이 깊었다고 회고했다.[22]

국민훈장 동백장 수상

정부는 1973년 1월부터 문화예술 발전에 공이 큰 문화예술계 인사에게 수여하기 위해 문화훈장제도를 별도로 신설했다. 따라서 문화훈장제도가 생기기 전에는 국민훈장으로 문화예술계 인사들의 공적을 기렸다.

---

22 윤석중, 「어거지로 드린 소파상」, 『학원세대와 김익달』, 학원김익달전기간행위원회, 1990. 214-217면.

1970년 12월 5일 김익달은 출판계 인사로는 처음으로 당시 한국출판문화협회 회장인 정진숙과 함께 '국민훈장 동백장'을 받았다.

제11부 | 독서신문 발행

1960년대의 독서 시장

《독서신문》 창간

독서신문사 초대 사장 김익달

편집국장 오소백

《독서신문》 창간사

《독서신문》 – 독서 운동을 견인하다

1960년대의 독서 시장

'독서'의 사전적 의미는 '책 읽기'이다. 한국민족문화대백과사전은 '독서'를 "심신을 수양하고 교양을 넓히기 위하여 책을 읽는 일"이라며 좀 더 구체적으로 정의하고 있다. 하지만 독서가 심신을 수양하고 교양을 넓히는 것으로 그친다면 독서의 의미가 반감된다고 할 것이다.

조선 후기 실학자 박지원은 "독서는 문술(文術: 글을 쓰는 기술)을 풍부하게 하거나 명예를 날리기 위한 것이 되어서는 안 되고 실용을 위한 것이어야 한다."며 실용지학(實用之學)을 강조하였다. 그래서 실용지학을 한 사람을 선독서자(善讀書者)라고 불렀다. 즉 박지원이 말하는 선독서자는 보통 책을 소리 내어 잘 읽거나 구두점을 잘 찍거나 이야기를 잘하는 사람이 아니라, 실천적 문제의식을 가지고 그 글을 쓴 사람의 고심한 자취를 읽을 줄 알고 거기에서 얻은 지혜를 현실에 응용할 줄 아는 사람을 말하는 것이다.

실학을 집대성한 다산 정약용도 "독서는 인간의 제일가는 청사(淸事)"라고 하면서 "만민을 윤택하게 하고 만물을 기른다."는 실용적인 독서를 강조하였다.

세계 최초의 금속 활자 발명, 세계에서 가장 아름답고 과학적인 문자, '한글'을 가졌음에도 불구하고 우리 민족은 이러한 옛 선현들의 지혜를 제대로 이어받지 못했다. 근현대사에서 한국의 독서계, 독서 시장은 온 나라가 겪었던 격동의 세월만큼이나 역동적이고 드라마틱하기까지 하다.

해방과 더불어 우리말과 우리글을 다시 찾은 사람들은 우리말과 우리글로 된 것이면 신문이나 책 등 그 어떤 출판물에도 환호했다. 해방된 이듬해에는 출판사 수만도 150여 개에 달했고, 단행본 발행 종수도 1천여 종, 초판 발행부수는 5천 부 이상이었다. 당시 도서 시장은 이른바 공급자 시장(Seller's Market)이었던 것이다. 해방 당시 문맹률이 70% 이상이 었음을 감안할 때 우리말 우리글로 된 출판물에 대한 독자들의 요구가 얼마나 컸었는지를 단적으로 알 수 있다.

1949년에는 공보처에 등록된 출판사 수가 800여 개를 넘을 정도였고 해방 이후 간행된 출판물의 양도 상당하였다. 하지만 1950년 북한의 남침으로 시작된 한국전쟁은 전 국토를 초토화시켰을 뿐만 아니라 각종 산업 시설의 90% 이상이 파괴되었고 출판계와 인쇄 시설도 예외가 될 수 없었다.

한국전쟁 종전 후 출판 자재 및 제작비의 급등, 용지값, 인쇄 시설 및 전문 인력 부족 등으로 빈사 상태에 있던 출판계는 50년대 후반에 대전환기를 맞는다. 바로 1957년 10월 을유문화사의『우리말 큰 사전』의 완간(전6권)과 1958년 9월부터 1959년 5월까지 학원사의『대백과사전』(전6권)이 발행되었던 것이다. 대백과사전과 전집류 같은 기획출판물이 나타나면서 소극적인 판매 방식을 탈피하고 외판원에 의한 월부 판매를 실시함으로써 신규 수요를 창출하여 독서 시장은 활기를 띠게 되었다.

이처럼 1960년대는 백과사전과 전집류 시대라고 불릴 만큼『세계대백과』,『학술대백과』,『가정대백과』,『여성백과』와『세계문학전집』,『현대교양전서』,『전후세계문제작품집』,『실무전서』같은 전집류 붐이 일어났다. 이들 백과사전과 전집류들은 이른바 서적 외판원에 의한 방문 판매 방식을 채택하였는데, 이 방식은 경제 사정이 넉넉지 않거나 서점 또는 도서에 무관심한 사람들을 도서 문화권으로 끌어 들이는데 성공하였다. 특히 이들 책들은 하드커버의 장정용으로 발간되었기 때문에 좀 산다는 중산층 가정의 서재에 꽂혀 있을 법한, 아니 반드시 꽂혀 있어야 할 필수품으로 유행하게 되었다. 더구나 1960년대 후반에 일어난 고전 독서 운동은 고전을 중심으로 선별된 전집류 판매에 시너지 효과를 내었고[1] 경제적 형편이 되는 사람들은 장정용으로라도 이를 갖추는 것을 당연하게 받아들였다.

1970년 12월 26일 《동아일보》 문화한화(文化閑話)에서는 도서 외판원을 소비 시대의 개척자로 높이 평가하고 수입도 높고 인기 많은 직종으로 소개하기도 하였다. 당시 서울에만 70~80여 개의 외판 센터가 있었고 외판원의 수도 1만여 명에 육박했다고 한다. 하지만 60년대 중반부터 외판 조직의 허점이 드러나기 시작하였다. 신분이 불안한 외판원들은 동대문 서점가에 책을 정가의 반 이하로 투매하기도 하고 수금한 책 대금을 횡령하는 사고가 빈발하였다. 또, 이른바 '불량카드'에 의한 대금 손실 등의 폐해가 나타나기 시작했다. 이에 따라 대형 외판 센터가 문을 닫고 출판사는 부도나는 등 폐해가 심했지만 전집류를 출판하는 출판사들의 외판 의존도는 더욱 심해지는 악순환이 이어지게 된다.

전집류 판매의 외판 의존과 외판 기구의 기형적 비대는 단행본과 문고판의 발행을 위축시켰을 뿐만 아니라 독자들에게 서적 외판에 대한 혐오감마저 들게 했다. 당시 서울에서 웬만한 직장을 가진 사람치고 서적 외판원에게 한두 번 시달려 보지 않은 사람이 없을 정도였다. 오죽했으면 빌딩마다 잡상인 출입 금지 팻말이 등장하고 수위의 중요한 일 중의 하나가 고객과 서적 외판원을 가려내어 쫓아내는 일이었겠는가. 또 서적 외판의 성행은 일반 서점의 연쇄 부도를 초래했고 이는 곧 출판계의 침체로 이어졌던 것이다.

이러한 출판계의 불황을 타개하기 위해 대한출판문화협회를 중심으로 출판계는 "도서는 국가 발전의 도구"임을 강조하며 정부에 도서개발위원

---

1 독서경진대회인 자유교양대회에 참가하기 위해서는 지정된 고전 4~5권을 읽고 독후감을 제출해야 했으며, 고전 내용에 관한 객관식 시험도 치러야 했다.

회와 '출판금고' 설치를 수차 건의하고 촉구했다. 또 한편으로는 자체적으로는 도서 보급망 개편을 위한 도서일원화공급기구(圖書一元化供給機構) 설치 작업과 도서 정보와 독서 지도를 위한 전문 주간지 발행을 논의하게 되었다.

이에 따라 대한출판문화협회에서는 1970년 초부터 독서 인구의 개발과 양서의 보급을 위한 주간지 형태의 신문 발행을 본격적으로 추진하게 되었는데, 그것이 바로 1970년 11월 8일 창간된 《독서신문》이다.

《독서신문》 창간

대한출판문화협회는 1968년 4월 27일부터 29일까지 '도서와 국가 발전'에 관한 국제회의를 서울 아카데미하우스에서 개최하였다.

당시 국제회의를 주최한다는 것이 쉽지 않았음에도 불구하고 출판문화협회에서 이를 개최한 것은 '도서출판이 국가 발전의 도구'라는 점에 대한 이해와 인식을 제고하여 도서출판을 통해 국가 발전에 기여하는 길을 모색하고 또 이를 위한 출판 정책의 수립이 시급한 당면 과제라고 생각했기 때문이었다.

이 회의에서는 아시아 지역의 '도서 개발 센터의 설치', '경제개발계획에 도서 개발 부문을 포함시키는 정책 수립', '국가 도서 개발위원회의 구성' 등 다양한 주제에 관한 발표와 논의가 있었는데, 그중 하나가 "출판금고의 설치"에 관한 것이었다.

'출판금고'란 한 마디로 좋은 책을 출판하려는데 돈이 없어 출간하지 못하는 출판사를 지원하는 제도이다. 당시 은행 금리가 연 26%를 넘나들고 있었는데, 출판금고가 책정한 금리는 5% 정도였으니 속된 말로 하면 거저나 다름없는 것이었다.

대한출판문화협회에서는 이 같은 국제회의에서 논의된 '출판금고' 설치에 대한 지원을 정부에 건의하였고 정부 여당의 정책심의회에서 이를 전격적으로 채택하였다. 여러 가지 우여곡절 끝에 1969년 7월 7일 서울 YMCA 강당에서 '한국출판금고'의 창립총회를 가졌다. 하지만 당시 기금은 국고보조금 500만 원과 을유문화사, 학원사, 일조각, 현암사 등 106개 출판사가 출연한 418만 원이 전부였다.[2]

이렇게 출범한 '한국출판금고'는 첫 이사회에서 출판계의 불황을 타개하기 위해 도서일원화공급기구 설립과 《독서신문》 발행이 시급하다는 의견이 제시되었으나 재정이 너무 빈약하여 직접 실행에 옮기지 못하고 결국 《독서신문》 발행은 출판문화협회의 주요 회원사들이 주관할 수밖에 없었다.

출판문화협회는 당시 출판계의 만성적인 불황을 타개하기 위해서는 《독서신문》 발행이 시급하다는 것을 잘 알고 있었다. 당시 출판계는 '도서 제작이 전집처럼 대형화함으로써 단행본 발간이 기피되고 있었고, 주로 외판에 의한 도서 공급은 일선 서점의 몰락과 함께 책 가격의 반 이상이 외판비로 소요될 만큼 구독자와 출판인의 부담이 커졌고, 이에 따라 방대한 잠정 독자 수에도 불구하고 독서 인구가 점점 감퇴하는 심각하고도 구조적인 침체에 빠져 있었던 것이다.

뿐만 아니라 출판협회가 실정을 명확히 파악하기 위해 자체 조사한 결과에 따르면 도서의 평균 발행부수는 67년의 3천100부에서 68년 2천 부, 69년 1천300부로 해마다 격감하고 있고, 국민 1인당 독서량은 연간 48페

---

2 『대한출판문화협회 50년사』, 대한출판문화협회, 1998. 156면. ─당시 출판문화협회 회장이던 정진숙은 문공부 장관에게 출판금고 지원금으로 7억 원을 지원해 줄 것을 요청했으나 정작 문공부의 지원금은 500만 원에 불과하여 너무도 어이가 없었다고 하였다. 『출판인 정진숙』, 을유문화사, 2007. 282면.

이지에 불과하고 도서의 신문 광고도 67년의 매월 94건에서 69년에는 매월 33건으로 대폭 감소한 것으로 나타나 수치상으로도 독서 시장의 침체가 얼마나 심각한 상황이었는지를 알 수 있다.

독서는 국가 발전의 원동력이니 독서 시장의 침체는 출판계만의 문제일 수가 없었다. 정부나 각종 사회단체에서도 독서 인구의 확대가 긴급한 국가적 과제임을 인식하고 여러 가지 방안을 내놓았다. 마을문고본부는 농어촌의 마을금고 설치로부터 직장문고, 장병문고로 확장하였고 자유교양추진회에서는 자유교양대회를 개최하여 고전 읽기 운동을 벌였고, 정부는 나름대로 한국독서인구개발공사와 독서장려회 등을 설립 지원하여 거리에 나와 독서 권장 운동을 펼치도록 하였다.

이러한 상황에서 출판협회에서는 더 이상 재정 문제로《독서신문》발행을 늦출 수가 없었다. 대한출판문화협회 회장인 정진숙과 학원사의 김익달, 현암사의 조상원, 계몽사의 김원대, 신구문화사의 이종익 등은《독서신문》발행을 위한 창간 준비위원회를 구성했다.

준비위원회는 1970년 6월 18일, 19일 이틀에 걸친 연속적인 회의 끝에 독서신문사 설립 자본금을 1천500만 원으로 하되 그중 1천100만 원은 발기인들이 500주씩 인수하여 50만 원씩 출연하고 나머지는 공모하기로 결정하는 등 설립 요강과 정관 및 편집 방향을 확정했다.

이에 따라 정진숙, 김익달, 조상원, 김원대, 이종익 등 22명의 발기인들이 독서신문사의 주식 500주씩을 인수하여 50만 원씩을 출연하고 8월 15일 광복절 창간을 목표로 일을 추진해 나갔다.

창간 준비위원회가 확정한《독서신문》의 목표는 첫째; 양심적인 출판인의 의욕 앙양, 둘째; 저작 활동의 고무, 셋째; 독서의 생활화, 넷째; 교양 제공, 다섯째; 문화 풍토 개선 등이었다.

이렇게 출판인들의 염원을 담은《독서신문》창간 작업은 순조롭게 진행되었는데, 중요한 순간에 큰 걸림돌을 만나게 되었다.

그것은 바로 이처럼 사회적, 시대적인 막중한 사명을 안고 출범하는 독서신문사를 책임지고 이끌어갈 사람을 과연 누구로 하느냐는 것이었다. 창간 준비위원회에 참여한 발기인들은 다들 자신들의 출판사 일만해도 벅차다고 하면서 아무런 이득도 없고 책임만 큰 독서신문사 사장 자리를 고사하는 형편이었던 것이다. 하지만 창간 준비위원회에 참여한 발기인뿐만 아니라 출판인들 사이에서는 초대 독서신문사 사장으로 가장 적합한 인물이 누구인지에 대해서는 누구나 공감하는 인물이 딱 한사람 있었다.

바로 김익달이었던 것이다.

독서신문사 초대 사장 김익달

정진숙과 조상원 등 많은 출판인들이 독서신문사를 맡아 이끌어갈 인물로 한결같이 김익달을 지목했지만 그 과정이 순탄치는 않았다.

당시 김익달은 농촌 부흥을 위해 적자를 감수하면서 무리하게 발행한 《농원》잡지 실패로 인한 재정적 손실이 워낙 커 태평로 사옥까지 처분한 상황이었다. 또 그로 인해 당뇨병까지 얻어 건강 상태가 썩 좋지 못해 이제 창간하는 독서신문사를 책임지기에는 무리였던 것이다. 하지만 정진숙, 조상원 등 출판인들의 바람도 끈질기고 집요하기까지 했다.

여러 사람들의 권유에도 김익달이 독서신문사 사장을 끝내 고사하자 정진숙은 한 꾀를 내어 비상책을 쓰기로 한 것이다. 당시 정진숙은 자신의 집으로 친구들이나 출판인들을 불러서 술자리를 벌이곤 했는데, 술을 즐기는 김익달을 조상원, 김원대, 이종익[3] 등과 함께 집으로 초대한 것이다.

물론 정진숙은 조상원 등과는 사전에 묵계가 있었지만 김익달에게는 술자리의 목적을 일체 발설하지 않고 그저 같이 한잔하자는 뜻에서 초대한다고 했다. 별다른 생각 없이 술자리에 참석한 김익달은 그 자리에 참석한 정진숙, 조상원, 김원대, 이종익 등과 기분 좋게 잔을 주고받았다.

김익달의 취기가 거나하게 오른 것을 확인한 정진숙은 바로 그때 김익달에게 독서신문사 사장 취임을 다시 한 번 간곡하게 부탁하였다. 그러자 그 자리에 참석했던 조상원, 김원대, 이종익 등이 모두 입을 모아 김익달에게 사장 취임 수락을 요청하니 김익달로서도 더는 자기 입장만을 내세워 사양할 수가 없었다. 김익달은 하는 수 없이 "조 사장이 부사장을 맡아준다면 하지 …"라며 마침내 사장 취임을 수락하게 되었던 것이다.[4]

이에 모두들 한바탕 웃으며 박수를 치고 김익달의 사장 취임을 축하하게 되었다.

김익달이 독서신문사 사장 취임을 승낙한 이상 《독서신문》의 창간은 이제 걱정할 것이 없게 되었다며 안도하는 분위기였다. 모두들 김익달의 애국심과 출판인으로서의 바른 마음, 그리고 누구도 흉내 내기 힘든 기획력과 추진력에 대해 너무나 잘 알고 있었던 것이다.

1970년 10월 5일자 《경향신문》은 "오는 10월 말에 발간될 《독서신문》 발간 준비위원회는 2일 이사회를 열고 회장에 정진숙, 사장에 김익달 씨를 선출하는 한편 주간으로 발간될 《독서신문》의 발간 계획을 협의했

---

3 이종익은 1953년 10월 신구문화사를 설립하여 1973년 '국어국문학사전'을 출판하여 한국출판문화상을 수상했고, 1974년 3월 신구산업전문대학을 설립했다.
4 조상원, 「출판이 아니라 다른 사업을 했더라면」, 『학원세대와 김익달』, 학원김익달전기간행위원회, 1990. 251면.

다."며 "편집 담당 상무 조상원(현암사), 업무 담당 상무 김봉규(삼성출판사), 이사 이종익(신구문화사), 양철우(교학사), 김원대(계몽사)"가 임원으로 선출되었다고 보도했다.

김익달이 초대 독서신문사 사장에 내정되자 《독서신문》 창간은 이후 일사천리로 진행되게 된다.

《독서신문》은 매주 1회 발행하는 주간 신문이었는데, 당시만 해도 주간 신문 등록은 하늘의 별 따기였다. 그만큼 독서 전문 주간지 《독서신문》은 창간 소식 자체가 화제였던 것이다. 기존에는 주간 매체 자체가 없었던 터라 모두들 주간 《독서신문》은 어떤 모양이 될지 궁금해 했다.

김익달은 독서신문사 사장 취임 승낙을 한 지 한 달여 만인 1970년 10월 30일 주간 등록을 마쳤다. 이제 《독서신문》 창간 준비가 모두 끝난 셈이었다.

편집국장 오소백

창간을 준비하면서 김익달이 가장 신경을 쓴 부분이 바로 《독서신문》의 편집 일을 책임질 편집국장 자리였다. 《독서신문》도 신문이니만큼 전문 언론인이어야 하며 사회 각 분야에 대한 해박한 지식과 또 올곧은 기자 정신과 양심적인 출판인의 심성을 고루 갖춘 인물이어야 했던 것이다.

1970년 10월 하순의 어느 날 저녁때 관철동의 허름한 술집 '일미옥'에서 김익달은 이제 갓 50줄에 들어선 눈매가 날카로운 한 남자를 만났다. 김익달이 먼저 빙그레 웃으며 말문을 열었다.

"이런 집에서 만나는 게 좋지요. 요란한 데는 싫고 … 오 선생도 아마 그럴 거야."

김익달이 '오 선생'이라고 부르는 그 남자는 세간에서 영원한 사회부장이라고 하는 그 사람 '오소백'이었다.

오소백은 1947년 《조선일보》 수습기자를 시작으로 언론계에 입문한 뒤 《민주일보》 사회부 기자, 《합동통신》 사회부 기자를 거쳐 《부산일보》, 《한국일보》, 《자유신문》, 《중앙일보》, 《세계일보》, 《경향신문》, 《서울신문》 등 여러 매체에서 사회부장을 지낸 사람이다.[5]

그러니까 오소백은 60년대 초까지 8개 일간 신문에서 사회부 기자와 사회부장을 지낸 것이다. 세간에서 그를 영원한 사회부장이라고 하는 것은 이 때문이다. 그의 주머니에는 언제나 사표 한 장이 준비되어 있었다. 사회부 기자인 그에게 피할 수 없는 불의(不義)와 압력이 닥치면 그는 미련 없이 사표를 던졌다. 오소백이 그의 체험과 실무 지식을 바탕으로 한국전쟁 중에 저술한 『기자가 되려면』(1953년)과 『올챙이기자 방랑기』(1956년)는 신문 기자가 되려는 사람에게는 필독서였다.

뿐만 아니라 오소백은 일선 기자 시절 독특한 기사 문체로 언론계의 주목을 받았다. 당시까지만 해도 신문 기사는 지루한 장문의 기사가 일반적이었는데, 한국전쟁이 한창이던 1950년대 초반 간략하고 박력 있는 그의 기사는 신문 문장의 새로운 경지를 열었던 것이다. 그런 그가 1965년 《대한일보》 편집부국장을 끝으로 언론 일선에서 물러났다. 그 후 조사, 연구, 강의, 저술 등과 신문협회의 5개월짜리 연감편집실장을 맡아 신문 연감을 편찬하는 등, 요즈음 말로 하면 '비정규직'으로 활동하고 있었던 것이다.

김익달은 《독서신문》의 초대 편집국장으로 그런 오소백이 꼭 필요하여 만나기를 청했던 것이다. 술이 몇 순배 돌아 두 사람이 거나하게 취했을

---

5 여기서 말하는 《중앙일보》, 《세계일보》는 지금 발행되고 있는 같은 제호의 신문들이 아니다. 현재 발행되고 있는 《중앙일보》는 1965년, 《세계일보》는 1989년에 창간되었다.

무렵 김익달은 《독서신문》 창간 취지를 간단하게 설명했다. 한두 마디만 하면 척하고 알아들을 사람이 아닌가. 길게 설명할 필요가 없었다.

김익달은 두 손으로 오소백의 손목을 덥석 잡았다.

"경영은 내가 맡고, 편집국장은 오 선생이 맡고 …"

김익달은 간절한 눈빛으로 오소백을 바라보았다. 그의 입에서 '예스'가 나올지 '노우'가 나올지 모를 찰나의 순간이 흘렀다. 이윽고 오 선생, 아니 오소백은 저돌적이기까지 한 김익달의 구애에 그만 웃고 말았다. 그러자 김익달도 안도한 듯 따라 웃었다. 그렇게 두 사람은 그냥 바보처럼 두 손을 잡고 웃기만 했다.

김익달은 오소백의 편집국장 수락에 기분이 좋아 2차를 가자고 했다. 2차 술자리에서 김익달은 창간 신문에 관한 계획을 늘어놓기에 바빴다. 평소에는 말이 적은 김익달이지만 기분 좋은 상대를 만나면 봇물 터지듯 말이 많아지는 건 예나 지금이나 변함없는 그의 오래된 버릇이었다.

"편집국 직원은 오 선생 자유니까, 나는 내정 불간섭이야."

오소백은 김익달의 말에 가만히 웃으며 술만 마셨다.

창간 준비도 이제 막바지였다. 그런데 호사다마인지 하루는 느닷없이 김익달이 오소백을 불렀는데 안색이 영 좋지 않았다. 오소백은 무슨 일이 있는지 궁금했다.

"독서신문 사장 그만두면 그뿐이지 … "

김익달은 혼잣말처럼 가만히 얘기했다.

"그게 무슨 말씀이십니까?"

"글쎄 편집국장 임명에 대해 거부 반응을 보인단 말이야. … 문공부에서."

오소백은 김익달이 무슨 말을 하는 것인지 단번에 알 수 있었다. 문공부는 정부든 야당이든 가리지 않고 잘못이 있으면 가차 없이 비판해 온 자신의 이력을 보고 새로운 《독서신문》의 편집국장 자리를 맡는 것을 탐탁지 않게 여기고 있었던 것이다. 하늘의 별따기 만큼 어려운 주간 신문 등록을 해 주었으니 편집국장만큼은 자신들의 입맛에 맞는 사람을 앉히라는 압력이었던 것이다.

오소백은 난처했지만 자신 때문에 김익달의 입장이 어려워지는 건 더욱 싫었다.

"그건, 간단한 문제죠. 제가 물러나면 되니까."

하지만 김익달의 태도는 단호했다.

"편집국장 인사권은 내게 있어요. 문공부가 아니에요."

"그래서 결론은요?"

"편집국장 임명권 없는 신문사 사장은 그만두겠다고 했지."

"그랬더니요?"

"오소백 국장을 반대하는 게 아니라면서 얼버무리더군."

"결국은 … "

"자리에서 일어나 나왔는데 복도까지 따라 나오며 '없던 일로 하자'기에 그냥 눈으로만 인사하고 헤어졌지."

"나 때문에 말썽 생겨 미안합니다."

"미안할 거 없어요. 소신대로 일을 하세요. 책임은 내가 언제든지 질 테니까."

김익달은 문공부에서 뭐라 하던 편집국장 오소백은 변할 수 없는 기정사실임을 강조하며 자신만만한 너털웃음을 지었다. 오소백은 그런 김익달을 다시 한 번 예의 그 기자의 눈으로 바라보았다. 작지만 단단한 몸집, 속을 뚫어보는 듯한 깊은 눈매며 후덕하게 보이는 입술, 왠지 김익달

을 보면 나폴레옹의 모습이 떠오르곤 했다.[6]

김익달의 단호한 태도에 문공부는 그 후 오소백 편집국장 임명에 대해 아무런 이의를 달지 않았다. 이렇게 하여 모든 창간 준비를 마치고 드디어 1970년 11월 8일 《독서신문》 창간호인 제1호가 발행되었다.

발행편집 겸 인쇄인은 김익달, 정진숙은 자신이 《독서신문》의 발행인을 맡았다고 하였으나[7] 편집국장 오소백, 발행처는 주식회사 독서신문사(서울특별시 종로구 세종로 202)였다. 하지만 잡지 창간사를 연구한 천정환의 '시대의 말 욕망의 문장'에서는 《독서신문》의 발행인, 편집인은 김익달로 기록하고 있다. 그리고 무엇보다 《독서신문》 창간호인 1970년 11월 8일자 제1호 제1면 상단에 '발행편집 겸 인쇄인 김익달, 편집국장 오소백'이라고 기재되어 있다.

《독서신문》 창간사

김익달은 「독서는 개발의 원동력, 문화 앙양의 기수 자처」라는 제목의 《독서신문》 창간사에서 '① 지식의 대중화, ② 소비성향적 매스컴에 저항, ③ 제2경제는 책에서, ④ 인간 정신의 회복'이라는 부제로 독서신문사의 방향성을 제시하고 있다.

김익달은 '지식의 대중화'에 대하여 "앞으로 독자 여러분의 참다운 여

---

6 오소백, 「저세상에서도 뭔가 사업 구상을 하실 분」, 『학원세대와 김익달』, 학원김익달전기편찬위원회, 1990. 196-197면.
7 정진숙은 『출판인 정진숙』에서 "1970년 11월 8일자로 창간한 《독서신문》은 타블로이드판의 32면 체제였다. 나는 이 신문의 회장 겸 발행인을 맡았다. 사장은 김익달 씨, 부사장은 조상원 씨, 영업이사는 김봉규 씨였고, 오소백 씨가 편집국장의 총책을 맡았다."고 했다. ―『출판인 정진숙』, 을유문화사, 2007. 313면.

론을 바탕으로 문화 풍토의 개선, 독서의 생활화, 지식의 대중화, 저작 활동의 고무 등을 꾀하려고 합니다. 이런 일들을 해내기 위해서는 출판 정보와 양서의 상담 구실을 맡은 매스 미디어가 절실히 요청되는 것입니다. 이 전파의 소용돌이 속에서 활자를 어떻게 지키며 활력 있게 번져 나갈 수 있게 하느냐는 것은 잠시도 지체할 수 없는 당면 문제인 것입니다."라면서 문화 풍토의 개선과 독서의 생활화를 강조했다.

또 '소비성향적 매스컴에 저항'이란 부제에서는 "일제 때부터 30여 년간 이어온 군산의 일류 서점 경영자가 경영 부진으로 자살의 길을 택한 비극이 벌어졌는데 이런 일은 해방 뒤 처음 있는 서글픈 이야기입니다."[8] 라면서, "서점이나 거리에 나가면 전집물과 주간물 등이 엄청나게 쏟아져 나오고 있는 것은 사실입니다. 그러나 생각하는 독자들이 바라는 피가 되고 살이 되는 순수한 단행본은 깡그리 외면당하고 있습니다. 에로, 그로[9] 등 저속하고 퇴폐적인 출판물의 홍수를 어떻게 보아야 할까요? 아무 알맹이도 없는 흥미를 위한 흥미 위주의 소비성향적 출판물이 판치고 있는 것은 어떻게 생각해야 할까요? 독자 대중은 '만들어진 출판물'을 일방적으로 사들일 길밖에 없게 되어 있습니다. 소비자인 독자들은 선택의 권리를 빼앗기고 있는 셈입니다. 여기서 군말은 피하고 IPA(국제출판협회) 도서 헌장의 한 부분을 옮겨 상기시켜 보렵니다." '도서는 단순히 종이와 잉크로 만들어진 상품은 아니다. 도서는 인간 정신의 표현이며 진보와 문화 발전의 바탕이다.'라고 문화 풍토 개선을 강조하면서 사회, 독

---

8 전북 일원의 서적도매업을 장악하고 있던 군산의 문학서점 주인 정정산 씨가 "서적상 25년에 남은 것은 채무 2천만 원"이란 비장한 유서를 남기고 자살한 사건을 말한다. ─《동아일보》 1970년 8월 26일자 5면 기사.
9 '에로'(erotic)는 성적인 자극이 있는 것을 말하고, '그로'는 그로테스크한 것을 말하는데, 원래 그로테스코(grotesco)라는 이탈리아어로 보통의 그림에는 어울리지 않는 장소를 장식하기 위한 색다른 장식을 가리키는 것이었으나 오늘날에는 일반적으로 '괴기한 것, 극도로 부자연한 것, 흉측하고 우스꽝스러운 것' 등을 말한다.

자, 출판계도 반성해야 하지만 먼저 넓은 의미의 언론 출판계의 반성을 촉구하고 있다.

또한 '제2경제는 책에서'에서는 "근대화 작업이 물량적인 외곬으로만 달리고 있는 단각(單脚) 현상을 보이고 있습니다. 이른바 제2경제, 압축해 말하면 정신적 근대화는 종잡을 수 없이 뒤져 있다는 말로 이해됩니다. 화려한 방에 책이 없는 것은 건강한 육체에 정신이 없는 것이나 비슷하다는 키케로의 말이 연상되기도 합니다. 끝맺어 '제2경제'의 참다운 실현은 책에서부터 불이 번져야 한다고 거듭 외치고 싶습니다."라며 하드웨어적인 근대화 못지않게 소프트웨어적인 근대화, 즉 정신적 근대화가 중요함을 강조하고 있다.

김익달은 《농원》 창간 때와 마찬가지로 정신적 근대화의 모델로 덴마크의 부흥사를 들고 있는데, 덴마크의 재건보(再建譜)에는 늘 책이 병행하고 있었다고 했다.

김익달은 창간사를 '인간 정신의 회복을' 이란 부제로 마무리하고 있는데 "기계의 톱니바퀴나 나사못으로 변해가는 게 오늘을 사는 세계의 인간들입니다. 인간은 기계의 한 부분 부품화 하고 있습니다. 인간 소외에서 인간 회복을, 기계 중심에서 인간 중심을 부르짖게 된 것 같습니다. 공해 문제는 인간 생활을 힘들게 하고 있습니다. 일부 넓은 의미의 매스컴 공해도 예외일 수 없을 것입니다. 현대를 인간 사막이라고 부르는 사람도 있습니다. 이런 비인간화를 인간답게 되돌이키자는 외침에도 우리 《독서신문》은 에누리 없이 공감하고 있습니다. 곧 인간 정신의 회복을 뜻하는 것입니다."라며 점점 복잡다기화 된 현대 문명 속에서 소외되어 가는 인간 정신의 회복과 인간 중심의 삶을 강조하고 있다.

언제 어디서나 스마트폰을 들고 다니지 않으면 불안한 현대인의 삶, 그리고 공해로 인한 지구 온난화와 기상 이변으로 인류의 장래까지 위협

받고 있는 현실을 생각할 때 45년 전에 쓴 김익달의 《독서신문》 창간사는 참으로 많은 것을 시사하고 있다.

《독서신문》은 이러한 창간 목적을 실현하는 구체적인 방법으로 창간호에 '본사 5대 사업'이라는 제목으로 다음과 같은 사업 계획을 밝혔다.

첫째, 숨은 독서 운동가들을 뽑아 공로상을 주기로 한다.

둘째, 바람직한 '제2경제'의 논문상을 제정해서 정신적 풍토를 재확립하는 가치관을 찾아본다.

셋째, 소비성향적인 출판 공해를 없애기 위한 악서 추방 캠페인을 전개한다.

넷째, 출판문화 전시회관을 건립하여 문화 향상의 현장 소개와 안내 보급을 꾀한다.

다섯째, 국제도서전시회를 열어 도서 문화의 교류 및 국민적 시야를 넓히는데 힘쓴다.

《독서신문》은 이 같은 5대 사업을 대한출판협회와 한국잡지협회와 공동 주관하여 전개해 나감으로써 독서 인구 확산을 위한 독서 운동의 주자로 나섰던 것이다.

《독서신문》 - 독서 운동을 견인하다

60~70년대 우리 사회의 화두는 단연 '조국 근대화', '민족중흥'이었다. '조국 근대화'와 '민주중흥'은 '우리도 한번 잘살아보자'라는 구호 아래 급격한 '공업화', '산업화'로 나타났는데 이는 단기간의 성장을 위한 하드웨어적인 성장을 추구한 것이었다. 하지만 김익달은 "하드웨어로는 소프트웨어를 만들 수 없지만 소프트웨어로는 하드웨어를 얼마든지 새롭게 만

들 수 있다. 출판도 이와 같아야 한다. 소프트웨어를 위한 출판이 먼저 자리를 잡아야 한다."며 늘 정신의 근대화를 강조했다.

따라서 1952년《학원》창간 때에도 '참된 교양', '마음의 양식'을, 1955년《여원》창간 때에는 '여성의 문화 의식 향상'을, 1964년《농원》창간 때에는 '전 국민의 정신 농사', 1965년《주부생활》창간 때에는 '항상 깨어있는 여성'을 창간 이념으로 내세운 것이다.

김익달이《독서신문》창간사에서 강조한 것도 역시 제2경제, 즉 물량적 근대화가 아닌 정신적 근대화와 인간 정신의 회복이었다. 매주 일요일마다 발행되는《독서신문》은 이러한 창간 취지를 구현하기 위해 크게 4가지 점에 중점을 두었다.

첫째는 올바른 국어 교육에 대하여 상당한 지면을 할애했다. 국어 교육은 당시 우리 사회에서 활발하게 논의되던 '국어순화론'에 관한 것뿐만 아니라 한글전용론과 한자혼용론에 관한 기사들을 거의 매호 빠짐없이 게재했다.

"국어의 순화는 국민의 자존심의 바탕 위에서만 이루어질 수 있다."는 이기문 교수의 「국어 생활의 반성」(1970년 11월 22일), "아름다운 우리말이 담긴 어린이 책을 만들자."라는 윤석중의 「책 속에 조국이 있음을 깨닫게 해주자」는 그 대표적인 것들이다. 또한《독서신문》은 국어 교육과 관련하여 읽기 교육뿐만 아니라 미국과 프랑스를 예로 들면서 '쓰기 교육' 즉 '작문 교육'도 강화해야 함을 강조하고 있다.

이처럼《독서신문》은 국어 교육 일반론에 대한 기사를 꾸준히 게재하여 우리 사회의 주의를 환기시켰을 뿐만 아니라 교육 일반론에도 상당한 비중을 두었다. 예컨대 「교사의 발언」란을 두어 현직 교사를 통한 교육 현장에서의 문제점을 고정적으로 논의하게 함으로써 바람직한 교육 방

향을 제시하고자 한 것이다.[10]

다음으로 독자들에게 제시하고자 한 것은 독서의 대상, 즉 '무엇을 읽을 것인가'하는 문제였다. 창간 초기 《독서신문》이 다룬 기사들을 보면 문학, 역사, 철학, 미술, 음악, 연극, 과학 등에 걸쳐 교양을 쌓을 수 있는 다양한 분야의 글들이 게재되고 있다. 이것은 1차적으로 신문의 읽을거리이기도 하지만 독자들에게 읽기 대상에 대한 정보를 간접적으로 제공하는 것이기도 했다.

특히 「독서상담실」란을 설치하여 독자들에 대한 독서 지도, 책의 선택 등에 관한 상담을 상시적으로 하였을 뿐만 아니라 「독서정보」란을 신설하여 독자들에게 양서(良書)의 선택, 구입 등에 관한 정보를 제공했다. 여기에 소개되는 양서는 '독서신문양서선정회'에서 선정한 신간·구간 등에서 가려 뽑은 책들을 소개하고 있다.

또 신간서적에 대하여는 「신간도서」란과 「신간서평」란을 고정적으로 설치하여 총류, 철학, 종교, 사회과학, 순수과학, 기술과학, 예술, 어학, 문학 등에 관한 신간서적을 소개하고 서평을 싣고 있다. 《독서신문》의 이러한 「신간도서」와 「신간서평」란은 김익달이 창간사에서 강조했던 것처럼 독자들에게 피가 되고 살이 되는 순수한 단행본의 발간을 고무하는 역할을 했다. 초판 발행부수가 평균 2천 부에도 미치지 못하는 단행본 출판사는 책 광고는 엄두도 못 내기 마련인데 「신간도서」 또는 「신간서평」에 소개된다는 것은 광고 이상의 효과가 있었기 때문이다. 전집이나 선집 형태가 아닌 단행본의 등장은 독자들이 선택할 수 있는 다양한 종류의 독서물이 생산되기 시작했음을 의미한다. 이는 자신이 좋아하는 책

---

10 윤금선은 "《독서신문》이 독서 관련 기사들을 통해 읽기 교육을 확산시켰으며, 한글 전용과 한자 혼용의 문제와 국어 순환론, 쓰기 교육 등에 대한 다양한 기사를 게재함으로써 국어 교육적 가치를 지니고 있다."며 《독서신문》의 국어 교육적 가치를 높이 평가한다. –윤금선, 「독서신문 고찰」, 국어교육연구 제15권, 서울대학교 국어교육연구소, 2004. 53면.

을 '골라 읽기'[11]하는 주체적이고 자율적인 독자층을 형성하는 계기가 되어 80년대의 독서 대중화로 이어지게 된다.

《독서신문》은 서평의 경우 학자·교원·언론인 등으로 구성된 '서평특별위원회' 등이 공정하고 권위 있는 서평을 하도록 했다. 해외 명작에 대하여는 「명작의 공원」이라는 란을 설치하여 문학뿐만 아니라 음악, 미술, 연극 등 문화 전반에 관하여 소개하였고 우리의 고전에 대하여는 「고전에의 초대」란을 통해 정약용의 『목민심서』, 박제가의 『북학의』, 이익의 『성호사설』, 유성룡의 『징비록』 등을 시리즈로 소개하고 있다.

특히 제9호(1971년 1월 3일)부터는 「해제적서평(解題的書評)」란을 마련하여 고전 한 권을 선택하여 집중적으로 분석하고 평석해 주기도 했다.

독서의 대상과 관련하여 특기할 것은 1970년 말과 1971년 초에 걸쳐 《독서신문》은 저질 전집물의 범람과 관련하여 출판계의 각성을 촉구한 것이다. 당시 독서계는 1969년의 중국 무협소설 붐에 이어 1970년 4월에 출간된 『대망大望』(전20권)이라는 일본 사무라이(日本武士) 소설이 출판계의 불황 속에서도 대히트를 기록했다. 그리고 잇따라 11월에는 같은 작품의 원제를 그대로 쓴 『덕천가강(德川家康)』(전26권)이 출간되어 독서계를 강타했다.

더구나 이런 붐을 타고 임진왜란을 일으킨 장본인인 도요토미 히데요시의 일대기인 『풍운아(風雲兒)』(전8권)와 『전국지(戰國志)』 등이 속속 출간되었던 것이다. 가히 한국 독서계는 일본 사무라이 소설이 점령한 꼴이 되어 버렸던 것이다. 이에 대해 《독서신문》은 1970년 12월 20일자 「혼돈에서 정착으로」, 1971년 1월 3일자 「저질 전집물의 범람」, 1971년 1월 17

---

11 로제 샤르티에(Roger Chartier)와 굴리엘모 카발로(Guglielmo Cavallo)가 1997년 펴낸 『읽는다는 것의 역사』에서도 '골라 읽기'는 근대의 중요한 독서 풍경이라고 한다. 즉 '골라 읽는다'는 것은 독자층의 수준이 상당한 수준에 이르렀음을 의미하는 것이다. 8개국 13명의 저자가 참여한 『읽는다는 것의 역사』는 '읽는다는 것'의 역사화를 시도한 최초의 책으로 평가받고 있다.

일「사무라이 소설 범람 경종」등의 칼럼을 이어 게재하여 일본에서도 문학적으로 높은 평가를 받지 못하는 이런류의 책은 백해무익의 악서(惡書)라고 비판하며 출판업자의 각성을 촉구했던 것이다. 이러한 독서계의 이상 현상에 대해 역사학계에서는 외국의 대중 역사소설에 매혹되는 것은 현대 한국인의 빈곤한 정신 풍토를 드러내는 것이며 결국 국민의 주체 의식의 결여 때문이라고 우려를 표시했다. 또한 소설가 이호철[12]은 "한국 독자를 일본 작가에게 빼앗기는 것은 어떤 점으로든 한국 작가가 재검토해야 할 일"이라고 반성하기도 했다.

이처럼 《독서신문》은 무엇을 읽을 것인가와 관련하여 독자들에게 항상 좋은 읽을거리를 제공하기 위한 칼럼과 기사들을 꾸준히 게재함으로써 독서 운동을 견인했던 것이다. 《독서신문》은 독서의 방법, 즉 '어떻게 읽을 것인가'에 대해서도 「독서지도」란을 두어 구체적인 독서 방법에 대해 상세하게 연재하였다.

예컨대, 정신 집중이 잘되는 '25분간의 독서법' '안구운동을 통한 속독 훈련법', '독서회 조직을 통한 독서 그룹의 운영방법', '독서 생활에 대한 자기진단법', '가정문고 설치', '학급독서회 편성과 활용' 등에 관해 국립중앙도서관 독서지도 담당관의 글을 게재하였다. 그 외에도 현직 중학교 교사의 '학교교육과 책읽기'(1971년 1월 17일)에서 '음독과 묵독에 대한 지도', '낱말덩어리 읽기' 등의 방법을 제시하여 독자들, 특히 학생들의 독서력 증진에 도움을 주고자 하였다.

또한 다양한 통계를 활용하여 독서 운동의 실효성을 높이고자 했다. 즉 일선 고등학교 교사가 학부형 600여 명을 대상으로 라디오, TV가 아동들의 학습에 주는 영향을 조사한 통계 자료라든가 대한출판문화협회

---

12 「소시민」, 「서울은 만원이다」 등의 장편을 발표했고 《현대문학》 신인상과 《사상계》의 동인문학상을 받았다.

가 1970년 제14회 도서전시회 관람자를 대상으로 독서 실태에 대해 조사한 결과, 그리고 70년도 한국도서잡지윤리위원회의 도서 잡지의 윤리 강령 위반 통계 등을 활용함으로써 보다 정확한 독서 실태를 파악하여 바람직한 독서 운동의 방향을 제시하고자 했다. 그밖에 《독서신문》이 중점을 둔 것 중에 「독서저널」란이 있다. 이 기사는 도서관 소식이나 독서계의 주요 소식들을 보도하는 것이었다. 예컨대 '국립도서관에 독서상담실', '독서경진대회'(1970년 11월 8일), '아파트문고 만든 후론 이웃 싸움 없어졌어요'(1970년 11월 8일),[13] '불량도서추방운동'(1970년 12월 6일), '시민독서운동본부 발족'(1970년 12월 13일), '도서공급기구 일원화 움직임'(1971년 1월 17일) 등이 있다.

이와 같은 기사나 칼럼 하나하나는 독서는 국가 발전의 원동력으로서, 근대화는 하드웨어적인 것뿐만 아니라 소프트웨어적인 것과 병행해야 함을 강조하고 국민 독서 운동을 견인하기 위한 것이다.

한편 경영을 책임진 김익달은 하루도 편할 날이 없었다. 《독서신문》이 이처럼 학문과 예술을 위한 교양 신문인 만큼 아무 광고나 실을 수가 없었다. 70년대 초반 당시 광고 사장이 크지도 않았을 뿐만 아니라 신문의 성격상 책 광고를 위주로 실을 수밖에 없었는데 일반 신문에 비해 광고비가 저렴하다고는 하지만 대부분의 출판사들이 영세하여 책 광고가 충분할 리가 없었던 것이다.

출판인들이 주주로 참여한 《독서신문》이었지만 광고 유치는 결코 쉬운 일이 아니었던 것이다. 마감 날짜가 되어도 광고가 펑크 나는 일이 다

---

13 아파트문고는 이름만 바뀐 '마을문고'로서 1961년 엄대섭에 의해 시작된 독서 운동이었다. 주로 농어촌 도서 보급 운동으로 전개되어 국민들의 독서 생활을 활성화하는데 기여했다. 그 후 마을문고, 직장문고, 군인문고, 교양문고, 청소년문고, 아파트문고 등의 설치로 전국으로 확대되었다. 1970년대에는 3만 5천여 개의 문고가 설치되었고 1975년도에는 새마을운동의 단위 사업으로 지정되기도 했다.

반사였다. 상황이 이렇게 되면 김익달은 무조건 학원사의 책 광고를 싣도록 했다. 창간 초기의《독서신문》광고란에 학원사 책 광고가 많은 것은 이 때문이다.

학원사 직원들은 억지 춘향격으로 광고를 내야했고 광고료 지불 때에도 김익달의 독촉 전화를 받아야 했다.《독서신문》의 광고료는 즉시 지불해야 된다는 것이었다. 김익달은 그럴 때마다 걱정스럽게 바라보는 편집국장 오소백을 보고 혼잣말처럼 중얼거렸다.

"광고 효과를 말하면 되나?《독서신문》을 키우고 돕는 취지에서 광고를 내야지…"

김익달은 이처럼 광고에 대해 솔선수범하여 학원사 광고를 실었을 뿐 단 한 번도 광고 문제로 다른 출판사에 대해 불평한 적이 없었다.[14]

이렇게 김익달이 초창기 틀을 잡은《독서신문》은 그 후 70년대 초반 발행부수 15만 부를 기록하며 국민 독서 운동을 견인하게 된다.

---

14 오소백, 「저 세상에서도 뭔가 사업 구상을 하실 분」, 『학원세대와 김익달』, 학원김익달전기간행위원회, 1990. 197-198면.

제12부 | 인재 사랑, 나라 사랑

장학회관 건립

양평동 사옥의 드라마틱한 운명

장학 사업을 필생의 사업으로

직원 복지는 기업 발전의 초석

출판문화계 밭을 일구고 씨를 뿌리다

보이지 않는 곳에서 일하는 문화의 투기사(投機師)

익우회(益友會)

여의도 장학회관 건립, 그리고 아쉬움

신문 오보에 진노한 김익달

정비석과의 마지막 일본 여행

학원사와 '하권사'

영원한 청춘, 김익달

장학회관 건립

맹자(孟子)는 『맹자 · 진심편(盡心篇)』에서 '득천하영재 이교육지 삼락야(得天下英才 而敎育之 三樂也)'라고 하여 천하의 영재를 얻어서 교육하는 것이 인생의 세 가지 즐거움 중의 하나라고 했다.

맹자 사상의 영향을 받아서일까. 김익달의 인재 사랑은 참으로 유별나다. 한국전쟁이 한창인 1952년 《학원》을 창간할 때 앞일을 예측하기 어려운 데도 '학원장학생모집'을 창간호에 냈으니 말이다.

김익달은 1960년 12월 13일 재단법인 학원장학회 설립인가를 받아 1961년 1월 10일 재단법인 설립 등기를 마칠 때까지 총5회에 걸쳐 모두 74명의 학원장학생을 뽑았다. 1956년, 58년, 59년은 학원사의 재정 형편이 어려워 장학생을 뽑지 못했던 것이다.

김익달이 가족들이 살고 있는 신문로 집을 재단의 기본 재산으로 편입시키면서까지 학원장학회를 재단법인으로 만든 것은 학원사의 영업 실적에 좌우되지 않고 장학 사업이 영속적으로 이어지기를 바랐기 때문이다. 하지만 김익달은 이 정도로는 장학 사업을 계속하기엔 턱없이 부족하다는 것을 잘 알고 있었다. 또 출판업은 부침이 심한 사업이고 큰 수익이 나는 것도 아니니 학원사 수입금만으로는 장학 사업을 계속한다는 것도 어려웠다. 그렇다고 별다른 대안도 없어 재단의 기금을 크게 확충할 방법도 마땅치 않았다. 결국 현실적으로 가장 실현 가능성이 있는 것은 조금씩이라도 돈을 모아 적당한 위치의 대지를 구입하고 그곳에 장학회관을 지어 그 임대 수입으로 장학금을 지급한다면 출판업의 부침과는 상관없이 장학 사업을 계속할 수 있다고 판단했다.

마침 1957년 한국검인정교과서 주식회사 설립 시 주주로 참여하여 『중학작문』, 『새로운 조형예술』, 『새로운 과학』 등 몇 권의 교과서를 발행하여 납품하고 있었는데, 학원사의 교과서들은 내용뿐만 아니라 종이 질과 인쇄 상태도 최고여서 인기가 좋았다.

김익달은 주주로서 학원사 교과서 공급 실적에 따라 배당금을 지급받았는데, 60년대 초부터는 그 금액이 매년 몇백만 원 정도 되었다. 김익달은 매년 지급하는 장학금은 학원사 수익금으로 충당하고 아주 급한 경우가 아니면 이 검인정교과서 주식회사에서 나오는 배당금은 손대지 않고 전액을 장학재단에 기부하여 적립하기로 했다. 이 검인정교과서 주식 배당금은 장학재단의 기금 확충에 큰 도움이 되었다.[1]

1965년 5월 처음 장학재단에 출연했던 신문로 주택을 팔았다. 장학회관을 마련할 수 있는 대지를 물색하기 위함이었다. 당시 기본 재산은 9백35만 원으로 늘어나 있었다.[2]

그 후 1967년 4월 19일 서울 종로구 통의동 35의 37 대지 46.8평, 건평 70평의 2층짜리 건물을 매수하여 학원장학회관의 간판을 달았다. 이 통의동 장학회관에서 그동안 《농원》 발행의 후유증으로 1964년 2월 20일 제9기 22명을 선발한 뒤 3년 동안 뽑지 못했던 학원장학생 선발을 재개하였다. 1968년 7월 24일 제10기 학원장학생 15명을, 1969년 7월 23일 제11기 학원장학생 20명을 선발한 것이다.

1970년 4월 6일 장학회관을 좀 더 넓은 곳으로 이전하기 위해 통의동 장학회관을 매도하고 같은 해 4월 15일에 경기도 수원시 신풍동 20번지 대지 214.5평을 장학회관 건립을 위해 매입했다. 이때 장학재단의 기본

---

1 하지만 유신정권이 1977년 2월 정치적 의도로 일으킨 이른바 '검인정교과서 부정사건'에서 주식 배당금으로 지급받은 것이 부당 이득이라며 과세 당국으로부터 무려 6천100만 원을 추징당하게 된다. 김익달은 이 추징금을 납부하기 위해 학원사의 소중한 자산인 지형들을 팔아야 했다.
2 1962년 6월 10일부터 단행된 화폐 개혁에 따라 화폐 단위가 '환'에서 '원'으로 바뀌면서 화폐 가치가 10대 1로 평가절하된 것이다. 따라서 1960년 12월 13일 장학재단 설립 당시의 기본 재산인 7천162만 6천500환보다 많이 증가한 것이다.

재산은 2천55만 2천 원으로 늘어나 있었다. 그리고 1971년 3월 6일 수원 장학회관 신축 기공식을 가졌고, 그해 9월 11일 준공하였다. 대지 214.5평, 건평 324.6평의 제법 번듯한 장학회관이 탄생한 것이다.

당시 장학재단의 기본 재산은 3천645만 9천263원으로 증가했다. 하지만 김익달은 이에 만족할 수가 없었다. 서울을 벗어난 수원의 장학회관이 전국에 흩어져 있는 장학생들이 모이기에 더 적합한 곳이라 생각했지만 사실은 불편한 점이 더 많았다. 아무래도 대학을 졸업하고 사회에 진출한 '밀알회원'들의 직장이나 생활 근거지는 서울이 많았기 때문이었다.

양평동 사옥의 드라마틱한 운명

《농원》 발행의 후유증으로 태평로 사옥을 처분한 김익달은 《주부생활》의 성공과 『대백과사전』 등의 꾸준한 판매에 힘입어 1971년 9월 12일 서울 영등포구 양평동 5가 106번지에 새로운 사옥을 신축하여 이전하였다. 양평동 김포공항로 변에 위치한 신사옥은 1971년 5월 4일 공사에 착수하여 4개월여 만에 완공한 것으로 최신 인쇄 시설을 갖춘 인쇄 공장도 달려 있었다. 특히 인쇄 시설은 출판사로서는 처음으로 서적 인쇄용 8색도 오프셋 윤전기를 도입함으로써 국내 굴지의 최신 인쇄 시스템을 갖추게 된 것이다.

학원사의 모든 부서가 들어왔고 최신 인쇄 시설까지 갖춘 양평동 신사옥에서 김익달은 출판 보국에 대한 새로운 의욕을 다져나갔다. 다만 한 가지 아쉬운 점이 있다면 초창기 《독서신문》 사장을 맡아 너무 무리하는 바람에 당뇨병 등 건강이 악화되어 1년이 채 되지 않아 《독서신문》 일을 그만둘 수밖에 없었다는 것이었다.

1972년 3월 김익달은 중학생 월간 학습교양지로《중1생활》,《중2생활》,《중3생활》을 창간하고 6월에는『원색과학대사전』(전8권)을 발행했다. 이『원색과학대사전』은 우리나라의 과학 발전에 기여하기 위해 1958년 각 분야의 석학들을 총동원하여 발행한『과학대사전』을 전면적으로 증보한 것으로 46배판의 양장본으로 각 권 600쪽으로 과학 분야의 새로운 이론과 풍부한 원색 사진을 실었다.

그리고 1973년 5월, 채희상을 편집주간으로 하여 1천500여 명의 석학들을 총동원하여 전공별로 2천여 대항목을 기명으로 집필한 원고 20만 장 분량의『원색세계백과대사전』을 발행하기 시작했다. 이 '백과사전'은 양평동 사옥의 최신 인쇄 시스템을 적용하여 전체를 오프셋 2색도 인쇄, 원색 2천 면, 사진 6천 장을 색 분해한 한국 출판 사상 미증유의 방대한 사전으로 백과사전의 명문출판사로서의 학원사의 위치를 더욱 공고히 했다. 특히 새로운 민족 사관에 의한 기술, 과학의 진보, 생활상의 혁명을 상술하고 한국 민족 고유의 문화 분야의 기술에도 역점을 두었다. 46배판의 3단 조판으로 된 총1만 2천182쪽의『원색세계백과대사전』은 1974년 12월 1일 전20권이 완간되었다.

『원색세계백과대사전』의 간행이 순조롭게 진행되고 있던 1973년 말, 김익달은 자신의 건강이 예전 같지 않음을 절실히 느끼지 않을 수 없었다.《독서신문》사장을 그만두고 좀 쉬면 다시 옛날과 같은 체력을 회복할 수 있을 것 같았는데 그렇게 마음먹은 대로 되지는 않았던 것이다.

이제 어느 덧 환갑을 바라보는 나이가 되었다. 학원장학생 선발은 회사 사정상 70년은 뽑지 못했지만 1971년 2월 25일 제12기 20명, 1972년 2월 23일 제13기 20명, 1973년 2월 15일 제14기 20명을 각 선발했으니, 이제 장학금을 지급해야 할 학생만 대학생까지 포함하여 매년 100명이 넘는다.

그런데 학원장학재단의 기본 재산은 충분치가 않아 매년 상당한 액수를 출판사 수익금으로 충당해야 하는데 앞으로도 계속 그런 방식으로 장학회를 운영하는 것은 한계가 있을 수밖에 없었다.

김익달은 장남 영수를 비롯한 아들들이 이미 장성하여 제 몫을 다하고 있으니 이제는 결단을 내려야 할 때라고 판단했다. 장학 사업과 출판 사업 중 어느 하나를 택하여 남은 여생을 바쳐야 할 때가 된 것이다.

결국 학원사가 자랑하는 최신의 인쇄 시스템을 갖춘 양평동 사옥은 오직 장학 사업 때문에 신축한지 채 3년도 못되어 남에게 넘어가는 운명을 맞게 되지만 그것이 끝은 아니었다. 그로부터 11년 후 마치 드라마처럼 다시 학원사로 돌아오게 된다. 그것도 11년 전 인쇄 공장과 같이 다른 회사로 넘어갔던 학원사 직원들과 함께 말이다.

장학 사업을 필생의 사업으로

1974년 1월 1일 새해 아침, 서설이 내리고 있었다. 김익달은 감회에 젖어 눈 내리는 창밖을 바라보고 있었다. 12년 전 오늘 모범 축산마을을 만들기 위해 상주 백화산을 찾아갈 때에도 이렇게 눈이 내리고 있었다. 그때 같이 갔던 큰아들 영수가 이제 어느덧 서른 살 청년이 된 것이다. 해방된 조국, 대구에서 낙동서관으로 뜻을 펼치던 자신의 나이만큼 이미 성장한 것이다.

대문 소리가 나더니 큰아들 영수와 작은아들 성수의 모습이 나뭇가지 사이로 보였다. 회사에서도 늘 대하는 얼굴이지만 오늘은 그저 아버지와 아들로서 만나고 싶었다. 문이 열리고 얼굴에 웃음을 가득 띤 형제가 거실로 들어섰다.

"그래 눈 오는데 오느라 애들 썼다. 회사로 나가기 전에 집에서 한 번 보고 싶어 불렀다. 일전에 얘기한대로 오늘은 너희들이 본격적으로 출판 업계에 들어서는 날이다. 내가 욕심을 너무 부리는 게 아닌지 모르겠구나."

"아버지 잘 결정하신 일입니다. 아버지의 뜻을 계속 펼쳐 나가십시오. 저희들에게는 젊음과 의욕이 있습니다. 염려 마시고 흔들리지 마세요."

큰아들 영수가 김익달의 결정을 존중하겠다는 뜻을 밝혔다.

"저희들은 그저 아버지의 뜻에 따르겠습니다. 항상 건강을 염려하시기 바랍니다."

이어 뒤질세라 작은아들 성수도 아버지의 건강을 염려했다.

"고맙구나. 너희들 한 마디가 내게는 얼마나 큰 힘이 되는지 모르겠다. 우리 서로 잘해 보자꾸나."

두 아들의 화답에 김익달은 만족스러운 듯 미소 지으며 창밖으로 탐스럽게 내리는 함박눈을 바라보았다. 마당에 서 있는 나뭇가지에는 눈꽃이 소복하게 피고 있었다.

그동안 고심 끝에 내린 결정은 그간의 사업을 정리하고 남은 여생동안 장학 사업에만 전념하기로 한 것이다. 따라서 출판 사업은 장남 영수에게 맡기고 차남 성수가 이를 돕도록 한 것이다. 여기까지는 사업을 물려주는 보통의 아버지들과 크게 다르지 않았다. 그 다음부터가 달랐다.

사업을 물려주면 학원사 본사 건물과 공장을 비롯한 전 재산과 학원사의 대표적 출판물인『원색세계대백과사전』(전20권)의 판권 등도 모두 물려주어야 사업을 순조롭게 이어갈 수 있을 것이다. 그런데 김익달은 그렇게 하지 않겠다는 것이고 그 아들들은 그런 아버지의 뜻을 존중하고 따르겠다는 것이다. 김익달은 학원사 본사 건물과 공장을 비롯한 전 재산,『원색세계대백과사전』의 판권 등을 모두 처분하여 장학재단에 기부할 뜻을 밝혔던 것이다. 그러니 그동안 자신의 출판 사업을 거들어 온 큰 아들 영수에게 《주부생활》을 가지고 나가 독립하여 사업을 해보라는 것이었다. 보통의 아버지와 아들 같으면 사업을 물려주면서 어찌 이럴 수 있느냐고 대들 법도 하건만 그 아버지에 그 아들들이었다. 아들들은 '젊음과 의욕'이 있다며 아버지의 뜻에 기꺼이 따르기로 한 것이다.[3]

이렇게 하여 큰아들 김영수는 《주부생활》 판권만 가지고 서울 종로구 관철동 12-20에 있는 원산정이라는 한국음식점 2층 총면적 70평가량의 사무실에 임직원 29명과 함께 살림을 차리게 된다. 이로써 김영수의 《주부생활》은 거대 언론사가 창간한 《여성중앙》과 《여성동아》와 더불어 치열한 여성지 3파전을 벌이게 되는데,[4] 전 사원이 한마음 한뜻으로 매월 새로운 잡지를 창간하듯 심혈을 기울인 끝에 4년만인 1978년에는 14만 8천 부라는 여성지 사상 최고의 발행부수를 기록하게 된다.

뿐만 아니라 독립한 지 2년만인 1976년에는 여대생을 위한 미혼 여성지인 《엘레강스》, 청소년을 위한 《소년생활》을 창간하고 자력으로 여의도에 사옥도 신축하게 되었고, 둘째 아들 김성수 또한 아동물 전문 출판 '학원서적'으로 독립하여 아버지인 김익달의 믿음에 보답하게 된다.

한편 김익달은 양평동 사옥과 공장을 처분하겠다는 뜻을 밝혔는데, 이 소식을 듣고 제일 먼저 달려온 것은 김익달의 보통학교 동창인 동아출판사의 김상문이었다. 김상문은 값의 고하간에 인수하겠다고 적극적으로 나섰다. 하지만 김익달의 뜻은 값에 있지 않았다. 공장 인수와 함께 전 직원을 인수하여야 하는 것을 첫째 조건으로 내걸었다.

김익달은 자신이 세운 공장이고 사정이 있어 공장을 팔 수밖에 없지만

---

3 고정일, 『한국 출판 100년을 찾아서』, 정음사, 2012. 537-538면.
4 《여원(女苑)》은 1950년대 후반에서 1960년대 전반에 걸쳐 신태양사에서 발행하던 《여상(女像)》과 함께 우리나라 여성 교양지로서 크게 각광을 받았으나 그 뒤 창간된 《주부생활》, 《여성동아》, 《여성중앙》 등과의 치열한 판매 경쟁 끝에 1970년 4월호로 통권 175호를 내고 폐간되었다.

그 때문에 자신이 뽑은 직원이 단 한사람이라도 희생되어서는 안 된다고 생각했던 것이다. 이러한 김익달의 뜻을 전해들은 전 사원은 너무나 감사해 했으며, 《주부생활》을 따라 나가는 임직원들도 또 한 번 큰 감동과 교훈을 얻었다.

결국 이러한 김익달의 뜻을 '주식회사 능력개발'의 김화영 사장이 받아들였다. 학원사의 양평동 사옥에는 '청동인쇄 주식회사'라는 간판이 내걸렸으나 그곳에 근무하는 직원들은 공장장을 비롯해 전 직원들이 명찰만 바꾸어 달았을 뿐 모두 그대로 근무하게 되었다.

그로부터 11년이 흐른 1984년 10월의 어느 날, 바로 양평동 사옥에서 제2의 창업을 알리는 시무식이 있었다. 시무식은 원로목사 박용익 목사의 집전으로 진행되었다.

김익달이 학원장학재단의 기금을 확충하여 장학 사업에 전념하기 위해 팔았던 공장을 11년 만에 그 아들인 《주부생활》 김영수 사장이 자력으로 다시 산 것이다. 공장만 산 것이 아니었다. 김익달이 공장과 함께 딸려 보냈던 핵심 사원과 종업원들까지 모두 되돌려 받았던 것이다. 공장이 '주식회사 능력개발'로 양도될 때 공무부장이었던 정해석 역시 11년 만에 다시 무사히 학원사로 귀환한 것이다. 회사로 보나 한 집안으로 보나 이보다 더 큰 경사가 어디 있겠는가. 용장 밑에 약졸이 없다고 했다. 김익달의 믿음에 큰아들 김영수는 또 한 번 보답한 것이다.[5]

---

5 정해석, 「눈앞의 이로움보다 의로운 판단을 내리시던 분」, 『학원세대와 김익달』, 학원김익달 전기간행위원회, 1990, 245-246면.

직원 복지는 기업 발전의 초석

김익달은 사원들에게 출판 사업은 문화 상품인 책을 만드는 것이므로 끊임없는 공부와 연구가 있어야 함을 강조했다. 따라서 직원 수가 상당히 늘어난 1959년(대백과사전이 완간된 해)부터는 전 직원에게 국어, 영어, 수학, 과학 등 전 과목에 걸쳐 일제 시험을 치르도록 했다.

김익달은 소년 사원에게도 똑같이 이 시험을 보게 했다. 소년 사원이란 출판사의 사환을 말하는 것인데 모든 직원에게 사환이라고 함부로 대하지 말고 소년 사원으로 부르게 해 인격적 대우를 하도록 했다.

김익달은 사내 시험에서 수석을 차지하면 그가 임시 직원이든 소년 사원이든 누구를 막론하고 부장으로 등용하겠다고 공표했다. 직원들은 처음에 아무리 김익달이라고 하더라도 실제로 그렇게 하지는 못할 것이라며 반신반의했다.

1959년 첫 번째로 실시한 사내 시험에서 입사한지 1년밖에 안된 박재서가 수석을 차지했고 소년 사원 한 명도 뛰어난 성적을 보였다. 이에 김익달은 주위의 중상이나 압력에도 끄덕하지 않고 박재서를 부장으로 특진시키고 소년 사원은 정사원으로 채용했다.[6]

이 같은 사내 시험은 이후 매년 실시되어 사원들의 나태를 경계하고 면학을 독려하였다. 사원들에게 꾸준한 자기계발을 강조한 김익달은 사원들에 대한 대우나 후생, 복지에도 남다른 신경을 썼다.

---

6 박재서는 1958년 편집 사원 공채 때 입사했는데, 당시 그는 전 직장인 모 출판사에 근무할 시 노동조합 결성에 관여했고 여러 번의 파업에 적극 가담한 전력이 있어 사업주의 눈 밖에 났던 인물이었다. 하지만 김익달은 이러한 사실을 알고도 흔쾌히 그를 채용했다. 박재서는 학원사에서 10여 년간 근무한 뒤 다른 간부 직원들과 마찬가지로 김익달의 도움으로 '학원출판공사'를 설립하여 독립했고 1979년 1월 1일부터 1981년 12월 31일까지 제18대, 제19대 한국잡지협회 회장을 역임하게 된다.

1960년에 입사하여 학원사 부사장을 지낸 바 있는 이규준은 가까이서 김익달의 일상생활을 보아온 느낌과 당시 학원사 직원들의 보수 수준에 대해 이렇게 얘기했다.

　　"그분의 일상생활은 지극히 규칙적이고 합리적이며 대단히 검소했다. 공과 사가 분명했고 사치나 허영을 찾아볼 수 없었다. 출판에는 남다른 기지와 정열을 가지고 있었으며 휼빈과 육영에도 사업 의지가 대단했다. 불우한 이웃은 되도록 도와주되 그 대상은 반드시 자조하는 사람 중에서 선택하는 것을 원칙으로 했다. 이러한 생활 정신이 원동력이 되어 회사 운영에도 기업주 위주의 축재나 업체의 확장에만 치중하는 것이 아니라 종업원의 후생과 복지에도 중점을 두고 거래선과도 공생 공영한다는 입장을 견지했다. 일반적으로 지급되는 월정금은 물론 연말이나 추석, 김장철 등에 지급되는 상여금에 이르기까지 당시 국내 출판업계의 최고 수준이었다."[7] 그래서 당시 '학원사 편집국장의 월급이 신문사 편집국장보다 많다'는 말이 공공연히 떠돌기도 했다.

　　김익달 자신은 천성적으로 근검·절약하는 것이 몸에 배서 겨울철에도 빛바랜 외투를 입고 다닐 정도였지만 사원들의 살림살이에는 늘 마음이 쓰였던 것이다.

　　이렇게 학원사 직원들의 보수 수준이 최고였던 것은 김익달이 출판을 통해 엄청난 수익을 올렸기 때문이 아니었다. 김익달은 '간추린 시리즈'나 '백과사전' 또는 '잡지' 등으로 수익을 얻으면 언제나 새로운 일에 투자하여 사회 환원하는 것을 원칙으로 삼았고 사원들은 월급을 주는 부하 직원이 아니라 문화 사업을 함께 하는 동지였던 것이다. 따라서 사원들의 생활 안정은 작게는 회사 발전의 밑거름이 되고 크게는 문화 발전의 원

7　이규준, 「정도만을 고집하는 분」, 『학원세대와 김익달』, 학원김익달전기간행위원회, 1990, 218-219면.

동력이 된다고 생각했다. 그래서 유난히 학원사 직원 중에는 시인, 소설가 등 문인이 많았고 김익달은 그들을 단순한 직원이 아닌 문인으로 깍듯이 예우한 것이다.

특히 김익달이 부장급 이상의 간부들에게 돌아가며 차례로 집을 사준 얘기는 지금도 전설처럼 회자되고 있다.

학원사가 우리나라 최초로 『대백과사전』을 완간한 1959년의 어느 날 퇴근 무렵 김익달은 이주철, 백동주, 주채원에게 저녁 식사를 함께 하자고 했고 김익달이 그들과 함께 간 곳은 당시 고급 중국 요리집으로 유명한 소공동의 아사원이었다.[8]

김익달은 아사원의 조용한 방을 잡고 요리를 시킨 뒤 주채원 등 세 사람이 전혀 예상하지 못했던 꿈같은 얘기를 꺼냈다. 김익달은 세 사람에게 집을 사줄 터이니 적당한 집을 보아 놓으라는 것이었다. 이 말을 들은 주채원 등 세 사람은 얼마나 흥분했는지 그날 밤 집에 가서 잠을 이루지 못할 정도였다고 한다.[9]

사실 변변한 취직자리 하나 흔치 않았던 60년대 초반 일개 출판사에 불과한 학원사에서 직원들에게 아무 조건 없이 집 한 채를 사주다니 세상에 이런 일도 있는가. 직원들은 입사 몇 년 만에 번듯한 자기 집이 생긴다니 잠을 이루지 못하는 것도 무리가 아니었다.

매년 2~3명의 간부 직원에게 집을 사주었는데 때로는 김익달이 타고 다니는 미군 불하품을 개조한 지프차에 해당 직원을 태우고 함께 집을 보러 다니기도 했다.

학원사 입사 1년 만에 부장으로 특진한 박재서도 주택 구입 혜택을 입

---

8 '아사원'은 1968년 정부가 공무원 기강 대책의 하나로 공무원의 출입을 금지한 요정, 주점, 식당에 포함될 만큼 고급 요리집이었다. ―1968년 7월 24일 《동아일보》.
9 주채원, 「과학에 대한 남다른 관심과 열의」, 『학원세대와 김익달』, 학원김익달전기간행위원회, 1990. 255~256면.

었는데, 그때의 일을 다음과 같이 회고했다.

"60년대 초에 처음에는 200만 원을 주다가 나중에는 400만 원까지 주었는데, 그땐 그 돈으로 집 한 채를 넉넉히 샀지요. 사장님이 직접 집을 골라 사준 일도 있습니다. 나도 그 혜택을 입었는데 하루는 나를 데리고 불광동 신축 주택가를 가서 나더러 집을 고르라고 하시는 거예요. 그러나 마음에 들지 않기에 돈으로 달래서 그 돈으로 당시 서교동 허허벌판에 땅 240평을 샀습니다. 나중에 그걸 팔아서 집을 샀지요."

또 김익달은 그냥 집을 사주는 것에 그치지 않고 그 직원들을 일일이 불러 집을 고르는 요령, 집을 사고 팔 때 주의해야 할 점, 등기 절차 등을 상세히 가르쳐 주었다. 직원들에게 집을 사주는 것이 직원들을 최대한 부려먹기 위한 계산된 수단이 아니라 직원들의 안정된 생활을 진심으로 바란 것이다.

시인이며 《주부생활》 편집부장을 지낸 낭승만에게는 소설가 정비석이 개척한 수원 주말농장의 땅 300평을 사 주었다. 낭승만은 "세상에 태어나 처음으로 '내 땅'이란 걸 한 번 손에 쥐어 볼 수 있었다. 이때의 감격은 뭐라고 말할 수 없을 정도여서 큰 혜택을 받은 기쁨에 감격의 눈물을 흘렸다."고 했다.

그 후 낭승만은 집을 장만하기 위해 수원의 주말농장 땅 300평을 팔려고 김익달에게 의논한 일이 있었다. 김익달은 웬만한 일이 아니면 절대로 땅을 팔지 말고 지니고 있으라고 조언했기 때문이다.

"왜 땅을 팔려고?"

"예. 그걸 팔아서 집을 좀 사볼까 해서요."

"그것 좋지. 집을 잘 사야 해. 그런데 낭 부장, 낭 부장은 내 자식 같아서 하는 말인데 다 좋은데 술이 심하다더군. 술을 조심해야 해."

자상한 아버지 같은 김익달의 충고에 낭승만은 진땀을 뻘뻘 흘렸다고 한다. 낭승만은 결국 수원 주말농장 땅을 팔아서 마포 공덕동에다 조그만 기와집 한 채를 샀다. 내 집을 마련한다는 감격과 기쁨은 이제야 내가 한 가정의 아버지요, 남편이요, 그 가장이 되었다는 자격을 얻은 셈이어서 그 기쁨은 이루 헤아릴 수 없었다고 했다.[10]

이같이 김익달이 직원들에게 집을 사준 것은 결코 여유가 있어서가 아니었다. 학원사의 영업이 부진할 때에도 직원들에게 집을 사주는 일은 계속되었다. 60년대 학원사에 근무했던 주채원은 편집부에서 제작부로 옮기는 바람에 알게 된 사실이라며 다음과 같이 회고한 일이 있다.

"제작비 지불 관계로 사장님이 부채 리스트를 보여 주시는데 거기에는 사원들에게 집 사줄 액수도 쓰여 있었다. 자금이 남아돌아서 집을 사주는 게 아니고 빚을 얻어서라도 해야 할 일은 한다는 것이 그분의 소신이었다."

이렇게 해서 김익달은 10여 년간 20명이 넘는 직원들에게 아무 조건 없이 집을 사주었다. 이는 출판계는 물론이고 전체 재계가 깜짝 놀랄만한 대사건이었고 지금은 전설로 남아 있는 것이다.

출판문화계 밭을 일구고 씨를 뿌리다

김익달은 1955년 9월 여성의 문화 의식 향상을 위하여 《여원(女苑)》을 창간한 후 1956년 7월 '여원사'를 설립했다. 당시 부사장 겸 편집주간을 맡고 있던 김명엽으로 하여금 독립하여 운영하도록 한 것이다.

요즈음 흔히 말하는 문어발식 기업 확장을 위해 학원사의 계열사를 만

---

10 낭승만, 「사원들에게 자애 넘치셨던 분」, 『학원세대와 김익달』, 학원김익달전기간행위원회, 1990. 163–164면.

든 것이 아니라 학원사와는 아무 관련이 없는 독립된 회사를 차려 살림을 내준 것이다. 《여원》의 판권은 물론 '여원사'를 독립적으로 운영할 수 있는 자금과 편집 인력도 딸려 보냈다.

1965년 대입 수험잡지 《진학》을 창간했을 때에도 똑같은 수순을 밟았다. 별도의 '진학사'를 설립한 후 《진학》 창간 당시 편집장을 맡고 있던 조우제로 하여금 독립하여 운영하게 한 것이다.

김익달은 사람을 참 좋아하고 사람을 알아보는 능력이 탁월하다. 누구에게나 열정의 씨앗은 있다. 제대로 발아할 수 있는 기회를 얻지 못했을 뿐이다. 김익달은 바로 그 사람의 열정의 싹을 틔우고 성장하여 꽃을 피우고 열매를 맺게 도와주는 것을 큰 보람으로 느낀다. 타인의 성장을 위해 제 자신을 도구로 쓰는 것을 천성적으로 좋아하는 것이다.

미국의 언론인이자 칼럼니스트인 윌리엄 아서 워드(William Arthur Ward)[11]는 "평범한 교사는 말을 하고, 좋은 교사는 설명을 하고, 우수한 교사는 시범을 보이고, 위대한 스승은 영감을 준다."라고 말했다.

김익달은 출판인으로서 어떤 마음가짐을 가져야 하며 어떤 책을 출판해야 하는지에 대해 모범을 보이는 것으로 그친 것이 아니다. 어떤 직원에게는 어떤 능력이 있는지 그것을 일깨워주고 또 그 능력을 어떻게 계발해야 하는지 그 길을 보여 준 것이다.

김익달은 직원들에게 지형들을 떼 주어 출판사를 차려 살림을 내보내는 것에 대해 이렇게 말했다.

"저도 어려서 고용살이로 시작했으니까 그분들의 고통을 잘 압니다. 사람들은 누구나 포부가 있는 법이니, 그 뜻있는 분들에게 길을 열어주

---

11 윌리엄 아서 워드는 법학박사로 대통령도 그의 말에는 귀를 기울였다고 할 정도로 명문구를 많이 만들었다. 그는 성공의 비결에 대해 다음과 같은 유명한 문구를 남겼다. "남들 잘 때 공부하는 것, 남들 빈둥거릴 때 일하는 것, 남들 놀 때 준비하는 것, 그리도 남들이 바라기만 할 때 꿈을 갖는 것이다."

는 주는 것이 제 책임이기도 하죠. 그러기에 저는 사업가는 되지 못합니다. 벌기보다 쓸 생각이 먼저 앞서 있으니 …."

김익달의 말대로 그는 우리가 보통 생각하는 사업가가 아니었다. 그는 타인의 성장을 위해 도구가 되는 것을 기꺼워하는 진정한 리더였고 위대한 스승이었던 것이다. 이렇게 김익달이 매체나 지형을 떼어 주어 출판사를 차린 사람이 30여 명이나 된다. 물론 회사를 떼어 주는데 있어서 특별한 조건이나 부담은 전혀 주지 않았다. 오히려 그 사람의 능력과 회사 형편이 닿는 대로 자금과 인력을 지원하여 출판사 운영에 차질이 없도록 배려했다.

이렇게 김익달이 학원사를 통해 키워 낸 출판인들은 '학원사 인맥'이라고 칭할 정도이다. 이들 학원사 출신들은 출판을 중심으로 사회 각 분야에서 오늘날 우리 출판문화의 초석을 다진 인물들이다. 학원사 출신 중 출판계 인사를 살펴본다.

먼저, 대양출판사와 학원사 초창기 인사들을 보면 나말선(향문사), 이재근(수학사), 박상진(박우사), 김성재(일지사), 김명엽(여원사), 류국현(교문사), 주채원(정향사), 김인원(양서각), 최태열(육민사), 최덕교(창조사), 손정삼(학창사), 조우제(진학사), 박재서(학원출판공사), 고영진(여명사), 이보승(학명사), 진관철(평범사), 김우석(진명출판사), 채희상(지하철문고사), 백동주(금란출판사), 임대희(농원사) 등 20여 명에 이른다. 물론 학원사 초창기 인물들은 이미 고인이 되었거나 2세에게 물려주고 현역에서 은퇴한 분도 많지만 모두 우리 출판문화의 발전에 일익을 담당한 분들이다.

또 역대 학원사 편집국장 또는 부장 출신으로 언론·출판계에 진출한 인물들을 보면, 고정기(을유문화사 출판국장), 최몽섭(계몽사 이사), 강민(금성출판사 상무), 김승환(코리아이데아 에이전시), 공재화(교학사 상무), 이중(경남일보), 이희춘(금성출판사 편집국장), 조남웅(정신문화연구원), 이태원(이화여대출판부), 정용재(한국경제신문 출판국장), 전영호(예음 이사), 한문교(무역협회 출판부장), 백승철(서울문화사) 등이 대표적인 인물들이다.

그 외에 학계나 방송계로 진출한 인물들도 많고 소설가 구혜영, 시인 정공채, 낭승만, 문정희 등 수많은 문인들도 학원사를 거쳐 갔다. 가히 학원사는 인재의 요람이라 할만하다.

이러한 김익달의 상생의 정신은 사원 복지와 직원들의 능력 계발에만 적용되는 것이 아니었다.

김익달은 매년 거래처들을 고루 초청하여 향연을 베풀면서 거래상의 어려운 문제나 개선해야 할 점들에 대해 진지하게 논의했다. 또 학원사 전 사원들의 체육대회 때에는 전국 거래처들도 초청하여 합동으로 야유회 겸 체육회를 가져 서로의 친목과 화합을 다지기도 했다. 1962년 오사카 세계산업박람회 때에는 전국 특약서점 대표들을 직접 인솔하여 일본을 방문하여 일본 서점업계와 출판업계를 두루 시찰하게 하고 박람회 관람과 일본 관광도 겸하게 했다. 이는 해방 후 우리나라 서점 대표들이 일본을 방문한 최초이고 또 이와 같은 행사를 일개 출판업자가 단독으로 주선한 것도 전무후무한 일이었다.

또 김익달은 매년 연말이면 전국의 거래처들에 대해 그동안의 거래 실적에 따라 잔고의 전부 또는 일부(보통은 5%에서 15% 정도)를 탕감해 주었고 인쇄 대금과 종이 대금 등 지불하여야 하는 채무에 대하여는 파격적으로 그 지불을 앞당겨 주어 상생의 기업가 정신을 실천했다.

특약 서점을 운영하던 사람 중 김익달이 그 능력과 성실성을 인정하여 발탁한 사람 중의 대표적인 인물이 바로 삼성출판사를 설립한 김봉규다. 그는 1950년대 목포에서 대양서점을 운영하던 중, 김익달로부터 그 능력을 인정받아 1961년 광주시의 학원사 총대리점을 맡게 되었고, 1963년 2월에는 서울 관철동 박영사빌딩 1층에서 수도서적이라는 상호로 학원사 서울지구 총대리점을 열기도 했다.

그 후 김봉규는 1964년 삼성출판사를 설립하였고 김익달, 조상원에 이어 제3대 독서신문사 사장을 역임했다.[12]

보이지 않는 곳에서 일하는 문화의 투기사投機師

공장을 세우고 수출 1억불을 달성하면 그 과정에서 얼마나 많은 사람들이 땀과 눈물을 흘렸는지는 상관없이 정부로부터 포상을 받는 시절이었다. 뿐만 아니라 언론에도 대대적으로 보도되어 많은 사람들의 우상이 되기도 했다.

또 언론은 민주화 투쟁을 하다가 구속되고 재판을 받는 사람들에 대해서도 꽤 상세하게 보도해 주었다. 물론 언론사마다 다루는 시각이 조금씩 또는 크게 달랐지만. 그들 역시 민주화 세력의 중심에서 한 시대를 이끄는 영웅이 되었다. 하지만 한 시대의 문화를 담당하는 사람들에게는 화려한 조명이나 찬사도 없고 언론의 보도도 인색하다. 어쩌면 너무나 당연히 해야 할 일들을 하고 있다고 생각하는 것인지도 모르겠다.

김익달 역시 그랬다. 언제나 자신이 해야 할 일을 하고 있다고 생각하고 출판 보국, 문화 입국의 신념에 따라 남들이 엄두도 내지 못하거나 아직 시기상조라고 말리는 일도 기꺼이 맡아서 했다. 그에게 있어 출판이란

---

12 김봉규는 김익달에 대해 "지금의 나를 있게 한 그분의 보살핌은 참으로 큰 것이었다. 사업을 통해 이끌어 주신 것은 말할 것도 없고 그분의 풍모에서 인생을 배웠고 그분의 출판 철학을 지금도 나는 좌우명으로 삼고 있다." –김봉규, 「나를 이끌어 주신 분」, 『학원세대와 김익달』, 학원김익달전기간행위원회, 1990. 133면.

문화를 창조하고 사람들의 마음과 정신을 살찌우는 사업이었다. 따라서 사업성이나 경제성이 있느냐가 기준이 아니라 지금 우리 사회에 꼭 필요한 일인가 아닌가가 판단 기준이었다. 그러기에 전쟁이 치열하게 진행 중임에도 천막 교실에서 얄팍한 전시독본만으로 공부해야 하는 불행한 이 나라 학생들을 위해 무리를 해서라도 《학원》을 창간할 수밖에 없었던 것이다.

《농원》도 마찬가지였다. 농민이 대다수를 차지하는 농본국에서 농촌이 잘살지 못한다면 무슨 희망이 있겠는가. 아무리 주위의 많은 사람들이 시기상조라고 말려도 농촌을 그대로 두고 볼 수 없었기에 《농원》을 창간해야만 했던 것이다.

《여원》과 《주부생활》은 또 어떤가. 전쟁이 끝이 난지 얼마 되지 않은 세계 최빈국의 나라에서 누가 여성의 지위, 여성의 권리 그리고 남녀평등에 관심이나 가졌겠는가. 더구나 우리 사회는 가부장적 유교 윤리에 오랫동안 젖어온 사회가 아니었던가. 하지만 김익달은 달랐다. 국가의 기본 단위는 가정이고 가정의 중심은 어머니이고 여성이 아닌가. 그리고 어머니의 의식이 깨어 있어야만 국가도 발전할 수 있다고 생각했던 것이다. 여성의 문화 의식 함양을 위한 《여원》, '항상 깨어있는 여성, 영원한 모성을 간직한 어머니'를 모토로 한 《주부생활》은 이렇게 해서 창간되었다.

전쟁이 끝난 지 5년 만에 발행한 『대백과사전』 그리고 1960년에 발행한 영문판 한국문화대감인 『KOREA. Its Land, People and Culture of all Ags』 역시 국가가 하지 못하면 혼자서라도 해내야 했던 것이다. 그래서일까? 김익달에게는 출판계의 대부, 개척자, 기획 출판의 귀재라는 여러 가지 별명이 있지만 어떤 언론에서는 그를 가리켜 '문화의 투기사(投

機師)'라고 했다.[13] '부동산 투기'나 '증권 투기'라는 말은 들었어도 '문화의 투기'라는 말은 조금 생소하다. 그만큼 김익달은 '문화'에 모든 것을 걸었다는 뜻인지도 모르겠다. 김익달은 우리 사회에서 가장 기본이 되면서도 제 목소리를 내기 어려웠던 어린 학생들, 농민, 여성들을 가장 먼저 생각하고 그들을 위한 문화의 투기에 전력을 기울였다. 그러면서도 결코 자신을 앞세우려고 하지 않았다. 하지만 아이러니하게도 그는 늘 남들보다 앞에 나서서 일하고 있었다. 마치 노자의 『도덕경』에 나오는 "자기 자신을 뒤로 하지만 앞에 나서게 된다(後其身而身先)."라는 말을 실천하는 듯하다. 또 북송(北宋)때의 학자이며 정치가인 범중엄(范仲淹)이 『악양루기(岳陽樓記)』에서 했던 "천하 사람들이 근심하기에 앞서 근심하고 천하 사람들이 즐거워 한 후에 즐거워한다(先天下之憂而憂, 後天下之樂而樂)."[14]라는 명언을 되새겨 보게 만든다.

부동산 투기나 증권 투기를 해서 성공하면 큰돈을 번다. 하지만 '문화의 투기사'가 하는 일은 눈에 잘 띄지 않고 경제 성장 통계치에도 잘 잡히지 않는다. 삼화인쇄를 창업하고 세계중소기업연맹 총재를 역임한 유기정은 김익달에 대해 이렇게 얘기했다. "지난날의 역사는 모르지만 6·25 사변 후 한국에 가장 공로 있는 사람을 꼽으라고 하면 나는 서슴없이 이분을 들겠다."[15]

---

13 《동아일보》 1985년 11월 5일자.
14 이 구절은 중국 정신의 일부가 되어 중국 문명의 찬란히 빛나는 보배와 같은 정신 유산으로 남아 있다는 평을 듣는다. 주희는 범중엄을 유사 이래 천하 최고의 일류급 인물이라고 칭찬한 바 있다.
15 유기정, 「항상 새로운 인쇄기술을 가장 먼저 출판에 받아들이셨던 분」, 『학원세대와 김익달』, 학원김익달전기간행위원회, 1990. 168쪽.

익우회益友會

1983년 12월, 서울 시내 한 음식점에서 조촐한 송년회가 열렸다. 줄잡아 40~50명은 되어 보이는 50~60대의 점잖은 신사들이 화기애애한 분위기 속에 덕담을 주고받으며 좌정하고 있다. 아직 송년회는 시작되지 않았다. 그들은 오늘 송년회의 좌장의 입장을 기다리고 있었던 것이다. 이윽고 누군가가 소리쳤다.

"대부님, 들어오십니다."

모두들 자리에서 일어나 만면에 웃음을 띠며 입장하는 좌장을 맞이했다. 좌장은 한 사람 한 사람과 일일이 악수하며 안부를 묻는다. 안내를 맡은 사람이 좌장을 상석으로 앉도록 인도했다.

"허, 이 사람 아무데나 앉으면 되지, 내가 무슨 마피아 보스요?"

좌장은 상석에 앉기를 사양하지만 사람들은 막무가내다.

"그렇지요. 회장님은 우리들의 대부지요. 갓·파더 아닙니까?"

누군가 이렇게 말하자 모두들 맞는다며 한마디씩 거든다.

몇 년 전, 할리우드 영화 「갓·파더2」가 극장가를 휩쓴 적이 있어 '갓·파더'라는 말이 꽤나 익숙하다. 대부라 불리는 이 사람이 상석에 자리하자 송년회가 시작된다. '대부'라 불리는 이사람. 바로 '김익달'이다.

80년대 초에 학원사 출신 출판인들을 중심으로 친목회를 만들었다. 학원사 출신들이 한 집단을 형성할 만큼 많다는 얘기다. 이들 학원사 출신들은 친목회의 이름을 만장일치로 김익달(金益達)의 이름자를 딴 '익우회(益友會)'라고 지었다. 그들은 평소에도 끈끈한 우애와 동질성을 확인하고 자랑하면서 이렇게 연말에는 대부인 김익달을 모시고 송년파티를 여는 것이다. 어느 한 시기 같은 직장에 몸담고 역경을 공동으로 헤쳐 왔을 뿐만 아니라 각각의 능력과 포부를 알아보고 이를 꽃피우고 열매 맺도록 스스로 도구가 되어 준 사람, 이런 김익달을 기리는 '익우회'는 그렇게 탄생한 것이다.

여의도 장학회관 건립, 그리고 아쉬움

김익달은 장학 사업을 영속적으로 이어가려면 서울 중심가에 장학회관을 마련하고 그 장학회관에서 나오는 매월 고정적인 임대료 수입이 있어야 한다고 생각했다. 일정 금액을 기금으로 하여 이를 금융기관에 맡겨 이자를 받는 방법으로는 물가 변동 등 사회 변화를 따를 수 없다고 본 것이다. 이는 오랫동안 출판 사업을 하면서 터득한 지혜이기도 하다.

김익달은 1974년 11월 26일 수원 장학회관을 매도하였고 그 무렵 학원사의 양평동 사옥과 공장 그리고 『원색세계백과대사전』의 판권 양도도 마무리하였다. 그리고 마침내 1975년 1월 7일 학원장학재단의 미래가 될 서울 영등포구 여의도동 1의 500번지 대지 342평을 장학회관 신축 부지로 매입했다. 당시까지만 해도 여의도는 본격적으로 개발되기 전이었지만 국회 의사당과 KBS 사옥 신축 공사가 한창 진행 중이었다. 따라서 국회 의사당과 KBS가 여의도로 이전하면 여의도 개발은 급물살을 탈 것으로 판단하고 김익달은 여의도에 장학회관을 건립하기로 한 것이다.[16]

김익달은 1975년 8월 5일 아직은 잡초만 무성할 뿐인 여의도동 1-500번지에서 '학원장학회관' 신축기공식을 가졌다. 지하 1층에 지상 8층으로 설계된 현대식의 고층 건물이었다. 하지만 여의도 장학회관 신축 공사는 뜻밖의 암초를 만나 김익달을 참으로 고통스럽게 했다. 바로 1973

---

16 실제로 국회 의사당은 1975년 9월, KBS 종합방송센터는 1976년 10월에 준공했다.

년 10월에 터진 이른바 오일쇼크의 여파가 1974년부터 본격적으로 밀어 닥친 것이다. 1973년에는 연 3%대에 불과하던 소비자물가지수가 1974년 과 1975년에는 연 25% 내외로 폭등한 것이다. 더구나 건축 자재와 인건 비 상승은 평균 물가 상승률을 훨씬 웃돌아 처음 예정했던 공사비를 훌 쩍 뛰어넘고 말았다.

겨우 골조공사만을 끝냈을 뿐인데도 공사비는 벌써 바닥을 드러낼 지 경이었다. 그렇다고 공사를 중단할 수는 없는 일, 공사가 지연되면 지연 될수록 손해가 눈덩이처럼 늘어나는 것은 건축의 상식이다. 사정이 이렇 게 되자 김익달은 난생처음으로 친지들을 찾아다니며 도움을 호소하게 되었다. 한번은 대구에 있는 친구를 찾아갔다가 빈손으로 돌아왔을 때 는 죽고 싶은 심정이었다고 이미 사회에 진출한 밀알회원들에게 말할 정 도였다. 이에 밀알회원들은 김익달의 고충을 조금이나마 덜어드리기 위 해 모금운동을 벌였고 적은 금액이나마 장학회관 완공을 도우려는 뜻을 전달했는데 예전 같으면 너희들이 무슨 돈이 있느냐고 호통을 쳤을 텐데 그때에는 진심으로 고마워하였다. 김익달은 장학회관 공사를 마무리하 기 위해 사채까지 끌어다 공사비에 투입할 수밖에 없었다. 기공식을 한지 9개월여 만인 1976년 5월 8일 마침내 여의도 장학회관이 준공되었다.

김익달은 여의도 장학회관 준공식 겸 자신의 회갑연에서 장학회관 준 공의 의의와 앞으로의 장학 사업에 대한 포부를 밝혔다. 당시에는 여의 도에 고층 건물이 별로 없으니 이 건물을 사무실로 임대하고 그 임대료 수입으로 장학금을 지급한다면 앞으로 장학금 지급에 대해서는 걱정하 지 않아도 된다는 것이었다. 하지만 김익달의 예상과는 달리 여의도 개 발은 더디기만 했다. 오늘날 서울의 맨해튼이라는 여의도가 당시에는 아 직 개발 중이었거나 개발 계획만 세워져 있는 상태였던 것이다. 즉 당장 학원장학회관에 입주할만한 업체들이 많지 않았던 것이다. 2개 층은 주부생활사가 들어온다 하더라도 나머지 층에 대한 임대가 원활해야 사채 등을 정리할 수 있을 터인데 상황은 좋지가 않았다. 더구나 1~2년에 해결될 가능성마저 희박해 보였다. 장학회관 신축 공사로 인해 1976년에는 장학생 선발을 하지 않았는데 기존 장학생들에 대한 장학금 지급마저 어려운 상황이 벌어진 것이다.

장학금 지급을 하지 못하는 상황, 김익달은 이러한 상황을 두고 볼 수는 없었다. 김익달은 1976년 9월 30일 장학 사업에 주력하기 위해 양평동 사옥과 전 재산을 처분하여 천신만고 끝에 건립한 여의도 장학회관을 준공한지 5개월 만에 매각하고 만다. 출판에 있어서는 늘 남보다 한발 앞서가는 기획과 출판으로 출판계의 컴퓨터라는 별명까지 얻은 김익달이었지만 부동산 개발과 임대에서는 그렇지 못했던 것이다.

김익달은 여의도 장학회관을 처분하여 부채를 청산하고 나머지는 은행 정기예금으로 넣어 장학회 기본 재산으로 하였다. 이때 장학재단의 기본 재산은 1억 5천950만 원으로 늘어났다. 김익달은 서울 서대문구 뒷골목 조그만 사무실(서울 중구 저동 22-2)을 얻어 학원장학회를 운영했다. 당시 김익달은 전 재산을 장학재단에 기부한 상태라 경제적으로 너무 어려워 자가용도 없이 걸어 다니거나 어쩌다가 택시를 타는 정도였다. 아무리 어려워도 장학회 돈으로는 차비 한 푼 쓰지 않았던 것이다.

이렇게 필생의 사업인 장학 사업에 주력하기 위해 양평동 사옥과 백과사전의 판권까지 처분하여 계획한 여의도 장학회관 건립 사업의 실패는 장학 사업에 큰 타격이었다. 학원장학재단의 명목상의 기본 재산은 많이 늘었으나 정기예금의 이자 외에는 별다른 소득이 없었으니 장학회 사무실 비용까지 최소한으로 줄여야 했던 것이다. 결국 이 같은 장학회의 어려운 재정 상태를 알게 된 장남인 김영수는 자신이 부친인 김익달의 뒤를 이어 장학회의 재정적 후원자로 나서게 된다. 이에 따라 사무실도 1982

년 9월 주부생활사가 있는 서울 영등포구 여의도동 1-576으로 이전하였다. 이후 김영수는 학원장학회에 매년 3천만 원 이상씩을 기부하여 부친인 김익달의 장학 사업을 후원하게 된다.

김익달은 장남인 영수가 "아버님, 장학회는 이제 제가 뒷받침해드릴 테니 좀 쉬시면서 건강관리에 유의하십시오."라고 했다면서 장학생 출신들과 함께 한자리에서 환하게 웃었다. 자신의 필생의 사업인 장학 사업이 도중에서 꺾이지 않고 장남의 도움으로 면면히 이어지게 된 것을 진심으로 기뻐하고 자랑스러워했던 것이다.

신문 오보에 진노한 김익달

김익달이 《학원》을 창간하고 그 이듬해인 1953년 2월 제1기 학원장학생을 뽑았을 때 그의 나이는 만 36살이었다.

제1기 장학생들과는 불과 20여 년 차이였던 것이다. 김익달은 장학생으로 뽑은 뒤 매월 장학금만 학교를 통해 보내주는 것이 아니라 여름이면 전국의 장학생을 서울로 한데 불러 모아 하기 수련회를 개최하여 장학생들 간에도 우애를 돈독히 하도록 했다. 그뿐이 아니었다. 김익달은 틈만 나면 김익달의 트레이드마크나 다름없는 개조한 지프차를 타고 전국 방방곡곡에 흩어져 있는 장학생들을 찾아가 형편을 살피고 격려했다.

전라남도 함평군 학교면에 있는 학다리고등학교에 다니고 있던 제6기 학원장학생 윤구병은 고등학교 1학년 때 김익달에게 편지를 보냈다. 편지의 내용은 자신은 장학금을 받을 자격이 없으니 스승의 뜻을 바르게 이을 수 있는 학생에게 장학금을 돌려주는 것이 좋겠다는 참으로 당돌한 것이었다.

김익달은 이 편지에 답하지 않았다. 대신 어느 날 갑자기 함평의 학다리고등학교 교정에서 윤구병은 김익달과 맞닥뜨리게 되었다. 윤구병은 그때의 순간을 이렇게 회고했다.

"마침 사춘기여서 이 세상에 보이는 것이 없을 정도로 시건방져 있을 때였지만 나를 보고 활짝 웃고 계신 그분의 작달막한 모습은 빛으로 둘러싸인 것 같았다. 처음 보는 순간부터 헤어지는 순간까지 나는 한마디도 입밖에 낼 수 없었다. 내 가슴은 존경심으로 가득 차 숨쉬기조차 힘들 지경이었다."[17]

이렇게 김익달은 초창기 학원장학생들과는 자주 만나 그들이 성장해서 사회로 진출해 제 몫을 다하는 모습을 보는 것이 큰 기쁨이었다. 특히 대학생이 된 제1기, 제2기 장학생들이 찾아오면 자식들이 온 것처럼 반가워하며 바쁜 일정을 전부 취소하고 그들과 어울려 말술도 마다않고 무교동 일대를 누비기도 했다. 그러니 학교를 마치고 사회로 나가는 장학생들에게 김익달은 믿음직한 맏형이요, 인생의 대선배인 셈이었다.

1961년 가을 제3기 장학생 박원선은 강원도 인제에서 군 복무를 하고 있었다. 박원선이 서울로 출장을 오게 되었을 때 대대장이 월급봉투를 주며 집에 전해 달라는 부탁을 했다. 대대장의 월급봉투를 주머니에 넣고 시외버스를 타고 서울로 오는 도중 박원선은 그만 깜빡 졸고 말았다. 군부대에서 병사의 삶이 얼마나 고된지는 겪어보지 않으면 상상하기조차 어려울 정도가 아닌가.

박원선은 대대장의 월급봉투를 송두리째 잃어버리고 말았다. 참으로 막막한 일이었다. 도대체 어떻게 해야 잃어버린 대대장의 월급을 보충할

---

17 윤구병, 「사환에게도 주식을」, 『학원세대와 김익달』, 학원김익달전기간행위원회, 1990. 211면. ─아홉 형제 중에 막내라서 이름이 '구병'이가 된 윤구병은 서울대 철학과를 졸업한 후 34살의 젊은 나이에 우리 잡지사에 큰 획을 그은 《뿌리깊은 나무》의 초대 편집장을 지냈고 그 후 정년이 보장된 충북대 철학과 교수직을 버리고 대안학교인 '변산공동체'를 설립했다.

수 있단 말인가. 결국 박원선은 집으로 가지 못하고 김익달을 찾아가 자초지종을 말할 수밖에 없었다. 이에 김익달은 "너 무척 고심한 모양이구나. 조심을 하지 않고 어쩌다가 잃어버렸나. 부모님께서 걱정하실 터이니 집에 가서 말씀드리지 말라."고 하며 잃어버린 돈에다가 외출 나와서 쓸 용돈까지 박원선의 손에 쥐여 주었다. 그러고는 어서 목욕부터 하고 식사를 하고 가라고 했다.[18]

김익달은 평생 정치와는 인연을 맺지 않았다. 해방 후 모든 것이 혼란스러울 때 주위로부터 정계 진출을 권유받은 적이 있었지만 출판 보국의 신념이 흔들린 적은 없었다. 따라서 김익달은 이 땅의 민주화 운동에 대해서는 관심이 없었다고 할지 모르나 그렇지 않다. 제7기 학원장학생인 민청련 의장 김근태[19]가 민주화 운동에 헌신하다 피신 중에 김익달을 찾아온 일이 있었다. 그때 김익달은 김근태의 손을 꼭 쥐고 "그것도 나라를 위하는 길이니 흔들리지 말고 걸으라."고 격려했다.

이처럼 장학생을 대하는 김익달의 모습은 언제나 자애로운 부모요, 영감을 주는 스승의 모습이었다. 그런데 1982년 9월의 어느 날, 장학생 출신 몇 명이 김익달의 부름을 받고 당시 여의도에 있던 장학회 사무실에 간 일이 있었다. 그 자리에서 김익달은 어느 신문의 기사를 가리키며 출판인으로 평생을 명예롭게 살아온 자신을 모독한 신문사를 절대로 용납할 수 없다고 하였다. 그곳에 모인 장학생들은 난생처음 보는 김익달의 이성을 잃을 정도의 노여움과 분노에 큰 충격을 받을 수밖에 없었다.

김익달이 말한 신문 기사는 《동아일보》 1982년 9월 21일자 6면의 '백과

---

18 박원선, 「10대에 만났던 그분」, 『학원세대와 김익달』, 학원김익달전기간행위원회, 1990, 191-192면. -제3기 학원장학생 박원선은 평생을 교직에 헌신했고 스스로를 '김익달교'의 영원한 광신도로 자처하며 후일 '밀알회'와 '장학회'의 주축이 되었다.

19 군부 정권에 항거한 민주화 운동의 상징적 인물이다. 1987년 부인 인재근과 함께 '로버트 케네디 인권상'을 수상했고 1988년에는 독일 함부르크재단에서 그를 '세계의 양심수'로 선정하였다.

사전 경쟁시대 예고'라는 기사였다. 그 기사는 "학원사에 의해 전6권으로 출발한 세계백과사전은 67년에 12권, 70년에 15권으로 증보되고 이 백과사전의 판권을 인수한 서문당이 20권짜리로 증보했으며 이 판권은 또 81년에 학원출판공사로 넘어가고 … "라고 보도하였고, 또 모 출판사 회장의 말을 비는 형식으로 "학원사가 백과사전을 20권으로 늘리려다가 망했고 일본의 평범사는 30권짜리 세계백과사전을 내놓고 도산했는데"라고 하여 마치 학원사가 사업에 실패하여 백과사전의 판권을 넘긴 것처럼 보도했던 것이다.

그 자리에 모인 장학생 출신들은 김익달의 노여움을 자신들이 풀어드려야 한다는데 의견을 모았다. 그들은 제1기 유재천 교수, 제3기 장기욱 변호사, 박원선 선생 등 3명을 대표로 뽑아 《동아일보》 주필을 찾아가 강력하게 항의를 한 것이다. 그들은 만약 적절한 해명기사가 없다면《동아일보》1면에 학원장학생 전원의 이름으로《동아일보》를 규탄하는 광고를 내겠다고 협박(?)까지 했다.

이에《동아일보》주필은 정말 미안하게 되었다고 사과하고 며칠 후 같은 문화면에 김익달의 명예를 회복시켜주는 기사를 실었다.

1982년 10월 9일《동아일보》6면에는 '학원장학회 30돌'이란 제목의 기사를 실었다. 《동아일보》는 이 기사에서 학원장학회가 1952년 전쟁의 참화 속에서 출발한 사실과 지금까지 274명이 대학을 졸업하고 현재도 88명이 혜택을 입고 있다는 사실을 보도하면서 "58년 6권짜리로 시작된『대백과사전』을 64년에 12권짜리, 70년에 15권짜리, 마침내 74년에는 일약 20권짜리 컬러판『세계백과대사전』으로 확대한 학원사는 학원장학회관 건립 기금을 위해 과감하게 이 20권짜리『세계백과대사전』의 판권을 팔아넘겼다. 출판을 통해 문화를 창달하고 거기에서 이익금을 다시 인재를 양성하는데 돌린다는 취지였다."라며 9월 21일자 기사를 정정한 것이다.

이러한 해명기사가 난 다음날 장학생 출신 몇 명이 김익달의 기색을 살피러 다시 여의도 사무실을 찾았다.

김익달은 탁자 위에 전날 《동아일보》 기사를 놓아두고 찾아 온 장학생들을 보고 빙그레 미소를 지어 보였다.

"이만하면 됐다. 애들 많이 썼구만."하며 흡족해 했다.[20]

김익달에게 백과사전은 국가와 사회를 위해 모든 것을 걸고 출판한 생명처럼 소중한 출판물이었다. 그런 출판물을 김익달은 장학 사업을 위해 팔았던 것이다. 그런데 최고의 정론지로 자처하는 《동아일보》가 자신의 백과사전에 대해 사실도 제대로 확인하지 않고 오보를 냈으니 그 실망감과 분노가 어떠했겠는가.

정비석과의 마지막 일본 여행

김익달은 1983년 10월 《학원》 창간 때부터 「홍길동전」을 연재해 주어 인연을 맺어 온 소설가 정비석과 함께 일본 여행을 했다. 사실 김익달로서는 지금까지 살아오면서 온전히 자신만을 위한 시간을 가져볼 기회가 거의 없었다. 그런데 왠지 이번만큼은 정비석의 여행 제의에 이심전심으로 맞장구를 쳤던 것이다. 정비석은 김익달보다 다섯 살 연상이긴 하지만 30년이 넘는 세월 동안 한결같이 친구처럼 가깝게 지내는 사람이었던 것이다.

김익달은 정비석과 함께 일본 북해도의 왓카나이에서 남쪽 끝 큐우슈우까지 한 달 동안을 유유자적하며 여행했다. 십대에 단신으로 밀항선을

---

[20] 박범진, 「이승을 떠나실 때까지 끔찍이 생각하신 장학 사업」, 『학원세대와 김익달』, 학원김익달전기간행위원회, 1990, 178-179면.

타고 와서 합숙하고 자취했던 집에서부터 온갖 명소와 온천도 가 보았다. 또 일본의 초일류호텔에서도 자보고 산촌에서 민박도 하며 김익달로서는 참으로 오랜만에 장학회 걱정도 털어버리고 즐거운 시간을 보냈다.

김익달은 그의 삶이 얼마 남지 않았음을 알아서인지 정비석에게 농담처럼 이렇게 말했다.

"당신 나 죽거들랑 아주 세상에서 제일가는 명문으로 내 죽음을 애도하는 글을 써주시지 않겠소?"

"예끼, 이 사람. 누가 먼저 죽을지 모르는데 그런 말이 어딨어. 당신보다 내가 먼저 갈걸."

정비석은 이런 말로 김익달의 말을 웃어넘겼다.[21] 정비석은 작가답게 왓카나이에서 KAL기 격추사건 피해자 진혼제와 2차 대전 중 끌려가 무참히 죽은 한국의 남녀들이 당했던 현장을 두루 찾아다니며 취재했고 김익달은 그런 정비석을 묵묵히 따라다녔다. 또 일본 혼슈와 가까운 북해도 하코다테에서 일제 말기 여자정신대로 끌려간 부산 출신 처녀 60여 명이 조국 땅이 아득히 건너다보이는 그곳 바다에 투신한 현장도 둘러보았다.

정비석과의 일본 여행을 마치고 귀국한 김익달은 《월간 조선》 기자와의 인터뷰에서 일본 여행 소감에 대해 이렇게 얘기했다.

"내가 젊어서 별로 많이 배우지를 못했기 때문에 자라는 싹들을 잘 길러야겠다는 생각을 굳혔던 것도 어린 시절 일본 땅에서 겪은 쓰라린 경험

---

21 결국 정비석은 경기도 용인군 모현면 능원리에 있는 김익달의 유택 앞에 대한출판문화협회 등이 1988년 10월 건립한 추모비에 비문을 썼다. "여기 잠드신 학원 김익달 선생은 우리 출판계의 큰 어른이시며 가난한 인재들의 아버지시다. 선생은 1916년 경북 상주에서 빈농의 아들로 태어나 1985년 떠나실 때까지 칠십 평생을 오로지 출판문화의 발전과 영재 양성에 바쳤다. 선생의 일생은 선공후사의 귀감이요, 인과 의의 본보기였다. 선생이 이룩하신 업적과 베푸신 은덕을 어찌 필설로 다 옮길 수 있으리오, 선생의 큰 뜻은 후세에 길이 빛나리라."

이 토대가 되었어요. 해방 후 책을 배낭에 짊어지고 다니며 팔면서 역경을 이겨냈던 의지를 심어 준 일본 소도시의 뒷골목, 아직도 우리만큼 낙후된 곳까지 두루 구경하고 나니 우리는 더 힘을 내서 잘살아야겠다는 생각이 굳어지더군요. 그런 일에 내 남은 힘이 보탬이 되도록 힘써야 할 텐데 …."

김익달은 정비석과의 일본 여행이 마지막일거라고 예감했지만 그 예감이 완전히 맞지는 않았다. 김익달은 그로부터 2년 후 위암 말기 판정을 받고 삼남 인수와 함께 일본 오사카(大坂) 긴키대학(近畿大學) 근처의 말기 암환자를 위한 요양소로 가게 된다.

당시 김익달은 위암 판정을 받고 투병한 지 1년째로 평소 65kg 내외였던 몸무게가 29kg으로 줄어든 최악의 상태였다. 현대 의학으로도 더 이상 치료할 수 없고 2~3개월을 넘기기 힘들다는 의사들의 말에 마지막 희망을 걸고 긴키대학에서 유학 생활을 한 삼남 인수와 함께 말기 암환자 요양소[22]를 찾은 것이다.

그러나 5일 간의 일본 요양소의 진료 결과도 너무 늦었다는 답변이 전부였다. 이미 음식물을 소화할 수 없는 상태라 식이요법도 불가능하고 몸에 근육이 없어 물리치료도 받을 수 없는 상태라는 것이었다. 그러나 김익달은 끝가지 생을 포기하지 않았다. 죽음이 두려운 것이 아니라 앞으로 만들어야 할 책들에 대한 기획과 편집·광고·배본에 이르기까지 구체적인 그림이 그의 머릿속을 가득 메우고 있었기 때문이다.

---

22 긴키대학 부근의 그 말기 암환자를 위한 요양소는 식이요법과 물리치료로 1981년 직장암 수술을 받은 『빙점』의 작가 미우라 아야코(三浦綾子)의 수명을 20년 가까이 연장한 것으로 유명하다.

학원사와 '하권사'

"하 권사님 계십니까?"

교회 친구들이 30년 넘게 권사 직분을 맡고 있는 하성련을 찾는 전화다. 그러면 김익달은 수화기에 대고 "내가 '하권사'요."라고 능청을 부린다. 김익달의 '학원사'도 발음은 '하권사'와 같은 까닭이다.

이처럼 주위 사람들은 집안에 '하권사'가 두 명이나 있다고 놀려대곤했다. 하지만 신앙 문제가 개입되면 김익달과 부인 하성련 사이가 화기애애한 것만은 아니었다.

김익달은 종교에 대하여 특별한 편견을 가지고 있지는 않았다. 다만 전통적인 유교적 집안에서 자란 탓에 등산을 갈 때면 절에 들러 예를 올리고 시주를 하는 정도였다.

하지만 부인 하성련은 달랐다. 감리교에서는 누구나 알아주는 3대째 모태 신앙인으로 농촌 지역에 개척교회를 7개나 세우고 어려운 재정을 보이지 않게 도와 온 진정한 기독교인이었다.

김익달은 대부분의 교회가 빈민구제보다는 전도와 교회 성장에만 치우쳐 있다고 생각했다. 예배당에서 하나님에게 기도만 하고 앉아 있을 것이 아니라 한 사람 한 사람 모두의 땀과 피로 일구어진 결실로 가난한 자를 위해 도와야 한다는 것이었다. 결국 김익달은 한국 교회의 문제점을 비판하면서 부인 하성련의 간절한 바람에도 불구하고 기독교인이 되기를 거부했다.

두 사람의 종교적 갈등은 쉽게 봉합되지 않았다. 3대째 모태 신앙인부인 하성련의 깊은 신심은 당연한 것이겠지만 김익달 역시 자신이 이성적으로 납득할 수 없으면 누가 뭐래도 자신의 생각을 바꾸지 않는 고집불통이 아닌가. 문제는 두 사람 사이에 끼인 6남매였다. 하성련은 주일날

교회에 가지 않으면 하느님께서 너희들에게 벌을 내릴 거라며 교회에 같이 가기를 원했다. 김익달 역시 자상한 아버지였다. 일요일이 되면 아침부터 고기를 잡으러 가자며 투망과 망태기를 준비하기도 하고 자식들과 같이 저녁에는 영화 구경도 가고 외식하는 것을 좋아했다. 특히 한국전쟁 중 소아마비를 앓아 몸이 허약한 삼남 인수에게는 더 각별했다. 일요일만 되면 걸음걸이조차 시원찮은 초등학생인 인수에게 세검정 버스 종점에서 북한산 정상까지 걸어서 돌아오는 하루 7시간의 강행군을 시켰다. 주중에는 소아마비로 인해 약해진 왼쪽다리로만 하루에 천 번씩 뜀뛰기를 하라고 엄명했고 비쩍 마른 몸매가 부끄러워 죽어도 옷 벗기 싫어하는 인수를 억지로 수영장에 데리고 가서 수영을 하게 했다. 그런 아버지가 무서워 인수는 김익달이 퇴근할 시간이 되면 자기 방에서 나오려 하지 않았다. 그날의 운동량을 반드시 체크했기 때문이었다.

이처럼 김익달은 자식들에게 자상하면서도 엄한 스승이었다. 김익달이 전국의 장학생들을 한데 불러 모아 수련회를 개최할 때마다 가능하면 자식들도 장학생들과 함께 어울리도록 한 것도 좋은 친구들을 많이 사귀고 앞으로의 미래를 함께 열어가라는 어버이의 마음이었던 것이다. 덕분에 건강하게 자란 삼남 인수는 결혼한 후 여의도 시범아파트에 살면서 부모님을 모시고 살았다. 3년을 모시고 살았지만 김익달과 하성련의 신념과 신앙의 차이를 화해시키지 못하고 결국 1980년 인수는 《주부생활》 LA지사 발령을 받고 미국으로 가게 된다.

가족의 안위, 기독교적 믿음보다 국가와 민족의 안위가 먼저라는 이상을 추구하며 살아온 김익달과 일제 강점기와 한국전쟁의 소용돌이 속에 3대째 모태 신앙인으로 살아온 하성련이 극적으로 화해한 것은 40여 년이 넘는 긴 애증의 세월을 보낸 후 김익달이 위암으로 병석에 눕게 되면서였다. 김익달은 자식들을 불러 모아 놓고 "젊었을 때에는 내 신념대로 살아왔지만 이제와 보니 너희들 어머니의 말이 옳았던 것 같다. 이제라도 괜찮다면 네 어머니가 바라던 대로 나도 기독교로 귀의해 하늘나라로 갈 준비를 해야겠다.”라고 했던 것이다. 하성련 역시 자식들을 불러 모아 놓고 “아버지는 정말 이 세상에서 가장 외롭고 불쌍한 사람이었는데 좀 더 따뜻하게 감싸 주지 못했다.”며 후회의 눈물을 흘리고, ‘비록 생전에 교회는 다니지 않았지만 남들을 위해 그처럼 선하게 국가와 민족을 위해 훌륭하게 살다 간 사람도 없을 것’이라고 하였다.

이후 하성련은 김익달이 눈을 감을 때까지 1년을 매일같이 병석을 지키며 간병했다. 김익달은 하성련의 손을 꼭 잡고 “그동안 참을성 없었던 자신을 용서해 달라며 하늘나라에 먼저 올라가 당신을 기다리겠다.”고 했다.

하성련은 ‘평소 예수가 태어난 크리스마스 날을 택해 아버지를 찾아가 기쁘게 용서를 구하겠다’고 입버릇처럼 말하곤 했는데 정말로 그 말처럼 김익달이 눈을 감은지 13년 후인 1998년 12월 25일 크리스마스 새벽 4시 잠든 그대로 하늘나라로 떠났다.[23]

영원한 청춘, 김익달

1985년 10월 말, 학원사에 근무하고 있던 권도홍은 뜻밖의 전화를 받았다. 김익달이 부탁했던 글이 어떻게 되었느냐는 전갈이었다. 병세가 경각을 다투는 위중한 형편이라는 것을 모두가 알고 있었기 때문에 부탁한 글이 어찌되었느냐는 전갈은 상상도 못했던 것이다.

---

23 이 글은 김익달의 3남 김인수의 수필 ‘하권사와 학원사의 종교전쟁’에서 인용하였다.

권도홍은 부랴부랴 200자 원고지 여남은 장의 글을 근 서른 장의 종이에 크게 옮겨 적었다. 원고지를 읽을 수 있는 상태가 아니라는 것을 이미 알고 있었기 때문이다. 권도홍이 병실에 들어서는 순간 섬뜩한 느낌보다는 마치 산이 무너져 자그마한 바위가 되어 있다는 기이한 생각에 사로잡혔다. 그 무쇠 같은 정신을 담았던 육신은 검불처럼 잦아들어 미라처럼 되어 있었으나 빛나는 눈은 그대로 살아 있어 김익달 특유의 눈웃음으로 권도홍을 맞았다.

　권도홍은 가까이 다가앉아 크게 써 온 종이를 차례로 김익달의 눈앞에 펼쳤다. 김익달은 한 자도 놓치지 않고 위에서부터 끝까지 다 읽고는 다음 장으로 넘기라는 눈신호를 보냈다. 김익달은 서른 장이 넘는 글을 다 읽고는 고개를 끄덕여 됐다는 표정을 지었다. 권도홍은 뭐라고 드릴 말씀이 없어 그대로 앉아 있었다. 그러자 김익달은 뭔가 할 말이 있는 듯 입술을 움직이는데 들리지가 않았다.

　권도홍이 귀를 바싹 갖다 대자 김익달은 "앞으로 꼭 백과사전을 만들어야 하네 …. 분량은 권당 500페이지를 넘지 말고 컬러를 너무 많이 쓸 필요는 없어 값이 알맞아야 해."라고 했다. 한국 최초의 백과사전을 냈으나 장학 사업을 위해 판권을 내놓아야 했던 아쉬움이 남았던 것일까. 백과사전은 바로 그 나라 그 사회의 문화의 척도다. 김익달의 백과사전에 대한 애착과 집념, 그것은 바로 문화 입국을 향한 신념이었던 것이다. 김익달이 마지막으로 본 그 원고는 그가 마지막으로 혼신의 힘을 다해 펴낸 『21세기의 자연건강법』의 마지막 원고였다.

　김익달은 1975년부터 장학 사업에 주력하면서도 1975년 11월 마침내 《농원》을 재창간했고 1978년 10월에는 《학원》을 재창간하기도 했다. 또 평소 국민 건강에 관해서는 특별한 관심을 가지고 있어 1977년 『당뇨병의 문답』, 『암의 문답』 등 건강시리즈 30권을, 1981년 9월에는 전6권짜리

『명의 333인』을 발행하기도 했다. 그리고 1984년 6월 4일과 5일 이틀 동안은 경기도 이천 설봉호텔에서 미국문화원과 공동주최로 '정보혁명시대에 있어서의 잡지와 신문의 역할'이란 주제로 한·미 언론인 세미나를 개최하기도 했다. 그리고 1985년 10월 그의 마지막 작품인 총 1천442쪽짜리 『21세기 자연건강법』을 발행했다.

『21세기 자연건강법』은 거의 모든 질병에 대한 현대 의학의 최신 정보와 수천 년의 역사 경험의 축적인 한방 의료법을 통합·추출하였고 참고 자료로는 국내외의 의학 고전은 물론 1985년 8월까지의 각국의 최신 의학 정보까지 수집하여 총 1천300여 종에 달할 정도로 새로운 정보를 집대성한 자연건강법 분야의 결정판인 것이다.

김익달은 1985년 11월 2일 오후 7시 20분 눈을 감았다. 그의 나이 69세였다.

김익달은 평소 책상머리 벽에 「청춘」이라는 시를 써 붙여놓고 애송했다.

청춘이란 인생의 어떤 시기가 아니라 마음가짐을 말합니다.
장밋빛 볼, 붉은 입술, 부드러운 무릎이 아니라
강인한 의지, 풍부한 상상력, 불타오르는 열정을 말합니다.
청춘이란 인생의 깊은 샘에서 솟아나는 청신함을 말합니다.
청춘이란 두려움을 물리치는 용기,
안이함을 선호하는 마음을 뿌리치는 모험심을 뜻합니다.
때로는 스무 살 청년보다 예순 살 노인이 더 청춘일 수 있습니다.
나이를 더해 가는 것만으로 사람은 늙지 않습니다.
이상을 잃어버릴 때 비로소 늙는 것입니다.

유대교 랍비이며 시인인 사무엘 울만이 쓴 이 「청춘」이라는 시는 그가 일흔여덟 살에 쓴 시다.

1985년 11월 5일자 《동아일보》는 이렇게 보도했다.

"… 그는 또 33년째 이어오는 '학원장학회'를 통해 4백 명에 가까운 인재와 오늘 내로라하는 명사들의 터를 잡아주었다. 사장들이 도망가기에 바쁜 6 · 25 아침 사원들에게 쌀을 나누어 주고, 초창기 《주부생활》 주식 3분의 2를 사환을 포함한 사원에게 나누어 준 사람, 자기 밑에서 일하던 사람에게 인기 있는 책의 지형을 주거나, 아무 조건 없이 집 한 채를 사주어 30여 명의 출판사 사장을 만든 사람, 김익달은 갔다. 병마에 시달리는 29kg의 체중에도 평생의 신조이던 보리 혼식 등의 경험을 살려 별세 사흘 전까지 유저로 남을 『자연건강법』 교정을 끝낸 사람, 어떤 정치인 어떤 유명 관료보다도 우리는 이런 '문화의 지렛대'적 생애에 경의를 표해야 한다. 향년 69세. 아직 아까운 나이가 아닌가."

《조선일보》 1985년 11월 5일자는 이렇게 보도했다.

"… 《학원》《여원》《주부생활》의 창간자인 동시에 《농원》의 발행인이었다. 새마을운동이라는 말이 퍼지기 전, 그는 꽁보리밥을 먹으면서 백과사전의 결과를 모두 영농 기술-농업 합리화의 월간지에 쏟았다. 두 번이나 실패했지만 10만 부 발행을 64년에 기록한 집념을 남겼다. 그가 대부로 불리는 이유엔 적잖은 현직 잡지 출판 경영인이 그에게서 커서 독립한 까닭도 있다. 숨겨졌던 이름 석 자가 새로운 백과사전에 들어갈 때가 됐다. 김익달이다."

《서울신문》 1985년 11월 5일자는 "… 단행본의 지형을 물려받아 출판사 사장이 된 전 직원도 있고 집 한 채를 퇴직 선물로 받고 나온 사람들도 있다. 그 김익달 씨가 69세를 일기로 눈을 감았다. 인간의 죽음에 대하여 두보는 '관을 덮고 나서 일이 정해진다'고 읊었다. 어제 거행된 장례식에는 생전에 가까이 지내던 분들과 함께 50년대의 학원장학생들도 여러 사람이 참례했다. 그들은 벌써 50을 바라보는 이 나라의 기둥이 되어 있다."라고 보도했다.

하지만 어떤 이는 이렇게 말한다.

"나는 그분의 명복을 빌지 않는다. 뿌리 깊은 한 그루 거목처럼 그분은 언제나 정정하게 살아 있으므로 …."

2009년 2월 6일 미국 카네기 연구소에서 한국이 거대 마젤란 망원경 건설 컨소시엄에 공식적으로 참여하는 협약식이 진행되었다.

거대 마젤란 망원경(Giant Magellan Telescope)은 현재 기술로 만들 수 있는 가장 큰 반사경인 지름 8.4m짜리 거울 7장을 결합하여 건설하는 유효 직경이 25m인 초대형 망원경을 말한다. 이 망원경은 칠레의 아타카마 사막에 위치한 라스 캄파나스 천문대에 설치될 예정인데 그동안 실시 설계 과정을 성공적으로 마치고 2015년 11월 11일 현지에서 기공식을 가졌다. 이 망원경은 허블 우주망원경보다 100배 더 큰 집광력(빛을 모으는 능력)을 가지고 있어 10배나 더 선명한 영상을 얻을 수 있다고 한다. 바로 천문학의 새로운 장을 열고 우주의 신비를 밝히기 위한 위대한 여정이 이미 시작되었음을 의미하는 것이다.

이 거대 마젤란 프로젝트에 참여하는 파트너들은 카네기 천문대, 하버드대학교, 스미소니언 천문대, 텍사스 A&M대학, 아리조나대학, 텍사스주립대학, 호주국립대학교, 시카고대학, 브라질 상파울루 연구재단 등으로 세계 유수의 대학 또는 연구재단인바 한국천문연구원(Korea Astronomy & Space Science Institute)이 이들과 함께 파트너로 당당하게 참여하게 된 것이다.

한국은 이 프로젝트 총 예산의 10% 정도인 1억 달러 정도를 부담하여 지분 10%를 확보했으며 1년에 한 달 정도를 이 거대 마젤란 망원경을 자유롭게 사용할 수 있는 권리를 확보한 것이다. 그러면 어떻게 한국은 이 프로젝트에 참여할 수 있었을까? 한국이 보유한 천체 망원경 중 가장 규모가 큰 것은 영천 보현산 천문대에 있는 광학 망원경인데 지름이 고작 1.8m에 불과하다. 따라서 국내 학자들이 큰 망원경이 필요한 연구를 하려면 하와이 마우나케아 섬 등에 있는 외국 천문대의 망원경을 하루에 많게는 수천만 원씩 지불하며 사용할 수밖에 없는 실정이다. 하지만 한국의 천문학자들은 이 같은 열악한 환경 속에서도 2007년 8월 "지구에서 250만 광년 떨어진 안드로메다 은하에서 113개의 구상성단을 새로 발견"함으로써 은하의 생성과 진화의 실마리를 밝히는데 결정적인 기여를 했을 정도로 세계적으로 인정받고 있다. 바로 서울대 물리천문학부 이명균 교수와 한국천문연구원의 김상철 박사가 그들인데 이명균 교수는 김익달이 설립한 학원장학회로부터 장학금을 받고 공부한 제14기 학원장학생 출신이다.

김익달이 전쟁 중임에도 청소년들에게 꿈과 희망을 심어주기 위해 창간한 《학원》 잡지에 과학의 중요성을 강조하며 1953년 2월호에 우주의 신비를 밝힐 '세계에서 가장 큰 200인치 망원경'을 소개한지 54년 만에 제14기 학원장학생 출신인 이명균이 우주에서 새로운 별을 발견한 세계적인 천문학자가 된 것이다. 이처럼 이명균과 김상철 같은 세계적인 천문학자가 있기에 한국은 거대 마젤란 프로젝트 컨소시엄에 파트너로서 당당하게 참여할 수 있었던 것이다.

또 다보스포럼이라 불리는 세계경제포럼(WEF)은 2013년 2월 가까운 미래에 세계를 변화시킬 가능성이 높은 기술로 '2013년 세계 10대 유망 기술' 중 하나로 KAIST가 개발한 무선충전 전기 자동차 기술인 'OLEV(On-Line Electric Vehicle)'를 선정했다. KAIST가 개발한 'OLEV'는 이미 2010년 미국 시사주간지 타임(Time)지로부터 세계 최고의 50대 발명품으로 선정되기도 했다. 이미 효율성과 경제성 확보에 성공한 'OLVE'는 2010년 서울대공원 코끼리 열차를 운행함으로써 상용화에 돌입했다. 2012년 9월에는 여수엑스포에서의 시범운행 및 KAIST 교내에서 무선충전 전기버스를 운행하는 등 상용화 단계에 와 있다. 실제로 구미시는 2014년 3월부터 KAIST가 개발한 무선 충전버스를 급전 시설이 설치된 구미역과 구평동 왕복 28Km 구간에서 하루 12회 운행 중에 있다.

이 무선충전 전기 자동차 기술의 개발을 주도한 사람이 KAIST 전기 및 전자공학과 교수인 조동호 박사인데 그는 바로 제12기 학원장학생 출신이다.

이처럼 학원장학생 출신 중에는 과학자뿐만 아니라 경제학, 인문학, 역사학, 철학 등 각 분야에서 활약하는 교수들이 많다. 또 과학자나 교수뿐만 아니라 뛰어난 정치인, 관료, 언론인, 출판인, 전문CEO, 의사, 약사, 법조인, 화가, 도예가, 교사 등 다양한 분야에서 수많은 인재들이 활발하게 김익달의 '밀알정신'을 이어가고 있다.

민주화의 상징이며 로버트 케네디 인권상을 수상한 김근태 의원이 2006년 '열린우리당' 최고위원과 의장으로 활동할 때 그 상대역인 한나라당 대표는 강재섭 의원이었다.

김근태는 학원장학생 제7기생이고 강재섭은 제9기 학원장학생 출신이다. 당은 달라도 두 사람 사이가 각별했던 것은 말할 것도 없다. 여당과 야당으로 갈려 공식석상에서는 철천지원수처럼 으르렁 대다가도 사석에선 형님, 아우하며 친형제보다 더 가깝게 지냈다는 일화는 유명하다.

2001년 12월 미국 부시 대통령은 백악관 국가장애위원회 정책차관보로 한국인 강영우 박사를 임명했다. 이로써 강영우 박사는 한국인으로서는 최초로 미국에서 최고위직에 오른 인물이 되었다.

강영우 박사는 14세 때 사고로 시력을 잃고 18세 때 서울 종로구 신교동에 있는 서울맹학교에 입학했다. 24세에 서울맹학교를 졸업한 강영우는 대학교에 가기 위해 여러 대학에 원서를 냈으나 모두 원서 접수조차 거절당했다. 장님이 어떻게 대학을 들어가느냐는 것이었다.

이에 강영우에게 수학을 가르쳤고 진학을 지도하던 교사는 제자의 대학 진학을 위해 백방으로 수소문하던 중 연세대학교를 찾아가 강력하게 항의했다. 기독교 정신을 바탕으로 설립한 연세대조차 어떻게 맹인이라고 하여 차별할 수 있느냐는 것이었다. 입학 특혜를 달라는 것도 아니고 입학시험만이라도 볼 수 있게 해달라고 간청했다.

다행히 그 교사의 간청이 받아들여져 강영우는 대학의 한 교수실에서 입학시험을 치를 수 있었다. 강영우 옆에는 그 교사가 앉아 시험 문제를 불러주고 강영우가 답을 하면 그 교사가 답을 표시했다. 그 맞은편에는 감독관이 앉았고 또 그 옆에는 그 모든 과정을 녹음하는 직원이 앉았다. 시각장애인을 위한 시험 준비가 전혀 되어 있지 않았기에 벌어진 광경이었다.

강영우는 입학시험에서 우수한 성적으로 교육학과에 당당히 합격했고 연세대학교 졸업 때에는 문과 전체에서 차석을 했다. 그 후 강영우는 한미재단과 국제로터리재단의 후원으로 미국 유학을 가서 피츠버그대학 교육학·철학 박사학위를 받고 장애인 교육을 위해 헌신하여 세계인명사전에도 오른 인물이 된 것이다.

서울맹학교에서 강영우를 가르치고 제자의 대학 진학을 위해 온몸을 던져 헌신한 그 교사가 바로 제3기 학원장학생 출신인 박원선이었다.

그는 1965년 서울대학교 사범대학을 졸업하고 교사 발령을 기다리던 중 임시로 서울맹학교의 교사로 부임하여 재직하면서 교과서도 없이 공부하는 학생들을 위해 교과서도 직접 만드는 등 맹학교 일을 도맡아 하고 있었다. 3년 후 박원선은 서울시교육청으로부터 발령을 받고 서울맹학교를 떠나 서울 시내 중등학교를 순환 근무했는데 1982년 서울맹학교에 부임하려는 교사가 없다는 소식을 듣고 다시 자원하여 서울맹학교로 부임하게 된다.

김익달은 평소 자신이 이 땅에 한 알의 밀알이 되기를 소망했다. 그는 자신이 생전에 한 일을 드러내려고 하지 않았고 대단한 일이라고 생각지도 않았다. 따라서 실제로 그가 누구였는지 그 삶이 어떠했는지 기억하는 사람은 많지 않다. 하지만 그가 소망했던 것처럼 그가 남긴 수많은 밀알들은 이 땅에 거름이 되어 또 다른 무수한 밀알들을 키워내는 삶을 이어가고 있다.

학원 **김익달** 평전
: 학원세대를 가꾼 참스승

발행일 2016년 8월 30일 1판 1쇄

지은이   윤상일
발행인   최봉규
발행처   지상사(청홍)
등록번호   제2002-000323호

주소   서울 강남구 언주로79길 7(역삼동 730-1) 모두빌 502호
우편번호   06225
전화번호   02)3453-6111 **팩시밀리** 02)3452-1440
홈페이지   www.jisangsa.co.kr
이메일   jhj-9020@hanmail.net

ⓒ 윤상일, 2016
한국어판 출판권 ⓒ 지상사(청홍), 2016
ISBN   978-89-6502-266-4 (03300)

이 도서의 국립중앙도서관 출판시도서목록(CIP) e-CIP홈페이지(http://www.nl.go.kr/ecip)와
국가자료공동목록시스템(http://www.nl.go.kr/kolisnet)에서 이용하실 수 있습니다.
(CIP제어번호: CIP2016018148)